그리스사

爱琴海的文明 古希腊
编者：《图说天下.世界历史系列》编委员

맥을 잡아주는
세계사
01

그리스사

맥세계사편찬위원회 지음
박희영 교수 감수(한국서양고전학회 회장)
강치원 교수 추천(강원대 사학과)

느낌있는책

한국서양고전학회

고대 그리스 문화 전반에 관한 학문적 연구와 이해 증진을 목적으로 하여 1986년에 창립되었다. 서양 문화권에서 고전으로 일컬어지는 분야, 즉 그리스와 로마의 철학과 역사, 법, 신화, 종교, 문학 등을 다룬다.

일러두기
1. 지명, 인명 등은 국립국어원의 외래어 표기 용례를 따르되, 네이버 두산백과, 위키백과를 참고하였다.
2. 외래어 표기는 국립국어원의 표기법을 기준으로 하되, 원어 발음에 가깝게 표기하였다.
3. 역사적 사실이나 사건 등은 네이버 두산백과, 위키백과, 다음백과를 순차적으로 참고하였다.

아테나 신전의 폐허와 에게 해의 파도 속에
숨어 있는 수많은 영웅들의 이야기는
천년의 시간이 흐른 지금에도 여전히 빛을 발하고 있다.

5000년 인류 역사를 담은
장쾌한 대하드라마

역사는 장대한 대하드라마이다. 그것도 아주 잘 짜인. 사건이 일어나게
된, 일어날 수밖에 없는 명확한 이유가 있고, 그로 인해 전개될 이야기는
전후 관계가 딱딱 들어맞는다. 각각의 시대를 살아 낸 사람들의 이야기는
너 나 할 것 없이 드라마보다 더 드라마틱하다. 그야말로 파란만장하다.

　역사란 드라마틱한 시대를 살아 온 사람들의 파란만장한 삶에 관한 이
야기이다. 그 속에 생존을 위한 몸부림이 있고, 종족과 전쟁이 있으며, 문
화와 예술이 있고 국가와 민족이 있다. 권력을 향한 암투와 뜨거운 인류애
가 함께 숨 쉬는가 하면, 이념과 창조, 파괴, 희망이 춤춘다.

　인류의 역사는 희망적인가. 우리가 역사를 통해 배우고 이를 삶에 적용
하는 한 인류의 역사는 희망적이다. 이것이 우리가 역사를 알아야 하고 이
시대의 문제에 대한 해답을 역사에서 찾아야 하는 이유이다.

　역사는 읽는 것이 아니라 보는 것이라 했던가. '맥을 잡아주는 세계사'는
마치 대하드라마를 보는 듯 한 권, 한 권이 잘 짜인 책이다. 인과 관계가 명
확하니 행간과 맥락이 머릿속에 쏙쏙 들어온다. 600여 개의 에피소드는
드라마를 흥미진진하게 이끌고 가는 매개체이며, 2,000여 장에 이르는 시
각 자료는 세트, 정지 컷, 의상, 소품 구실을 한다. 에피소드는 어느 한 곳
에 치우치지 않도록 다양한 시각을 담은, 다양한 사료를 바탕으로 꾸몄다.

각 권은 50여 개의 장으로 이루어진다. 각 장이 시작될 때마다 해당 시기와 등장인물이 어김없이 소개된다. 또한 그때 다른 곳에서는 어떤 일들이 벌어지고 있었는가를 별도의 연표로 제시한다. 그렇다. 드라마이므로 배경이 되는 시기가 있어야 하고, 주인공이 있어야 하며, 전후좌우의 맥락을 살피기 위해서는 주인공을 둘러싼 시대의 흐름도 아울러야 한다. 이러한 플롯으로 그리스와 로마, 이집트 역사를 통해 고대 문명의 원형을 찾아보고, 중·근세 유럽의 강국 영국, 프랑스, 독일을 거쳐 근세 일본과 중국, 미국, 러시아까지, 한 편, 한 편 완성도 높은 드라마로 빚어내어 역사의 거대한 흐름 속으로 독자들을 끌어들이려 한다.

과거에 대한 올바른 인식 없이, 올바른 현재적 삶도 없다. '맥을 잡아주는 세계사'는 독자들에게 한 걸음 더 가까이 다가가 말을 건네는 책이다. 우리 삶을 더 인간답게 가꾸어 가기 위해 우리는 무엇을 고민해야 하고, 어떻게 해야 할지를 묻는다. 물론 그에 대한 답은 독자 스스로 찾아야 한다. 이 책 안에서 펄펄 살아 움직이는 역사를 통해.

자, 이제 모든 준비가 끝났다. 독자들이여! 5000년 인류 역사의 거대한 물줄기! 그 장쾌한 대하드라마 속으로 함께 빠져들어 보자. 그것도 아주 열렬히.

– 맥세계사편찬위원회

역사 속에서 거침없이 튀어나온 인물들과의 조우

역사는 과거와 현재와 미래의 대화라고 합니다. 현재의 가치가 과거의 사실을 만납니다. 현재는 과거와 미래에게 자신의 삶에 대해 묻습니다. 어디서 왔는지, 제대로 살고 있는지, 어떻게 살아야 하는지……. 현재가 치열하게 고민한 것일수록 과거가 들려주는 답은 명확합니다. 과거의 이야기는 여기에서 머물지 않습니다. 미래까지 적나라하게 제시합니다. 고대 로마의 정치·사회사에서 한국의 현재를 읽어 내는 일이 가능할까요? 물론입니다. 어디 현재뿐이겠습니까? 미래를 예측할 수도 있습니다. 왜냐하면 미래는 실천과 의지의 소산이기 때문입니다. 그것은 바로 과거를 아는 자들의 몫입니다. 이것이 바로 역사를 알아야 하는 이유입니다. 그래서 역사는 과거의 사실과 현재의 가치와 미래의 의지의 대화입니다.

이런 점에서 볼 때 최근 일어난 교학사의 한국사 교과서 역사 왜곡 논란은 참으로 안타까운 일이 아닐 수 없습니다. 편향된 시각으로 집필된 역사 교과서가 자라나는 세대들에게 우리 역사를 바로 알고 현실을 직시하며 미래를 준비하는 토대를 제공할 수 있을까요? 역사를 잊은 민족에게 미래란 없다고 했습니다. 이념 논쟁을 떠나 역사 교육에 대한 사회적 합의가 절실합니다.

느낌이 있는 책에서 의욕적으로 출간한 '맥을 잡아주는 세계사' 시리즈를 보고 세 번 놀랐습니다. 가장 먼저 본문 구성이 매우 독특하다는 데 놀랐습니다. 마치 독자들이 날개를 달고 그 지역 상공을 날면서 여행을 하듯 쓰인 서술 방식은 그간의 역사서에서는 찾아보기 어려운 점입니다. 시간의 흐름에 따라 역사적 사건의 현장이 펼쳐지면서 그 시기에 가장 중요했던 인물이 등장하여 종횡무진 맹활약을 합니다. 이러하니 마치 다큐멘터리나 한 편의 영화를 보는 듯 지면이 살아 움직입니다. 두 번째로 놀란 것은 시간의 흐름에 따른 종적 편성 외에 신화, 축제, 교육, 건축, 예술, 여성 등 다양한 테마를 다룬 횡적 편성을 통해 생활사까지 아울렀다는 점입니다. 정치·사회사 중심의 역사서에서 놓치기 쉬운 생활사를 단원 말미에서 종합적으로 서술함으로써 두 마리 토끼를 모두 잡는 데 성공하였습니다. 마지막으로 놀란 것은 꼼꼼한 구성입니다. 각 단원이 시작될 때마다 시기와 주요 인물 혹은 사건이 제시되고 그 아래 총체적인 세계사의 흐름을 알 수 있는 비교 연표를 제시하여 독자들의 머릿속을 깔끔하게 정리해 주고 있다는 점입니다. 필요한 자리에 적절하게 들어간 사진 자료들은 한눈에 보아도 귀한 자료임을 알 수 있습니다.

이 책은 중국 최고의 인재들로 구성된 중국사회과학원과 베이징대학 등 중국 유수 대학 사학과 교수진이 기획과 집필을 담당하였습니다. 우리로서는 그간에 주로 접해 왔던 서양이나 일본 학자들의 시각에서 벗어나 중국 역사가들의 새롭고 참신한 사관을 접할 수 있다는 점에서 흥미로운 일이 아닐 수 없습니다. 고대 그리스에서 시작되는 여행은 전 세계 곳곳의 상공을 날며 생생한 역사의 현장을 돌아봅니다. 그 현장에서 만나는 주인공들은 더 이상 박물관에 놓인 초상화 혹은 조형물이 아닌, 따스한 피를 가진 한 인간입니다. 그들과의 만남, 생각만으로 벌써 가슴이 뜁니다.

– 강치원, 강원대 사학과 교수. 경기도율곡교육연수원장

과거의 기억을 현재화시키는
훌륭한 개설서

일반적으로 우리는 역사를 단순히 과거에 일어났던 일들에 대한 기록으로
만 생각하기 쉽다. 그러나 과연 역사란 과거사에 대한 기록일 뿐인가? 역
사는 한 집단 내지 국가의 구성원들이 겪었던 사건들에 대한 기록, 그리고
그 기록을 통한 사건들의 원인에 대한 탐구를 의미한다.

　　우리 인간은 과거에 일어난 일들에 대해 왜 탐구하고자 하는가? 그것은
일찍이 그리스의 역사가 투키디데스가 갈파하였듯이, 우리가 과거에서 깨
달은 진리를 현재에 부딪친 문제들을 해결함에 적용하고 미래의 행동을
결정할 수 있기 때문이다. 그런데 과거에 대한 탐구를 통해 미래의 행동 지
침을 얻는 일은 구도자적 고행과 같이 어려운 작업이다. 사실 우리 인간은
일반적으로 자신이 겪은 사건들에 대하여 기억하고 싶은 것만 기억하고,
기억하기 싫은 것은 망각하고 싶어 하는 본능을 지니고 있다. 따라서 집단
적 기억을 정확히 보전하고 평가함을 통해 미래의 행동 철학을 찾는 일은
그러한 망각적 본능을 이겨 내려는 이성의 노력 없이는 불가능하다.

　　우리는 흔히 제2차 세계 대전의 주범이었던 독일과 일본이 과거사 반성
에 대하여 보여 주는 극단적으로 대립된 태도를 보며, 그 태도의 차이가
단순히 두 나라의 민족성 또는 역사의식의 차이 때문이라 해석하기 쉽다.
그러나 과연 독일인은 일본인보다 더 반성을 잘하고, 역사의식에 투철한

사람인가? 절대 그렇지 않다. 독일인들이 그렇게 과거사에 대해 반성할 수 밖에 없었던 것은 나치 전범들을 지구 끝까지 추적하여 법정에 세운 이스라엘 인들의 노력, 즉 과거의 기억을 현재화시키려는 노력의 결과이다. 이러한 관점에서 볼 때, 오늘날 일본인들이 과거에 저지른 대한 제국 침략사를 미화시키고 역사 자체마저도 왜곡시키고자(위안부 제도에 대한 부정, 독도 영토권을 둘러싼 교과서 개정 등) 광분하게 됨의 일차적 책임은 일본인들 자신에 있다기보다, 피해자인 우리 자신이 그들의 그러한 만행에 대한 기억을 현재화시키는 노력을 기울이지 않은 나태함에 있다고 볼 수 있다. 최근 자행되고 있는 중국의 동북아 공정사에 대한 왜곡이 우리의 그러한 나태함 속에서 독버섯처럼 자라나고 있는 것도 같은 이유에서이다.

기억에 대한 현재화의 노력으로서 역사를 의식하는 사람이라면 누구라도 최근 일어나고 있는 중국과 일본 두 나라의 이러한 역사 왜곡의 시도들이 100년 전 우리나라를 둘러싼 강대국들의 제국주의적 침략욕의 전통을 그대로 이어받고 있음을 느낄 수 있다. 이러한 국제정치적 분위기를 자각할 수 있느냐, 없느냐는 우리나라의 장래와 직결되는 문제이다. 바로 그러한 점에서, 역사에 대한 탐구와 청소년에 대한 역사 교육은 다른 어떠한 나라보다도 특히 우리나라에서 절실하게 요구되어진다.

그럼에도 불구하고, 우리나라에서의 역사에 대한 인식은 본래가 입시 위주의 역사 교육 현장에서 형성된 것이기 때문에, 이러한 필요성을 자각하는 수준에까지 이르지 못하고 있다. 시험을 위한 암기의 대상으로 여김에 익숙해 있기 때문에, 우리나라 청소년들은 역사를 단순히 과거에 일어났던 사건에 대한 하나의 기억 정보로서만 간주하는 태도에 익숙해 있다. 따라서 최근의 학생들은 역사에 대해 모르는 것이 있으면, 즉시 스마트 폰을 통해 그 사건이 언제, 어디서, 왜 일어났는지에 대한 단답형 피상적 지식을 획득하는 것만으로 만족하고, 답을 얻은 후에는 곧장 잊어버리기가 쉽다. 우리가 일반적으로 그렇게 획득한 지식을 곧장 망각하는 이유는 우리가 그러한 지식을 수동적으로 손쉽게 획득한 것이지, 그러한 사건의 원인과 의미에 대한 나 자신만의 탐구적 독서와 사유라는 어려운 과정을 통해 능동적으로 습득한 것이 아니기 때문이다. 따라서 역사책을 능동적으로 읽는다는 것은 과거에 대한 단순 정보를 검색하기 위해서가 아니라, 그 역사적 사건을 발생시킨 정치적·사회적 원인들을 인식하고 그 인식을 바탕으로 오늘날의 우리가 어떻게 살아야 되는지에 대하여 치열하게 숙고함을 통해 삶의 지혜를 터득함을 의미한다.

　바로 이러한 관점에서, 독일의 빈델반트와 릭케르트는 사실들에 대한 기록으로서의 역사가 '법칙정립적Nomothetisch인 실증 과학적 탐구'와는 다른, 자신의 주관적 인생관 확립을 가능케 하는 '개성기술적Ideographisch인 가치 과학적 탐구'라고 규정하였던 것이다. 역사를 이렇게 가치 과학적 탐구의 대상으로 여기게 되는 순간, 독자는 역사책에 대한 독서를 통해 인간의 사유 방식이나 가치관, 더 나아가 행동 양식을 탐구하는 문화사 내지 지성사의 세계 속으로 들어가게 된다. 바로 이러한 세계 속으로 들어가 인류 문화에 대하여 폭넓고 심오하게 이해하는 능동적 글 읽기를 할 수 있는 사람은 역사를 지금까지와는 전혀 다른 새로운 시각에서 바라볼 수 있게 된다.

　역사에 대해 이러한 새로운 시각을 갖고 능동적으로 사유할 때에만, 우리는 오늘날 역사학계의 연구가 왜 거시사적 연구의 다른 한편에, 미시사적 연구도 병행시키게 되었는지를 이해할 수 있다. 사실 프랑스의 아날Annales학파는 일어난 사건들의 총체로서의 역사를 일정 기간의 시간적 지속(10년, 50년, 100년 등)의 관점에서 통시적으로 바라보며 그 흐름 속에서 일어난 변화들의 원인 내지 법칙을 찾아내고자 하기 때문에, '전체·의미·중심' 위주의 '거시적 역사Macrohistoria'를 중시하게 된다. 바로 그 같은 이유에서, 이 학파는 왕조나 국가의 정치 체제의 변화를 일으키게 만든 구조를 드러내는 정치사, 생산 구조의 변화 요인을 밝히는 경제사, 특정 시대의 사상적 대전환의 원인을 추적하는 사상사에 대한 연구에 집중한다. 이 같은 학문적 방법론을 염두에 두어야만 우리는 비로소 거시사적 연구가 왜 개인보다는 집단, 개인의 행위 자체보다는 그러한 행위를 지배하는 정신적 구조 내지 체계 자체를 드러내고, 이 구조를 이루는 기호 항들의 상호 교환 체계를 문헌 고증과 통계의 방법을 사용하여 법칙으로 정립시키는 작업을 최우선시하는지를 이해할 수 있다.

그러나 이러한 연구는 각 시대의 특성을 보편적 법칙 내지 체계를 통해 거시적 관점에서 개관할 수 있게 해 주는 장점을 지니지만, 다른 한편으로 각 시대를 특징지어 주는 역사적 사건이나 정치적·사회적 제도, 문화적 풍속 속에 내재해 있는 개인의 특수한 사유·의지·노력들을 고려하지 않는 단점을 지니기도 한다. 사실 모든 사건들을 보편적 개념의 그물망을 통해 바라봄은 우리로 하여금 역사를 비개성적이고 추상적인 것으로만 바라보게 만든다. 학교에서 가르치는 역사 교과서는 대부분 바로 이러한 보편적 지식으로서의 객관적 역사 중심으로 서술되어 있기 때문에, 많은 학생들은 그러한 역사를 자신의 구체적인 삶 내지 가치관과 아무 상관이 없는 공허한 이야기로만 느끼게 될 수밖에 없다.

반면에 미시사Microhistoria는 역사적 주체인 개인들의 사유와 행위가 지닌 의미를 일상생활 속에서 찾아내어 그 가치를 새롭게 부여해 주고자 하기 때문에, 과거의 역사를 우리의 구체적이고 개인적인 삶과 직결된 것으로 느끼게 만들어 줌으로써 과거의 기억을 현재화시킴에 중요한 역할을 해 준다. 1950년대 독일의 일상생활사Alltagsgeschicte 학파에 의해 태동된 미시사적 연구는 아날 학파의 거시사적 역사관에 정면으로 대립되는 미시사적 역사관에서 출발한다. 이 학파는 그동안 전통적 역사 연구에서 '무의미하고 주변적이며 부분적'이라는 이유로 연구의 대상에서 제외되어 왔던 모든 것들— 각 개인이나 소수 집단의 일상생활, 가치체계, 생활양식 등 —의 의미를 찾아내고자 한다. 이러한 연구가 최근에 문화사에 대한 일반인의 관심을 불러일으키는 기폭제 역할을 한 것은 1970년대의 이탈리아의 미시사가들—《치즈와 구더기》의 저자 긴스부르그 $^{C. Ginsburg}$ 를 대표로 하는— 이 지금까지 소외받아 온 자들의 사유와 행동 방식 속에 함축되어 있는 의미를 '가능성으로서의 이야기'를 통해 밝혀냈고, 바로 이러한 이야기에 일반인들이 공감할 수 있었기 때문이다.

역사에 대한 미시사적 접근은 사건의 구조 자체보다는 그러한 사건의 주체인 개인의 심리나 개인들 간의 관계에 초점을 맞추고 있어서, 특정 시대, 특정 사회에 속한 사람들의 사유 방식을 구체적으로 이해하는 데 많은 도움을 줄 수 있다. 그러한 구체적이고 특수한 이해야말로 현대의 독자들이 객관적 역사 자체에 관하여도 흥미를 느끼게 만들어 주는 데 기초가 된다. 오늘날 우리나라 사람들이 TV 사극 〈뿌리 깊은 나무〉나, 영화 〈왕이 된 남자, 광해〉 등에 열광하고 역사 공부에 열성적일 수 있는 것도 바로 이같은 이유에서이다.

그러나 이러한 미시사적 스토리텔링 $^{story telling}$에 기초한 사극이나 영화들은, 만약에 그것들이 객관적인 역사적 사실을 완전히 무시하고 단순히 작가의 상상력에만 의존하는 경우, 사람들로 하여금 역사에 대한 관심을 촉발시키는 장점의 이면에, 역사에 대한 왜곡을 확대, 재생산시킬 위험성도 내포하고 있다. 역사 연구 속에 내재해 있는 이러한 양면성은 칼날의 두 면과 같아서, 객관적 기술에만 치중하면 역사에 대한 흥미를 잃도록 만들고, 주관적 상상에만 치중하면 역사에 대한 왜곡을 양산시키게 만든다. 역사에 대해 왜곡하지 않으면서도 흥미를 갖도록 만드는 방법은 역사적 사건에 대한 비개인적 관점에서의 객관적 탐구와, 그러한 사건을 일으켰던 사람들의 사유 방식에 대해서 개인적 관점에서의 주관적 상상력을 조화시키는 것이다.

　'맥을 잡아주는 세계사'《그리스사》는 이러한 두 면을 훌륭하게 조화시키고 있다는 점에서, 기존의 서양사 개설서들과 다른 특징을 지니고 있다. 우선 이 책은 그리스 역사의 큰 줄기를 따라감에 있어 기본적으로 거시사적 관점에서 사건 중심의 연대기적 기술에 충실하고 있기 때문에, 역사의 객관적 지식을 왜곡시키지 않고 있다. 그러면서도 동시에 이 책은 그 큰 줄기의 중간 중간에 사건이 일어난 배경과 사건의 중심인물들이 지닌 가치관과 행동 방식을 미시사적 관점에서 상술함을 통해, 역사를 재미있게 읽도록 만들어 줄 뿐만 아니라, 더 나아가 그 역사적 인물을 우리와 친밀하게 만들어 준다. 영화 〈300〉의 배경이 되었던 역사적 사건 테르모필레 Thermophyle 전투에 대한 기술을 예로 들어보자(본문 290쪽). 우리는 이 역사적 기술 속에서 한편으로 거시사적 관점에서 전쟁의 실제 전개 과정에 대한 객관적 지식을 얻을 수 있을 뿐만 아니라, 동시에 미시사적 관점에서 레오니다스 Leonidas 왕, 그리고 그와 함께 장렬히 전사하였던 300명의 스파르타 병사들이 보여 준 조국애와 용기를 생생하게 체감할 수 있다. 이러한 체감이야말로 독자가 자신의 삶을 존재론적으로 변형시키려는 노력의 밑거름이 된다. 사실 이 무명용사들의 무덤 위 묘비에 적혀 있는 문구 "지나는 자여, 가서 스파르타 인에게 전하라. 우리는 조국의 명을 받아 여기 잠들었노라."(본문 292쪽)를 읽고, 자기 자신을 그 용감했던 병사들과 동일시할 수 있는 독자라면 그 어느 누구라도 '조국을 위해 목숨을 바침'이 지니는 의미를 현대적 관점에서 다시 한 번 음미하며 자신의 인생관을 새롭게 정립하게 될 것이다.

　이 책의 두 번째 특징은 풍경과 도시, 건물 및 조각들에 대한 사진과 회화들로 이루어진 차별화된 그림 자료들을 풍부하게 삽입하고 있다는 점이다. 문자로만 서술된 책에 비하여 이미지를 곁들인 책은 우리의 시각–공간적visual-spatial 사유를 열어 줌으로써 역사적 사건을 추상적 개념의 그물망을 통해 보편적 법칙의 한 사례로서 파악되는 학문적 대상으로서가 아니라, 구체적 이미지와 개인적 고유성의 그물망을 통해 즉자적으로 공감할 수 있는 체감의 대상으로서 바라보게 해 준다. 그러한 느낌이야말로 역사적 사건을 현재와 아무 상관이 없는 과거만의 것이 아니라, 오늘날의 우리 삶과 직결되는 현재의 것으로 바라보게 만들어 준다.

예를 들어, 그리스와 페르시아와의 전쟁 진행 과정을 지도를 통해 설명함은 강대국과 인접한 나라들의 운명을 지정학적 구도를 통한 시각적 사유 속에서 생각하게 만들어 준다. 그러한 생각은 우리로 하여금 그리스와 한국이 공통적으로 지닌 반도국이라는 지정학적 특성에 대한 단순 비교를 넘어, 강대국들의 틈바구니 속에 끼어 있는 지정학적 조건을 지닌 나라들의 운명이 왜 과거와 마찬가지로 현재에도 동일하게 어려울 수밖에 없는지를 보편적 관점에서 이해하는 차원에까지 나아가도록 만들어 준다. 하나의 특수한 역사적 사건을 국가 안보와 직결되는 지정학적 조건이라는 객관적 개념 체계 속에서 사유하는 능력을 함양시켜 주는 시각적 사유는 다른 한편 역사적 인물의 이미지에 대해서도 전혀 다른 차원에서 생각하는 법도 길러 준다. 이 책에 삽입된 레오니다스 왕의 이미지를 예로 들어 보자 (289쪽). 물론 이 이미지는 사진이 아니라 초상화이다. 그러나 예술가가 그린 이 초상화는 사진보다도 훨씬 더 강렬하게 주인공의 성품을 특징적으로 나타내고 있다. 화가가 이 비극적 주인공을 젊은 청년의 이미지로 그린 것은 단순히 레오니다스 왕이라는 역사적 개인의 실제 모습을 우리에게 전달하고 싶어서가 아니라, 조국을 위해 목숨을 바칠 수 있는 지도자의 모습을 이상화시키고자 하였기 때문이다. 따라서 화가는 이 이상적 비장미를 지닌 젊은 왕의 이미지를 통해, 우리로 하여금 우리는 과연 조국이 위험에 처했을 때 우리 자신의 목숨을 던질 만큼의 각오를 지닌 얼굴을 지닌 것인지, 마음속의 거울에 비쳐진 자신의 모습을 그려 보게 만들어 준다.

이 책의 세 번째 특징은 역사를 가벼운 문체를 사용하여 쉽게 설명하고 있기 때문에, 역사를 전공하지 않은 일반인도 역사에 선뜻 다가가게 만들어 준다는 점에 있다. 물론 이러한 점은 전문가의 입장에서 보면, 특정의 주제에 대해 상세하고 심오한 이론적 설명을 제공해 주지 못하는 단점으로 평가될 수도 있다. 그러나 다른 한편, 그러한 단점은 독자들로 하여금 그리스 신관이나 종교 의식이 지닌 철학적 의미가 도대체 무엇인지를 탐구하기 위하여 보다 더 전문적인 책을 읽고 싶은 마음을 자극해 주는 장점이 되기도 한다. 그러한 탐구욕에 불타게 되면, 우리는 내가 아닌 남에 대해, 더 나아가 우리의 것이 아닌 남의 것들(그들의 사유 방식, 풍속과 문화 등)에 대해 지금보다 더 열심히 이해하고자 노력하게 되고, 남의 것에 대한 이해는 역으로 나 자신과 우리의 것에 대한 보다 더 깊은 이해의 보답으로 돌아올 것이다.

'맥을 잡아주는 세계사'에 대한 독서는 독자들이 거시사적 관점에서 객관적 역사 지식을 얻을 뿐만 아니라 미시사적 관점에서 역사적 인물들이 겪었던 경험에 공감함을 통해, 나의 것과 남의 것에 대한 이해를 바탕으로 역사뿐만 아니라 인문학 전반에 관하여 보다 더 전문적이고 폭넓은 지식 탐구에까지 나아가려고 노력할 때만이 그 가치가 발휘될 것이다. 본 추천인은 '맥을 잡아주는 세계사'가 독자들의 그러한 능동적 독서 방법의 기본적 자세를 형성시켜 주고 더 나아가 과거에 대한 기억을 현재화시키는 구체적인 방법을 찾아냄에 있어 훌륭한 입문서 역할을 수행할 것으로 믿기에, 이 책을 독자들에게 적극 추천하고 싶다.

– 박희영, 한국서양고전학회 회장, 한국외국어대 철학과 교수

CONTENTS

1 그리스 문명의 태동

2 도시국가의 발전

3 위대한 아테네를 향하여

4 스파르타, 그리고 그리스 사람들

5 페르시아 전쟁과 《역사》의 탄생

6 펠로폰네소스 전쟁과 스파르타의 몰락

7 알렉산드로스의 동방 원정

Ancient Greece

맥을 잡아주는 세계사
The flow of The World History

제1장 | 그리스 문명의 태동

1 에게 문명의 시작

그리스 문명은 서양 문명의 시작이자 서양 세계에 크나큰 영향을 미쳤다. 영국의 낭만파 시인 퍼시 셸리Percy Bysshe Shelley는 자신의 시 〈헬라스Hellas〉에서 '우리는 모두 그리스 인이다.'라고 말한 적이 있다. 실제로 그리스 문명에 대해 모른다면 현대 서양 문명 또한 알 수 없다. 다시 말해 오늘날의 서양 문명은 모두 에게 해Aegean Sea 속에서 탄생하고 발전한 셈이다.

| 시기 : 약 4만 년 전
| 인물 : 네안데르탈 인, 아카이아 인, 헬레네스 인

그리스는 그리스 인이 살아가는 지역을 모두 아우르는 지역이다. 고대의 그리스는 단순히 한 나라, 한 지역의 명칭이 아니며 수많은 폴리스Polis, 바로 도시국가를 포함하는 개념이다. 그러므로 고대 그리스와 오늘날의 그리스를 같은 것으로 봐서는 안 된다. 예컨대 범위만 따져도 고대 그리스는 오늘날의 그리스보다 훨씬 넓다. 오늘날 그리스의 국토는 좁고 기다란 그리스 반도뿐이지만, 고대 그리스는 그 밖에도 에게 해의 수많은 섬과 트라키아Thracia, 소아시아Asia Minor, 마케도니아Macedonia 등을 모두 포함한다.

한눈에 보는 세계사
기원전 4만 년 전 : 호모 사피엔스 출현

선사 시대의 그리스

고대 그리스는 매우 긴 역사를 자랑한다. 이 지역에는 기원전 4만 년의 구석기 시대부터 인류가 살았다. 당시의 인류는 동굴에서 살았고 채집과 수렵 활동을 했다. 도구를 만드는 기술이 그다지 발달하지 못해서 어설프고 조잡한 석기를 사용했고 지금은 멸종된 유럽들소와 순록을 주로 먹었다. 이들이 바로 '네안데르탈 인'이다. 몇 천 년이 흐른 뒤 무슨 이유인지는 밝혀지지 않았지만 네안데르탈 인들은 이 지역에서 사라졌고 새로운 인류가 출현했다. 이들은 네안데르탈 인보다 훨씬 발전된 기술을 갖고 있었다. 기원전 6000년의 신석기 시대에 들어서면서 이들의 석기 제작 기술은 더욱 발전했다. 또 농사짓는 기술과 고기 잡는 기술도 발전해 자연에서 더 많은 음식물을 채집할 수 있었다. 물질적인 것이 충족되자 그들은 예술적인 것에 관심이 생겼고, 간단한 방법으로 신과 자연의 힘을 숭배하기 시작했다. 당시에 제작된 점토로 만든 풍요의 여신상 같은 것이 그 예이다. 주목할 것은 그들이 만든 석기의 원재료인 흑요석이 다른 섬들로부터 왔다는 점이다. 이것은 그때 이미 에게 해 위의 수많은 섬 사이에 교통이 발달했고 사람들끼리 왕래했다는 것을 의미한다.

〈 하 프 를 든 좌 상
(Seated harp player)〉

이 조각상은 전체가 원통형 관으로 만들어졌고, 꿈꾸는 듯 환상적인 분위기를 자아낸다.

그리스 인의 등장

그리스 인의 조상은 인도-유럽어족에 속한다. 이들은 원래 도나우 강 하류와 발칸 반도 일대에 분포하여 살았으나, 약 기원전 3000년부터 점차 그리스 반도 북부와 마케도니아로 이동했다. 이렇게 최초로 이동해 온 그리스 인을 '아카이아 인Achaeans'이라고 한다. 이들이 바로 미케네 문명을 창조했다. 기원전 2000년이 되자 아이올리스 인Aeolians, 이오니아 인Ionian, 도리아 인Dorians이 연이어 그리스 중부와 남부로 이주해 왔다. 이들이 모두 그리스 민족에 속한다. 그들은 스스로 '헬레네스 Hellenes '라고 불렀는데, 이는 자신들이 전설 속의 영웅 헬렌 Hellen 의 자손이라는 의미였다. 그들은 이미 이 지역에 살고 있던 사람들을 정복하고 하나의 민족을 이루어 마침내 그리스 인이 되었다.

그리스 반도는 고대 그리스의 가장 중요한 지역이다. 산과 언덕이 많고 평원이 적은 지형인데, 산맥으로 경계를 지어 크게 그리스 북부·중부·남부의 세 부분으로 나뉜다. 그중 그리스 중부 지역이 가장 빠르게 발전했다. 그리스 중부의 도시국가였던 아테네는 그리스 전체에서 가장 큰 정치·경제·문화의 중심이었다. 펠로폰네소스 Peloponnesos 반도로도 불리는 그리스 남부에는 고대 그리스의 도시국가 중 하나였던 스파르타가 있었다. 그 서쪽에는 제우스 신전이 있었는데, 그리스 반도 전체에서 4년에 한 번 열리는 고대 올림픽이 바로 이곳에서 거행되었다. 그리스 북부의 경제는 별로 발전하지 못한 상태였다. 이 지역의 북쪽에는 많은 신이 사는 올림포스 Olympos 산이 있었다.

푸른 에게 해

최초의 그리스 문명은 에게 해에서 가장 큰 섬인 크레타 섬에서 발전했다. 지중해의 동쪽 바다인 에게 해는 소아시아 반도와 그리스 반도 사이에 있다. 짙고 푸른 바다 위에는 크기가 다양한 섬 484개가 여기저기에 흩어져서 떠 있다. 크레타 섬은 그중 가장 큰 섬으로, 마치 기다란 전함처럼 생겼다. 전체 길이가 약 250km이고 너비는 12~60km이며, 에게 해의 가장 남쪽에 기다랗게 놓여 있다. 옛 사람들이 작은 배를 타고 크레타 섬을 출발하면 남쪽으로는 이집트에 닿을 수 있고 북쪽으로는 그리스 반도에 도착할 수 있었다. 크레타 섬에서는 인류 역사 최초로 무역이 이루어졌으며, 그 결과 크레타 지역은 나날이 발전했고 인구도 늘어났다. 크레타 인은 재산을 보호하고 안전을 유지하기 위해서 바다와 가까운 지역에 도시를 방어하는 시설과 큰 건물을 지었다.

도시가 발전하면서 종교와 예술도 함께 발전했다. 흙으로 만들던 여신상은 점차 대리석으로 제작되었다. 키클라데스 제도에서 출토된 〈여인 입상 Marble Figurine of a Woman〉과 〈피리 부는 사람 The Flute Player〉 같은 대리석상은 당시의 예술 수준이 얼마나 높았는지를 보여 준다. 크레타 섬 중부의 크노소스 Knossos와 파이스토스 Phaistos에는 최초의 국가가 등장하고 거대한 궁전이 지어졌다. 이어서 유럽 최초의 문자가 등장했으며, 공업과 상업, 해상 무역도 발전했다. 예술 분야에서도 대단한 발전이 있었다. 이러한 크레타 문명과 이후에 출현한 그리스 반도의 미케네 문명을 아울러 '에게 문명'이라고 부른다. 에게 문명은 마치 밝은 등불처럼 에게 해와 그리스 반도를 비추어 초기 청동 문명을 더욱 빛나게 했다.

찬란하게 빛나던 고대 그리스 문명은 사라졌지만, 에게 해와 크레타 섬은 아직도 남아 있다. 남아 있는 성벽들과 우뚝 솟은 돌기둥만이 당시의 화려한 문명을 말없이 보여 준다.

2 올림포스의 신들

고대 그리스는 인간과 신이 함께 사는 곳이었다. 고대 그리스 인들은 그리스 반도 북부에 있는 올림포스 산에 신들이 살고 있다고 믿었다. 그들은 신과 인간의 겉모습이 똑같고 남녀의 구분도 있으며, 인간처럼 다양한 감정과 욕망도 느낀다고 생각했다. 신들은 사랑하고 질투하며 결혼도 했고 심지어 불륜을 저지르기도 했다. 또 인간 세상의 일에 간섭하는 것을 좋아해서 그 때문에 신들끼리 서로 싸우기도 했다. 신과 인간이 유일하게 다른 점은 신은 인간과 달리 영원히 죽지 않고 건강과 젊음을 유지한다는 것뿐이었다.

시기 : 신화 전설의 시대
인물 : 우라노스, 크로노스, 올림포스의 신들

고대 그리스의 역사는 신화와 관련이 깊다. 과학·철학·예술·문학 분야에까지 어디에나 신이 등장한다. 고대 그리스 인들은 신들의 이야기를 주제로 연극을 했고 신의 모습을 표현한 예술 작품을 만들었다. 그들은 신들의 모습을 표현하고 신들의 행동을 더욱 깊이 해석하기 위해 자신들의 모든 지혜와 열정을 바쳤다.

신들은 크게 두 종류로 나눌 수 있다. 하나는 상상 속의 신으로 세상 모든 것의 주인이다. 그들은 모든 자연의 힘과 인간의 운명을 좌지우지할 수 있어서 고대 그리스 인들은 이들을 우러러보면서도 두려워했다. 다른 하나는 전설 속의 영웅이다. 이들은 부족 국가 시대에 전쟁이나 자연재해가 있었을 때 이름을 떨친 인간으로 고대 그리스 인들은 그들의 힘과 용기, 지혜, 품격 등을 존경했다. 이야기가 전해 내려오면서 영웅들은 점차 더욱 강한 능력과 멋진 용모, 불타는 열정을 갖춘 인물로 미화되었다.

신들의 전쟁

세상이 만들어지기 전 우주의 한쪽은 텅 비어 있었다. 그곳에는 빛과 그림자, 하늘, 땅도 없었고 모든 것이 혼란스러웠다. 땅의 여신인 가이아Gaia는 하늘의 신인 우라노스Uranus를 낳았다. 이렇게 세상을 만들어 낸 가이아는 우라노스와의 사이에 오케아노스Oceanos, 코이오스Koios, 히페리온Hyperion, 크리오스Krios, 이아페토스Iapetos, 크로노스Kronos의 여섯 형제와 테이아Theia, 레아Rhea, 테미스Themis, 므네모시네Mnemosyne, 포이베Phoibe, 테티스Tethys의 여섯 자매를 낳았다. 이들이 바로 티탄Titan 거인족 12남매이다. 이들은 각각 하늘, 땅, 해, 달, 별, 바다 등을 맡아 관리했다. 가이아와 우라노스는 이들 외에도 외눈박이 삼 형제와 백 개의 손이 달린 삼 형제를 낳았다.

힘센 헤라클레스

우라노스는 자신의 권력을 빼앗길까 봐 두려워서 자식들을 모두 하늘이 없는 어두운 땅 밑에 가두었다. 그러자 자식들을 사랑하는 가이아는 우라노스의 이런 행동에 몹시 분노했다. 이때 12남매 중 가장 어린 아들인 크로노스가 가이아의 도움을 받아서 형제들을 탈출시켰다. 그리고 이들은 힘을 합해 우라노스를 죽였고, 크로노스가 우라노스의 권력을 이어받았다. 우라노스와 크로노스, 이 두 명의 신이 그리스 신화에서 세상을 창조한 신이다.

아버지의 권력을 이어받은 크로노스는

누이인 레아와 결혼해 세 아들과 세 딸을 낳았다. 자신의 손으로 아버지 우라노스를 죽인 크로노스는 자신도 자식들한테 배신을 당할까 봐 두려웠다. 그래서 그럴 가능성을 미리 차단하고자 그는 레아가 아기를 낳을 때마다 자식들을 삼켜 버렸다. 레아는 자신이 낳은 다섯 명의 아이를 크로노스가 모두 삼켜 버리자 너무 슬펐다. 그녀는 여섯 번째로 제우스를 낳았을 때 이 아이마저 잃을 수는 없다고 생각했다. 그래서 생각한 끝에 천으로 돌덩이를 감싸서 아기인 것처럼 크로노스에게 건네주었다. 크로노스는 레아가 자신을 속이리라고는 전혀 생각하지 못한 채 돌덩이를 삼켰고, 덕분에 제우스는 살아남았다.

어른이 된 제우스에게는 강한 힘이 있었다. 그는 어느 날 아버지 크로노스의 술잔에 몰래 독약을 넣었다. 그 술을 마신 크로노스는 심한 기침을 하기 시작했고 그 바람에 예전에 삼켰던 자식들을 모두 토해 냈다. 제우스는 이렇게 해서 구해 낸 형제자매와 힘을 합쳐 아버지 크로노스의 권력을 빼앗았다. 그리고 누이인 헤라와 결혼해서 함께 올림포스 산에 있는 모든 신의 왕이 되었고 오랫동안 권력을 지켰다. 이후에도 많은 신이 새롭게 탄생했는데 이들이 모두 바로 '올림포스의 신들'이다.

신들의 계보

올림포스의 많은 신 가운데 가장 널리 알려진 신은 세상의 만물을 나누어 관리하는 열두 명의 신이다. 이 12신은 신들의 왕 제우스Zeus, 결혼과 출산의 신 헤라Hera, 태양신 아폴론Apollon, 달과 사냥의 여신 아르테미스Artemis, 전쟁과 지혜의 여신 아테나Athena, 사랑과 미의 여신 아프로디테Aphrodite, 전쟁의 신 아레스Ares, 전령傳令의 신 헤르메스Hermes, 곡식과 풍요의 여신 데메테르Demeter, 대장장이 신 헤파이스토스Hephaestus, 바다의 신 포세이돈Poseidon, 지하 세계의 신 하데스Hades이다.

제우스는 모든 인간과 신들의 왕으로, 최고의 권력이 있었다. 그는 인간 세상의 질서와 법을 정하고 인간의 운명을 결정할 수도 있었다. 전쟁과 경기의 승패도 결정할 수 있었으며, 풍속과 종교의식도 관리했다. 무기로는 주로 천둥과 번개를 사용했고 감히 그의 힘을 당해 낼 신은 없었다. 하지만 제우스의 권위는 그의 권력만큼 대단하지는 않았다. 고대 그리스 신화를 살펴보면, 제우스는 항상 연애 사건을 일으켰다. 올림포스 산의 여신이든 인간 세상의 공주든 아름다운 여성이라면 제우스는 언제나 사랑에 빠졌다. 그래서 그는 수많은 자녀를 두었고, 자녀들 모두 신의 능력을 타고났다.

제우스는 어느 날 강의 신 아소포스Asopos의 딸 아이기나Aigina를 보고 사랑에 빠져서 그녀를 데려갔다. 사랑하는 딸이 사라진 것을 알게 된 아소포스가 딸을 찾아 사방을 헤매자 코린토스Corinth의 왕 시시포스Sisyphus가 자신의 나라에 샘물을 만들어 주면 아이기나가 있는 곳을 알려 주겠다

고 제안했다. 아소포스는 바로 샘물을 만들어 주었고 시시포스는 자초지종을 설명했다. 이에 제우스는 노여워하며 시시포스에게 죽음의 신을 보냈다. 그러나 꾀가 많은 시시포스는 죽음의 신을 속여서 가두었다. 그래서 이때부터 전쟁의 신 아레스가 그를 구하러 올 때까지 세상에는 죽는 자가 없었다. 이 일로 시시포스는 죽은 후에 지옥으로 떨어지는 형벌을 받았다. 그는 지옥에서 매일 거대한 돌덩이를 산꼭대기까지 밀고 올라갔다. 그러면 온 힘을 다해서 올려놓은 돌덩이는 바로 반대편으로 굴러 떨어졌다. 결국 시시포스는 영원히 쉬지 못하고 이 힘든 노동을 반복해야 했다.

제우스는 항상 바람을 피워 아내 헤라를 불안하게 했다. 그래서 헤라는 질투가 심한 여신이 되었다. 헤라는 제우스의 누이이지만 신의 세계에서는 형제끼리 결혼할 수 있었기 때문에 제우스의 아내가 되었다. 그녀는 제우스와 똑같이 바람과 비, 번개, 천둥의 힘을 쓸 수 있었고, 결혼의 신이었다. 그러나 재미있게도 그녀는 자신의 결혼을 지켜 내는 것을 힘들어 했다. 고대 그리스의 수많은 신화 속에서 헤라는 제우스의 애인들과 자녀들을 괴롭히고 끊임없이 계속되는 남편의 연애 사건에 분통을 터트렸다. 그러면서 그녀의 질투는 날이 갈수록 심해지고 복수도 나날이 냉혹해졌다.

빛과 그림자의 쌍둥이 남매

그러나 헤라는 늘 복수에 성공하지 못했다. 한번은 제우스의 애인이었던 티탄족 여신 레토Leto가 출산을 앞두었다. 화가 난 헤라는 땅에 레토가 아기를 낳을 곳을 제공하지 말라고 명령했다. 그러자 제우스가 바다에 델로스Delos라는 섬을 만들라고 명령했고, 레토는 그곳에서 쌍둥이를 낳았다. 이 쌍둥이가 바로 태양신 아폴론과 달과 사냥의 여신 아르테미스이다.

아폴론은 많은 힘이 있었다. 그는 빛과 청춘, 의약품, 가축, 음악과 시와 노래 등 생명과 열정이 넘치는 모든 사물을 맡아 관리했다. 또 인간들에게

파르나스 산은 태양의
신 아폴론과 아홉 명
의 뮤즈가 살던 곳이
다. 이탈리아 화가 안
드레아 만테냐(Andrea
Mantegna)가 15세기에
그린 이 그림은 파르나
스 산에서 아폴론과 뮤
즈들이 자유롭게 노래
하고 춤추는 모습을 묘
사했다.

아버지 제우스의 예언과 훈계를 전하는 역할도 했다. 아폴론은 매일 날개
가 달린 말이 끄는 마차를 타고 하늘을 날아다니며 온 세상에 빛과 따스
함을 전해 주었다.

　달과 사냥의 여신 아르테미스는 무척 아름다웠다. 그녀는 언제나 어깨
에 활을 메고 붉은 사슴을 타고 다니며 산과 숲을 살폈다. 하늘의 둥근 달
은 마치 그녀가 메고 다니는 활의 모습 같았다. 그런데 젊고 아름다운 아르
테미스에게 사랑하는 남자가 생기면, 그녀의 오빠인 아폴론은 그들을 갈
라놓으려고 나섰다. 한번은 아르테미스가 바다의 신 포세이돈의 아들인
오리온^{Orion}과 사랑에 빠져서 인간 세상에 달빛을 비추는 것마저 잊어버리
자 아폴론은 몹시 화가 났다. 그는 아르테미스가 시력이 좋지 않다는 약점
을 이용해서 속이고 그녀의 손으로 직접 애인에게 활을 쏘아 죽이게 했다.
나중에 이 사실을 알게 된 아르테미스는 몹시 슬퍼하며 통곡했다. 아르테미스가 그의 죽음을 기리고자 아버지 제우스에게 부탁해서 오리온은 죽은 후 하늘의 별자리가 되었다.

사계절의 유래

옛날에는 일 년 내내 봄 같은 따뜻한 날씨였고 계절의 구분이 없었다. 이것은 곡식과 풍요의 여신 데메테르의 힘 덕분이었다. 그녀는 아름다운 딸 페르세포네Persephone와 매일 즐겁게 일해서 인간 세상에 과일과 곡식이 풍성하게 열리게 했다. 그러나 그들의 행복한 생활은 오래가지 못했다. 어느 날 페르세포네가 친구들과 함께 풀밭에서 즐겁게 놀고 있었다. 이때 마침 그곳을 지나가던 지하 세계의 신 하데스가 그녀의 아름답고 천진난만한 모습을 보고 한눈에 마음을 빼앗겼다. 하데스는 그 자리에서 페르세포네를 납치해 지옥으로 데려가서 아내로 삼았다. 그러나 페르세포네는 차갑고 어두운 지옥에서 살기 싫어 매일 눈물을 흘리며 어머니를 그리워했다.

딸이 사라진 것을 알게 된 데메테르는 크게 슬퍼했다. 그녀가 딸을 찾으러 다니면서 보살핌의 손길을 잃은 땅은 점점 생기를 잃어 갔다. 마침내 데메테르는 수소문 끝에 페르세포네가 하데스에게 끌려갔다는 것을 알아냈다. 그녀는 그 길로 곧장 하데스에게 가서 딸을 내놓으라고 말했다. 그러자 하데스는 페르세포네가 지옥의 음식을 먹지 않는다면 돌려보내겠다고 데메테르에게 약속했다. 그러나 배가 고팠던 페르세포네는 지옥의 석류를 하나 먹고 말았다. 이 때문에 그녀는 영원히 하데스와 함께 지하 세계에서 살아야 했다.

딸이 자신의 곁으로 돌아오지 못하게 되자 데메테르는 몹시 슬퍼했다. 우울함에 빠진 그녀는 어떤 일에도 기쁨을 느끼지 못했고, 일을 해도 흥이 나지 않았다. 그러자 땅은 점점 말라가고 풀과 나무도 자라지 않았으며 꽃도 시들시들 죽어 갔다. 이런 변화는 제우스의 귀에도 들어갔다. 이에 제

우스가 협상에 나섰고, 하데스는 결국 일
년 중 절반은 페르세포네를 데메테르의 곁
으로 보내주기로 약속했다. 딸과 같이 있
는 반년 동안에는 데메테르의 기분이 아주
좋아져서 온 세상이 봄의 기운으로 가득했
다. 하지만 딸을 만날 수 없는 반년 동안에
는 데메테르가 일할 마음이 없어져 땅도 마
르고 황량해졌다. 이것이 사계절이 생겨난
유래이다.

신들의 사랑

아버지 크로노스에게 대항하여 전쟁을 벌
일 때 제우스는 크로노스의 고환을 잘라
바다에 던졌다. 그러자 바다가 크게 요동치
며 거품이 일더니 그 속에서 사랑과 미의
여신 아프로디테가 태어났다. 그녀의 아름
다움은 많은 신을 매혹시켰다. 제우스마저
도 그녀를 탐냈다. 키프로스Cyprus의 왕 피
그말리온Pygmalion은 성격은 괴팍하지만 조
각하는 것을 좋아했다. 어느 날 상아로 여신

고대 그리스의 조
각가 프락시텔레스
(Praxiteles)의 걸작 〈크
니도스의 아프로디
테(The Aphrodite of
Knidos)〉이다. 대리석
으로 만들어진 이 조각
상은 인체의 아름다움
을 잘 표현했다.

상을 조각한 그는 자신의 작품에 아주 만족했다. 그는 매일 조각을 쳐다보
았는데 나중에는 급기야 그 여신상을 정말로 사랑하게 되었다. 피그말리
온은 아프로디테에게 조각상에 생명을 불어넣어 달라고 간청했다. 아프로
디테는 그의 정성에 감동하여 조각상에 생명을 주고 그들이 영원히 사랑
하게 해 주었다. 후에 '피그말리온 효과'라는 심리학 전문 용어가 생겼는데

이는 무언가를 간절히 바라면 결국 무의식중에 그것에 가까워지는 것을 의미한다.

나르키소스^{Narcissus}는 고대 그리스 신화에서 가장 유명한 미남이다. 그러나 그는 교만해서 자신을 사랑하는 숲과 샘의 요정 에코 ^{Echo} 의 구애를 거절했고, 에코는 슬퍼하다가 결국 죽고 말았다. 그녀는 깊은 산 속에 자신이 슬퍼하는 소리를 남겨 사방에 울리도록 했다. 그 후 나르키소스는 에코를 죽게 한 벌로 물에 비친 자신의 모습을 사랑하게 되었다. 매일 물에 비친 자신의 모습만 바라보며 괴로워하다가 결국에는 그 역시 죽음에 이르렀다. 이후 나르키소스는 수선화가 되었다. 심리학 용어 중에 그의 이름을 딴 '나르시시즘'은 자신에게 애착을 보이는 것을 의미한다.

제우스는 아프로디테의 아름다움에 매혹되었다. 그러나 아프로디테가 제우스의 사랑을 거절하자 이에 화가 난 제우스는 그녀에게 대장장이 신 헤파이스토스와 결혼하라고 명령했다. 헤파이스토스는 외모도 추한 데다 다리를 절었다. 하지만 무척 부지런하고 머리가 좋아서 무기, 마차, 그릇 등 많은 물건을 만들었다. 아프로디테는 하는 수 없이 헤파이스토스와 결혼했지만 그 후에도 자유롭게 연애했다. 특히 잘생겼지만 잔혹한 전쟁의 신 아레스와의 사이에서 다섯 명의 아이를 낳

았다. 이 다섯 아이 중에는 사랑의 신 에로스도 있다. 로마 신화에서는 큐피드Cupid로도 불리는 사랑의 아기 신 에로스는 황금 날개가 달렸고, 언제나 활과 화살을 가지고 다니면서 인간들에게 사랑의 화살을 쏘았다. 그의 화살 통에는 사랑에 빠지게 하는 금 화살과 사랑이 식게 하는 납 화살이 들어 있었다.

지혜와 기지

아테나는 제우스와 지혜의 여신 메티스Metis 사이에서 태어난 딸이다. 메티스가 임신했을 때 제우스는 자신보다 똑똑한 아이가 태어날 것이라는 예언을 들었다. 그래서 후환을 없애기 위해 아이가 태어나자 바로 삼켜 버렸다. 그로부터 얼마 지나지 않아 제우스는 머리가 깨질 듯이 아팠다. 그는 대장장이 신 헤파이스토스에게 금도끼로 자신의 머리를 갈라 보라고 명령했다. 이에 헤파이스토스가 제우스의 머리를 반으로 가르자 그 속에서 아테나가 손에 기다란 창을 들고 갑옷을 입은 모습으로 뛰어나왔다. 아테나는 제우스의 용감함과 메티스의 지혜를 물려받아 전쟁과 지혜의 여신이 되었다.

전령의 신 헤르메스는 상업을 보호하는 신이기도 했다. 어느 날 그는 변장하고서 인간 세상으로 내려왔다. 조각상을 파는 상점에서 그는 제우스와 헤라의 조각상을 하나씩 집어 들었다. 그러고는 주인에게 헤르메스의 조각상은 얼마냐고 물어보았다. 헤르메스는 자신이 상업의 신이므로 당연히 조각상도 비쌀 것이라고 생각했다. 그런데 상점 주인은 "들고 계신 조각상 두 개를 다 사신다면 헤르메스 조각상은 공짜로 드리죠."라고 대답했다. 이후 많은 문학 작품에서 헤르메스는 자신이 다른 사람들에게 중요하지 않은 존재라고 여기는 인물을 상징했다. 또한 '헤르메스의 조각상'이라는 말은 한 푼의 가치도 없는 물건의 대명사가 되었다.

고대 그리스의 12신

이 름	관련 사항	이 름	관련 사항
제우스	신들의 왕. 천둥과 번개를 무기로 사용한다. 아버지의 권력을 빼앗아 왕의 자리에 올랐다. 외모는 위엄이 넘치나 바람둥이이다. 여신이든 인간 세상의 미녀이든 언제나 사랑에 빠져 아내인 헤라를 화나게 한다.	아폴론	태양신. 제우스의 아들이다. 빛, 문학, 시, 노래와 음악, 의약품 등을 맡아 관리한다. 그리스 신화에서 가장 잘생기고 재능이 넘치는 신이다. 리라Lyra라는 현악기를 가지고 다니며 자연의 소리를 연주한다.
헤라	제우스의 아내이자 누이이다. 신들의 세계에서 지위가 가장 높은 여신으로, 결혼과 출산의 신이다. 질투가 심해서 바람둥이 남편 제우스를 항상 의심하고 감시한다. 또 여러 가지 방법으로 제우스의 애인과 그 자식들에게 해를 가하려고 한다. 석류와 공작새로 상징된다.	아르테미스	달과 사냥의 신. 제우스의 딸이다. 아폴론의 쌍둥이 동생으로, 숲에서 사냥하는 것을 좋아한다. 순결함과 고상함을 상징하며 처녀들을 보호하는 신이다.
포세이돈	바다의 통치자. 제우스의 형이다. 거대한 삼지창을 가지고 다니며 바다의 모든 생물을 다스린다. 바람과 비를 부를 수 있고, 종종 반은 인간이고 반은 물고기인 모습으로 묘사된다.	아프로디테	사랑과 미의 여신. 누구와도 비교할 수 없는 아름다움과 거부할 수 없는 매력을 지녔다. 신비한 기운을 내뿜는 허리띠를 가지고 있다. 헤라가 심한 질투로 제우스의 사랑을 잃었을 때 이 허리띠를 빌려서 남편의 마음을 돌렸다.

고대 그리스의 12신

이 름	관련 사항	이 름	관련 사항
 하데스	지하 세계의 신. 제우스의 형이다. 지옥과 망령들의 통치자이며, 영혼을 심판하는 권력이 있다. 페르세포네와 결혼했다.	 아레스	전쟁의 신. 제우스의 아들이다. 결투, 살육, 피비린내, 재난을 상징한다. 아프로디테를 사랑했고, 그녀와의 사이에 아이들도 낳았다. 이 사실을 안 아프로디테의 남편 헤파이스토스가 보이지 않는 거대한 그물을 만들어 아내와 아레스가 간통하는 현장을 잡았고, 다른 신들을 불러 모아 구경하게 했다고 한다.
 데메테르	곡식과 풍요의 여신. 제우스의 누이이다. 땅의 풍요로움을 맡아 관리한다. 그녀와 제우스 사이에서 태어난 딸인 페르세포네는 지하 세계의 신인 하데스의 아내가 되었다.	 헤파이스토스	대장장이 신. 제우스와 헤라의 아들이다. 태어났을 때 그의 외모가 너무 추해서 헤라는 그를 올림포스 산에 버렸다. 이 때문에 다리를 절게 되었다. 신 중에 가장 추한 외모이지만 가장 아름다운 아프로디테를 아내로 맞았다.
 아테나	전쟁과 지혜의 여신. 제우스와 지혜의 여신 메티스 사이에서 태어났다. 그리스 반도의 도시국가 아테네의 수호신이며, 고양이의 머리를 한 매 또는 올리브 나무로 상징된다.	 헤르메스	전령의 신. 제우스의 아들이다. 발에 두 개의 날개가 달려서 빨리 이동할 수 있다. 제우스와 신들 사이에 소식을 전하는 역할을 한다. 여행자와 상업의 수호신이기도 하다. 어렸을 때 태양신 아폴론의 소를 훔친 적이 있어서 좀도둑들이 숭배하는 신이 되었다. 가끔 인간으로 변장하고 인간 세상으로 내려와 자신을 믿는 이들을 도와준다.

3 문명의 전령사 프로메테우스

고대 그리스의 신화에서 인간은 프로메테우스Prometheus가 흙을 빚어 만들었다. 프로메테우스는 인간을 만들었을 뿐만 아니라 인간에게 지혜와 문화를 주었다. 또한 그는 인간의 행복을 위해 홀로 뼈를 깎는 고통을 참아야 했다.

시기 : 신화 · 전설의 시대
인물 : 프로메테우스, 제우스, 판도라

인간을 만든 프로메테우스

프로메테우스는 티탄 거인족의 후손이다. 거인족은 모두 몸집이 크고 성격이 포악했지만, 프로메테우스는 달랐다. 그는 성격이 온화하고 자연을 사랑했으며 싸움을 싫어했다. 이런 남다른 성격 때문에 프로메테우스는 다른 거인족들의 비난을 받아 어쩔 수 없이 무리를 떠나서 홀로 살았다. 동생인 에피메테우스Epimetheus만이 그를 위로했다.

제우스가 아버지 크로노스의 권력을 빼앗을 때 티탄 거인족은 제우스를 비난하며 복종하지 않았다. 그러자 제우스는 천둥과 번개를 이용해 그들을 모두 땅속 깊은 곳에 가두었다. 그중에 프로메테우스는 전쟁을 싫어하고 평화를 사랑했기 때문에 다행히 이 재난을 피할 수 있었다. 하지만 그 후에도 그는 자신의 방에 누워 꼼짝하지 않고 지냈다.

세상은 다시 평정을 되찾았다. 새는 지저귀고 꽃은 향기로웠으며 평안하고 안정적인 날들이 왔다. 그러나 프로메테우스는 아무것도 느낄 수 없었고 마음은 적막하기만 했다. 어느 날 그는 흙과 물로 자신의 모습을 닮은 인형을 빚기 시작했다. 바로 인간을 만든 것이다. 프로메테우스는 인간들이 자신을 둘러싸고 즐거워하며 노래 부르는 것을 보고 진심으로 기쁨의 미소를 지었다.

불의 유래

처음 인간이 생겨났을 때 세상에는 불이 없었다. 인간들은 어둡고 차가운 동굴 안에서 생활했고, 사냥을 해도 불이 없어서 익히지 못하기 때문에 털과 피까지 날것으로 먹어야 했다. 날고기를 먹고 추운 밤공기에 노출되어 각종 질병에 시달리는 인간들의 고충은 말로 다할 수 없었다. 인간들은 아버지인 프로메테우스에게 이 고통에서 벗어나게 해 달라고 간절히 빌었다.

프로메테우스는 자신의 자식들이 이런 고통을 겪는 것이 마음 아팠다. 그는 제우스를 찾아가 인간들에게 불씨를 내려 달라고 간청했다. 제우스는 냉정하게 그의 부탁을 거절했다. 프로메테우스는 몰래 대장장이 신 헤파이스토스의 작업실로 가서 불씨를 훔쳤다. 그리고 불씨를 속이 빈 갈대 대롱에 숨겨서 인간들에게 가져다주었다. 이날부터 인간들은 불을 사용할 수 있게 되었다. 그들은 불을 피워 음식을 익혀 먹고, 밤에 불의 온기로 따뜻하게 지낼 수 있었으며, 맹수를 사냥할 때 도구로 사용하기도 했다. 불을 이용하면서부터 인간 세상에는 따뜻함과 즐거움이 널리 퍼졌다.

인간들이 기뻐하며 즐겁게 웃는 소리는 제우스에게까지 들렸다. 제우스는 프로메테우스가 자신의 뜻을 기억하고 몰래 불씨를 훔쳐갔다는 이야기를 듣고 크게 화가 났다. 그는 프로메테우스를 벌해야겠다고 결정하고, 헤파이스토스에게 튼튼한 쇠밧줄을 만들어서 프로메테우스를 벼랑 끝에 묶으라고 명령했다. 그러고는 독수리를 보내 프로메테우스의 간을 쪼아 먹게 했다. 낮에 전부 쪼아 먹힌 간은 밤에 다시 생겨났다. 그래서 프로메테우스는 매일 간을 쪼아 먹히는 괴로움을 견뎌야 했다. 나중에 영웅 헤라클레스는 이곳을 지나가다가 독수리를 죽이고 쇠줄을 풀어서 마침내 프로메테우스를 해방시켜 주었다.

판도라의 상자

프로메테우스를 벌하고도 제우스는 분이 풀리지 않았다. 그는 인간들이 신들의 불씨를 사용하게 되어 많은 이익을 얻었으니 그에 상응하는 재앙을 내려야겠다고 마음먹었다. 그는 헤파이스토스에게 판도라Pandora라는 아름다운 여성을 만들라고 지시했다. 그러고는 판도라에게 육지와 바다에서 자라는 수많은 동물의 모습이 새겨진 아름다운 황금 머리띠를 주었다. 아테나는 그녀에게 은백색의 옷을 입히고 아름다운 자수가 놓인 베일을 씌웠다. 또 싱싱한 꽃을 풍성하게 엮어서 아름다운 화환을 만들어 머리에 씌워 주었다. 헤르메스는 그녀에게 설득력 있는 말솜씨를 주었고, 아프로디테는 그녀에게 아름다움과 교태를 주었다. 다른 신들은 수많은 재앙을 담은 상자를 판도라에게 주었다.

제우스는 아름다운 판도라와 재앙이 담긴 상자를 프로메테우스의 동생 에피메테우스에게 보냈다. 프로메테우스는 동생에게 제우스한테는 어떤 선물도 받지 말라고 경고한 적이 있었다. 하지만 판도라의 아름다운 외모에 사로잡힌 에피메테우스는 제우스의 선물을 받았다. 판도라와 결혼한 에피메테우스는 판도라에게 상자를 열어 보지 말라고 당부했다. 그러나 호기심이 많은 판도라는 남편이 집에 없는 틈을 타 몰래 상자를 열어 보았다. 그 순간 각종 재난과 질병이 하나씩 상자 밖으로 빠져나왔다. 이때부터 인간 세상에는 고통이 생겨났다. 판도라는 깜짝 놀라서 급히 상자를 닫았고 그 속에는 '희망'만이 남았다. 훗날 '판도라의 상자'는 '재난의 근원'이라는 의미를 띠게 되었다.

새로운 인간의 탄생

시간이 지나면서 인간들은 아버지 프로메테우스의 가르침을 잊어버리고 차츰 잔혹하고 폭력적으로 변하고 타락하기 시작했다. 제우스는 인간들을 더욱 괴롭힐 방법을 궁리했다. 마침내 그는 대홍수를 일으켜 인간들을 몰살했다. 이 대홍수에서 프로메테우스의 아들인 데우칼리온Deucalion과 그의 아내 피라Pyrrha만이 살아남았다. 그들은 배를 타고 아홉 날, 아홉 밤을 표류하다가 물 위에 툭 튀어나온 육지를 발견하고 그곳에 정착해서 살기 시작했다.

세상에 둘만 덩그러니 남은 데우칼리온 부부는 어떻게 하면 활기 넘치는 인간 세상을 다시 만들 수 있을지 고민했다. 그들은 제우스에게 인간의 수가 많아지는 방법을 물었다. 이때는 대홍수를 일으킨 제우스도 자신이 한 일을 후회하던 중이었다. 게

불씨를 훔쳐간 프로메테우스를 벌하기 위해 제우스는 그를 벼랑에 묶어 놓고 독수리가 매일 그의 간을 파먹게 했다.

다가 데우칼리온과 피라가 대홍수를 일으킨 자신을 원망하지 않고 육지를 찾자마자 바로 제사를 올린 것에 감동했다. 제우스는 데우칼리온에게 돌덩어리를 하나 들고 어깨 뒤로 던져서 땅에 떨어뜨리라고 일러 주었다.

데우칼리온 부부는 제우스가 알려 준 대로 계속해서 돌을 어깨 뒤로 던졌다. 그러자 데우칼리온이 던진 돌은 남자로 변했고 피라가 넘긴 돌은 여자로 변했다. 후에 데우칼리온과 피라는 헬렌이라는 아들을 낳았는데, 이 헬렌이 바로 그리스 인들의 조상이다.

4 미궁과 미노타우로스

크레타 섬은 지중해의 동쪽 에게 해에 있는 아름다운 섬이다. 에게 해에서 가장 큰 섬이며, 유구한 역사를 지니고 있다. 그리스 신화에 따르면, 제우스의 아들인 미노스Minos가 크레타 섬을 통치했고 당시 에게 해 전 해상의 패권을 장악했다. 한편, 크레타 섬의 커다란 궁전 안에는 사람을 잡아먹는 무시무시한 괴물이 있었다고 전한다.

시기: 신화·전설의 시대
인물: 아이게우스 왕, 테세우스, 아리아드네

미궁의 비밀

신들의 왕 제우스는 아름다운 공주 에우로페Europe를 보고 사랑에 빠졌다. 어느 날 에우로페가 친구들과 함께 해변에서 놀고 있을 때 제우스가 흰 소로 변신해서 에우로페에게 접근했다. 소로 변신한 제우스는 에우로페를 등에 태우고 바다 건너 크레타 섬으로 갔다. 제우스와 에우로페는 그곳에서 세 아들을 낳았다. 나중에 세 아들은 각자 나라를 세웠는데 그중 막내 아들인 미노스는 크레타 섬의 왕이 되었다.

미노스는 포세이돈의 도움을 받아 크레타 섬의 왕이 되었지만 포세이돈을 화나게 했다. 그래서 포세이돈은 미노스의 아내인 파시파에Pasiphae가 소를 사랑하도록 만들었다. 포세이돈의 벌로 소를 사랑하게 된 파시파에는 머리는 소이고 그 아래는 인간의 모습을 한 괴물 미노타우로스

Minotauros를 낳았다. 그러자 미노스 왕은 라비린토스Labyrinthos, 즉 미궁迷宮을 지어서 미노타우로스를 가두었다. 미궁의 내부는 너무 복잡해서 한번 들어간 사람은 절대 나오지 못하고 꼼짝없이 미노타우로스의 먹이가 되었다. 미노스 왕은 그리스 반도의 도시국가인 아테네에 7년마다 소년 소녀 일곱 명씩을 미노타우로스에게 바치라고 명령했다.

영웅 테세우스

아테네는 당시 에게 해에서 가장 강한 미노스 왕을 거역할 수 없었기에 어쩔 수 없이 7년마다 제물을 바쳤다. 그래서 아테네에서 소년과 소녀가 있는 집은 언제 재난이 닥칠지 몰라 두려움에 떨었다. 제물을 바쳐야 하는 해가 되면 아테네 전체에서 울음소리가 들릴 정도였다. 7년은 빠르게 돌아왔고, 그때마다 아테네 인들은 괴로움을 견뎌야만 했다. 아테네의 왕 아이게우스Aigeus의 아들인 테세우스Theseus는 자국의 백성이 뼈를 깎는 것 같은 생이별의 고통을 겪는 것을 더는 참을 수 없었다. 그래서 미노타우로스를 죽여야겠다고 결심하고, 스스로 제물이 되겠다고 청했다.

아테네의 왕자 테세우스는 손에 날카로운 검을 들고 괴물 미노타우로스를 죽였다.

크레타 섬으로 떠나기 직전, 그는 미노타우로스를 죽이는 데 성공하면 돌아올 때 배의 검은 돛을 하얀 돛으로 바꿔 달고 오겠다고 아버지와 약속했다.

테세우스와 소년 소녀들은 마침내 크레타 섬에 도착했다. 그들이 미노스 왕을 만나러 갔을 때 크레타 섬의 공주인 총명하고 아름다운 아리아드네Ariadne는 테세우스를 보고 사랑에 빠졌다. 그녀는 자신이 사랑하는 사람이 괴물 미노타우로스에게 잡아먹히러 가야만 한다는 것을 견딜 수가 없었다. 그래서 테세우스가 미궁으로 들어가기 전에 칼 한 자루와 실타래 하나를 건네주었다.

테세우스는 다른 소년 소녀들과 함께 미궁으로 들어갔다. 그는 먼저 입구에 실의 한쪽 끝을 묶은 다음 실타래를 들고 복잡한 통로를 따라서 미궁 속으로 걸어 들어갔다. 미궁의 가장 깊은 곳에서 테세우스는 미노타우로스와 마주쳤다. 용감한 테세우스는 당황하지 않고 온 힘을 다해 괴물의 뿔을 잡고는 아리아드네가 준 칼로 찔러 죽였다. 그리고 같이 갔던 소년 소녀들을 데리고 입구에 묶어 둔 실을 따라서 온 길을 되밟아 미궁에서 빠져나왔다. 그 후 이들은 미노스 왕의 추격을 따돌리고 크레타 섬을 탈출했다.

테세우스는 자신의 승리에 흥분한 나머지 아버지와 한 약속을 잊고 검은 돛을 하얀 돛으로 바꿔 달지 않았다. 그때 테세우스의 아버지 아이게우스 왕은 해변에서 마음을 졸이며 아들의 귀환을 기다리고 있었다. 그런데 돌아오는 배에 여전히 검은 돛이 달린 것을 보고 절망에 빠졌다. 그는 너무 슬픈 나머지 천천히 바다로 걸어 들어가 스스로 목숨을 끊고 말았다. 후에 사람들은 이 불쌍한 아버지를 기리며 그 바다를 '아이가이 해'라고 불렀고, 이것이 오늘날의 에게 해가 되었다.

미노스 왕궁은 그 터만 남아 있지만 당시의 웅장한 기상을 느낄 수 있다.

신화와 현실

이 신화가 실제로 있었던 일일까? 미노스 왕은 정말 크레타 섬의 왕이었을까? 미궁은 실제로 존재했을까? 19세기 말에서 20세기 초에 독일의 하인리히 슐리만Heinrich Schliemann이 터키에서 트로이 유적을 발견했다. 전 세계의 고고학자들은 이 위대한 발견에 흥분했다. 영국의 고고학자 아서 에번스 경Sir Arthur Evans도 그중 한 명이었다.

에번스는 학자 집안에서 태어났다. 어렸을 때부터 역사와 고고학에 빠져든 그는 성인이 된 후 고고학자가 되었다. 슐리만의 대단한 성공은 그에게 커다란 충격을 안겨 주었다. 에번스는 학문에 대한 호기심과 강한 의지만 있다면 무슨 일이든지 성공할 수 있다고 생각했다. 1900년에 그는 큰 뜻을 품고 위풍당당하게 크레타 섬으로 향했다. 그는 꼭 자신이 미궁의 비밀을 풀고 싶었다.

크레타 섬의 면적은 약 8,300여㎢이다. 몇 차례의 측량과 고증을 통해 에번스는 크레타 섬의 크노소스 지역을 발굴하기로 했다. 3년에 걸친 고된 발굴 과정 끝에 에번스는 마침내 크노소스에서 커다란 궁전 터를 찾아냈다. 바로 미노스 왕의 크노소스 궁전이 있던 곳이었다. 에번스는 이 넓고 복잡한 궁전 터를 이후 20여 년 동안이나 계속해서 발굴했다.

에번스는 단순히 궁전의 옛터를 발견한 것이 아니었다. 그는 새로운 문명을 발견했다. 에번스는 크노소스 궁전이 크레타 섬에 있기 때문에 이 문명을 '크레타 문명'이라고 명명했다. 그동안 신화로만 전해 내려오던 크레타 섬의 왕 미노스의 이름을 따서 '미노스 문명'이라고 부르기도 한다.

5 신비한 크노소스 궁전

그리스 신화에서 에우로페의 세 아들은 각자 자신의 나라를 세웠다. 실제로 크레타 섬에서는 미노스 왕의 궁전인 크노소스 궁전 외에도 다른 많은 궁전 터가 발굴되었다. 이는 크레타 섬에 미노스 왕의 나라 외에도 많은 나라가 있었다는 것을 의미한다. 이 나라들은 문화와 언어가 같았고 서로 긴밀하게 교류하면서 크레타 문명을 일구었을 것이다.

시기 : 약 2000년 전
키워드 : 신비한 궁전, 아름다운 벽화, 고고학계의 풀리지 않는 비밀

크레타 섬에서 발굴된 많은 궁전 가운데 크노소스 궁전의 규모가 가장 크다. 그 신비함과 화려함, 섬세함과 과학성은 지금도 탄성을 자아낼 만하다.

크레타 섬에는 지진이 자주 발생해서 크노소스 궁전은 여러 번 다시 지어졌고, 그때마다 나무와 돌을 재료로 썼다. 성벽은 일정한 크기의 돌덩이를 가지런히 쌓아 올렸고 지붕과 창틀은 나무로 만들었다. 크노소스 궁전이 규모로 보아 가장 번성한 시기에는 약 3만 명 정도가 성안 또는 그 주변에 모여 살았던 것으로 보인다. 어쩌면 미노스 왕이 크레타 섬 전체를 통일했을 가능성도 크다. 크레타 문명 말기에 접어들면서 크노소스 궁전은 섬

한눈에 보는 세계사

기원전 2500년경 : 황허, 인더스 문명 시작
기원전 2000년경 : 파피루스 발명
기원전 2000~1500년경 : 한반도, 청동기 문화 시작

기원전 2333년 : 한반도, 고조선 건국
기원전 2000년경 : 아리아 인, 인도 침입

전체 정치·경제의 중심이 되었다. 크레타 섬을 통일한 강한 미노스 왕은 에게 해의 다른 섬들과 그리스 반도의 일부분을 통치하면서 에게 해의 패권을 차지했다.

화려한 궁전

지진 때문에 궁전이 무너지고 다시 세우는 과정을 반복하면서 궁전의 면적은 점점 늘어나 22㎢가 되었다. 크고 작은 방이 1,500여 개나 있었고 동궁, 서궁, 회의실, 양날 도끼의 방, 왕비의 침실, 서재, 저장실, 창고 등이 있었다. 전체 궁전은 길이가 약 60m, 너비가 약 30m인 직사각형의 중앙 정원을 사이에 두고 동궁과 서궁으로 나뉘었다. 궁전은 전체적으로 상당히 정교하고 체계적으로 구성되었다. 서궁은 왕이 정치 업무를 보거나 신에게 제사를 지내는 방, 양식 저장실, 창고 등이 있고 동궁은 주로 왕의 가족이 사는 곳이었다.

화려한 동궁과 서궁은 크기와 높이가 서로 다른 여러 개의 기다란 복도, 로비, 계단으로 연결되어 있다. 복도는 구불구불 복잡하게 얽이고 여러 갈래의 길이 있었다. 미궁이라고 불렸던 만큼 궁전의 침실들도 복잡하게 배치되어서 방향을 잃기 쉬웠다. 궁전의 방들은 대부분 2층 또는 3층에 있었고 방마다 채광을 위한 천장이 있었다. 그 아래층에는 많은 저장실을 두었는데, 발굴 당시에 그곳은 크고 작은 도자기와 항아리들로 가득 차 있었다. 그중에서 큰 것은 1.8m나 되어 사람의 키와 맞먹었다. 각 도자기와 항아리 안에는 곡식, 기름, 술 등이 저장되어 있었다. 저장실 바닥에는 석판이 깔려 있고 그 아래에는 토굴이 숨겨져 있었다. 토굴은 왕실의 보물 창고였는데, 에번스가 이곳을 발굴했을 때에는 이미 많은 황금과 보석이 약탈당한 후였다.

크레타 인들은 양날 도끼를 가장 신성한 물건으로 여겼다. 신에게 제사를 지낼 때에는 양날 도끼로 신에게 바칠 소를 잡았다. 그리고 집이나 조상의 유골을 모셔 둔 곳에도 양날 도끼를 두었다.

궁전의 많은 방 가운데 가장 유명한 것이 바로 '왕좌실'이다. 이 방은 서궁에 있고, 앞뒤로 전실과 후실로 나뉜다. 후실은 바닥에 커다란 석판이 깔려 있고 그 위에 돌로 만든 왕의 의자만 덩그러니 놓여 있다. 그 밖에 별다른 물건은 없다. 의자는 등받이가 순백색 석고로 만들어졌고 테두리는 파도 모양으로 장식되어 있다. 바닥은 붉은색이고, 벽에 머리는 매이고 몸은 사자인 괴물 두 마리가 그려져 있다. 처음 이곳을 발견했을 때 에번스는 욕실로 생각했다. 그러나 이곳에는 배수 설비가 없었다. 그래서 에번스는 다시 이곳을 왕이 정치와 관련된 일을 한 곳이라고 추측했다. 그러나 사실 이 추측을 뒷받침할 마땅한 근거는 없다. 그렇다면 이 방의 진짜 용도는 무엇이었을까? 이 물음은 오랫동안 풀리지 않고 있는 의문이다.

동궁은 커다란 계단으로 중앙 정원과 연결되어 있다. 하얀 대리석을 쌓아 올려서 만든 계단은 전부 5개 있었는데 지금은 3개만 남아 있다. 왕은 하루 일과가 끝나면 이 계단을 이용해 중앙 정원으로 갔다. 그리고 중앙 정원을 지나 연결된 복도를 따라가면 서궁에 있는 침실로 이어졌다. 이 커다란 계단의 아래에도 방이 하나 있었다. 바로 '양날 도끼의 방'이다. 방 안에 양날의 도끼가 걸려 있어서 이렇게 불린다. 이 방 벽에는 숫자 '8' 모양으로 만들어진 방패가 걸려 있었는데, 종교적인 의미가 있는 것으로 보인다. 양날 도끼의 방 옆은 왕비의 침실이었다. 그 방 벽에는 돌고래와 다양한 바다 생물이 그려져 있다. 바닷속에서 쾌활하게 뛰노는 돌고래들의 그림은 선이 무척 정교하며 색채가 아름답고 생동감이 넘친다. 왕비 침실 옆에 붙어 있는 작은 방에는 뜨거운 물과 차가운 물이 나오는 욕실과 화장실이 있다. 바닥에는 도자기로 만든 배수관이 깔려 있고 설비는 상당히 과학적이고 정교해서 오늘날 사람들이 봐도 완벽하고 아름답다.

왕비의 침실 외에도 궁전 바닥 전체에 거대한 배수관이 깔려 있었다. 빗물과 궁전에서 사용한 생활 오수는 커다란 수조에 모였다가 도자기로 만든 배수관을 통해 밖으로 배출되었다. 이 도자기 배수관은 무척 커서 그 안에 사람이 한 명 들어가 앉아 있을 수도 있다.

아름다운 벽화

크노소스 궁전의 모든 방과 복도의 벽에는 매우 화려한 그림이 그려져 있다. 벽화의 내용은 일상생활, 종교, 명절과 자연 풍경에 관한 것이다. 지금 우리가 그 옛날 크레타 섬 사람들의 생활에 대해 알고 있는 모든 정보는 바로 이 벽화들에서 얻어 낸 것이다. 3000여 년의 역사를 거친 벽화지만, 발굴되었을 때 마치 방금 그려 낸 그림처럼 색이 무척 선명했다. 종교 의식, 여행, 왁자지껄한 거리 풍경, 활발한 청년들, 즐거워하는 소녀, 인자한 노인들 등 등장하는 각종 인물도 모두 살아 있는 듯 정교하게 그려졌다.

벽화에 등장하는 많은 인물 중에는 귀부인, 사제, 궁녀, 병을 든 사람 등이 있다. 귀부인들은 화려하고 기다란 치마를 입고서 한가로이 이야기를 나눈다. 사제는 엄숙하게 신을 위해서 제사를 올리고 그의 옆에는 제사에 쓰이는 물건들이 가지런히 놓여 있다. 궁전에 그려진 수많은 벽화 중에서 오늘날 가장 유명한 것은 바로 〈파리지엔느〉이다. 이 벽화에 등장하는 여성들의 크게 뜬 눈, 구불거리는 머리칼, 풍만한 가슴에 푸른색 옷을 입은 모습은 아주 세련되었다. 발굴팀 중 한 명인 프랑스 인이 이 벽화를 보자마자 "마치 파리에서 방금 온 여인 같다."라고 감탄해서 〈파리지엔느〉라는 이름을 얻었다.

또 다른 유명한 그림은 왕이나 왕자를 그린 것으로 추측되는데, 아름다운 인간의 신체를 그린 작품이다. 그림의 주인공은 윗옷을 입지 않고 허리에만 짧은 치마를 둘러서 입고 있다. 이 남자는 머리에 백합으로 만든 왕관을 쓰고 있어서 '백합 왕자'라는 이름을 얻었다. 그의 왕관 위에는 다양한 새가 앉아 있고 그의 목에는 목걸이가 두 줄 걸려 있다. 손목에는 팔찌를 차고 한 손은 물건을 쥐었으며 다른 한 손으로는 자신의 검은 머리칼을 잡고 있다. 그의 모습은 마치 조용한 정원의 꽃밭을 사뿐사뿐 발길 닿는 대로 자유롭게 걷는 것처럼 보인다. 또 궁전의 벽화에는 옷을 입지 않은 하인이 많다. 그들은 왕실 가족에게 바쳐진 선물이거나 다른 나라에서 잡아온 노예일 것이다. 그리고 벽화에 등장하는 많은 인물은 몸은 옆모습이어도 눈과 어깨는 정면을 향해 있다. 그들은 거의 모두 검은 눈, 검은 머리카락이고 어깨가 넓으며 허리는 가늘다. 벽화에 묘사된 이 모습은 후세의 그리스 인들과는 사뭇 다르고 오히려 고대 이집트의 유화와 비슷하다.

크노소스 궁전의 벽화

그림에 등장하는 사람들의 모습은 이집트 벽화에 그려진 사람들과 비슷하다.

미노타우로스는 누구일까?

벽화에 등장하는 곡예사 세 명은 몸에 꼭 맞는 옷을 입었고 손목과 어깨에 장식을 했다. 기다란 뿔이 있는 소는 머리를 숙이고 앞을 향해 돌진한다. 곡예사 중 한 명이 그 소의 앞을 막아서서 뿔을 잡고 있다. 또 다른 곡예사는 소의 뒤에서 발꿈치를 들고 다른 곡예사 한 명을 공중으로 던져 올린다. 던져진 곡예사는 소의 등 위에 거꾸로 올라서 있다. 이것은 오늘날의 투우와 비슷해서 '투우 벽화'로 불린다.

벽화에는 대부분 소가 등장한다. 당시 크레타 섬에서는 소를 화나게 해 놓고 가까이 다가가서 재빨리 소의 뿔을 잡아 쥐고 날쌔게 소 등에 올라탔다가 다시 땅에 내려서는 운동이 유행했다. 오늘날의 투우를 연상케 하는 이 운동은 종교적인 활동과 관계가 있을 것으로 보인다. 크레타 문명에서 황소는 숭배받는 동물로서 미노스 왕이 종교 활동에 참여할 때에는 언제나 소의 가면을 썼다. 게다가 크노소스 궁전은 내부가 미로같이 아주 복잡해서 미궁으로 불리기도 한다. 그렇다면 신화 속의 미노타우로스는 사실 미노스 왕이 아니었을까?

크노소스 궁전 유적지에서는 넓은 점토판이 많이 발견되었다. 그중 하나에는 표면에 '아테네에서 여자 7명을 보냈다. 또 남자아이와 여자아이가

각각 한 명씩 왔다.'라고 기록되어 있다. 고고학자들은 이 내용을 신화와 연관해서 생각했다. 신화에 등장하는 아테네 왕자 테세우스의 이야기에는 아테네가 강성한 크레타 섬의 왕 미노스의 요구를 거절하지 못하고 어쩔 수 없이 소년과 소녀를 미노타우로스의 제물로 바쳤다는 내용이 나온다. 이는 당시 아테네와 크레타 섬의 관계를 짐작할 수 있는 대목이다. 실제로 신화의 내용처럼 테세우스가 미노타우로스, 다시 말해 미노스 왕을 죽인 후 아테네의 국력이 점점 커져서 마침내는 크레타 섬을 제압한 것으로 보인다.

미노스 섬의 귀족들은 크노소스 궁전 근처에 살았는데, 그들의 저택은 궁전과 비밀 통로로 연결되어 있었다. 그리고 외관이 화려하고 우아할 뿐 아니라 모든 설비를 완벽하게 갖추었다. 궁전 근처에서는 이러한 귀족 저택 외에도 아주 작은 집과 초가집도 발굴되었다. 아마 가난한 사람과 노예들이 그 집에서 살았을 것이다.

크노소스 궁전의 유적지에서 출토된 물건 중에는 많은 양의 황금과 은으로 만든 다양한 물건, 그리고 조각들이 있다. 그중에서 뱀을 쥐고 있는 여신상이 가장 많은 주목을 받았다. 그녀는 머리에 보석으로 된 왕관을 쓰고 아래가 넓게 퍼지는 기다란 치마를 입고 있다. 상체는 아무것도 입지 않아서 가슴이 다 드러나 있다. 그리고 두 손에 뱀을 쥐고 있어서 벽화에 등장하는 다른 여성들보다 유난히 눈에 띈다.

크노소스 궁전에 대한 또 다른 해석

에번스는 자신이 발굴한 이 어마어마한 규모의 아름다운 궁전과 다른 건축물들이 미노스 왕과 그 가족이 사는 곳이라고 생각했다. 그러나 그와 다르게 생각하는 학자도 있다. 그들은 이곳이 궁전이 아니라 왕의 무덤일 것이라고 보았다. 그리고 지하 토굴에 있는 많은 도자기와 항아리들은 양식을 저장하는 것이 아니라 사실은 유골을 담은 것이라고 믿었다. 또 벽화는 죽은 왕이 지하 세계에서 생활하는 모습이라고 주장했다.

이들의 주장에는 몇 가지 근거가 있다. 첫째, 이 궁전은 탁 트인 곳에 세워져서 공격을 막기 어렵다. 사실, 궁전을 지을 때 탁 트인 곳을 선택하는 경우는 드물다. 게다가 크노소스 궁전은 사방에 성벽이 없고 적이 가까이 오는지 감시하는 높은 탑도 없었다. 왕이 머무르는 곳 치고는 방어 시설이 너무 없다. 둘째, 크노소스 궁전은 물을 얻을 수 있는 곳에서 너무 멀다. 여기에 사람이 살았다면 매일 필요한 많은 양의 물을 멀리서 길어 와야 하는데, 도구가 그리 발달하지 않은 당시에는 매우 힘든 일이었을 것이다. 또 궁전에 있는 대부분의 방이 모두 습하고 햇볕이 들지 않는다. 셋째, 정말 왕이 살았던 궁전이라면 주방이나 마구간 등의 시설이 없다는 점도 이상하다. 그리고 주변에 있는 귀족들의 저택은 아주 화려한데 궁전의 방들은 모두 작고 천장도 무척 낮다.

이처럼 크노소스 궁전이 죽은 왕의 무덤이라는 주장은 상당히 설득력이 있다. 그러나 궁전 유적지에서는 이 주장을 가장 확실하게 뒷받침할 장례, 묘, 유골과 관련한 어떠한 증거도 발견되지 않았다. 그리고 왕의 궁전에 방어 시설을 전혀 두지 않은 데에는 다른 이유가 있었을 수도 있다. 예를 들어 당시 크레타 섬의 강한 해군이 외부의 침입을 막아 내어 궁전 주위에 성벽을 세울 필요가 없었을지도 모른다. 즉, 해군이 가장 효과적이고 안전한 성벽 역할을 대신했을 것이다. 실제로, 군사력이 강했던 스파르타도 궁전을 탁 트인 곳에 세웠고 별도의 방어 시설을 갖추지 않았다.

'궁전설'과 '묘지설' 모두 각각 설득력이 있지만, 아직은 근거가 부족하다. 결국에는 모두 추측일 뿐이다. 크노소스 궁전의 많은 수수께끼는 여전히 풀리지 않고 있다.

오늘날 우리가 크노소스 궁전의 구조에 대해서 알고 있는 모든 정보는

에번스가 천재적인 상상력으로 복원해 낸
것이다. 그는 쓰러져 있는 기둥, 깨진 벽화
와 돌의 잔재 등을 근거로 궁전이 과거에
어떤 모습이었을지 정확하게 복원해 냈다.
그러나 복원 과정에서 에번스는 시멘트나
철근 같은 현대의 건축 재료를 많이 사용
했다. 이 일은 다른 고고학자의 비난을 받
았지만, 사실 과거와 같이 오로지 나무만
이용해서 복원하는 것은 현실적으로 불가
능하다. 습기가 많은 크레타 섬의 나무는
쉽게 물러지거나 썩었기 때문에 궁전을 지
을 만큼 튼튼한 나무를 대량으로 구하는
것도 어려웠을 것이다. 많은 비판을 받기
도 했지만, 어쨌든 에번스가 귀중한 유산
을 발굴했다는 점은 의심할 여지가 없다.

크노소스 궁전에서 가
장 유명한 '백합 왕자'
벽화이다. 벽화의 기품
있는 주인공은 젊은 왕
이나 왕자로 추측된다.
그림 속 남자는 성인
남자의 키와 비슷하다.
그는 백합꽃과 공작 깃
털로 만든 왕관을 쓰고
있으며, 오른손은 가슴
앞으로 하고 왼손으로
지휘봉을 지고 있다.

6 크레타 문명의 멸망

GREECE

에번스가 크노소스 궁전을 발견하자 다른 고고학자들도 크레타 문명을 연구하고 발굴하기 시작했다.
거의 100년에 가까운 시간을 연구에 쏟은 후 신비로운 크레타 문명이 차츰 세상에 모습을 드러냈다.

시기 : 기원전 1450년
키워드 : 공예품, 선형문자 A, 소와 양날 도끼

크레타 문명은 크레타 섬과 그 근처 섬들의 문명을 가리킨다. 기원전 2000
년경에 가장 번성했고 기원전 1450년 즈음에 쇠퇴했다. 가장 화려했던 때
는 미노스 왕이 에게 해의 패권을 차지했을 때였다. 당시 그리스에는 그가
이끄는 해군을 당해 낼 만한 나라가 없었다. 크레타 문명은 기원전 15세기
전후에 에게 해 지역에서 고도로 발달한 문명으로, 청동기, 도자기, 문자
모두 상당한 수준까지 발전했다.

한눈에 보는 세계사
기원전 1600년경 : 에게 해 문명 시작   기원전 1200년경 : 그리스 문명 시작
기원전 1200년경 : 알파벳 발명

화려한 공예품

크레타 인들이 주로 사용한 청동은 구리와 주석을 합한 것으로 전체적으로 푸른색을 띠었다. 그들은 청동을 이용해 다양한 도구와 무기를 만들고 장신구, 술잔, 식기 등도 만들었다. 크레타 인은 청동을 다루는 기술이 뛰어나서 아주 단단하고 독특한 청동 제품을 만들어 냈다. 그뿐만 아니라 예술적으로도 매우 아름답고 우아했다.

크레타 섬에서 출토된 도자기 역시 무척 아름답다. 검은색 바탕에 흰색이나 빨간색으로 꽃을 그려서 장식한 것이 많다. 또 위나 아랫부분에 풀무늬, 소용돌이무늬, 기하학무늬를 그려 넣기도 했다. 크노소스 궁전에서 발굴된 도자기 중에는 전체적으로 공 모양에 가까운 형태의 독특한 것도 있다. 병목은 없지만 대신 양쪽 옆에 짧은 손잡이가 달렸고 밑바닥에 발이 있으며, 윗부분에는 하얀 백합꽃이 그려져 있다.

이 '뱀을 쥐고 있는 여신상'은 크레타 문명이 가장 번영한 기원전 1700년경 크레타 섬에서 제작되었다.

문자와 종교

크레타 인은 고유의 문자를 발명해서 기록을 남겼다. 기원전 2000년경에 처음으로 사물의 모습을 본뜬 상형문자를 썼고, 기원전 1900년이 되어서는 번거롭고 쓰기 어려운 상형문자 대신 좀 더 편리한 선형문자를 사용하기 시작했다. 선을 그려서 표현하는 이 문자는 오늘날 '선형문자 A'로 불린다. 크노소스 궁전의 지하 토굴에서 선형문자 A가 기록된 점토판이 많이 나왔다. 내용은 보관된 양식의 이름과 날짜 등이었다. 흙을 다져서 만든 넓은 판에 새겨진 이 기록은 나중에 궁전에 큰불이 났을 때 마치 도자기처럼 구워졌고, 이로 인해 판에 적힌 문자가 지금까지 보존될 수 있었다.

소와 양날 도끼는 크레타 섬에서 신성함의 상징이었기에 궁전 곳곳에서 찾아볼 수 있다. 크레타 인은 자연 만물을 숭상하고 모든 것에 영혼이 있다고 여겼다. 그중에서도 특히 생산과 풍요의 상징인 '땅의 신'을 받들었다. 그리고 종교 의식을 맡아서 진행하는 여사제도 지위가 아주 높았다. 이러한 의식에서 크레타 인들이 식인食人을 했을 가능성도 있다. 1980년대에 영국의 한 고고학자가 크노소스 궁전 주위의 시장터에서 집을 하나 발견했는데 여기에서 사람의 뼈가 나왔다. 이 뼈에 남아 있는 흔적은 짐승을 잡아 죽였을 때 짐승의 뼈에 나타나는 것과 같았다. 또 이 뼈를 여러 가지 과학적인 방법으로 분석해 보았더니 10살에서 15살 사이의 어린이 여덟 명 또는 열한 명의 뼈로 밝혀졌다. 고고학자들은 이처럼 사람을 제물로 바치거나 먹는 행동은 가뭄이나 굶주림에서라기보다 종교적인 행위였을 가능성이 크다고 본다.

검은 돌로 조각한 소머리 모양의 제사용 술잔은 신에게 올리는 술을 담는 데 사용되었다. 소머리를 비스듬히 하면 소의 입으로 술이 흘러나온다.

크레타 문명 멸망의 비밀

크레타 문명이 멸망한 원인은 아직도 수수께끼이다. 크레타 섬은 문명이 고도로 발달한 사회였는데, 기원전 1450년 즈음에 외부로부터 엄청난 공격을 받았다. 그 일로 하룻밤 사이에 크레타 섬의 많은 도시가 모두 멸망했다. 그 후 크레타 문명은 다시 일어서지 못하고 역사 속으로 사라졌다.

크레타 문명의 멸망에 관해 역사학자들은 다양한 견해를 내놓았다. 크게 '자연재해론'과 '전쟁론'으로 나눌 수 있다.

'자연재해론'은 화산 폭발이 크레타 문명을 멸망시켰다는 견해이다. 1960년대에 미국의 과학자와 고고학자들로 구성된 발굴팀이 에게 해에서 고고학 연구를 진행했다. 그들은 크레타 섬에서 100여km 떨어진 곳인 티라Thira 섬에서 발굴된 문명의 흔적이 크레타 문명과 비슷하다는 사실을 알아냈다. 또 이 섬에 있는 화산에 기원전 1450년 무렵 큰 폭발을 일으킨 흔적이 있었다. 과학자들은 크레타 섬과 티라 섬이 원래는 하나였는데 엄청난 화산 폭발로 말미암아 티라 섬이 분리되었다고 추측했다. 거대한 화산 폭발과 함께 분출된 화산재는 주변 지역의 하늘을 뒤덮었다. 이곳에서 수백 킬로미터나 떨어져 있는 이집트에도 그 무렵 낮이 갑자기 캄캄한 밤이 되는 기이한 현상이 일어났다는 기록이 있다. 그것은 아마도 인류 역사 이래 가장 강력하고 규모가 큰 화산 폭발이었을 것이다. 화산 폭발은 또한 엄청난 위력의 해일과 지진을 일으켰다. 무시무시한 자연의 힘 앞에 크레타 섬의 건축물들은 하나씩 힘없이 무너지고 높은 파도가 육지를 휩쓸었을 것이다. 크레타 사람들이 창조한 아름다운 문명은 그렇게 하룻밤 사이에 사라져 버렸다.

'전쟁론'은 외부의 공격으로 크레타 문명이 멸망했다는 견해이다. '전쟁론'을 주장하는 학자들은 당시 세력이 커진 미케네 인이 그리스 반도에서 바다를 건너와 크레타 섬을 공격했고, 이것이 크레타 문명이 멸망한 직접

맥을 잡아주는 **그리스사 중요 키워드**

아틀란티스의 멸망

고대 그리스 철학자 플라톤Plato은 그의 저서에서 '아틀란티스Atlantis'를 자신이 생각하는 유토피아로 언급했다. 그의 말로는 바다의 신 포세이돈의 후세들이 아틀란티스를 건설했으며, 그곳에는 사방에 황금이 널려 있고 궁전과 제단도 황금과 은, 보석 등 진귀한 보물로 만들어졌다. 아틀란티스에 사는 사람들은 포세이돈에게 제사를 올리면서 소를 제물로 바쳤다. 그들은 편안하고 행복하게 살았으며 다툼과 전쟁도 없었다. 모든 사람이 풍족하고 즐겁게 살았다. 그러나 시간이 흐르면서 즐거움을 추구하는 그들의 마음은 도를 넘었다. 끝없이 향락을 추구하고 끊임없이 주변 국가를 침략하기 시작했다. 아틀란티스에서 질서와 도덕이 사라지자 분노한 제우스가 홍수를 일으켜서 아틀란티스를 바다 밑으로 가라앉게 했다. 그 후 천 년이 넘는 세월 동안 많은 사람이 아틀란티스를 찾아 헤맸다. 지금까지 밝혀진 바로는 크레타 섬 혹은 티라 섬이 아틀란티스일 가능성이 크다.

적인 원인이라고 생각한다.

오늘날 많은 학자는 자연재해와 전쟁이 복합적으로 작용해서 크레타 문명이 멸망했다고 생각한다. 다시 말해, 화산이 폭발해서 크레타 문명이 크게 파괴되고 쇠락했으며, 그 와중에 미케네 인이 공격해 온 것이다. 해일의 타격을 받은 해군은 제대로 반격해 보지도 못했을 것이다. 성벽이 없던 궁전의 수비는 무자비한 공격에 속수무책으로 무너지고, 미케네 인이 크레타 섬을 점거한 후 크레타 문명도 사라졌다. 크노소스 궁전은 미케네 인의 궁전이 되었고 살아남은 크레타 인은 미케네 인의 노예가 되거나 결혼 등의 방식으로 점점 미케네 인에 동화되어 사라졌다.

7 화려한 미케네 문명

GREECE

전쟁을 좋아한 미케네 인은 군대를 조직해서 크레타 섬을 공격했고, 이 전쟁에서 승리를 거두어 크레타 인의 뒤를 이어서 에게 해의 패권을 차지했다. 그러나 이 영광은 오래가지 못했고, 그들이 창조한 미케네 문명은 200년 만에 멸망했다. 빠르게 번영했다가 빠르게 멸망한 미케네 문명에는 어떤 비밀이 숨어 있을까?

시기 : 기원전 1600년~기원전 1200년
키워드 : 사자문, 미케네 왕릉

미케네 문명은 펠로폰네소스 반도 지역을 중심으로 하는 청동기 시대 문명을 가리킨다. 이 문명을 탄생시킨 민족은 아카이아 인이다. 그들은 여러 작은 국가를 세웠고 그중 가장 번성한 것이 미케네였다. 그래서 이 지역의 문명을 미케네 문명이라고 부른다. 미케네 문명은 기원전 1600년부터 기원전 1200년까지 계속되었다. 기원전 1400년 정도에 가장 번영하여 크레타 인의 뒤를 이어 패권을 차지했다.

미케네 문명이 세상에 드러난 것은 트로이를 발견한 슐리만과 관련이 있다. 트로이를 발견한 슐리만은 새롭게 펠로폰네소스 반도에 관심을 기울

한눈에 보는 세계사
기원전 1200년경 : 알파벳 발명

였다. 트로이 전쟁에서 그리스 연합군의 지도자였던 아가멤논Agamemnon의 고향인 미케네가 펠로폰네소스 반도에 있었기 때문이다. 호메로스의 서사시에서 미케네는 '황금의 나라'로 나온다. 기원전 2세기경 그리스 역사학자 파우사니아스Pausanias의 여행기에도 미케네와 관련된 상세한 묘사가 있다. 그의 여행기에는 미케네에 있었던 웅장한 사자문, 아가멤논의 묘, 아트레우스의 보물 창고 등이 기록되어 있었다.

슐리만이 이곳으로 와서 발굴하기 전에도 많은 고고학자가 발굴을 시도했다. 그러나 아무런 소득도 얻지 못하자 그들은 혹시 미케네와 관련된 모든 기록과 신화가 상상에서 비롯된 것은 아닐까 하고 의심하게 되었다. 그런 가운데, 모든 사람이 신화 속의 나라라고 여기던 트로이를 발굴한 슐리만은 미케네의 존재를 확신했다. 그는 미케네 문명을 찾아내지 못한 것은 방법이 틀렸기 때문이라고 생각하고 자신만의 방법으로 발굴 작업에 뛰어들었다. 얼마 지나지 않아 슐리만은 미케네 왕의 묘지를 찾아냈다. 1876년부터 1885년까지 발굴 작업은 계속되었고 그는 마침내 파란만장한 미케네 문명을 세상에 공개했다.

웅장한 미케네 문명

아가멤논의 황금 가면으로 여겨지던 이 가면은 과학적으로 분석한 결과 다른 왕의 것으로 밝혀졌다. 하지만 유럽 최초의 이 가면은 여전히 아가멤논의 황금 가면으로 불린다.

미케네는 펠로폰네소스 반도의 동북부에 있었다. 미케네 왕궁은 높은 곳에 자리하고 있어서 일단 발견되자 발굴 작업은 아주 쉽게 진행되었다. 발견 당시에는 성을 둘러싼 성벽의 사자문과 성벽 일부만 발견되었고, 나중에 왕의 묘지도 발견되었다.

사자문과 성벽은 일부만 남아 있기는 하지만 미케네의 건축물들이 아주 웅장했다는 것을 엿볼 수 있다. 높고 커다란 사자문의 양쪽 기둥은 큰 바위 하나를 통째로 사용해서 만들었다.

문짝 위로 양쪽 기둥을 가로로 잇는 문설주도 큰 돌덩어리 하나이다. 대들보 위에는 삼각형으로 된 큰 돌판이 올려져 있고, 그 위에 위풍당당한 사자 두 마리가 조각되어 있다. 그래서 이 문을 사자문이라고 부른다. 성벽은 두께 약 6m, 높이 약 8m로 돌을 쌓아서 만들었다. 돌과 돌 사이에는 단단하게 쌓기 위한 어떤 것도 넣거나 바르지 않았다. 사자문과 성벽의 웅장함은 그 옛날 이곳에 여행을 온 파우사니아스를 매혹했다. 그들은 이렇게 거대한 돌덩어리를 대체 어떻게 옮긴 것일까? 혹시 신화 속 외눈박이 거인이 도와준 것은 아닐까?

사자문은 미케네 궁전으로 들어가는 문으로, 궁전 전체가 얼마나 웅장하고 아름다웠을지 가늠하게 한다. 사자문 양쪽의 기둥은 크레타 섬의 궁전에서 볼 수 있는 기둥과 같은 형태로 만들어졌다. 이 기둥 위에 있는 사자 두 마리의 머리 부분은 훼손되어 사라졌지만 당시 궁전의 웅장함을 엿볼 수 있다.

아트레우스의 보물 창고

사자문에서 서남쪽으로 500m 떨어진 산골짜기에 아가멤논의 아버지인 아트레우스Atreus의 보물 창고가 있다. 이곳은 원래 왕실의 묘지로, 그 안에 여러 왕이 매장되어 있다. 왕을 매장할 때에는 많은 진귀한 보물을 함께 넣는다. 그중에 아트레우스의 무덤은 유독 더 많은 보물을 묻었다고 해서 아트레우스의 보물 창고로 불린다.

이 거대한 묘지는 깊은 산골짜기에 숨겨져 있고, 묘지 앞에는 길이가 40m 정도 되는 돌길이 있다. 그 길을 걸어서 묘지 입구에 다다르면 사자문과 비슷한 커다란 문이 있고, 이 문을 열고 묘지 안으로 들어가면 넓은 방에 들어서게 된다. 이 방은 바닥이 둥글고 돌을 쌓아 올려 벽을 세웠다. 벽은 위로 갈수록 점점 좁아져서 정중앙의 가장 높은 곳에서 한 점으로 모인다. 모양이 벌집과 비슷해서 '벌집묘'라고도 불린다. 이 방 옆에 있는 좁은 통로를 따라가면 왕이 묻힌 묘실이다. 고고학자들은 이 묘실 안에서 여러 왕의 관을 발견했다. 그중 다섯 명의 왕은 얼굴에 황금 가면을 썼는데 가장 유명한 것은 아가멤논의 가면이다. 아가멤논의 황금 가면은 엄숙하고 신비한 기운이 감돈다. 그러나 나중에 과학적으로 다시 분석해 본 결과 이 황금 가면은 아가멤논의 것이 아니었다. 그 가면이 제작된 연대는 약 기원전 1550년으로, 아가멤논보다 훨씬 이전 왕의 것으로 밝혀졌다.

학자들은 묘에 매장된 물건 중에서 금과 은으로 만들어진 많은 그릇과 항아리를 발견했다. 각종 무기, 창, 방패, 투구, 전쟁용 갑옷 등은 더욱 많았다. 이것은 미케네 인이 전쟁을 좋아하고 무술을 연마했다는 증거이기도 하다. 묘지 안에 그려진 수많은 벽화에도 주로 전쟁 장면이 등장한다. 화려하고 우아한 크레타 문명과 달리 미케네 문명은 순박한 분위기가 흐른다.

미케네 인은 기원전 2000년에 그리스 반도에 처음으로 나타났고, 국가의 발전 속도는 느렸다. 그들은 크레타 문명의 영향을 받아 기원전 1600년에 처음 나라를 세웠다. 그 후 꾸준히 발전해서 강해진 미케네 인은 기원전 1450년경에 화산 폭발과 해일이 덮친 크레타 섬을 공격해서 정복했다. 그리고 에게 해의 패권을 손에 넣어 해상 무역을 독점하고 지중해 연안, 북아프리카, 심지어 스칸디나비아까지 모두 자신들의 영향권 아래 두었다.

미케네 문명 말기에 미케네 왕은 그리스의 다른 나라들과 연합해서 트로이를 공격했다. 실제로는 나라들 사이에 이익 다툼이 벌어져서 전쟁을 일으켰을 가능성이 크다. 그런데 호메로스는 자신의 서사시에서 신들의 이야기를 가미해 이 전쟁을 신비롭고 아름다운 이야기로 변모시켰다.

8 전쟁의 불씨, 아름다운 헬레네

GREECE

헬레네Helene는 세상에서 가장 아름다운 여성이었다. 그러나 그녀의 아름다움은 비극을 불러왔다. 바로 그녀가 원인이 되어 트로이 전쟁이 일어나고, 결국 트로이는 멸망했다. 사랑 때문에 너무나도 큰 대가를 치른 헬레네는 이 비극의 가해자일까, 아니면 피해자일까? 사람들은 그녀가 젊고 잘생긴 다른 나라의 왕자를 사랑하게 되어 남편을 떠났다고 한다. 그녀가 사랑에 빠져서 남편을 떠난 것이 아니라 강제로 납치되었다고 말하는 사람도 있다. 사실이 어떻든 그녀의 아름다움에 대한 이야기는 지금까지도 전해 내려온다.

시기 : 기원전 13세기
키워드 : 파리스, 헬레네, 오디세우스, 메넬라오스

불화를 일으킨 황금 사과

고대 그리스의 전설에 따르면 트로이의 멸망은 불화不和의 황금 사과에서 시작되었다. 영웅 펠레우스Peleus와 여신 테티스Thetis가 결혼하는 날이었다. 인간과 신의 첫 번째 결혼이었기 때문에 두 사람은 크게 파티를 열고 많은 손님을 초대했다. 결혼식에는 올림포스 산의 거의 모든 신이 참석했다. 파티 분위기가 무르익자 신들은 제각기 신혼부부에게 진심이 담긴 축복을 내려 주었다. 그때 초대받지 않은 손님이 갑자기 나타났다. 바로 분쟁과 불화의 여신 에리스Eris였다. 자신만 초대장을 받지 못한 것을 알고 무

한눈에 보는 세계사
기원전 1200년경 : 알파벳 발명

척 화가 난 그녀는 결혼식에 참석한 하객들에게 황금 사과를 하나 던지고 갔다.

황금 사과에는 '가장 아름다운 이에게'라고 새겨져 있었다. 그것을 본 여신들은 서로 황금 사과를 가지고 싶어서 안달이 났다. 사실 황금 사과는 신들에게 그리 대단한 것이 아니었지만, 여신들은 서로 자신이 가장 아름답다고 생각했으므로 이 황금 사과를 가지고 싶어 했다. 그중 세 여신이 앞으로 나와 자신이 가장 아름답다고 주장했다. 첫 번째는 제우스의 아내 헤라였다. 그녀는 여신 중에서도 가장 지위가 높고 가장 아름다운 여신이 자신이라며 황금 사과를 가지려고 했다. 그때 제우스의 딸이자 지혜의 여신인 아테나가 나섰다. 하지만 그녀의 지혜만으로는 헤라를 이길 수가 없었다. 그러자 이번에는 사랑과 미의 여신인 아프로디테가 앞으로 나왔다. 그녀는 자신만만하게 도대체 다른 누가 자신보다 '아름다움'이라는 말에 더 가깝겠느냐고 물었다.

누가 가장 아름다운지 분명하게 결정을 내리기 어렵자 세 여신은 말다툼을 시작했다. 자신이 제일 아름답다며 얼굴까지 붉히며 싸웠지만, 결론은 나지 않았다. 그래서 세 여신은 다른 신들의 의견을 들어보기로 했다. 하지만 누구도 감히 셋 중 한 여신의 편을 들려고 하지 않았다. 세 명 모두 지위가 높고 또 아름다웠기 때문이다. 심지어 신들의 왕인 제우스도 이번만큼은 입을 꼭 다물었다. 그러자 여신들은 신들에게 어서 결정하라고 재촉했다. 여기서 괜히 말을 잘못했다가는 여신들의 노여움을 살 수도 있는 난처한 상황이었다. 신들은 한참을 미루다가 어쩔 수 없이 이 세 여신과 아무런 상관이 없는 인간에게 물어보는 것이 제일 공정한 것 같다고 말했다. 결국 이다Ida 산에서 양을 치는 트로이의 왕자 파리스Paris에게 결정권이 넘어갔다.

파리스는 트로이 왕의 아들이었다. 그런데 그가 태어날 때 어머니인 헤카

베Hekabe는 횃불이 도시 전체를 불태우는 꿈을 꾸었다. 이는 트로이의 멸망을 의미하는 불길한 전조라고 하여 파리스는 태어나자마자 부모에게 버림받았다. 이후 파리스는 한 양치기에게 발견되어 산에서 양을 치고 기르며 양떼와 함께 자랐다. 아름답고 영리한 소년이 된 파리스가 변함없이 양을 치던 어느 날, 신들의 전령인 헤르메스가 다가왔다. 헤르메스는 파리스에게 세 여신을 보여 주면서 그중 가장 아름다운 한 명을 결정하라고 말했다.

눈앞의 아름다운 세 여신을 보며 파리스는 어찌할 바를 몰랐다. 파리스가 당황해서 빨리 결정하지 못하자 여신들은 각자 조건을 내걸었다. 헤라가 가장 먼저 일어나더니 자신을 뽑으면 권력과 재물을 주겠노라고 했다. 아테나는 무궁한 지혜와 뛰어난 군사를 주겠노라고 약속했다. 마지막으로 사랑과 미의 여신 아프로디테가 천천히 걸어 나왔다. 그녀는 아름다운 허리띠를 만지작거리며 우아한 미소로 파리스를 바라보았다. 그리고 부드러운 목소리로 만약 자신을 가장 아름다운 여신으로 뽑아 준다면 파리스에게 인간 세상에서 가장 아름다운 미녀를 주겠다고 약속했다.

파리스는 권력, 지혜, 아름다움 가운데 아름다움을 선택했다. 그는 조금도 주저하지 않고 아프로디테에게 황금 사과를 주었다. 그 결정에 아프로디테는 기뻐했시만, 나른 두 여신은 몹시 화가 나서 파리스에게 복수하겠다고 마음먹었다.

아름다운 헬레네

아프로디테가 말한, 인간 세상에서 가장 아름다운 미녀는 과연 누구일까? 바로 스파르타의 공주 헬레네였다. 헬레네는 제우스와 스파르타의 왕비 사이에서 태어난 딸이었다. 그녀의 아름다움은 그 무엇과도 비교할 수 없었다. 꽃조차 그녀의 옆에서는 시들어 보였다. 헬레네가 결혼할 나이가 되자 수많은 구혼자가 그녀를 찾아왔다. 그들은 모두 헬레네의 관심을 끌어 그

〈 파 리 스 의 심 판
(Judgement of Paris)〉

전령의 신 헤르메스가
트로이 왕의 아들인 파
리스가 양을 치는 곳으
로 아름다운 세 여신을
데려온 장면을 묘사한
그림이다. 세 여신은 서
로 자신에게 황금 사과
를 달라고 요구했다.

녀와 결혼하길 간절히 바랐다. 그래서 헬레네의 양아버지인 스파르타의 왕
틴다레오스Tyndareos는 헬레네에게 거절당한 구혼자들이 나중에 앙심을
품고 스파르타를 공격할까 봐 걱정이 이만저만 아니었다.

틴다레오스의 조카 오디세우스Odysseus도 헬레네에게 구혼한 적이 있는
데 헬레네가 거절하자 깨끗하게 물러났다. 그는 걱정하는 틴다레오스를
보고 말했다. "뭘 그렇게 걱정하세요? 아주 간단한 일이에요. 헬레네가 결
혼할 남자를 선택하기 전에 모든 구혼자에게 맹세하라고 하세요. 헬레네
의 결정이 어떠하든 모두 그녀의 선택을 받아들이고 결혼의 증인이 되겠다
고요. 만약 헬레네의 행복한 결혼을 방해하는 문제가 생겨도 증인들은 모
두 이 결혼을 지켜 주려고 할 거예요."

틴다레오스는 오디세우스의 말을 듣고 고개를 끄덕였다. 그 후 많은 구
혼자는 오디세우스가 말한 대로 맹세했고, 헬레네는 그중에서 가장 힘세
고 멋진 메넬라오스Menelaos를 선택했다. 메넬라오스는 미케네의 왕인 아가
멤논의 동생이었다. 메넬라오스와 헬레네는 결혼 후 스파르타의 왕위를 계

승했고 헬레네는 스파르타의 왕비가 되었다. 행복한 결혼생활 속에서 얼마 후 귀여운 딸도 태어났다. 그러던 어느 날, 젊고 잘생긴 왕자 파리스가 나타났다. 파리스는 아프로디테가 약속한 가장 아름다운 미녀인 헬레네를 만나러 스파르타까지 온 것이었다. 메넬라오스는 이웃 나라의 왕자인 파리스를 친절하게 대접해 주었다. 그러나 파리스는 그의 왕비인 헬레네를 보고 한눈에 반했고, 아프로디테는 헬레네도 파리스를 사랑하게끔 만들었다. 사랑에 빠진 헬레네는 한 사람의 아내, 한 아이의 엄마, 한 나라의 왕비라는 신분을 포기하고 사랑을 선택했다. 얼마 후 메넬라오스가 멀리 원정을 나간 사이에 파리스는 헬레네를 데리고 트로이로 갔다.

전쟁 준비

원정에서 돌아온 메넬라오스는 아내가 파리스와 함께 트로이로 도망쳤으며, 파리스가 궁전 안의 많은 보물까지 훔쳐갔다는 이야기를 듣고 분노를 감추지 못했다. 그는 형인 아가멤논에게 도움을 청했다. 이에 아가멤논은 즉시 지원군을 보냈고, 지원군의 사령관 중에는 과거에 헬레네에게 구혼한 이들도 있었다. 그들은 이 결혼의 증인이었고 결혼을 지켜 주겠다고 맹세했기 때문에 트로이 공격을 자신의 일처럼 여기고 힘을 보태겠다고 했다. 각지에서 지원군을 모으고 동맹국들의 동의를 얻은 메넬라오스는 트로이를 공격할 준비를 완벽히 마쳤다. 그의 동맹자 중에는 이타카Ithaca 섬의 왕이 된 오디세우스와 영웅 아킬레우스Achilleus도 있었다.

사실 처음에는 동맹국들의 동의를 얻고 지원군을 받는 것이 순조롭지 않았다. 심지어 구혼자들에게 모두 맹세를 받으라는 방책을 내놓았던 오디세우스조차 맹세를 저버리고 싶었다. 아들이 태어난 지 한 달밖에 되지 않아 사랑하는 아내와 아기를 내버려 두고 전쟁터로 떠나고 싶지 않았기 때문이다.

오디세우스는 아가멤논에게 무력을 사용해 헬레네를 데려오는 것이 좋

아름다운 헬레네와 트
로이의 왕 프리아모스

겠다는 의견을 전하면서 겉으로는 전쟁에 참여
할 것처럼 행동했다. 그리고 그때부터 미친
사람처럼 행동하기 시작했다. 전쟁에 참
여하는 것을 어떻게든 피하고 싶었기
때문이다. 그러나 아가멤논은 오디세
우스가 미쳤다는 소식을 듣고도 믿
지 않았다. 그는 늙은 영웅 네스토르
Nestor를 보내서 오디세우스를 살펴보
게 했다. 네스토르가 몰래 가서 보니,
오디세우스는 당나귀를 타고 소를 끌어
당기면서 밭을 갈고 있었다. 그리고는 돌덩이
를 씨앗인 것처럼 정성스레 심었다. 그 모습을 보
고 네스토르의 부하는 오디세우스가 미쳤다고 확신했지
만, 지혜로운 네스토르는 믿지 않았다. 네스토르는 오디세우스의 갓난 아
들을 번쩍 안아 들고는 쟁기를 향해 기어가도록 밭에 내려 주었다. 오디세
우스는 아들이 위험천만한 상황에 닥치자 재빨리 쟁기를 막아서며 아들
이 다치지 않도록 했다. 그러고는 재빨리 아들을 안아 올려 다친 곳은 없
는지 살펴보았다. 이 모습을 본 네스토르는 오디세우스가 미치지 않았다
고 확신했다. 이렇게 되자 오디세우스도 하는 수 없이 전쟁에 나갈 수밖에
없었다.

영웅의 교묘한 계략

앞에서 살펴본 바와 같이 영웅 펠레우스와 여신 테티스 사이에서 아들 아
킬레우스가 태어났다. 테티스는 아들도 자신처럼 영원히 살기를 바랐다.
그래서 아들을 거꾸로 들고 지옥의 강물에 몇 차례 담가 목욕을 시켰다.

그 후로 아킬레우스는 칼에 찔려도 죽지 않는 몸이 되었다. 그러나 테티스가 잡고 있던 발뒤꿈치는 물에 담기지 않아 아킬레우스의 유일한 약점이 되었다. 이 부위를 가리키는 '아킬레스건'은 오늘날 '치명적인 약점'을 뜻하는 말로 쓰인다.

아킬레우스는 태어날 때 두 가지 예언을 들었다. 하나는 오랫동안 행복하게 평화로운 삶을 산다는 것이고, 또 하나는 전쟁터에서 짧은 삶을 마감하지만 대신 위대한 영웅이 된다는 것이었다. 아킬레우스의 아버지인 영웅 펠레우스는 아들이 젊은 나이로 죽는 것을 원하지 않았다. 그래서 아킬레우스를 여자아이로 꾸며 스키로스Scyros의 왕 리코메데스Lycomedes에게 보

18세기에 그려진 이 유화는 사랑과 미의 여신 아프로디테와 사랑의 아기 신 에로스가 아름다운 헬레네와 파리스를 사랑에 빠지도록 하는 장면을 그렸다.

냈다. 아킬레우스는 그곳에서 리코메데스의 딸 49명과 함께 생활했다. 이 일은 펠레우스와 리코메데스 외에는 아무도 모르는 일이었다. 왕의 딸들 조차 아킬레우스가 남자아이인 줄 몰랐다.

　그러던 중 아킬레우스를 전쟁에 데려가기 위해서 오디세우스가 스키로스를 찾아왔다. 사람들은 그에게 궁 안에는 여자아이들만 있고 남자아이는 없다고 이야기해 주었다. 그러나 오디세우스는 그 말을 듣고 바로 돌아가지 않았다. 그는 상인으로 분장해서 다양한 물건을 들고 궁전으로 갔다. 궁전 안에서 소녀 50명을 보았는데, 그냥 봐서는 누가 아킬레우스인지 구별할 수가 없었다. 그래서 오디세우스는 가지고 간 장신구, 빗, 바늘과 실, 꽃무늬 천 등을 늘어놓으며 장사를 하기 시작했다. 그러자 49명은 환호성을 지르며 오디세우스에게 뛰어왔다. 소녀들은 물건을 구경하면서 만져 보기도 하며 즐거워했다. 그러나 한 소녀는 오디세우스의 물건에 전혀 관심을 보이지 않고 꼼짝 않고 서 있었다. 오디세우스는 그 소녀에게 보석이 박힌 단검을 보여 주었다. 소녀는 그제야 눈을 반짝이며 단검을 자세히 살피기 시작했다. 그 순간, 궁 안에 전쟁을 알리는 호각 소리가 울려 퍼졌다. 이것은 오디세우스가 미리 준비해 놓은 것이었다. 소녀 49명은 호각 소리를 듣고 무서워서 어찌할 바를 모르며 허둥댔다. 그러나 단검을 살펴보던 소녀는 단검을 더욱 단단히 쥐고는 조금의 두려움도 없이 호각 소리가 울리는 곳으로 뛰어가려고 했다. 오디세우스는 그 소녀가 아킬레우스라고 확신했고, 펠레우스는 하는 수 없이 아들을 전쟁터로 내보내게 되었다.

　여러 동맹국의 사령관들은 아가멤논을 최고 사령관으로 추대했다. 그리고 헬레네를 납치해 간 파리스에게 본때를 보여 주자고 결의했다. 파리스는 단순히 아름다운 여성이 아닌 그리스의 왕비를 데리고 간 것이었다. 따라서 파리스의 행동은 단순히 메넬라오스 개인에게 치욕을 준 것만이 아니라 그리스 전체에 치욕을 안겨 준 것이었다.

9 트로이 전쟁

아내를 빼앗긴 메넬라오스는 매우 분노하여 그리스의 모든 영웅을 불러 모았다. 이렇게 해서 조직된 그리스 연합군은 위풍당당하게 트로이로 진격했다. 인간 세상에 전쟁의 기운이 감돌자 신들도 이 전쟁에 참여하기로 했다. 헤라, 아테나, 포세이돈은 그리스 연합군의 편에 섰고 아프로디테, 하데스, 아폴론은 트로이를 지지했다. 트로이 전쟁은 인간들의 전쟁이면서 또한 신들의 전쟁이 되었다.

시기 : 기원전 12세기
키워드 : 아가멤논, 아킬레우스, 프리아모스

그리스 각지에 흩어져 살던 영웅과 용사, 그리고 그들의 십만 군대가 항구에 모였다. 그들은 모두 헬레네를 빼앗겼다는 사실에 분노했고, 트로이를 멸망시켜서 이 치욕을 반드시 갚아 주겠다며 흥분했다. 그런데 출발을 기다리던 중에 그리스 연합군의 최고 사령관인 아가멤논이 사냥하다가 달과 사냥의 여신인 아르테미스의 사슴을 실수로 다치게 했다. 이에 아르테미스는 불같이 화를 내며 거대한 바람을 일으켜서 그리스 함대가 출항하지 못하게 했다. 아가멤논은 아르테미스의 화를 풀기 위해서 딸 이피게니아 Iphigeneia를 제물로 바치려고 했다. 아가멤논이 칼을 들어 스스로 자신의 딸

한눈에 보는 세계사
기원전 1200년경 : 알파벳 발명   기원전 1100년경 : 중국, 주 왕조 성립
기원전 1000년경 : 한반도, 청동기 시대 시작

을 내리치려고 하는 순간, 아르테미스도 마음이 약해졌다. 아르테미스는 바람을 일으켜 제단 위의 이피게니아를 휙 채 가서 자신의 여사제로 만들었다. 여신의 분노는 결국 이렇게 진정되었고, 출발을 방해하던 큰 바람도 멈추었다. 그리스 함대는 드디어 돛을 휘날리며 출항했다.

그러나 상황은 그리스 연합군이 예상한 것만큼 순조롭지 않았다. 위풍당당하던 함대는 트로이에 도착하자마자 미리 준비하고 기다리던 트로이 군대의 거센 반격을 받았다. 게다가 그리스 연합군은 군사력은 강했지만 트로이의 지형에 익숙하지 않았다. 반대로 트로이는 군사력은 약했지만 지형에 익숙했고 단결력이 강했다. 트로이와 그리스 연합군은 막상막하였다. 여러 차례 전투를 치르면서 엎치락뒤치락하던 전쟁은 9년 동안이나 계속되었다.

날개가 있는 잠의 신 히프노스(Hypnos)와 죽음의 신 타나토스(Thanatos)가 죽은 사르페돈(Sarpedon)을 들어 올리는 장면이다. 그림 중간에 있는 '영혼의 안내자' 프쉬코폼포스(Psychopompos)가 오른손을 들어서 타나토스에게 조심하라고 지시하고 있다.

그리스 연합군의 내분

전쟁이 10년째에 접어들면서 그리스 연합군은 사기가 떨어졌다. 병사들은 부상과 질병, 고향과 가족에 대한 그리움으로 괴로워했다. 그들은 어서 전쟁이 끝나 고향으로 돌아가기만을 바랐다.

결국 그리스 연합군 내부에 분쟁이 일어났다. 일의 발단은 이러했다. 그리스 연합군이 트로이 군대와 전투를 하고 돌아오는 길에 근처의 아폴론 신전에서 많은 재물을 강탈하고 아름다운 두 여성을 데려왔다. 두 여성은 하녀 브리세이스Briseis와 아폴론 신전 대사제의 딸 크리세이스Chryseis였다. 당시 전투에 참여한 사령관 중에 아킬레우스가 브리세이스를 데려가고 아가멤논이 크리세이스를 데려갔다.

아폴론 신전의 대사제 크리세스Chryses가 이 소식을 듣고 아가멤논을 찾아와 태양신 아폴론의 얼굴을 봐서라도 자신의 딸을 돌려 달라고 요청했다. 그러나 아가멤논이 냉정하게 거절하자 크리세스는 아폴론에게 이 불경한 그리스 인들을 벌해 달라고 간청했다. 아폴론은 크리세스의 기도를 들어주어 아가멤논의 군대에 화살 비를 쏟아 부었다. 이 때문에 수많은 병사가 죽고 다치자 아가멤논은 놀라서 크리세이스를 돌려보낼 수밖에 없었다. 억지로 크리세이스를 내준 아가멤논은 아킬레우스에게 브리세이스를 달라고 했다. 그러자 아킬레우스는 화가 나서 브리세이스를 줄 수는 있으나 그와 동시에 자신의 군대는 그리스 연합군에서 빠지겠다고 선언했다.

아킬레우스의 군대는 결국 그리스 연합군에서 빠졌다. 그리스 연합군 내부의 상황을 지켜보던 트로이는 이 기회를 놓치지 않고 공격했다. 사기가 바닥에 떨어진 그리스 군대는 계속해서 패했다. 아킬레우스가 빠진 그리스 연합군은 한눈에 봐도 군사력과 사기가 예전과 같지 않았다. 그러자 많은 사람이 아킬레우스에게 그만 화를 풀고 전투에 참여하라고 권했다. 심지어 그리스 연합군의 최고 사령관인 아가멤논도 직접 선물을 들고 사과

전쟁에서 이겼다고 생
각한 트로이 인들은 목
마를 보고 기뻐하며 성
으로 밀고 들어갔다.

하러 찾아왔다. 하지만 아킬레우스는 여전히 화를 누그러뜨리지 않았다.

다만, 아킬레우스는 직접 전투에 참여하지는 않더라도 땅에 떨어진 그리스 연합군의 사기는 회복해야겠다고 생각했다. 그래서 그는 가장 친한 친구인 파트로클로스Patroklos에게 자신의 갑옷을 입히고 자신의 창과 방패를 들게 했다. 이렇게 아킬레우스로 변장한 파트로클로스는 전투에 나갔다. 그 전투에는 마침 트로이의 왕자 헥토르Hektor도 참여했다. 헥토르는 트로이의 영웅으로, 힘이 아주 세서 당할 사람이 없었다. 아킬레우스의 갑옷을 입고 용기백배해서 그와 대결한 파트로클로스는 결국 헥토르에게 죽임을 당했다.

아킬레우스의 죽음

가장 친한 친구를 잃은 아킬레우스는 몹시 슬퍼하다가 파트로클로스의 복수를 하겠다고 마음먹었다. 그는 아가멤논과 화해하고 전투에 다시 참여했다. 전투가 다가오면서 트로이의 헥토르는 어쩐지 이번 싸움에서 자신이 아킬레우스의 손에 죽을 것 같다는 예감이 들었다. 그러나 그는 왕자로서 트로이를 보호할 책임이 있었다. 헥토르는 눈물을 흘리는 아내와 아이를 뒤로하고 용감하게 전쟁터로 떠났다.

그리스와 트로이의 두 영웅은 트로이 성에서 일대일로 결투했다. 그들은 오랜 시간 동안 죽음을 각오하고 싸웠지만 결판이 나지 않았다. 얼마 후 아킬레우스의 공격이 연이어 성공하면서 상황은 아킬레우스에게 유리해졌다. 그는 트로이 성벽을 세 번이나 돌면서 헥토르를 뒤쫓았고 결국 친구의 복수를 했다. 헥토르가 이미 죽었음에도 아킬레우스는 분이 풀리지 않았다. 그는 다시 칼을 들어 피로 가득한 헥토르의 갑옷을 풀어헤치고 시체를 전차 뒤에 매달아 끌고 다녔다. 땅에 부딪히고 끌려서 헥토르의 몸이 다 짓이겨졌지만 아킬레우스는 멈추지 않았다. 그는 들개나 까마귀가 뜯어 먹도록 헥토르의 시체를 벌판에 버리게 했다.

트로이의 왕인 프리아모스는 트로이 성의 높은 곳에서 자신의 아들이 죽는 과정을 모두 보았다. 그리고 아들이 목숨을 잃은 것도 모자라 시체가 참혹하게 다뤄지는 것을 보고 마음이 찢어지는 듯했다. 그는 어떤 대가를 치르더라도 아들의 시체를 돌려받아야겠다고 마음먹었다. 늙은 프리아모스는 많은 몸값을 지니고 생명의 위험을 무릅쓴 채 아킬레우스 진영으로 갔다. 그는 아킬레우스의 발 앞에 무릎을 꿇고 그의 손등에 키스했다. 그리고 눈물을 흘리며 말했다. "나는 50명의 아들이 있소. 그러나 당신이 여기에 온 후로 이 전쟁이 나의 아들들을 거의 다 데려갔소. 이제 내가 가장 신뢰하고 사랑한 아들마저 죽어 버렸다오. 헥토르가 죽어서라도 평안하도록 나에게 그를 돌려주시오. 당신도 나처럼 늙은 아버지가 있을 것이오. 그도 언젠가는 나처럼 아들을 죽인 적군의 젊은 장군에게 무릎을 꿇고 당신의 시체를 돌려 달라고 간청할지도 모르는 일이지 않소. 당신의 아버지를 생각해서 제발 나의 불쌍한 아들을 돌려주시오."

프리아모스의 간절한 말은 아킬레우스의 마음을 움직였다. 백발이 성성한 프리아모스를 보며 아킬레우스는 고향에서 자신이 무사히 돌아오기를 기다리고 있을 늙은 아버지를 떠올렸다. 그래서 헥토르의 시체를 돌려주고 그의 장례식을 치르는 날에는 공격을 하지 않겠다고 약속했다. 트로이는 영웅 헥토르의 장례식을 성대하게 거행했다.

헥토르마저 전쟁터에서 죽자 전쟁의 발단을 제공한 파리스는 더 이상 형제들 뒤에 숨어 있을 수만은 없었다. 그는 직접 병사를 이끌고 아킬레우스를 공격하기로 마음먹었다. 트로이의 영웅인 헥토르를 죽인 후 아킬레우스는 교만해져서 새파랗게 젊은 파리스에게는 신경도 쓰지 않았다. 하지만 파리스는 활을 쏘는 실력이 뛰어났고 무엇보다 아프로디테를 비롯한 여러 신의 가호를 받고 있었다. 트로이를 지지하던 태양신 아폴론은 파리스에게 아킬레우스의 약점이 발뒤꿈치라고 알려 주었다. 그 말을 들은 파리스는 활로 아킬레우스의 발뒤꿈치를 쏘았고 영웅 아킬레우스는 바로 고꾸라져 죽었다. 예언대로 아킬레우스는 전쟁터에서 짧은 삶을 마감했지만 대신 위대한 영웅이 되었다.

트로이의 목마

헥토르도 죽고 아킬레우스도 죽었다. 트로이와 그리스 연합군은 양쪽 모두 가장 중요한 인물을 잃은 셈이다. 전쟁은 다시 제자리걸음이었다. 바로 이때 오디세우스가 기발한 전술을 생각해 냈다. 커다란 목마를 제작해서 트로이 성 밖에 세워 두는 것이었다. 어느 날 난데없이 나타난 거대한 목마를 보고 트로이 인들은 그 안에 그리스 병사들이 숨어 있으리라고는 꿈에도 생각하지 못했다.

그리스 연합군은 그 전에 군대의 천막을 태워 버리고 배에 올라서 그리스로 돌아가는 것처럼 행동했다. 트로이 인들은 성벽에 서서 그리스 연합군의 배가 점점 멀어지는 것을 확인하고 그들이 돌아갔다고 생각했다. 그러나 사실 그리스 연합군은 트로이 성에서 보이지 않게 그 근처에 숨어 있었다. 드디어 전쟁이 끝났다고 생각한 트로이 인들은 환호성을 지르며 즐거워했다. 기쁨에 도취해서 성문을 활짝 열자 성밖에 거대한 목마가 서 있었다. 트로이 인들은 여태껏 본 적이 없는 이 괴상한 물건의 정체에 대해 고민했다.

목마를 어떻게 해야 할지 몰라 당황하던 트로이 인들은 목마의 배 부분에 숨어 있는 그리스 병사 한 명을 발견했다. 그는 눈물을 흘리며 트로이 인들에게 용서를 구했다. 그리고 자신을 두고 떠난 그리스 연합군들에게 저주의 말을 퍼부었다. 그러고 나서 이 목마는 여신 아테나에게 바치는 것이므로 훼손하면 여신에게서 벌을 받을 것이라고 말했다. 이 병사는 오디세우스의 사촌 동생인 시논Sinon으로, 그리스 연합군이 일부러 남겨 둔 첩자였다.

트로이 인들은 시논의 말을 믿고 목마를 성안으로 밀고 들어가려고 했다. 그때 아폴론 신전의 제사장인 라오콘Laocoon이 신전에서 달려와 절대로 목마를 성으로 들여서는 안 된다고 경고했다. 트로이 인들은 어찌해야 좋을지 몰랐다. 그때 마침 그리스 연합군을 지지하던 바다의 신 포세이돈이 독사 두 마리를 보내서 라오콘과 그의 두 아들을 죽였다. 그 모습을 보

이 라오콘 동상은 고대 그리스의 가장 유명한 조각 중 하나이다. 거대한 목마를 보고 제사장 라오콘만이 그리스 연합군의 계책을 알아챘다. 그러나 그리스 연합군을 지지하던 포세이돈이 독사를 보내서 라오콘과 그의 두 아들을 참혹하게 죽였다. 그것을 보고 놀란 트로이 인들은 라오콘의 경고와 반대로 목마를 성안으로 들였고, 결국 트로이는 멸망했다.

고 깜짝 놀란 트로이 인들은 라오콘이 불경한 말을 해서 벌을 받았다고 생각했다. 그리고 자신들도 괜히 의심했다가 신의 노여움을 살까 봐 서둘러 목마를 성안으로 들여놓았다.

그날 저녁, 트로이 인들은 목마를 둘러싸고 노래를 부르며 춤을 췄다. 모두 승리의 기쁨에 취해 있을 때 트로이의 공주 카산드라Cassandra는 앞으로 벌어질 비극을 예감했다. 예전에 그녀는 태양신 아폴론에게 평생 봉사할 것을 맹세하면서 미래의 일을 아는 능력을 달라고 기도했다. 그러나 막상 아폴론이 기도를 들어주자 카산드라는 자신의 기도를 후회하며 능력을 거부하려고 했다. 아폴론은 몹시 화가 나서 그 후로는 아무도 카산드라의 예언을 믿지 않도록 만들어 버렸다. 카산드라는 이번에도 급히 뛰어가서 자신의 불길한 예감을 말했지만, 아무도 그녀의 말을 믿지 않았다.

밤이 되어 트로이 인들이 깊은 잠에 빠졌을 때 아무도 없는 광장에 놓인 목마에서 이상한 일이 일어났다. 시논이 목마로 다가가서 말의 배 부분에 구멍을 뚫고 안쪽으로 신호를 보냈다. 그 신호를 듣고 목마에서 그리스 군사들이 천천히 기어 나왔고, 그들은 몰래 성문을 열었다. 철수하는 척하고 트로이에 숨어들어 와 있던 그리스 연합군이 한꺼번에 성안으로 들어왔다. 트로이 인들은 꿈속에 빠져 있다가 반항 한번 제대로 해 보지도 못하고 죽임을 당했다. 성인 남자들은 거의 다 죽었고 여자와 아이들도 많이 죽거나 다쳤다. 트로이의 왕 프리아모스는 제우스 신전의 제단 옆에서 죽었고 왕비와 왕족인 여자들은 모두 끌려갔다. 이후 그리스 연합군이 트로이 곳곳에 불을 질러 트로이는 한순간에 한 줌의 재가 되고 말았다.

그리스 연합군은 거대한 목마를 사용해서 그동안 길게 끌어오던 전쟁에서 승리했다. 그래서 훗날 '트로이 목마'라는 말은 '사람을 속이는 위험한 계략' 또는 '적을 물리치기 위해 내부에 잠입하는 것'을 의미하게 되었다.

전쟁의 직접적인 원인이 된 헬레네는 어디에 있었을까? 또 이후 그녀의 운명은 어떻게 되었을까? 헬레네에 관해서는 아직도 의견이 분분하다. 어떤 사람은 파리스가 죽자 그녀도 뒤따라 목숨을 끊었다고 하고, 또 어떤 사람은 애초에 헬레네는 파리스를 따라서 트로이로 가지 않았으며 이집트에서 남편을 기다렸다고 말하기도 한다. 또 메넬라오스가 트로이 성에 숨어 있던 헬레네를 찾아냈는데 그동안 10년이라는 세월이 흘렀어도 여전히 아름다운 그녀를 용서하고 스파르타로 데려갔다고도 한다. 스파르타로 돌아가는 길에 메넬라오스와 헬레네는 이집트에 들렀다. 그곳에서 이집트 황후가 헬레네에게 옛일을 잊어버리는 신비한 물을 주며 새로운 삶을 살도록 축복했다고 한다. 헬레네가 이 물을 마셨는지 안 마셨는지, 스파르타로 돌아간 후의 생활이 어떠했는지는 아무도 아는 사람이 없다.

트로이는 높은 언덕에 자리한 나라였다. 트로이가 폐허가 된 후 그곳에는 몇 천 년에 걸쳐서 여러 차례 새로운 나라가 세워졌다가 사라지기를 반복했다. 트로이는 점차 역사 속으로 사라졌고, 어느덧 전설 속에만 존재하는 나라가 되었다. 19세기에 독일의 슐리만이 발견하기 전까지는 말이다.

10 도리아 인의 침입

크레타 문명과 미케네 문명을 차례로 거치면서 고대 그리스는 오랜 시간 동안 화려하게 번성했다. 기원전 12세기에 이르러 야만적이고 강한 도리아 인이 미케네 문명을 공격했다. 야만족의 침입으로 그리스에는 암흑시대가 시작되었다. 그러나 긴 암흑의 터널을 지나 다시 새로운 문명의 불씨가 타오르기 시작했다.

시기 : 기원전 12세기
인물 : 미케네 인, 도리아 인

미케네 문명의 쇠퇴

미케네 인은 크레타 인의 뒤를 이어 에게 해의 패권을 장악한 후 전에 없던 강력한 제국을 건설했다. 웅장하고 아름다운 궁전, 상업과 무역의 번영, 거대한 해상 함대, 문자 창조, 아름다운 청동 제품을 통해서 번영했던 당시의 미케네를 엿볼 수 있다. 그러나 미케네 인의 번영은 200년이 채 되지 않았다. 그들의 문명은 전쟁을 겪으면서 빠른 속도로 쇠퇴했다. 미케네의 왕 아가멤논은 천신만고 끝에 트로이 전쟁에서 승리하고 그토록 그리워하던 고향으로 돌아왔지만, 곧 자신의 아내에게 죽임을 당했다. 그 후 미케

한눈에 보는 세계사
기원전 1200년경 : 알파벳 발명　　　　　　기원전 1100년경 : 중국, 주 왕조 성립

네는 귀족들이 서로 왕이 되겠다고 싸우면서 혼란에 빠지고 점점 쇠퇴해 갔다.

그러나 번영했던 나라가 순식간에 멸망한 데에는 왕의 갑작스러운 죽음 외에도 분명히 더 결정적인 원인이 있었을 것이다. 고고학자들은 미케네의 멸망은 여러 가지 원인이 복합적으로 얽혀서 나타난 결과라고 생각한다.

첫 번째 원인은 극심한 가뭄이었다. 이집트에 남아 있는 기록에 따르면 기원전 13세기 후반에 지중해 지역에 오랫동안 가뭄이 들었다고 한다. 농사를 지어도 아무런 수확을 하지 못하고 양식이 부족해지면서 사회가 점차 분열되었을 것이다. 두 번째 원인은 어느 해상 민족의 공격이다. 이 해상 민족은 누구였을까? 어디에서 왔을까? 이것은 아직도 풀리지 않은 수수께끼이다. 확실한 것은 그들의 해상 함대가 미케네뿐만 아니라 이집트, 바빌론 같은 나라들도 모두 공격했다는 점이다. 마지막 원인은 지진이다. 지진이 자주 발생하면서 미케네의 도시들은 하나씩 사라지기 시작했을 것이다. 미케네 인이 크레타를 점령하면서 빼앗은 크노소스 궁전도 기원전 1100년경에 일어난 지진으로 무너지고 큰불에 완전히 타 버렸다. 그러나 미케네 인도 크노소스 궁전을 다시 세울 수 없는 상황이라 궁전은 그렇게 역사 속으로 사라졌다.

벽화에 그려진 아름답고 우아한 이 미케네 여성은 상아로 조각한 상자를 들고 있다.

도리아 인이 오다

미케네 인이 크레타를 공격했던 것처럼 미케네가 혼란한 와중에 도리아 인이 공격해 왔다. 도리아 인은 원래 그리스 반도 북부에 살던 민족이었다. 그곳은 그리스 반도의 다른 지역과 비교해 사회와 경제가 그다지 발전하지 못했다. 대신 군사력은 다른 민족들보다 우수했다. 도리아 인은 군대를 이끌고 남쪽으로 내려와 가는 곳

마다 전투를 벌여서 승리했고, 마침내는 미케네 중심부까지 진격했다. 바로 펠로폰네소스 반도이다.

도시국가 가운데 가장 큰 미케네가 도리아 인의 공격에 무너졌다. 미케네를 점령한 도리아 인은 미케네의 문명에는 전혀 관심이 없었다. 미케네 문명의 예술·건축·책·문자 등이 발전을 멈췄다. 그리스 반도는 다시 문자가 없던 시대로 되돌아갔고 번성했던 도시는 황량해졌다. 미케네 인은 다시 도시를 일으켜 세우지 못하고 여기저기 흩어져서 살았다. 생활은 몹시 힘들어졌고,

아름답게 장식된 미케네 궁전의 중앙 로비이다. 곳곳에 통치자의 권력을 상징하는 표시가 되어 있다.

농사로 수확하는 양식은 겨우 입에 풀칠할 정도였다. 집도 대부분 초가나 토담집을 짓고 살았다. 기원전 1100년부터 기원전 800년까지 그리스 반도의 문명은 계속해서 후퇴했다. 그래서 이 시기를 '암흑시대'라고 부른다.

문자로 된 기록이 거의 없어서 이 시기의 그리스에 관해서는 알려진 것이 많지 않다. 그러나 출토된 물건들과 몇 가지 정교하지 못한 기록을 토대로 알아낸 바로는 당시 그리스는 문화적으로 후퇴했지만 얼마 후 사회·경제적으로 자신들만의 문명의 기초를 세우려 했던 것으로 보인다.

문명의 불씨

크레타 문명과 미케네 문명은 모두 청동기 시대였고, 암흑시대부터는 철기 시대로 들어섰다. 지중해 지역에서 가장 먼저 철을 사용한 곳은 소아시아의 히타이트Hittite 제국으로, 히타이트 인은 철을 만드는 기술을 철저히 비밀에 부쳤다. 그러나 기원전 13세기 즈음에 한 해상 민족이 히타이트 제국을 멸망시키면서 철을 만드는 기술은 널리 퍼지기 시작했다. 그리스 반도에서는 도리아 인이 가장 먼저 철을 만들었다. 이후 그들이 그리스 반도의 중부와 남부 지역으로 내려오면서 철도 함께 전파되었다. 철기를 제작하는 기술은 새로운 시대의 출발을 알리는 것이었다. 철기를 만들어 사용하면서 생산력은 크게 향상되었고 양식을 얻을 수 있는 농지가 더 많아졌다. 양식의 수확이 늘자 인구도 점차 증가했다. 또한 수공업과 농업이 분리되기 시작했고 물물교환도 나타났다. 이와 더불어 사회의 다른 여러 방면도 점차 발전하기 시작했다.

도리아 인의 사회는 원시적인 군사 민주제였다. 군사 민주제란 혈연 공동체 조직을 기초로 군사 지도자나 통치자를 선출하는 원시적인 제도였다. 도리아 인이 자신들의 이런 사회 형태를 그리스 반도 전체에 적용하여 그리스 반도는 군사 지도자가 부락을 관리하는 체제가 되었다. 각 부락에는 장로회가 구성되고 이를 중심으로 부락의 여러 가지 일을 결정했다. 장로회 아래에는 민중 의회가 있고 주로 부락의 성인 남자로 구성되었다. 성인 남자라면 누구나 민중 의회에 참여해서 의견을 낼 수 있었다. 이 부락 전체를 관리하는 군사 지도자를 바실레우스Basileus라고 불렀으며, 그는 전쟁이 일어나면 군대를 통솔하고 종교적인 제사 의식을 맡아 거행하기도 했다. 그러나 절대적인 권위는 없고 장로회와 함께 부락의 일을 처리했다. 농업 생산량이 많아지면서 부유한 사람들이 생겨나기 시작했다. 이에 따라 점점 사회 내에 계급이 다양해지고 명확해졌다. 처음에는 절대적인 권위가 없던 바실레우스도 원래는 공동 소유인 부락 토지를 자기 소유로 해 버렸다. 많은 평민이 토지를 빼앗기고 점점 가난해져서 떠돌다가 결국에는 부자들의 노예가 되었다.

　전체적으로 봤을 때 그리스의 암흑시대는 확실히 문명이 쇠락한 시대였다. 하지만 그리스 인들은 그 속에서 또 다른 문명을 만들어 내고 있었다. 호메로스의 서사시는 이 시대의 역사를 보여 주는 귀중한 자료이기 때문에 암흑시대를 '호메로스 시대'라고 부르기도 한다. 또 호메로스의 서사시에 등장하는 주요 인물이 대부분 영웅이어서 '영웅의 시대'로 부르기도 한다.

11 맹인 음유 시인 호메로스

그는 두 눈이 보이지 않았다. 그러나 그리스 각지를 돌아다니면서 일곱 줄로 된 현악기인 리라Lyra 를 연주하며, 강변에서, 우물가에서, 길에서, 나무 그늘에서 시를 노래했다. 그의 이야기에는 이웃 나라의 미인, 힘이 센 영웅, 황금으로 가득 찬 비밀의 창고가 등장했다. 눈은 보이지 않지만 누구보다 역사의 흐름을 꿰뚫어 보았던 그가 바로 호메로스Homeros이다.

시기 : 기원전 9세기~기원전 8세기
인물 : 호메로스, 오디세우스

호메로스의 서사시

호메로스는 고대 그리스의 위대한 시인이었다. 그가 태어나고 죽은 연도는 확실하지 않지만, 서사시에 묘사된 사회 배경으로 추측해 볼 때 대략 기원전 9세기에서 기원전 8세기 사이에 살았던 것 같다.

트로이 전쟁이 끝난 후 많은 음유 시인이 전쟁터에서 활약한 영웅들의 이야기를 노래로 만들어 부르고 다녔다. 그들은 사람이 많이 모인 곳에서 노래했고 당시 큰 인기를 얻었다. 몇 세기에 걸쳐 그들이 불러오던 수많은 노래를 호메로스라는 맹인 시인이 하나로 모으기 시작했다. 그는 이 많은

한눈에 보는 세계사
기원전 800년 : 페니키아, 카르타고 건설   기원전 770년 : 중국, 춘추 시대 시작

노래를 정리해서 《일리아스Ilias》와 《오디세이아Odysseia》라는 서사시 두 편으로 만들었다. 《일리아스》는 1만 5,693행이고 《오디세이아》는 1만 2,110행으로, 이 두 편을 합친 24권을 호메로스의 서사시라고 부른다.

호메로스의 서사시는 원래 입에서 입으로 전해지며 불린 노래였다. 호메로스 이전에는 한 번도 문자로 기록된 적이 없었다. 기원전 6세기경에야 아테네에서 처음으로 기록했고, 오늘날 우리가 읽는 것은 기원전 2세기 또는 기원전 3세기에 알렉산드리아Alexandria의 학자들이 펴낸 것이다.

호메로스의 서사시는 기원전 12세기에 그리스 연합군이 트로이를 공격한 이야기부터 시작해서 전쟁 과정과 전쟁 후, 그리고 그리스 연합군이 고향으로 돌아가는 이야기를 담고 있다. 《일리아스》는 10년 동안 계속된 트로이 전쟁 중 10년째 되던 해의 51일 동안 일어난 사건을 다룬다. 주로 아킬레우스에 관한 이야기이다. 아가멤논에 대한 아킬레우스의 분노, 아킬레우스의 친구인 파트로클로스의 죽음, 친구의 복수를 위해 전쟁터에 다시 나선 아킬레우스, 헥토르 왕자의 죽음, 프리아모스가 아들의 시체를 돌려받기 위해 아킬레우스에게 간청하는 내용, 그리고 헥토르의 성대한 장례식을 이야기한다. 이 전쟁에 관해서는 앞에서 자세히 소개했으니 여기에서는 다루지 않겠다.

이 도자기에는 영웅 오디세우스가 트로이를 떠나는 모습이 그려져 있다.

드디어 고향으로!

그리스 연합군은 기나긴 트로이 전쟁에서 승리한 후 트로이 성에서 많은 보물을 챙겨 고향으로 돌아갈 준비를 했다. 사령관들은 자신의 군대를 이끌고 각기 여러 갈래로 나뉘어서 험한 귀향길에 올랐다. 《오디세이아》는 그중에 오디세우스가 그리스로 돌아가면서 바다에서 겪은 여러 가지 고난을 담았다. 이야기는 오디세우스가 온갖 고생을 겪은 끝에 결국 그리스로 돌아가서 가족과 재회하는 장면으로 끝난다. 오디세우스는 그리스 연합군의 승리에 결정적인 역할을 한 트로이 목마 계책을 생각해 냈을 정도로 매우 똑똑한 사람이었다. 그리스 연합군이 승리하자 그는 집에 두고 온 아내와 아들이 너무 보고 싶었다. 그래서 즉시 자신의 군대를 통솔해서 그리스로 돌아갈 준비를 했는데, 돌아가던 길에 그만 신을 화나게 하는 일을 저지르고 말았다. 그 벌로 오디세우스의 함대는 태풍을 만나 침몰했고 많은 병사가 죽었다. 간신히 목숨을 건진 오디세우스는 함께 살아남은 얼마 되지 않는 병사들과 함께 작은 배를 타고 바다를 떠돌았다.

거센 바닷바람은 오디세우스 일행이 탄 작은 배를 어느 해안으로 몰고 갔다. 그곳에는 키코네스 인이 살았다. 그러나 키코네스 인은 그리스 인에게 나쁜 감정이 있어서 오디세우스 일행을 맹렬히 공격했다. 여기에서 또 많은 병사가 죽었고, 살아남은 오디세우스는 남은 사람들을 데리고 급히 도망쳤다. 이렇게 어려운 일이 연이어 일어났지만, 오디세우스는 반드시 고향으로 돌아가겠다고 마음먹었다. 키코네스 인의 공격에서 간신히 도망친 오디세우스 일행은 신기한 나무가 자라는 어느 곳에 이르렀다. 그 나무에 열린 과일을 먹으면 술에 취한 것처럼 정신이 어지러워지면서 옛일을 잊을 수가 있었다. 오디세우스의 병사 중 몇 명은 이 과일을 먹고 그곳에 눌러앉았다. 사실 오디세우스도 그 과일을 먹고 싶은 유혹을 참기 어려웠다. 하지만 반드시 고향으로 돌아가겠다는 굳은 결심을 다지며 과일을 먹지 않았다. 그는 다시 남은 병사들을 추슬러 바다로 향했다.

끝없이 넓게 펼쳐진 바다에서 그들은 방향을 잃고 파도에 떠다니다가 외눈박이 거인 키클롭스^{Cyclops}가 모여 사는 곳에 도착했다. 일행은 거인 중 한 명인 폴리페모스^{Polyphemos}에게 잡혀서 산속으로 끌려갔다. 거인은 오디세우스 일행을 가축처럼 동굴에 가둬 놓고 길렀다. 외출할 때에는 거대한 돌로 동굴 입구를 막아 놓았다. 그러다 배가 고프면 커다란 손으로 오디세우스 일행 중 한 사람을 잡아서 삶거나 구워 먹고 동굴에서 잠을 잤다. 눈앞에서 병사들이 한 명씩 죽어 나가는 것을 보며 오디세우스는 어찌할 바를 몰랐다. 그리고 자신도 얼마 있으면 그렇게 죽을 것이라는 생각에 두려웠다. 하지만 영리한 그는 탈출 계획을 세웠다. 일단 폴리페모스가 포도주를 잔뜩 마시고 취하게끔 만들었다. 폴리페모스가 힘을 제대로 쓰지 못하자 오디세우스는 날카로운 나뭇가지로 거인의 눈을 힘껏 찔렀다. 폴리페모스가 고통에 몸부림치며 어쩔 줄 몰라 하는 사이 오디세우스 일행은 몰래 동굴을 빠져나왔다.

다시 배를 타고 바다로 나온 그들은 며칠간 표류하다가 바람의 신인 아이올로스Aiolos의 섬에 도착했다. 바람의 신은 고향을 떠나 고생하는 오디세우스를 동정하며 그에게 '바람 주머니'를 주었다. 바람 주머니에는 오디세우스 일행을 고향으로 보내 줄 부드러운 바람이 들어 있었다. 어느 날 밤, 오디세우스가 자는 동안에 병사 한 명이 그 바람 주머니 속에 금은보화가 들어 있는 것이 틀림없다고 생각하고 몰래 열어 보았다. 그 순간 부드러운 바람은 거센 바람으로 바뀌어 무섭게 휘몰아치기 시작했고 배는 다시 방향을 잃었다. 그렇게 바다 위를 떠돌던 배는 다시 어떤 섬에 도착했다. 그 섬에는 식인종이 살고 있어서 절반에 가까운 병사들이 잡아먹히고 말았다. 오디세우스는 남은 병사들을 이끌고 다시 도망쳤지만, 이번에는 잔혹한 마녀 키르케Kirke의 섬에 도착했다. 키르케는 오디세우스 일행을 돼지로 만들어 버렸다. 그러나 얼마 후 다행히도 신의 도움으로 다시 인간이 될 수 있었다.

키르케는 오디세우스에게 지하 세계로 가면 고향으로 돌아가는 방법을 알 수 있을 것이라고 말해 주었다. 지하 세계에서 돌아가신 어머니, 친구의 영혼과 만나 이야기를 나눈 오디세우스는 고향에 있는 아내와 아들이 어려운 상황에 처했다는 사실을 알게 되었다. 그는 고향으로 돌아가야 한다는 의지를 더욱 강하게 품게 되었다. 지하 세계에서 나와 다시 길을 떠난 오디세우스 일행은 요괴 세이렌Siren의 작은 섬을 지나가게 되었다. 세이렌은 날개를 단 요괴들로, 목소리가 꾀꼬리보다 아름다웠다. 그들의 노랫소리는 매우 아름다워서 배를 타고 그 근처를 지나가던 선원들은 모두 노랫소리에 취해서 바다로 떨어졌다. 그러면 세이렌이 다가와 그들을 잡아먹었다. 오디세우스는 키르케에게 이 이야기를 들어서 알고 있었지만 꼭 한 번 세이렌의 아름다운 노랫소리를 듣고 싶었다. 그래서 그는 좋은 방법을 생각해 냈다. 오디세우스는 병사들에게 자신을 돛대에 꽁꽁 묶으라고 명령했다. 그

위대한 시인 호메로스는 리라를 연주하면서 여러 곳을 돌아다녔다. 그는 많은 이야기를 모아서 호메로스의 서사시라는 대작을 탄생시켰다.

세이렌의 노랫소리에
취해 바다에 떨어지지
않도록 오디세우스는
미리 병사들에게 자신
을 돛대에 단단히 묶으
라고 명령했다.

리고 병사들에게는 밀초를 녹여서 귀를 막으라고 했다. 배가 세이렌이 노
래하는 곳을 천천히 지나가자, 아니나 다를까 세이렌의 아름다운 노랫소리
가 들려왔다. 노랫소리를 들은 오디세우스는 정신이 혼미해졌지만 다행히
몸이 돛대에 단단히 묶여 있기 때문에 바다에 빠지지 않았다.

　모진 고난은 그 정도로 끝나지 않았다. 세이렌의 섬을 무사히 지난 후
오디세우스 일행은 트리나키아Thrinacia라는 섬에 도착했다. 이 섬은 태양
신 헬리오스Helios가 신들의 소를 풀어 놓고 기르는 곳이었다. 배고픔을 견
디지 못한 오디세우스 일행은 그 소를 잡아먹었다. 제우스는 이 소식을 듣
고 몹시 화가 나서 오디세우스의 배에 벼락을 내려 배를 산산조각 냈다. 배
에 있던 병사들은 모두 죽고 오디세우스만이 살아남았다. 그는 파도에 떠
밀리며 혼자 아홉 날, 아홉 밤을 표류한 끝에 어느 섬에 도착했다. 이 섬은

오기기아Ogygia라고 불리는 곳이었다. 오기기아에는 아름다운 요정 칼립소 Calypso가 살고 있었다. 칼립소는 오디세우스를 사랑하게 되어 남편으로 삼고자 했다. 그녀는 오디세우스에게 영원한 젊음과 생명을 주겠으니 함께 살자고 붙잡았다. 하지만 오디세우스는 거절했다. 그는 그저 고향으로 돌아가서 아내와 아들을 만나고 싶을 뿐이었다. 매일 해변에 서서 고향 쪽을 멍하니 바라보며 가족을 그리워하는 오디세우스를 보고 칼립소는 결국 그를 놓아 주었다.

오디세우스는 섬에서 소나무를 베어다가 뗏목을 만들었다. 그리고 그 작은 뗏목을 타고 바다로 나아갔다. 그는 보이는 것이라고는 푸른 하늘과 바다밖에 없는 망망대해에서 무려 17일을 표류했다. 18일째 되던 날, 드디어 육지가 나타났다. 바로 스케리아Scheria 섬이었다. 그런데 해안에 다다르기도 전에 뗏목이 부서지고 말았다. 오디세우스는 해안까지 헤엄쳐 가서 간신히 육지에 올랐다. 스케리아 섬의 나우시카 공주는 다 찢어진 옷을 입고 있는 초췌한 모습의 오디세우스를 발견했다. 그러나 그녀는 낯선 오디세우스를 적대시하지 않고 스케리아 섬의 왕 알키노오스Alcinoos에게 데려 갔다. 오디세우스는 알키노오스 왕에게 자신의 고된 여정을 이야기해 주었다. 이야기를 다 듣고 오디세우스의 의지에 감동한 알키노오스는 오디세우스에게 경의를 표하고 배를 한 척 내 주었다. 오디세우스는 이 배를 타고 드디어 고향 이타카 섬에 도착했다.

고향으로 돌아오다

트로이 전쟁 10년, 바다 위에서 표류한 시간이 10년이니, 오디세우스가 고향을 떠난 후로 20년이 흘렀다. 고향은 그동안 많이 변해 있었다. 그리고 오디세우스가 트로이로 떠날 때 아직 아기였던 아들 텔레마코스Telemachus 는 이미 청년이 되었다. 트로이 전쟁이 끝났는데도 아버지가 돌아오지 않자 텔레마코스는 10년 동안 아버지를 찾으려 사방으로 수소문했다. 오디세우스의 아내 페넬로페Penelope도 20년 내내 남편이 돌아오기를 간절히 바랐다. 주변 사람들은 오디세우스가 벌써 죽었을 것이니 어서 재혼하라고 그녀에게 권했다. 페넬로페와 결혼하면 이타카 섬의 왕이 될 수 있기에 많은 귀족이 그녀에게 청혼하려고 궁전으로 들어왔다. 페넬로페는 그들을 쫓아내기 위해 여러 가지 방법을 써 봤지만 아무 소용이 없었다. 결국 그녀는 구혼자 중에서 오디세우스가 남기고 간 활을 당겨서 쏠 수 있는 자와 결혼하겠다고 선언했다. 그 말을 듣고 많은 구혼자가 반가워하며 젖 먹던 힘까지 다해 활을 당겨 봤지만, 활은 꼼짝도 하지 않았다. 모두 실패하고도 그들은 계속 기회를 엿보려 궁전 안에서 먹고 마시며 좀처럼 떠나려고 하질 않았다. 페넬로페는 어찌할 바를 모르고 하염없이 눈물만 흘렸다. 그녀는 간절하게 오디세우스가 돌아오기만을 기다렸다.

오디세우스는 이타카 섬에 돌아온 후 아들 텔레마코스와 먼저 만났다. 그는 아들에게서 아내가 처한 어려운 상황에 대해 듣고 화를 참을 수 없었다. 하지만 섣불리 행동했다가는 일을 그르칠 수 있기 때문에 곧장 궁전으로 들어가지는 않았다. 그는 우선 거지로 변장하고 궁전으로 갔다. 허름한 차림의 그를 보고 많은 사람이 놀려 댔다. 그러나 그는 말없이 자신의 활과 화살이 놓인 곳으로 가서 활을 들어 올리고 한 번에 당겼다. 그 모습을 보고 구혼자들은 깜짝 놀랐다. 오디세우스는 그 순간 자신의 모습을 드러내고 그동안 가족을 괴롭힌 자들을 모두 죽였다. 이리하여 오디세우스의 가족은 마침내 함께하게 되었다.

호메로스의 서사시에 관한 수수께끼

호메로스의 서사시 내용은 기원전 12세기경의 이야기이다. 그러나 이야기 곳곳에서 나타나는 사회의 모습은 기원전 8세기의 그리스 사회와 일치한다. 군사 민주제 사회, 갑옷과 전함의 모양, 철기 사용 등은 모두 호메로스가 살았던 시대의 배경이다. 호메로스의 서사시는 단순히 영웅에 관한 전설이 아니라 당시의 문화, 정치, 사회생활 등을 엿볼 수 있는 역사적 가치가 있는 귀중한 자료이다.

호메로스의 일생은 알려진 바가 거의 없어서 여전히 논쟁이 되고 있다. 그가 고대 그리스 민족 중 이오니아 인이며 그리스의 여러 지역을 돌아다니다가 에게 해의 한 작은 섬에서 죽었다는 설도 있으나 사실로 증명되지는 않았다. 어떤 학자는 호메로스라는 시인의 존재 자체를 의심하기도 한다. 그런 이들은 '호메로스'라는 말이 어쩌면 시인 한 명이 아니라 여러 명을 아울러 부르는 말일지도 모른다고 생각한다. 또《일리아스》와《오디세이아》를 지은 연도가 수백 년 정도 차이가 나며, 한 사람의 작품이 아니라고 주장한다. 호메로스가 맹인이라는 점을 의심하는 사람도 있다. 작품에 등장하는 웅장한 전쟁 장면과 세심한 묘사는 맹인이라고 하기 어려울 정도로 구체적이기 때문이다. 그러나 오늘날 학계의 일반적인 시각은 호메로

헤시오도스

헤시오도스Hesiodos는 호메로스 이후에 등장한 시인이다. 대표작에는 〈일과 나날들Works and Days〉, 〈신통기 계보Theogony〉가 있다. 〈일과 나날들〉은 시기에 맞는 농작물을 설명하며 노동의 위대함을 찬양하는 내용이다. 〈신통기 계보〉는 수많은 신의 관계를 하나하나 이야기한다. 그는 인류의 역사를 황금, 은, 동, 영웅, 철의 다섯 시대로 나누고 황금 시대가 가장 아름다우며 철의 시대가 가장 잔혹하다고 설명했다.

헤시오도스는 시인이자 농부였기 때문에 호메로스와는 작품 스타일이 확연히 다르다. 호메로스의 서사시는 이야기의 범위가 넓고 화려한 어휘를 사용하지만, 헤시오도스는 자연스럽고 부드러우며 가벼운 느낌으로 이야기한다. 호메로스는 바다를 항해하는 영웅들의 이야기를 찬양했고, 헤시오도스는 밭고랑 사이에서 땀 흘리며 노동하는 것을 가장 큰 행복으로 여겼다.

스라는 천재 시인이 실제로 존재했다는 것이다. 물론 그의 이름이 호메로스일 수도 있고 다른 이름일 수도 있다. 그는 각지를 돌아다니며 각지의 전설과 노래를 모아 정리한 후 약간의 창작을 더해서 대작 호메로스의 서사시를 탄생시켰다.

　최근에는 호메로스가 재능이 뛰어난 여성 시인이라는 주장도 나왔다. 호메로스가 살았던 시대에는 많은 사람이 모인 곳에서 여성이 자신의 의견을 이야기하는 경우가 많았다. 또 작품 속 등장인물은 남자 영웅이지만 그들을 묘사하는 말이나 사건을 설명하는 문장에 여성의 감수성이 담긴 표현이 많다는 점은 이런 주장을 뒷받침한다.

트로이를 찾아서

트로이 전쟁에서 가장 치열했던 51일을 노래한 《일리아스》는 후대에 널리 퍼지며 사랑받았다. 사람들은 이 이야기가 그저 한 천재 시인의 무궁무진한 상상력에서 나왔다고 생각했다. 그러나 그 속에서 《일리아스》의 내용이 진짜라고 생각한 사람이 단 한 명 있었다. 바로 독일인 하인리히 슐리만이다.

어린 시절의 꿈

하인리히 슐리만은 어렸을 때부터 집안 어른들이 《일리아스》를 읽는 것을 보며 자랐다. 그 역시 자연스럽게 《일리아스》를 읽고 트로이를 동경하면서 성장했다. 슐리만의 집은 아주 가난해서 그는 14살에 학교를 중퇴해야 했다. 하지만 이후 열심히 노력해서 무역업자가 되고 큰 부자가 되었다. 일을 하면서도 슐리만은 《일리아스》를 거듭 읽었다. 읽으면 읽을수록 아름다운 헬레네와 격렬한 전투, 용맹한 영웅, 프리아모스의 황금 창고 등이 꼭 실제로 있었던 것만 같았다. 처음에는 지도만 쳐다보며 상상하던 슐리만은 직접 그 일들이 일어난 현장에 가 보아야겠다고 결정했다. 그는 현재의 터키인 오스만튀르크 제국의 서북부 대평원으로 갔다. 직접 언덕에 올라선 슐리만은 "바로 여기야!"라고 기쁨의 탄성을 질렀다.

트로이 유적지

　　슐리만은 트로이의 흔적을 찾기 위해 오스만튀르크 제국을 여러 번 방문했다. 호메로스의 서사시에는 에게 해와 흑해를 잇는 헬레스폰토스Hellespontos 해협이 소아시아와 유럽을 나누며, 트로이는 그 옆에 있다고 기록되어 있다. 슐리만은 처음에 위치와 지형이 기록과 비슷한 부나르바시Bunarbashi라는 곳을 찾아냈다. 그런데 《일리아스》에는 아킬레우스가 헥토르와 전투를 벌일 때 트로이 성벽을 세 바퀴나 돌면서 헥토르를 뒤쫓아 가 죽였다고 묘사된다. 슐리만은 직접 그 주위를 세 바퀴 돌아보았는데, 꼬박 여섯 시간이 걸렸다. 두 영웅이 장장 여섯 시간 동안 서로 쫓고 쫓긴다는 것이 가능했을까? 슐리만은 고개를 저으며 부나르바시는 아니라고 결론을 내렸다.

다시 오스만튀르크 제국 곳곳을 열심히 뒤지던 슐리만은 이번에는 히사를리크 Hisarlik라는 큰 언덕에 주목했다. 언덕에 올라서 아래를 내려다보던 그는 이곳이 바로 트로이가 있던 곳이라고 확신했다. 히사를리크의 지형은 《일리아스》에 묘사된 것과 똑같았다. 트로이 인들은 이렇게 높은 곳에 성을 짓고 감시탑을 세워서 그리스 연합군 함대의 움직임을 살폈을 것이다. 슐리만은 마치 자신이 2000년 전 트로이 성에 서 있는 것처럼 느껴졌다.

슐리만은 프리아모스의 보물 창고에서 보물 6,000여 개를 발견했다. 그중에서 가장 유명한 것은 순금으로 만들어진 머리 장식이다. 슐리만은 이것이 헬레네의 것이라고 생각했다. 그는 이 머리 장식과 다른 보물 몇 가지를 아내 소피아에게 걸어 주고 사진을 찍었다. 이 사진은 이후 전 세계로 퍼져 나갔다.

트로이는 여기에 있었다

슐리만은 온갖 방법을 써서 오스만튀르크 제국 정부로부터 발굴 허가를 얻어 냈다. 즉시 발굴 작업을 시작한 그는 언덕의 가장 높은 곳에서 튼튼한 돌담을 발굴했다. 그러나 이것은 트로이의 유적이 아니었다. 히사를리크 언덕에는 트로이 이후에도 시대를 거치며 여러 차례 성이 세워졌다. 다시 말해 트로이 유적 위로 여러 성의 유적이 차곡차곡 쌓인 것이다. 슐리만은 자신이

터키는 호메로스의 서사시에 묘사된 대로 트로이 목마를 제작해서 전시하고 있다.

원하는 트로이의 유적을 찾고자 쉬지 않고 아래로, 아래로 파 내려갔다.

슐리만은 트로이 유적 위에 쌓인 다른 유적을 한 층 한 층 벗겨 나갔다. 그러던 중 인부들이 파헤친 흙 속에서 그릇이 발견되었다. 그것을 보고 그는 트로이 유적을 발견할 날이 얼마 남지 않았다는 느낌을 받았다. 더 깊이 파 내려갈수록 더 많은 그릇과 도자기가 계속해서 출토되었다. 슐리만은 점점 트로이에 가까워져 갔다.

1873년에 슐리만은 트로이 성문의 흔적을 발견했다. 그리고 그 주변으로 또 다른 건축물의 흔적이 발견되었다. 성터의 규모는 아주 컸고 땅은 단단하게 다져져 있었다. 슐리만은 이곳이 트로이의 왕 프리아모스가 살던 궁전이라고 확신했다. 이때 그는 자신이 그동안 가장 동경하고 간절히 바라던 것을 떠올렸다. 바로 '프리아모스의 황금 창고'였다. 호메로스는 서사시에서 트로이 궁전의 아주 깊은 곳에 비밀 창고가 있는데, 그 안에는 셀 수 없이 많은 금은보화가 가득하다고 이야기했다. 이제 트로이 궁전을 찾았으니 곧 프리아모스의 황금 창고도 찾을 수 있을 것이었다. 슐리만은 발굴에 더욱 열중하기 시작했다.

깜짝 놀랄 만한 발견

드디어 그날이 왔다. 슐리만은 삽을 놓아둔 곳 옆에 번뜩이는 금빛을 보았다. 그 순간 가슴이 미친 듯이 요동쳤다. 그는 조용히 주변을 둘러보았다. 아무도 눈치채지 못했다는 것을 확인하고, 그는 태연하게 휘파람을 불어 인부들에게 잠시 쉬라고 했다.

인부들이 모두 발굴 현장을 떠나자 슐리만은 혼자서 천천히 땅을 파헤쳤다. 땅속에 묻힌 보물이 조금씩 모습을 드러내기 시작했다. 마침내 보물 창고가 온전히 모습을 드러내자 그는 멍하니 그것을 바라보았다. 그곳은 보물로 가득 차 있었다. 보물 외에도 금과 은으로 만들어진 쟁반과 그릇 등 일상용품도 많았다. 이날부터 슐리만은 온갖 방법을 동원해 비밀리에 이 보물들을 그리스로 운반했다. 보물을 모두 옮긴 후, 그는 아테네에서 정중하면서도 당당하게 전 세계를 향해 프리아모스의 보물 창고를 찾았다고 발표했다.

슐리만의 발견은 전 세계를 뒤흔들었다. 슐리만은 사람들에게 신화로만 여겨지던 트로이의 존재를 증명해 보였다. 그런데 그가 찾아낸 것이 정말 트로이였을까? 이 질문에 대한 답은 '그렇다'와 '그렇지 않다' 둘 다 가능하다. 슐리만은 트로이의 위치를 정확하게 찾아냈다. 그러나 그가 너무 맹렬하게 땅을 파헤친 나머지 트로이 유적을 지나쳤다. 슐리만이 트로이 유적이라고 믿은 것은 트로이보다 훨씬 이전에 존재한 나라의 유적이었다. 물론 그 유적도 역사적으로 아주 중요하다. 슐리만은 발굴 작업을 시작하기전에 히사를리크 지역에서 지층을 측정했다. 그 결과 히사를리크는 모두일곱 개의 지층이 쌓여 있었고, 슐리만은 트로이가 일곱 개 중에서 두 번째 층이라고 생각했다. 그러나 이후의 과학 기술로 더욱 정밀하게 살펴보니 사실 트로이는 여섯 번째 층이었다. 슐리만이 찾은 것은 트로이보다 훨씬 이전의 유적이었던 것이다.

어찌 되었든 슐리만은 위대한 일을 해냈다. 그는 고대 그리스의 역사를당시에 알려진 것보다 400년이나 더 늘렸다. 또 기원전 12세기에 그리스에찬란한 문명이 있었다는 사실을 증명해 냈다. 그러나 슐리만은 트로이에너무 집착한 나머지, 다른 유적들에는 관심을 기울이지 않아그가 트로이라고 생각한 유적위에 쌓여 있던 중요한 유적들을 훼손했다. 어쩌면 그가 파괴한 유적 중에 진짜트로이가 있었는지도 모른다. 슐리만은 또 트로

왕실에서 사용하던 술잔으로, 몸통 전체에 오징어 그림이 장식되어 있다. 이 작품처럼 그림을 그릴 부분은 붉게 하고 나머지는 검게 한 후 붓으로 그림을 그리는 방법을 적회식(赤繪式)이라고 하는데, 당시에 아주 유행하던 방법이었다.

이를 찾으려고 땅을 파헤치는 과정에서 여러 지층을 뒤섞어 버렸다. 이 점은 지금까지도 그가 비난받는 부분이다.

Ancient GREECE

맥을 잡아주는 세계사
The flow of The World History

제2장 | 도시국가의 발전

1 도시국가의 형성

기나긴 암흑시대를 거쳐 그리스의 사회와 경제는 점점 되살아나며 발전하기 시작했다. 기원전 8세기에 그리스는 '아르카이크 시대Archaic Age'에 들어섰다. 이 시기에 드디어 그 유명한 그리스의 도시국가 폴리스가 하나씩 형성되었다.

시기 : 기원전 8세기
도시국가 : 스파르타, 아테네, 코린토스

제단 앞에 이제 막 열여덟 살이 된 소년들이 서 있다. 아직 어린 티를 벗지 못한 얼굴에는 엄숙함과 함께 자신에 대한 자랑스러움이 가득하다. 오늘은 이들이 시민이 되는 날이다. 제사장은 경건하고 정성스럽게 도시국가의 수호신에게 제사를 올린다. 그는 신이 이 젊은이들의 미래를 보호해 주기를 간절히 기도한다. 소년들은 앞으로 한 걸음 걸어 나가서 도시국가의 수호신을 영원히 받들겠다고 맹세한다. 또 자신이 속한 도시국가의 명예와 이익을 가장 중요하게 생각하며 도시국가의 명예를 훼손하는 행동은 절대하지 않겠다고 맹세한다. 이 엄숙한 맹세 후 제사장은 소년들이 이제 도시

한눈에 보는 세계사

기원전 800년 : 페니키아, 카르타고 건설   기원전 770년 : 중국, 춘추 시대 시작

국가의 시민이 되었음을 선포한다.

도시국가 건설

최초의 그리스 인은 도나우 강 하류와 발칸 반도 일대에서 그리스 반도로 내려온 사람들이다. 그중 일부는 이동 중에 중간 지역에서 정착하기도 했다. 그리스 북부에 정착한 사람들도 있고, 더 남쪽으로 이동해서 그리스 중부와 남부의 좁고 기다란 평원 지대에 정착한 사람들도 있었다. 어느 곳이든 인구는 점점 늘어났고, 가까운 곳에 사는 몇몇 가정이 서로 모여서 마을을 이루었다. 그러는 편이 더욱 안전했기 때문이다. 그들은 평소에 공동으로 노동하고 즐거운 날은 함께 축하했으며, 제사를 지내는 날에는 모두 모여서 제단에 올렸던 음식을 함께 나눠 먹으며 신의 자비로움을 노래했다. 마을이 점점 커지면서 부락이 생겨나고 나아가 마침내는 도시국가가 형성되었다.

이후 수백 년에 걸쳐서 크고 작은 많은 도시국가가 세워졌다. 그리스 반도의 아테네 지역, 펠로폰네소스 반도와 크레타 섬에도 잇달아 도시국가가 들어섰고, 이어서 그리스 중부와 북부에도 생겼다. 소아시아 연안과 에게 해의 에비아Euboea 섬을 비롯한 여러 섬에도 도시국가가 생겼다. 나중에 식민 활동 시대가 되자 각 도시국가에서 보낸 수많은 시민이 또 다른 식민 도시국가들을 세웠다.

도시국가는 큰 도시나 마을을 중심으로 주변의 농촌 마을들이 연합해서 국가를 형성했다. 시리식으로도 가까운 도시국가들은 같은 신을 받들며 그 신에게 함께 제사를 올렸다. 각 도시국가의 가장 높은 언덕은 아크로폴리스Acropolis라고 불렀다. 커다란 신전이 세워진 아크로폴리스는 도시국가의 정치·사회 중심지였고 도시국가는 이 아크로폴리스를 중심으로 발전했다. 그러나 그리스의 대표적인 도시국가 중 하나인 스파르타가 농촌 사회였던 것처럼 모든 도시국가가 '도시'였던 것은 아니다.

작은 도시국가

고대 그리스의 도시국가는 일일이 셀 수 없을 정도로 많았다. 대략 450개가 넘었던 것으로 추정된다. 그중에서 아테네, 스파르타, 밀레투스Miletus, 테베Thebai, 메가라Megara 등이 많이 알려졌다. 도시국가들의 규모는 아주 작았다. 가장 큰 편이었던 스파르타의 면적이 약 8,400㎢, 아테네는 약 2,500㎢ 정도였고 다른 도시국가들은 이보다 훨씬 작았다. 크레타 섬 전체는 스파르타와 크기가 비슷했는데, 크레타 섬에만 무려 백여 개 도시국가가 있었다. 그리스 중부는 면적이 1,600여㎢ 정도였는데, 그 안에는 모두 22개 도시국가가 있었다. 도시국가는 오늘날의 작은 농촌 마을 정도에 불과했다. 크기가 작을 뿐만 아니라 인구도 아주 적었다. 아주 적은 곳은 인구가 수천 명 정도였고, 많아도 20~30만 명에 불과했다.

그리스의 도시국가들은 서로 교류가 잦았다. 그런 만큼 정치적으로 충돌하는 일도 있었다. 충돌이 잦아지고 서로에 대한 적대감이 깊어져서 때로는 전쟁이 일어나기도 했다. 그러나 도시국가들은 같은 언어를 사용했고 문화적 배경이 같았기 때문에 외부에서 공격을 받으면 연합해서 함께 대항했다.

초기의 시민 정치

철학자 아리스토텔레스Aristoteles는 "도시국가는 시민의 집합체이다. 시민을 제외하고는 아무것도 없다."라고 말했다. 그의 이 말은 도시국가가 시민이 직접 참여하는 정치 체제를 얼마나 중요하게 생각했는가를 보여 준다. 시민은 모두 모여서 도시국가의 정책과 발전의 방향을 결정했고, 이런 정치 체제를 '민주정Democracy'이라고 불렀다.

그리스의 도시국가들이 처음부터 민주정을 채택한 것은 아니었다. 대부분의 도시국가가 건국 초기에는 귀족이 정권을 독점하는 '귀족정Aristocracy'이었다. 귀족들은 자신의 이익을 보호하고 유지하기 위해 정치 기구와 법률을 만들었다. 그중에 대표적인 것이 일정한 심사를 거쳐서 선발된 귀족들로만 구성되는 아테네의 '아레오파고스 회의'라는 평의회이다. 귀족들은 아레오파고스 회의에서 국가의 중대사를 모두 결정했다. 그러나 얼마 후 소수 귀족이 국가를 위해서 부여된 특권을 개인을 위해 마음내로 휘두르는 일이 일어났다. 이렇게 소수 또는 집단이 정치·경제적 권력을 독점하는 정치 체제를 '과두정Oligarchy'이라고 한다. 또 어떤 도시국가에서는 선거를 통해 권력을 부여받은 한 사람이 국가의 모든 일을 결정하는 '참주정Tyrannos'이 출현하기도 했다. 과두정과 참주정은 모두 고대 그리스 도시국

각 도시국가는 가장 높은 언덕에 아크로폴리스를 건설했다. 오늘날 아크로폴리스는 아테네의 것이 가장 유명하다. 아테네의 아크로폴리스는 가장 높은 곳에 자리하고, 그 위에 서면 전체 도시가 한눈에 들어온다.

가 성립 초기에 나타났던 귀족 통치 체제의 두 가지 형태였다. 도시국가 초기에는 이 두 가지 통치 형태를 끊임없이 오갔다. 코린토스는 주로 과두정이었고 스파르타는 오랫동안 귀족정을 유지했다.

전 세계의 역사를 살펴보면 이렇게 작은 도시국가들은 일반적으로 그중 강력한 한 도시국가에 통합되는 예가 많았다. 그러나 오직 고대 그리스에서만은 각 도시국가가 오랫동안 독립적인 지위를 유지했고, 이는 그리스만의 독특한 역사를 이루어 나가는 데 큰 영향을 주었다.

2 식민 활동 시대

GREECE

그리스 민족은 모험 정신이 뛰어났고 바다를 사랑했다. 그들은 거센 바람과 파도를 두려워하지 않고 언제나 돛을 휘날리며 바다로 나아갔다. 바다에서 폭풍우를 만나도 물러서거나 두려워하지 않았다. 그리스 인은 바다 위의 모험을 피하지 않았고, 이것은 식민 활동으로 이어졌다. 그리하여 기원전 8세기의 식민 활동 시기를 거치며 고대 그리스의 영향을 받는 지역은 몇 배로 늘어났다.

시기 : 기원전 8세기~기원전 6세기
인물 : 고대 그리스 인

식민 활동을 떠나다

기원전 8세기 어느 날, 커다란 배 몇 척이 출발을 기다리고 있다. 파란 하늘을 배경으로 하얀 돛이 바람에 휘날린다. 가족과 아쉬운 작별을 한 선원들은 이제 곧 겪게 될 모험에 대한 기대가 가득한 얼굴로 배에 올랐다.

지난 일 년 동안 그리스에는 비가 오지 않았고 땅바닥은 지진이 난 것처럼 쩍쩍 갈라졌다. 밭에 씨를 뿌려 농사를 지어도 수확할 것은 아무것도 없었다. 많은 사람이 굶주림에 시달렸고 심지어 굶어 죽는 사람도 생겼다. 이웃의 도시국가에 도움을 청하려고 했지만 그들도 사정은 마찬가지였다.

한눈에 보는 세계사

기원전 800년 : 페니키아, 카르타고 건설
기원전 753년 : 로마 건설

기원전 770년 : 중국, 춘추 시대 시작

어려움을 극복할 방법을 찾고자 열린 시민 의회에서는 새로운 땅을 찾아 인구를 분산시켜야 한다는 의견이 나왔다. 결국 각 가정에서 큰아들을 제외한 젊고 건장한 남자는 모두 새로운 땅을 찾아 떠나기로 했다. 다들 그 외에는 다른 방법이 없다는 것을 알고 있었기에 항의하는 사람은 없었다. 떠나게 된 남자들은 고향의 흙을 조심스럽게 한 줌 주워 작은 주머니에 담았다. 그리고 영원히 고향을 잊지 않겠다는 의미로 그 주머니를 옷에 기워 붙였다. 떠나는 날 배웅하러 나온 가족, 친구들과 눈물을 훔치며 이별한 그들은 마침내 새로운 낙원을 찾아 광활한 바다로 나아갔다.

어쩔 수 없는 결정

기원전 8세기부터 기원전 6세기까지 고대 그리스의 도시국가들은 대대적으로 식민 활동을 했다. 그들은 항해 기술이 아주 뛰어났기 때문에 내륙이 아닌 바다로 나아가 식민지를 찾았다.

수십 개의 도시국가가 식민 활동에 참여해서 모두 백여 개의 식민 도시국가를 건립했다. 그중에서 가장 유명한 것이 시칠리아Sicily 섬의 시라쿠사Siracusai, 헬레스폰토스 해협 옆의 비잔티움Byzantium, 프랑스 연안의 마르세유Marseille 등이다. 이 지역들은 고대 그리스의 식민 도시국가에서 나중에 역사적으로 아주 중요한 도시가 되었다.

아무리 살기가 어렵고 모험을 좋아한다고 해도 고향을 떠나고 싶은 사람은 많지 않을 것이다. 그럼에도 식민 활동에 나선 것은 어쩔 수 없는 결정이었다. 고대 그리스의 도시국가들은 대부분 면적이 작았다. 사회가 발전하면서 인구는 점차 많아지고 토지는 부족해졌는데, 이런 상황에서 가뭄까지 들어 식량이 충분하지 않았다. 농민들은 새로운 땅을 찾아야만 했다. 더불어 권력 투쟁에 실패한 귀족들도 자신이 권력을 잡을 수 있는 새로운 땅을 찾고자 적극적으로 식민 활동을 추진했다.

식민 국가 개척

식민 활동을 하기로 결정되자 각 도시국가는 우선 지원자를 모집했다. 어떤 경우에는 강제로 소집하기도 했다. 동시에 식민 도시국가와 관련된 법을 제정하고 식민 도시국가에서 한 사람이 소유할 수 있는 농지의 크기 같은 사항들이 결정되었다. 구체적으로 일이 추진되자 시민들은 새로운 땅에 대한 기대에 부풀었다. 모두 힘을 합쳐 식민 활동을 할 큰 배를 만들고, 떠날 사람들은 오랜 항해에 견딜 수 있도록 여러 가지 교육을 받았다.

이주자들은 많은 것을 가져갈 수 없었지만 신전의 불씨는 꼭 챙겼다. 그리고 식민 도시국가에 도착하자마자 신전을 짓고 그 불씨를 보관해서 절대 꺼지지 않도록 했다. 이 불씨는 후세에도 꺼뜨리지 않고 계속 전해졌다.

항해는 힘들고 위험했다. 그러나 새로운 땅을 찾고자 하는 이주자들의 의지는 놀랄 만큼 강했다. 그들은 바다에서 맞닥뜨리는 수많은 위험한 상황을 헤치고 마침내 새로운 땅에 도착했다. 그리고 온갖 노력을 기울여 땅을 개척하고 새로운 도시국가를 세웠다. 그들은 고향에서의 신분을 그대로 유지했다. 이렇게 세워진 식민 도시국가는 그리스 반도의 도시국가와 페니키아Phoenicia 사이에 무역 활동이 활발해지면서 중간 정거장 역할을

크레타 섬의 남쪽 해안인 코모스(Kommos)는 미노스 인이 가장 자주 이용한 항구이다. 이 그림은 당시에 상당히 번영했던 그리스 인들의 해상 무역을 보여 준다.

했다. 그래서 이 식민 도시국가들에는 언제나 양식, 철기, 도자기, 향료 등 다양한 사치품이 끊임없이 거래되었다.

　새로 세워진 도시국가와 본국인 도시국가는 같은 신을 모셨다. 또 같은 언어를 사용하고 문화도 같아서 경제적으로도 많은 교류를 했다. 그러나 정치는 완전히 독립적이었다. 시간이 흐르면서 본국과 식민 도시국가의 관계도 다양하게 변화했다. 어떤 때에는 협력하지만 어떤 때에는 멀어졌고, 심지어 충돌하기도 했다.

　거의 백여 년에 걸쳐 식민 활동을 펼친 결과, 그리스 인들은 지중해 곳곳에 식민 도시국가를 건설했다. 북쪽으로는 헬레스폰토스 해협에서 흑해 연안에 걸쳐 많은 식민 도시국가가 생겼고, 남쪽으로는 아프리카 리비아에서 튀니지 연안까지를 영향권에 포함했다. 서쪽으로는 이탈리아 남부와 시칠리아 섬까지 확장했고 심지어 스페인 동부와 프랑스 동남부까지 가기도 했다. 이렇게 확장된 고대 그리스의 영역은 매우 광활해서 이 모든 지역을 '대大그리스'라고 불렀다. 그러나 동쪽으로는 강국 이집트와 바빌론^{Babylon}에 막혀서 확장하지 못했다. 대신 이집트의 왕인 파라오의 허락을 받으면 무역 활동을 할 수 있었다.

　세력 범위가 넓어지면서 고대 그리스 인은 이집트 등 문명이 발달한 나라들과 접촉할 기회가 많아졌다. 그리고 이와 함께 그리스의 경제와 문화는 더욱 발전했다. 그런 한편으로, 그리스의 이주자들은 식민 활동을 하면서 원주민을 몰아내고 일부는 노예로 만들어 많은 고통을 주었다.

3 고대 올림픽, 신의 영광을 재현하다

GREECE

고대 그리스 인들에게 신을 숭배하는 것은 가장 중요한 일이었다. 고대 올림픽도 신에게 올리는 제사에서 비롯되었다. 신과 도시국가에 영광을 바치고자 각국의 대표 선수들은 온 힘을 다해서 경기에 임했고, 이를 위해 흘리는 땀과 피를 아까워하지 않았다. 올림픽이 열리는 동안에는 모든 도시국가가 전쟁을 멈추었고 많은 사람이 모여서 이 성대한 축제를 기뻐했다.

시기 : 기원전 776년~기원후 393년
키워드 : 단거리 경주, 고대 5종 경기, 레슬링, 권투, 원반던지기, 승마 경주, 전차 경주

힘과 아름다움의 조화

고대 그리스 인은 뜨거운 태양 아래에서 운동하는 것을 좋아했다. 태양에 그을린 피부는 건강함을 상징했다. 그들은 아름답고 건강한 육체에 건강한 사상이 결합했을 때 완벽한 인간이 된다고 믿었다. 그래서 고대 그리스의 철학자들은 대부분 훌륭한 운동선수이기도 했다. 예를 들어 피타고라스Pythagoras는 유명한 권투 선수였고 소크라테스Socrates와 플라톤도 당시에 상당히 이름을 날린 운동선수였다.

한눈에 보는 세계사

기원전 770년 : 중국, 춘추 시대 시작
기원전 403년 : 중국, 전국 시대 시작
기원전 221년 : 진시황, 중국 통일
313년 : 로마, 그리스도교 공인

기원전 753년 : 로마 건국
기원전 400년경 : 한반도, 철기 문화의 보급
226년 : 사산 왕조, 페르시아 건국
375년 : 게르만 민족의 대이동 시작

고대 그리스 인의 운동에 대한 열정은 대단했다. 그들은 눈에 잘 띄는 산 정상의 가파른 벽에 "건강해지길 바란다면 뛰어라! 아름다워지길 바란다면 뛰어라! 현명해지길 바란다면 뛰어라!"라고 새겨 놓기도 했다.

그리스의 거의 모든 도시국가에는 체육관이 있었고 다양한 경기가 벌어졌다. 고대 그리스 역사에 등장하는 운동 경기 중에서 네 가지가 아주 유명하다. 태양신 아폴론을 기리는 피티아 제전은 원래 8년에 한 번씩 열리다가 나중에 4년마다 열리는 것으로 바뀌었다. 또 4년에 한 번씩 열리는 고대 올림픽, 2년에 한 번 열어 바다의 신 포세이돈을 기린 이스트미아 제전, 제우스를 기린 네메아 제전이 유명했다. 각 경기는 서로 시기가 겹치지 않게 열렸다. 그러다 보니 그리스에서는 거의 매년 대형 운동 경기가 열리는 셈이었다. 위의 네 가지 가운데 규모가 가장 크고 가장 널리 알려진 것이 바로 고대 올림픽이다. 올림픽에서 승리한 선수들의 명성은 지중해 전역으로 퍼져 나갔다.

고대 올림픽의 개최

격렬한 경기

펠로폰네소스 반도에 있는 올림피아Olympia에는 엄청난 규모의 제우스 신전이 세워져 있다. 그 안에 있는 제우스상은 아주 높고 거대하며 웅장했다. 황금과 상아를 이용해서 만든 이 제우스상은 세계 7대 불가사의 중 하나이나 지금은 전해지지 않는다. 신들의 왕인 위대한 제우스를 숭배하기 위해서 올림피아에서는 4년에 한 번씩 고대 올림픽이 열렸다.

고대 올림픽의 유래에 관해서는

여러 가지 이야기가 있다. 전설에 따르면 고대 올림픽을 처음으로 시작한 것은 괴력을 지닌 헤라클레스였다. 헤라클레스는 제우스와 인간인 알크메네Alcmene 사이에서 태어난 아들이다. 그래서 그는 반신반인의 영웅이었다. 헤라클레스가 태어나자 아테나는 이 아기가 제우스의 아내인 헤라의 젖을 먹고 자라도록 계략을 짰다. 헤라클레스가 강한 힘을 얻게 하려는 생각에서였다. 그러나 헤라는 질투심에 휩싸여서 이 아기마저 몹시 싫어했다. 심지어는 커다란 뱀을 보내서 아기를 독살하려고 하기도 했다. 그런데 아직 아기였던 헤라클레스는 맨손으로 이 뱀을 잡아 죽였다. 다행히 무사하게 성장한 헤라클레스는 많은 일을 했다. 그중 유명한 열두 가지를 '헤라클레스의 열두 가지 시련'이라고 한다.

한 가지 예를 들자면 엘리스Elis의 왕 아우게이아스Augeas의 외양간을 청소한 이야기가 유명하다. 아우게이아스의 외양간에는 소 3,000마리가 있는데, 한 번도 청소한 적이 없어서 소똥 더미가 산처럼 쌓여 있었다. 헤라클레스는 아우게이아스에게 만약 자신이 하루 동안 외양간을 완벽하게 청소하면 소의 10분의 1을 달라고 제안했다. 아우게이아스 왕은 당연히 불가능한 일이라고 생각해서 흔쾌히 동의했다. 일을 시작한 헤라클레스는 제우스의 힘을 빌려서 강 두 개의 물을 끌어와 하루도 채 되지 않아서 외양간을 깨끗하게 청소했다. 약속한 하루도 지나지 않아서 일을 해낸 헤라클레스는 아우게이아스에게 가서 약속한 소를 달라고 했다. 왕은 갖은 핑계를 대며 그 약속을 지키지 않으려고 했다. 이에 화가 난 헤라클레스는 아우게이아스를 내쫓고 자신이 엘리스의 왕이 되었다. 그리고 어려운 상황을 쉽게 해결하도록 도와준 제우스에게 감사와 존경을 표하는 의미로 성대하게 제사를 올렸다.

이 제사는 종교적 의미가 큰 행사였으나 점차 성인들의 운동 경기로 바뀌었고, 또 그리스 전체에서 열리는 것으로 규모가 확대되었다.

한여름의 축제

이 행사는 엘리스의 올림피아에서 열렸기 때문에 '올림픽'이라고 불렸다. 고대 올림픽은 기원전 776년부터 4년에 한 번씩 열리는 것으로 정했다. 그래서 기원전 776년이 올림픽을 처음으로 개최한 해로 알려져 있다.

고대 올림픽에 참가한 운동선수는 대부분 전사였다. 최고의 전투력을 갖춘 이들이 올림픽에 참가하기 위해서 군대를 떠나면 나라의 안전에 큰 문제가 생길 정도였다. 그래서 모든 도시국가는 올림픽이 열리는 동안에는 서로 전쟁하지 않겠다는 조약에 서명했다. 고대 올림픽은 4년에 한 번이라는 규칙을 정확하게 지켰다. 그래서 역사를 기록할 때에도 올림픽이 열리는 해를 기준으로 설명하는 경우가 많았다. 기원전 776년부터 로마 황제 테오도시우스 1세Theodosius I가 올림픽을 중단하겠다고 선포한 기원전 393년까지 고대 올림픽은 모두 293회 열렸다.

신들의 왕 제우스에 대한 숭배를 표현하기 위해 만든 제우스상. 당시 실내에 세운 조각상 중에서 가장 거대했다.

고대 올림픽은 보통 7월경에 시작했다. 이런 한여름에 올림픽에 참여하는 것은 선수나 관중 모두에게 매우 힘든 일이었다. 게다가 펠로폰네소스 반도는 언덕이 많은 지역이어서 내리쬐는 태양 아래 경기장까지 걸어가는 것도 큰일이었다. 도중에 더위를 먹고 쓰러지는 사람도 많았다. 또 경기장에 도착했다고 해서 편해지는 것은 아니었다. 경기장과 그 주변은 사방에 흙먼지가 휘날리고 태양이 뜨겁게 내리쬐었다. 선수들은 모두 나체로 경기에 참가했는데, 경기가 시작되기를 기다리면서 더위와 흙먼지를 참는 것은 아주 힘든 일이었다. 체력이 강하지 않은 선수들은 쓰러지기도 했다. 이는 관중도 마찬가지였다. 당시의 경기장은 아주 단순해서 관중석에 지붕도 없고 보호 난간 같은 것도 없었다. 특히 승마 경주와 전차 경기 등을 할 때에는 관중석으로 돌이나 전차의 바퀴 같은 것들이 날아오기도 해 아주 위험했다.

경기장은 사각형의 넓은 공터였다. 선수들은 제우스 신전을 제외한 모든 공공건물과 경기장 근처의 작은 숲을 숙소로 사용할 수 있었다. 관리나 귀족들은 여관에 묵었다. 이와 달리 미리 와서 경기를 기다리던 관중은 머물 곳이 없었다. 그래서 하루의 경기가 끝나면 관중은 근처의 숲에서 야영하는 수밖에 없었다. 이러한 이유로 올림픽이 끝나고 나면 경기장 주위는 온통 쓰레기로 가득했다.

경기 종목

고대 올림픽은 원래 하루만 열렸다. 하지만 기원전 427년 제77회 올림픽부터는 참가하는 나라와 경기 종목이 많아지면서 전성기에는 5일 동안 열렸다. 참가하는 나라는 에게 해의 여러 도시국가로 확대되었고, 멀리 있는 식민 도시국가로 이주한 그리스 인들도 참가했다. 이 5일 중 첫째 날은 제우스에게 성대하게 제사를 올렸다. 최초의 올림픽은 종목이 단거리 육상 경주 하나뿐이었으나 대회가 발전하면서 점차 중거리와 장거리 육상 경주, 승마 경주, 고대 5종 경기, 레슬링, 권투, 전차 경주 등을 채택했다.

단거리 경주로 시작한 육상은 가장 오래된 종목으로, 나중에 세 가지 종목으로 나뉘었다. 한 바퀴가 약 192.28m인 트랙을 따라 한 바퀴 도는 것이 단거리, 두 바퀴 도는 것이 중거리, 스무 바퀴를 도는 것이 장거리 경주였다. 그리고 승마 경주에서는 안장을 사용할 수 없고, 기수는 말에 오를 때 말을 쫓아서 일정 거리를 뛴 다음에 올라타야 했다. 이것은 아주 위험해서 종종 기수가 자신의 말에 밟혀 죽는 사고가 일어나기도 했다. 전차 경주는 두 가지 종목으로 나뉘었다. 말 두 필이 *끄*는 2두 전차 경주, 네 필이 *끄*는 4두 전차 경주이다. 경주 코스는 넓은 편이었지만 전차 몇 십 대가 한꺼번에 경기를 치르다 보니 아주 복잡했고, 또 마치 오늘날의 카레이싱처럼 위험천만한 종목이었다. 권투는 현대의 권투 경기와 규칙이 비슷했다. 이로 상대방의 몸을 물거나 눈을 때리지만 않으면 어떠한 방법이든 사용할 수 있었다. 당시 권투 글러브는 가죽으로 만들고 그 위에 금속 못을 박았다. 그리고 경기가 아주 치열하게 진행되어서 권투 경기 중에 선수가 죽는 일이 흔했다.

올림픽의 많은 종목 중에 고대 5종 경기가 가장 인기가 있었다. 그리스인들이 '가장 아름다운 운동'으로 생각한 멀리뛰기를 시작으로 원반던지기, 창던지기, 달리기, 레슬링의 순서로 진행했다. 고대 5종 경기에 참가하는 선수들은 인간의 건강하고 아름다운 신체를 잘 표현하는 데 최선을 다했다. 그리고 경기하는 동안 악단이 악기를 연주해서 관중은 눈과 귀가 모

아폴론의 가슴 아픈 사랑

사랑의 아기 신 에로스는 두 가지 화살을 가지고 다녔다. 그중 금 화살에 맞은 사람은 사랑에 빠지고, 납 화살에 맞은 사람은 사랑이 식어 버렸다.

어느 날 에로스가 자신의 화살을 가지고 놀고 있었다. 태양신 아폴론이 지나가다가 이 모습을 보고는 에로스의 작은 화살을 놀려 댔다. 그러자 에로스는 화가 나서 아폴론을 혼내 줘야겠다고 결심했다. 과연 누구의 화살이 정말 무서운지 보여 줄 생각이었다. 에로스는 몰래 아폴론에게 다가가서 금 화살을 명중시켰다. 그리고 아름다운 님프 다프네Daphne에게 가서는 납 화살을 명중시켰다. 다프네를 사랑하게 된 아폴론은 종일 그녀를 쫓아다녔다. 그러나 다프네는 이런 아폴론이 너무 싫을 뿐이었다. 다프네는 아폴론을 피하기 위해 아버지에게 자신을 월계수 나무로 바꾸어 달라고 간청했다. 사랑하는 다프네가 나무로 변하자 아폴론은 너무 슬펐다. 그는 다프네에 대한 사랑을 표현하기 위해서 월계수 가지를 엮어 관을 만들고 머리 위에 올렸다. 이것이 월계관의 유래이다.

두 즐거웠다.

마지막 날에는 모든 선수와 관중이 모여 시상식을 진행했다. 승리자에게 주는 상품은 올리브 가지를 엮어 만든 화환뿐이었다. 그러나 제우스 신전 근처에서 자라는 올리브 가지로 만들었기 때문에 이 화환은 아주 신성한 것이었다. 게다가 올리브 화환 자체는 아주 소박한 물건이지만 이것을 가지고 고향으로 돌아가면 많은 물질적인 혜택을 받을 수 있었다. 오늘날 올림픽 조직 위원회에서 선수들에게 메달을 주고, 각 나라가 메달을 딴 선수들에게 포상금을 주는 것과 비슷하다. 올림픽에서 승리한 선수들은 물질적 혜택뿐만 아니라 각종 특권도 누렸다. 모든 노동과 세금을 면제받았고 죽을 때까지 생활비를 지급받았다. 만약 올림픽에서 세 번 이상 승리하면 해당 도시국가에서는 그 선수의 전신 조각상을 제작해서 영원히 기념했다.

남성의 전유물

고대 올림픽은 종교적인 행사였기 때문에 참가하는 선수들의 신분도 엄격히 제한했다. 반드시 그리스 민족이어야 하고 자유민만 참가할 수 있었다. 그리므로 노예는 당연히 참가할 수 없고 반드시 남성이어야 했다. 여성은 선수로 참가할 수 없을 뿐만 아니라 심지어 경기를 구경할 수도 없었다. 단, 개막식

성화 봉송

높이뛰기를 하는 선수들

고대 올림픽에 참가한
선수들은 모두 나체로
경기했다.

을 진행하는 여사제 한 명은 경기장에 들어가는 것이 허용되었다. 이 규칙
을 위반한 사람은 사형에 처해졌다. 기원전 396년에 한 여성이 남장을 하
고 선수의 코치인 양 꾸며서 몰래 경기장으로 들어갔다. 그리고 자신의 아
들이 경기에서 승리한 것을 보고 흥분을 억누르지 못한 채 환호성을 지르
다가 그만 여성이라는 점이 탄로 나고 말았다. 규칙에 근거하여 사형을 선
고받았지만, 그녀는 귀족 집안의 여성이었기 때문에 간신히 목숨을 부지
할 수 있었다. 이후로 코치들도 모두 나체로 경기장에 들어가야 한다는 규
칙이 생겼다.

여성들은 올림픽에 참가하지 못하자 자신들만의 운동 경기를 열기도 했
다. 이 운동 경기는 여신 헤라를 기념해 4년에 한 번씩 열었고 모든 연령의
여성이 참여할 수 있었다.

올림픽은 처음에는 운동 경기만 진행했으나 기원전 444년 제84회 올림
픽부터는 문예 경기도 도입되었다. 그리스 각지에서 온 시인, 가수, 작가들

이 경쟁적으로 무대에 올라 자신의 작품을 공연하거나 낭송했다. 이 경기는 고대 그리스의 문예가 발전하는 데 큰 역할을 했다.

훗날 마케도니아의 알렉산드로스 대왕이 그리스를 점령했을 때에도 고대 올림픽은 계속되었다. 그러나 점차 전문 운동선수가 등장하면서 심판이나 다른 경기 관계자가 뇌물을 받는 일이 발생했고, 신에 대한 숭배와 인체의 아름다움을 추구하던 올림픽은 그 본질이 훼손되기 시작했다.

고대 올림픽은 천여 년 동안 이어진 후 중단되었다. 그로부터 긴 세월이 흘러 프랑스 인 쿠베르탱Pierre de Coubertin의 제안으로 1896년에 아테네에서 제1회 근대 올림픽이 개최되었다. 그 후로 전쟁이 일어났을 때를 제외하고는 계속 열리고 있으며, 올림픽은 전 세계인의 행사가 되었다. 근대 올림픽이 어느 나라에서 열리든 성화는 언제나 그리스 올림피아에서 태양을 이용해 점화한다. 그리고 성화 봉송 주자들의 손을 차례로 거쳐 전 세계를 돌아 개최 국가로 간다. 성화는 가는 곳마다 전 세계의 사람들에게 이렇게 외친다. "이제 곧 올림픽이 시작됩니다! 어서 전쟁을 멈춰요!"

GREECE 4 열 번째 뮤즈, 사포

미녀, 아이들의 어머니, 남편을 싫어하는 아내, 동성애자, 남성들의 동경의 대상, 사랑에 목숨을 바친 여류 시인, 여권 운동의 선구자. 그녀는 바로 사포Sappho, 열 번째 뮤즈이다.

시기 : 기원전 612년~기원전 560년
인물 : 사포, 솔론, 플라톤

서양 역사에서 여성에 대해 살펴볼 때 반드시 언급되는 인물이 바로 사포이다. 지금으로부터 2000여 년 전에 살았던 그녀는 언제나 시를 쓰고 그림을 그리고 노래했다. 동시에 그녀는 전통적인 윤리주의자들에게 저주의 대상이었다. 영국의 시인 바이런George Gordon Byron은 그의 작품 《돈 주안》에서 '불처럼 타오르는 사포'의 이야기로 시작하여 고대 그리스 문명의 아름다움을 찬양했다. 그녀에 대한 평가가 어떻든 그녀의 노래와 시, 그리고 개인적인 생활은 모두 여성의 역사에서 언급하지 않을 수 없는 아주 중요한 것이다.

한눈에 보는 세계사
기원전 563년 : 석가모니 탄생

사포, 불처럼 타오르다

사포는 레스보스Lesbos 섬의 귀족 집안에서 태어난 고대 그리스의 유명한 여성 시인이다. 시와 노래를 좋아했던 아버지의 영향으로 그녀도 시 쓰는 일에 빠져들었다. 당시 그리스의 여성들은 스스로 결혼을 결정할 수 없었고 귀족 여성들은 더욱 그러했다. 그녀가 결혼을 원했는지는 알 수 없지만 사포는 성년이 된 후 귀족 남성과 결혼했고 딸도 낳았다. 그런데 얼마 지나지 않아 그녀는 남편과 딸을 떠났다. 사포는 시칠리아 섬으로 가서 한동안 살다가 다시 고향으로 돌아와 여생을 보냈다. 아마도 이 재능이 넘치는 여성은 불행한 결혼 생활에서 외로움과 허전함을 느끼고 더 나은 삶을 찾아 떠났을 것이다.

레스보스 섬에서 사포는 여성 학교를 설립했다. 그리고 그곳에서 여자아이들에게 글쓰기, 시, 노래 등을 전문적으로 가르쳤다. 많은 소녀가 사포의 명성을 듣고 학교로 찾아왔고 사포도 최선을 다해서 학생들을 가르쳤다. 학생들은 많은 이를 감동시키는 사랑과 결혼에 관한 아름다운 시를 썼다. 고대 그리스 인들은 동성애에 대해 아주 너그러운 편이었다. 그래서 동성애를 표현한 시와 노래를 쉽게 찾아볼 수 있다. 사포도 동성애와 관련한 시를 많이 썼고, 그녀의 시는 그리스 전체에 널리 퍼졌다. 레스보스 섬 사람들은 이렇게 대단한 시인을 배출한 것에 대해서 자랑스러워했다. 이를 표현하기 위해 레스보스 섬에서 사용하는 은화에 사포의 얼굴을 새길 정도였다.

고대 그리스의 여성 시인 사포

사랑과 열정을 노래하다

사포가 살던 당시 시인들은 하프를 연주하며 시를 노래했다. 그들은 리듬, 각운, 운율 등에 상당히 신경을 썼다. 그러나 사포는 이러한 형식을 과감히 무시했다. 그저 더욱 서정적으로 표현하는 데에만 신경을 썼다. 그런 이유로 그녀는 서정 시인으로 분류된다. 그녀는 또한 그리스 역사상 처음으로 개인적인 사랑의 감정을 노래한 시인이었다. 사포의 시는 당시에 유행하던 영웅 서사시와는 전혀 다른 새로운 것이었다.

사포의 서정시는 사랑과 열정으로 가득했다. 따스하면서도 참신하고 자연스러운 말로 사랑을 노래했고, 시의 운율도 독특하며 아름다웠다. 그녀의 독특한 작품 형식은 '사포 스타일'로 불리며 후대의 시인들에게 깊은 영향을 미쳤다. 그녀는 많은 작품을 창작했으며, 모두 아홉 권으로 정리되어 후대에 널리 전해졌다. 그러나 중세 유럽 사회는 그녀의 시가 기독교의 윤리에 맞지 않는다는 이유로 모두 태워 버렸다. 이로 인해 지금 남아 있는 것은 많지 않다.

그녀의 시는 그리스 사람들에게 대단히 인기가 있었다. 모두 그녀의 시를 즐겨 암송했으며, 누군가는 세상에 시인은 호메로스와 사포가 있을 뿐이라고 말하기도 했다. 아테네의 집정관이었으며 그리스의 칠현인七賢人 중 한 명인 솔론Solon은 뛰어난 시인이기도 했다. 그런 그도 사포의 시를 들었을 때 감동해 눈물을 흘렸다고 한다. 그는 "사포에게 시에 관해서 조금이라도 배울 수 있다면 죽어도 여한이 없겠다."라고 말했다. 철학자인 플라톤도 사포를 '열 번째 뮤즈'라고 불렀다.

사랑과 죽음

오늘날 사포의 개인적인 일에 대해 알려진 것들은 거의 다 추측일 뿐이다. 대부분이 후대의 소설가들이 만들어 낸 이야기이다.

어떤 사람은 사포가 아주 못생겨서 사랑하는 남자가 없자 동성애자가 되었다고 말했다. 또 어떤 사람은 사포가 아주 아름다웠으며 죄를 저질러서 사형에 처해졌다고 한다. 법정에서 사포는 옷을 벗고 아름다운 육체를 드러냈다. 그러자 방청객들은 이처럼 아름다운 여성을 죽이지 말라고 소리첬다. 법관도 그녀의 아름다움에 매혹되어 가벼운 형벌을 주었다고 한다.

사포의 시는 소녀에 대한 열렬한 숭배와 사랑으로 가득했기 때문에 사람들은 대부분 그녀가 동성애자라고 생각한다. 그러나 사포가 사랑하는 한 남자를 위해서 죽었다고 주장하는 사람도 있다. 당시에 많은 남자 시인이 그녀에게 반해서 따라다녔는데 사포는 그들에게 조금도 관심이 없었다. 그러던 중 그녀는 선원인 파온Phaon을 사랑하게 되었다. 사랑하는 파온을 위해서 그녀는 동성애를 그만두었지만 파온은 그녀를 사랑하지 않았다. 사포는 절망에 빠져 결국 레스보스 섬의 레우카디아Leucadia 절벽에서 바다로 뛰어들어 자살했다. 당시 레스보스 섬 사람들은 바다가 사랑의 고통을 깨끗이 씻어 준다고 믿었다. 그리고 바다에 뛰어들면 새로운 삶을 살게 된다고 여겼다.

시인의 영감
(Inspiration of the Poet)

그림 한가운데에 있는 태양신 아폴론은 한 손으로 하프를 들고 다른 한 손으로는 시인의 노트를 가리키고 있다. 아폴론의 뒤에는 아름답고 우아한 뮤즈가 있다. 시인은 종이와 펜을 들고 영감이 떠오르기를 기다리며 하늘을 쳐다보고 있다. 작은 천사 두 명은 월계관을 들고서 시인의 머리 위에 씌워 주고 있다.

사포의 시대로부터 오랜 세월이 흐른 19세기 말부터 여성 운동이 시작되었다. 여자에게 사회·정치·법률적으로 남자와 동등한 권리와 지위를 부여하자고 주장하는 여권주의자들은 여성을 찬양했던 사포를 여성 동성애의 원조로 추앙하고 여권주의의 선구자로 여겼다. 그래서 현재 여성 동성애를 의미하는 '새픽Sapphic'은 그녀의 이름에서 비롯했고, 여성 동성애자를 뜻하는 영어 '레즈비언Lesbian'도 그녀의 고향인 레스보스 섬의 이름에서 따온 것이다.

5 짧은 이야기에 담긴 큰 지혜

GREECE

비천한 출신의 노예가 있었다. 그러나 그는 넘치는 지혜와 관용으로 사람들의 존경을 받았다. 그의 이야기는 짧지만 힘이 있었다. 소소한 일상에서 진리를 찾게 해 주는 그의 이야기는 오늘날까지 전해 내려오며 여전히 사랑받고 있다. 그가 바로 이솝Aesop이다.

시기 : 기원전 6세기
인물 : 이솝

비참했던 어린 시절

이솝은 기원전 6세기에 그리스에서 살았다. 그는 몸집이 왜소하고 외모가 추했으며 벙어리였다고 한다. 사람들은 모두 그를 좋아하지 않았다. 친척과 이웃들마저 그를 외면하고 조롱했다. 오직 이솝의 어머니만이 그를 깊이 사랑했다. 착하고 따뜻한 성품이었던 이솝의 어머니는 언제나 그를 꼭 껴안고 많은 이야기를 해 주었다. 그런 어머니의 품속에서 이솝은 많은 것을 배웠고, 이 경험으로 이솝은 사랑하는 마음이 가득하고 관용적인 사람으로 성장했다.

한눈에 보는 세계사
기원전 563년 : 석가모니 탄생   기원전 551년 : 공자 탄생
기원전 525년 : 페르시아, 오리엔트 통일

그러나 그를 유일하게 사랑해 주던 어머니는 얼마 지나지 않아 세상을 떠났다. 어머니를 잃은 이솝은 이후 괴로운 삶을 살았다. 사람들은 그를 조롱하는 것으로도 모자라서 때리기까지 했다. 그럴 때면 이솝은 언제나 들이나 산으로 도망쳤다. 그곳에서 그는 닭이나 곤충들과 이야기를 나누었다. 모든 사람이 그를 추한 벙어리라고 멸시했지만, 이 작은 동물들은 그렇지 않았다. 이솝은 이렇게 외롭고 상처받은 마음을 치료했다.

이솝은 집을 떠나기로 마음먹었다. 그는 여러 곳을 떠돌며 많은 경험을 했다. 즐거운 일도 있었고 힘든 일도 있었다. 밤에는 다른 여행자들과 길에서 잤다. 모닥불 옆에 웅크리고 누워서 다른 사람들이 새, 곤충, 동물에 관해 이야기하는 것을 들었다. 묵묵히 듣고만 있던 그는 어쩌면 사람과 동물이 같은 것은 아닐까 하고 생각했다. 동물들도 사람처럼 싸우기도 하고 사랑하기도 하지 않을까?

이야기보따리

어느 날 밤, 이솝은 신이 자신에게 미소 짓는 꿈을 꾸었다. 꿈속에서 신은 이솝에게 다가와 손가락을 그의 입속에 집어넣고 굳어진 혀를 부드럽게 했다. 다음 날 아침, 이솝은 말을 할 수 있게 되었다. 신은 그에게 말하는 능력을 주었을 뿐만 아니라 아주 멋진 말솜씨도 주었다. 그는 이야기꾼이 되었고 어느 곳에 가든 재미있는 이야기로 사람들의 마음에 사랑과 따스함을 주었다.

어느 날, 이솝은 두 사람이 서로 잘난 척하며 양보하지 않는 것을 들었다. 한 사람은 자신이 재채기를 하면 산봉우리를 날려 버릴 수 있다고 하고, 다른 한 사람은 자신이 발을 구르면 땅이 흔들린다고 뻐겼다. 이솝은 웃으며 그들에게 이야기를 들려주었다. — 사자와 사람이 길을 가고 있었다. 둘은 서로 자신이 더 잘났다고 주장했다. 그러다 갈림길에서 돌비석을 하나 보았다. 그 돌비석에는 한 사람이 사자 여러 마리를 죽인 그림이 그려져 있었다. 사람이 사자에게 말했다. "이것 봐. 어때? 사람이 사자보다 강하지?" 그러자 사자가 비웃으며 말했다. "우리가 그림을 그릴 줄 알았다면 사자의 발밑에 수많은 사람이 쓰러져 있는 그림을 볼 수 있었을걸." 하고 대답했다.

이솝의 이야기를 다 듣고 서로 잘난 척하던 두 사람은 부끄러워 고개를 들지 못했다.

이솝은 또 욕심은 많지만 소심한 사람을 만났다. 그는 뭐든지 하고 싶어 했지만 실제로 용기 내서 나서지는 못했다. 그러면서 항상 자신을 위한 핑계를 찾았다. 이솝은 그에게 이야기를 들려주었다. ─ 여우 한 마리가 포도나무에 보석 같은 포도가 탐스럽게 열린 것을 보았다. 여우는 그 포도를 따 먹고 싶었지만 손이 닿지 않았다. 여우는 잠시 포도를 쳐다보다가 어쩔 수 없이 자신을 위로하듯이 말했다. "저 포도는 분명히 엄청 신맛이 날 거야."

자신 외에는 아무도 없는 듯 행동하는 오만한 사람에게 이솝은 이런 이야기를 해 주었다. ─ 거북이와 토끼는 서로 자기가 더 빠르다고 우겼다. 아무리 싸워도 결론이 나지 않자 둘은 직접 대결해 보기로 했다. 토끼는 빠른 다리로 거북이를 쉽게 앞질렀다. 토끼는 멀리서 엉금엉금 기어오는 거북이를 보고 잠시 쉬었다가 가도 늦지 않겠다고 생각했다. 그래서 토끼는 길가에 누워 낮잠을 잤다. 거북이는 자신이 토끼보다 느리다는 것을 알고 있기 때문에 쉬지 않고 꾸준히 앞을 향해 걸었다. 그리고 마침내 거북이는 낮잠에 빠진 토끼를 지나서 먼저 결승선을 통과했다.

이솝은 여러 곳을 떠돌며 쉬지 않고 사람들에게 이야기를 했다. 또 사람들로부터 많은 이야기를 듣기도 했다. 사람들은 그를 '이야기보따리'라고 불렀다.

생활의 강자

떠돌던 이솝은 강도를 만나는 바람에 사모스 섬Scmos I.의 귀족에게 노예로 팔려 갔다. 그러나 그는 조금도 좌절하지 않고 새로운 상황을 받아들였다. 자신의 처지에 만족하며 거기에 맞추어 살았다. 이솝은 의지가 강해서 어려움에 굴복하지 않았다.

노예로 일하면서 이솝은 쉬는 동안 동료들에게 재미있는 이야기를 많이 해 주었다. 이 일은 그의 생활에서 아주 중요한 부분이 되었다. 또 지혜와 기지를 발휘해 동료들을 가르쳐 주고 주인을 돕기도 했다. 주인은 이 못생겼지만 현명한 노예에게 감동해서 노예 신분에서 해방시켜 주었다.

자유민이 된 이솝은 다시 유랑 생활을 시작했다. 그러다가 그는 한 귀족을 화나게 했다. 이 귀족은 이솝의 이야기 중에 신이 등장하는 부분을 구실로 삼아서 그가 신을 모욕했다고 고발했다. 이솝은 결국 '신성모독죄'라는 죄명으로 사형에 처해졌다.

후세의 많은 화가가 이솝을 감성이 충만한 지적인 이야기꾼으로 묘사했다. 하지만 아마도 이솝은 글을 몰랐을 것이다. 그가 살던 시대에 가난한 하층민과 노예는 교육을 받을 권리가 없었다.

이솝은 이렇게 세상을 떠났지만, 그의 재미있고 인생철학이 가득한 이야기들은 세상에 널리 퍼져 나갔다. 이후 콘스탄티노플의 수사 플라누데스Planudes가 이솝의 이야기를 모아서《이솝 이야기집》을 펴냈다. 오늘날 전 세계 수많은 가정의 책장에 꽂혀 있는《이솝우화Aesop's Fables》는 그 책을 후세 사람들이 다시 편집한 것이다. 한편으로는《이솝 이야기집》이 아비시니아Abyssinia의 흑인 노예가 지은 것이고 이솝도 아프리카 인이라는 설이 있다.

《이솝우화》에 등장하는 동물은 대부분 탐욕스럽고 어리석은 부자, 근면하고 용감하지만 가난한 사람 등 인간 사회의 다양한 인물을 대신한다. 이야기의 형식은 아주 잘 정돈되어서 깔끔하고 단순하면서도 깊이 생각하게 한다. 그중에 〈농부와 뱀〉, 〈늑대와 아기 양〉, 〈까마귀와 여우〉 등은 아주 유명하다. 이솝의 이야기는 후세의 문학 작품에도 많이 등장하며 정치가들도 자주 인용한다. 서양 우화의 시작이 된 《이솝우화》는 우화가 하나의 문학 장르로 인정받는 데 기초가 되었다.

천하무적, 그리스의 해군과 보병

고대 그리스의 해군을 이야기할 때 아테네의 해군을 빼놓을 수 없다. 또 고대 그리스의 육군에 대해서 이야기할 때에는 스파르타의 보병을 빼놓을 수 없다. 바다와 육지를 호령한 고대 그리스의 해군과 보병은 가장 빛나는 역사의 한 페이지를 차지하고 있다.

강력한 해군

고대 그리스는 그리스 반도와 에게 해의 많은 섬으로 이루어졌다. 넓고 광활한 에게 해와 지중해 전역에 걸쳐 행해진 상업 무역과 자국의 영토를 보호하기 위해서 고대 그리스의 많은 도시국가는 해군을 조직했다. 그중에서 가장 실력이 뛰어난 것이 바로 아테네의 해군이었다.

오늘날 알려진 그리스 해군에 관한 모든 정보는 거의 호메로스의 서사시에서 나온 것이다. 앞에서 설명했듯이 호메로스의 서사시 내용은 기원전 12세기에 일어난 트로이 전쟁이다. 그러나 사실 호메로스가 묘사한 시대적 배경은 자신이 살던 기원전 8세기경의 모습이다. 그러므로 서사시 속에 설명된 해군 함대는 아마 도시국가 건립 초기의 모습일 것이다.

당시의 해군 전함은 주로 두 종류였다. 노 20개가 달린 가벼운 배와 노가 50개 달린 커다란 전함이었다. 뱃머리와 뒷부분에만 갑판이 있고, 노를

페니키아 인은 당시 가장 뛰어난 항해가였고 상인이었다. 그들은 과학적으로 잘 만들어진 배를 타고 지중해 구석구석을 누볐다.

젓는 사람들은 의자에 앉아서 배의 뒷부분을 보고 노를 저었다. 배는 사각형 돛을 달았으며, 돛대, 밧줄, 쇠사슬, 돛은 모두 분리할 수 있었다. 전투가 없을 때에는 이런 부분은 분리해서 배의 무게를 가볍게 했다. 그러나 당시의 배들은 쉽게 뒤집히는 단점이 있었다.

기원전 7세기에 상업과 무역에 뛰어났던 페니키아Phoenicia 인들이 '2층 노 전함'을 만들어 냈다. 이것은 병사들이 위아래 두 층으로 나뉘어서 선체 안에 앉아 노를 젓는 방식이었다. 당시로써는 아주 획기적인 것이었다. 그리스 인들은 이 새로운 방식을 금세 모방했다. 그리고 이 방법을 응용해서 '3층 노 전함'을 만들었다. 배의 앞쪽은 아주 날카롭게 만들고 이것을 '충각'이라고 불렀다. 선체는 나무로 만들었고 겉은 금속을 둘러 견고함을 더했다. 또 뱃머리에 눈을 그려 넣어 위협적으로 보이도록 했다. 그리스 인

3층 노 전함 모형

들의 '3층 노 전함'은 기원전 6세기까지 해군의 가장 중요한 장비였다.

해상 전쟁

일단 전쟁이 벌어지면 양측은 비교적 넓은 바다를 선택해서 서로 마주 보고 전함을 일렬로 나란히 배열한 채 대치한다. 그리고 정식으로 전투를 시작하기 전에 양쪽 모두 배에서 신에게 제사를 올린다. 보통 전쟁과 승리의 신 아테나, 전쟁의 신 아레스 또는 각 도시국가의 수호신에게 자신들을 보호해 달라고 기도한다.

고대 그리스에서 가장 자주 볼 수 있는 해군 전술은 세 가지이다. 하나는 빠른 속도로 적의 함대 후방으로 돌아 들어가서 충각을 이용해 뒤쪽에서부터 상대편의 전함을 공격하는 것이다. 일반적으로 전함의 뒷부분은 방어 장치가 없기 때문에 이 전술은 적군의 전함을 침몰시키는 데 아주 효과적이었다. 두 번째 방법은 빠르게 노를 저어서 적의 전함 옆으로 다가가는 것이다. 적의 전함에 가장 가까이 다가간 순간 병사들이 노를 일제히 들어 올려서 적군의 노를 내려치는 방법이다. 이 전술은 빠른 속도와 전체 병사의 호흡이 아주 중요했다. 서로 호흡이 맞지 않으면 공연히 자신들의 노만 망가질 수 있었다. 세 번째 방법은 상대방을 향해서 무조건 돌진하는 것이다. 이 전술은 방향이 중요하며, 주로 적의 전함 옆 날개를 들이받아 침몰시키는 것이 목적이었다.

전함 한 대를 만들려면 아주 많은 돈이 필요했다. 그리고 당시에는 노 젓는 병사의 임금이 상당히 높은 편이었다. 그래서 아테네와 코린토스처럼 크고 부유한 도시국가만이 전함을 만들어 유지할 수 있었고, 작고 부유하지 않은 도시국가들은 육군을 길러야 했다.

보병의 중심, 중장보병

고대 그리스의 육군은 기원전 8세기에 처음으로 조직되었다. 당시에는 말을 타고 전투를 치르는 기병이 대부분이었다. 기병들은 필요한 말과 무기, 그리고 기타 장비를 스스로 마련해야 했다. 그래서 어느 정도 부유한 귀족이어야만 기병이 될 수 있었다. 가난한 사람은 하는 수 없이 말을 타지 않고 전투에 참여하는 보병이 되었다. 그러나 그리스 반도는 산과 구릉이 많고 평원이 적은 지형이어서 사실 기병보다는 보병이 전술 면에서 더욱 효과적이었다. 그래서 기원전 7세기가 되자 군사 전략가들은 보병을 이용해서 전

노가 50개 달린 배의 모형

투하는 방법을 연구하기 시작했다. 보병은 크게 중장비를 갖춘 중장보병 Hoplite과 일반 보병으로 나뉘었다. 그중 중장보병은 고대 그리스 전투력의 핵심이 되었다.

중장보병은 온몸을 두껍고 무거운 중장비로 감쌌다. 머리에는 청동 투구를 쓰고, 몸에는 가죽과 청동으로 만든 갑옷을 입었으며, 종아리는 경갑이라고 불리는 정강이 가리개로 감쌌다. 또 왼손으로는 둥근 방패를, 오른손으로는 청동으로 된 긴 창을 들었다. 기병과 마찬가지로 중장보병도 이 모든 장비를 자신이 직접 준비해야 했다. 그래서 구성원 대부분이 모두 상류층이었다. 가난한 사람은 갑옷과 무기를 살 돈이 없어 일반 보병이 되었다. 일반 보병은 가벼운 창, 화살 등만 가지고 전투에 참여했고, 보통 중장보병의 전투를 보조하거나 후방을 맡아 지켰다.

육상 전쟁

최초의 전쟁 방식은 양측의 전사가 일대일로 결투하는 식이었다. 트로이 전쟁에서 영웅 아킬레우스와 트로이 왕자 헥토르가 일대일로 싸웠던 것이 그 예이다. 이후 중장보병이 군대의 중심이 되면서 전쟁 방식도 바뀌어 병사들을 네모꼴로 배치해서 전투를 벌이는 방진方陣이 일반화되었다.

중장보병은 보통 평원에서 전투를 벌이며, 병사들은 8~12줄의 사각형으로 선다. 그중 앞의 세 줄은 어깨 위로 창을 들고 적에게 맞섰다. 그 뒤의 중장보병들은 기다란 창을 앞사람 어깨 위에 올려놓았다. 기다란 창은 서로 겹겹이 쌓아서 가장 마지막 줄의 창은 하늘 높이 세울 수 있었다. 이렇게 견고하게 진영을 가다듬고 한 걸음씩 앞으로 걸어가면서 적군을 압박했다. 전투는 한쪽이 도망갈 때까지 계속되었다.

전투에 임하는 그리스 보병

일반 보병들은 평원에서 전투할 때 중장보병을 보조했다. 하지만 도시를 공격할 때에는 중장보병보다 훨씬 많은 일을 했다. 도시를 공격하려면 일단 적의 성벽을 넘거나 성문을 부수고 들어가야 한다. 이때 일반 보병들이 쇠뇌틀, 쇠망치, 공격탑 등을 사용했다. 이 중에서 쇠뇌틀은 화살, 돌덩이, 표창을 쏘아 올릴 수 있는 장비로, 사정거리가 200m 이상이었다. 쇠망치는 나무 손잡이에 청동으로 만든 머리를 댄 것으로, 성문을 부술 때 꼭 필요한 무기였다. 공격탑은 나무로 만든 몇 층 높이의 탑인데, 일반적으로 성벽보다 높았다. 탑의 아랫부분은 바퀴를 달아서 이동하기 쉽게 했다. 일반 보병들은 공격탑에 올라가서 적의 높은 성벽을 뛰어넘었다.

거의 모든 고대 그리스 도시국가에서 시민은 병역의 의무가 있었다. 아테네 남자들은 만 18세부터 60세까지 군인으로 복역했다. 또 스파르타는 모든 시민이 죽는 날까지 군인으로 살았다. 이들은 전쟁이 일어나면 언제든지 전쟁터로 달려 나갔다.

Ancient GREECE

맥을 잡아주는 세계사
The flow of The World History

제 3 장 | 위대한 아테네를
향하여

1 아테네의 번영

아테네는 고대 그리스의 많은 도시국가 중에 가장 강한 나라였다. 하지만 그 힘을 하루아침에 쌓아 올린 것은 아니었다. 아테네도 건국 초기에 여러 가지 어려움을 겪었다. 이후 아테네의 왕 테세우스가 아티카 반도를 통일하고, 아테네를 중심으로 각 부락을 연합한 도시국가를 세웠다. 그뿐만 아니라 테세우스는 수많은 개혁을 시행하여 아테네가 번영하기 위한 기반을 닦았다.

시기 : 기원전 9세기
인물 : 케크롭스, 테세우스, 코드로스

건국 이전의 아테네

아테네는 그리스 반도 중부 지역의 아티카Attika 반도에 있었다. 면적은 2,500여㎢에 달하고, 국토의 삼면이 산으로 둘러싸였으며, 나머지 한 면은 에게 해에 접했다. 해안선은 구불구불한 형태로 멋진 항구가 많았다. 이 지역에는 신석기 시대부터 사람이 살았다. 트로이 전쟁이 일어났을 때에는 그리스 연합군에 참여하기도 했다. 그러나 이때에는 그저 그리스의 수많은 도시국가 중 하나일 뿐이었다.

전설에 의하면 아티카 반도의 첫 번째 통치자는 케크롭스Kekrops라고 한

한눈에 보는 세계사
기원전 800년 : 페니키아, 카르타고 건설

다. 그는 아티카 반도에 사는 사람들을 모두 4개 부락으로 나누었다. 각 부락에는 3개 부족이 있고, 그것은 다시 각각 30개 씨족으로 나뉘었다. 다시 말해, 아티카 반도 전체에 모두 360개 씨족이 있었던 셈이다. 부락에는 부락 전체를 다스리는 군사 지도자가 있었고 부락들의 관계는 평등했다. 무슨 이유에서인지는 밝혀지지 않았지만, 아테네는 식민 활동에 참여하지 않았다. 그래서 당시까지만 해도 그다지 이름을 떨치지 못했다.

기원전 12세기에 도리아 인이 펠로폰네소스 반도를 침입했을 때 미케네 인은 전쟁을 피하기 위해 다른 지역으로 이동했고 그중 일부분이 아티카 반도에 도착했다. 외부 사람들이 들어오자 케크롭스 왕이 아티카 반도에 세웠던 씨족 제도가 흔들리기 시작했다. 새로운 문화를 접하면서 기술이 발달하고 개인의 재산이 증가했다. 이에 따라 차츰 빈부격차가 심해지고 계급이 형성되었다. 부락 사이의 평등 관계도 깨졌으며 무력 충돌도 발생했다.

아테네의 수호신인 아테나 여신상

아티카를 통일한 테세우스

신화에 따르면, 기원전 9세기경에 아테네의 왕자 테세우스가 미노타우로스를 죽이고 아테네로 돌아와 왕위를 계승했다. 테세우스는 이후 여러 씨족 사회가 복잡하게 얽혀 살아가던 아티카 반도를 통일하고 아테네가 중심이 되는 도시국가를 건설했다. 하지만 이것은 신화일 뿐이다. 테세우스가 미노타우로스를 죽인 것은 크레타 문명 시대이고, 아테네가 건국된 것은 그로부터 수백 년이 흐른 이후이기 때문이다.

신화와 역사 자료를 토대로 추측해 보면, 테세우스가 아닌 어떤 사람이 아티카 반도를 통일했다. 아마도 후세 사람들이 위대한 테세우스 왕의 업적에 아티카 반도의 통일을 끼워 넣은 것 같다. 아티카 반도를 통일한 사람에 대해서는 전혀 알려진 것이 없다. 그래서 여기에서도 어쩔 수 없이 테세우스의 이름을 빌려서 이야기하겠다.

테세우스는 아티카 반도를 통일하고 나서 두 가지 개혁을 시행했다. 첫 번째는 왕이 된 것이다. 그전까지 아티카 반도의 각 부락에는 군사 지도자가 있었다. 테세우스는 이 부락을 해체하고, 아테네를 중심으로 각 부락을 연합하여 도시국가를 세운 뒤 자신이 왕이 되었다. 그리고 아테네에 중앙 정치 기구를 만들고 국가 관리 제도를 규정했다. 두 번째 개혁은 시민의 계층을 나눈 것이다. 아테네 시민은 직업, 재산, 지위에 따라 각각 귀족, 농민, 수공업자의 세 계층으로 나뉘었다. 이 중에서 귀족들만이 종교 의식에 참여하고 행정 업무를 맡을 수 있었다. 나머지 농민과 수공업자는 모두 평민에 속했다.

이 밖에 정치적 지위에 따라서도 구분했다. 앞서 말한 귀족과 평민은 모두 시민권이 있는 자유민이다. 시민권이 없는 자유민도 있었는데, 보통 다른 도시국가에서 온 사람들이나 자격을 잃어 시민권을 박탈당한 사람이었다. 그리고 마지막으로 최하층인 노예가 있었다. 고대 그리스 인들에게 노예는 사람이 아니고 그저 말할 수 있는 도구였다.

테세우스는 스스로 왕의 권한을 줄이고, 더욱 많은 귀족이 정치에 참여하도록 유도했다. 이런 조치는 원래부터 정치에 참여해 오던 귀족들의 반발을 불러일으켰다. 그들은 평민들이 테세우스의 통치에 반대하도록 부

테세우스의 영웅적인 모습을 그린 그림이다. 한가운데에 그려진 것이 미노타우로스를 죽이는 테세우스의 모습이다.

추겼다. 그 결과, 테세우스의 개혁은 곧 벽에 부딪히고 말았다. 이에 테세우스는 모든 것을 포기하고 아테네를 떠나서 스키로스 섬으로 갔다. 그러나 테세우스를 반대하는 아테네의 귀족들이 이미 스키로스의 왕 리코메데스에게 손을 뻗쳐서 그를 죽이려고 공모했다. 결국 테세우스는 스키로스 섬에서 암살되었다.

집정관의 출현

얼마 후, 아테네와 다른 나라들 사이에 충돌이 발생했다. 아테네의 마지막 왕인 코드로스Codros는 전쟁터에서 죽었다. 그 후 아테네 인들은 왕이라는 칭호를 아예 없애 버리기로 했다. 대신에 아르콘Archon, 즉 집정관이 그동안 왕이 하던 일을 맡아서 했다. 처음에는 코드로스의 후손만이 집정관을 맡을 수 있었다. 당시에는 집정관이 되면 종신 임기로 죽을 때까지 그 직위를 맡았고, 집정관이 죽으면 그 후손이 지위를 계승했다. 이후 기원전 752년부터 집정관의 임기를 10년으로 제한했으며, 기원전 711년에는 코드로스의 후손이어야만 한다는 규정도 사라졌다. 이제 귀족들이 집정관이 될 기회가 생겼다. 기원전 683년에 이르러 집정관 제도는 또 한 번 중요한 변화를 맞이했다. 집정관의 임기는 1년으로 대폭 줄어들었고, 선거를 통해 선출하기로 했다. 또 원래의 한 명에서 세 명으로 늘어났으며, 나중에는 더 늘어나 아홉 명에 이르렀다. 각 집정관이 담당하는 행정 업무는 서로 달랐다.

집정관 아홉 명 중에서도 아르콘 에포니모스Archon Eponymos라고 불린 수석 집정관은 서열이 가장 높았다. 이 수석 집정관은 각 신분 계층과 부족 집단 사이에서 발생하는 충돌을 해결하고, 국가의 중요한 일을 관리하고 결정했다. 아테네에서는 아르콘 에포니모스로 선출된 사람의 이름을 따서 그해의 이름을 붙였다. 그리고 아르콘 바시레우스Archon Basileus는 전국적인 종교의식을 책임졌다. 아르콘 폴레마르코스Archon Polemarch는 군대와 전술 등을 관리했다. 이 밖에 나머지 여섯 명은 아르콘 테스모테테스Archon Thesmothetai로 불리며 재판과 형벌 분야를 각각 나누어서 관리했다.

집정관은 따로 임금을 받지 않았다. 그래서 귀족이어도 토지나 일정한 재력이 없는 귀족은 집정관이 될 수 없었다. 1년의 임기가 끝난 집정관은 '아레오파고스 회의Areopagos Council'에 들어갈 수 있었다. 한 번 아레오파고스 회의에 들어가면 그 권한은 평생 지속되었다. 그들은 집정관이 하는 일을 관리, 감독하고 국가에 큰일이 있을 때 모두 모여서 해결책을 논의했다.

아레오파고스 회의 아래에는 '시민의회Council of citizens'가 있었다. 농민과 수공업자로 구성되었고, 주로 귀족들이 제안한 법을 통과시키는 일을 했다. 이들에게 실질적인 권한은 없었으며, 표결할 때 손을 들거나 박수를 치는 것이 전부였다.

약 200년에 걸쳐 끊임없이 개혁을 시도한 결과, 아테네의 사회 제도는 점차 완성되어 갔다. 국력이 강해지면서 아테네는 점차 고대 그리스 전체의 경제·문화의 중심이 되었다.

2 아크로폴리스

아크로폴리스는 건축 역사의 기적이다. 그곳에 세워진 웅장하고 신비한 파르테논 신전Temple of Parthenon은 완벽한 설계에 아름다운 외관까지 더해진 건축의 걸작이다. 그리고 우뚝 솟은 아테나 여신상은 해변을 지긋이 바라보며 아테네를 보호하고 있었다. 그리스의 도시국가들은 각기 중심지에 자리한 높은 언덕인 아크로폴리스에 아름다움과 실용성을 두루 갖춘 멋진 건축물들을 건설했다.

시기 : 기원전 800년부터
주요 건축물 : 파르테논 신전, 아테나 니케 신전, 에레크테이온 신전

아테네의 유래

아테네의 명칭은 그리스 신화에 등장하는 지혜의 여신 아테나의 이름에서 따왔다. 신화에 따르면 해변에 커다란 도시가 세워지자 아테나와 바다의 신 포세이돈이 서로 새 도시의 주인이 되겠다며 싸우기 시작했다. 싸움이 길어지자 제우스가 말리러 왔다. 제우스는 인간들에게 더 유용한 물건을 주는 신을 새 도시의 주인으로 인정하겠다고 말했다. 먼저 포세이돈이 삼지창을 휘둘러 커다란 바위를 내리쳤다. 그러자 갈라진 바위틈에서 전쟁을 상징하는 전투마 한 마리가 뛰어나왔다. 이번에는 아테네가 나섰다. 아

한눈에 보는 세계사
기원전 770년 중국, 춘추 시대 시작   기원전 753년 로마 건설

테네가 기다란 창을 휘둘러서 바위를 내리치자 이번에는 바위 위로 나뭇잎이 무성하고 열매가 주렁주렁 달린 올리브나무가 자라났다. 올리브나무는 평화와 풍요를 상징했다. 전쟁보다 평화와 풍요를 사랑하는 사람들은 아테나의 선물에 환호성을 질렀고, 이로써 아테나가 새로운 도시의 수호신이 되었다. 사람들은 그녀의 이름을 따서 이 새로운 도시의 이름을 아테네라 명명하고 아테네 곳곳에 올리브나무를 심었다.

위대한 아크로폴리스

아크로폴리스는 각 도시국가의 중심이었고 대부분 시민이 그 안에 모여 살았다. 아크로폴리스는 그리스 어로 '높은 곳에 자리한 성'이라는 의미이다. 고대 그리스의 도시국가 대부분은 중심지에 약간 높은 언덕이 있었고 이것을 폴리스라고 불렀다. 시간이 흐르면서 도시국가가 폴리스로 불리게 되자 본래 폴리스였던 작은 언덕은 '높은akros, 아크로'이라는 형용사를 붙여

파르테논 신전의 아름다운 장식 조각

150

서 아크로폴리스라고 부르게 되었다. 도시국가의 중심을 높은 곳에 세운 것은 외부의 공격을 막아 내기 쉽고 산에 샘물이 많았기 때문이었다. 도시 국가의 인구가 점점 늘면서 아크로폴리스도 점점 커졌다. 아크로폴리스 주 변으로는 농지가 형성되어 있었다.

각 도시국가의 아크로폴리스 중에서 가장 유명한 것이 아테네의 아크로 폴리스이다. 오늘날 아크로폴리스라고 하면 일반적으로 아테네의 아크로 폴리스를 가리킨다. 아크로폴리스는 아테네의 상징이며, 아테네 인들의 정 신이 깃든 곳이다. 아테네 역사에서 정치적으로 중요한 사건은 거의 모두 아크로폴리스에서 일어났다. 또 외부의 적이 가장 먼저 점령하고자 한 곳 도 아크로폴리스이다.

아테네의 아크로폴리스는 해발 150m의 높은 지대이고 총 면적은 대략 4㎢ 정도 된다. 아테네의 수호신인 아테나에게 제사를 올리기 위해서 처음 건설되었다. 주위는 견고한 성벽으로 둘러싸여 있었으며, 아크로폴리스까 지 가는 길은 가파르고 험했다. 나중에 아테네의 인구가 늘어나 모두 아크 로폴리스 안에 살 수 없게 되자 사람들은 점차 산 아래로 내려가서 살았 다. 그러다가 전쟁이 일어나면 모두 아크로폴리스 안으로 들어갔다. 아크 로폴리스 밖에 사는 사람들이 모두 들어오면 아테네는 적이 들어오지 못 하도록 성문을 굳게 걸어 잠갔다.

아크로폴리스는 무려 3000여 년 전에 세워졌다. 기원전 1500년에 아테 네 인들은 아크로폴리스에 궁전을 세웠다. 이후 기원전 800년경에는 신에 게 제사를 올리고 신에 대한 숭배를 표하는 신전 등의 건물을 세우기 시작 했다. 그렇게 아크로폴리스는 정치와 종교 활동의 중심이 되었다. 기원전 5 세기 중엽에 페르시아가 그리스를 침범하여 일어난 페르시아 전쟁The Greco-Persian Wars 동안 아크로폴리스는 페르시아군에 점령되었다. 이 전쟁이 끝 나자 당시 아테네의 집정관이던 페리클레스Pericles는 대규모로 아크로폴리스 재건 공사를 시작했다. 재건 작업이 끝난 후 아크로폴리스에는 입구인 프로필라이아를 비롯해서 파르테논 신전, 아테나 니케 신전Temple of Athena Nike, 헤로데스 아티쿠스 음악당Odeion of Herodes Atticus, 에레크테이온 신전 Temple of Erechtheion 등 많은 건물이 생겼다. 건물의 설계는 완벽했고 규모는 아주 컸다. 당시 아크로폴리스 건축의 총책임자는 유명한 조각가 페이디아 스Pheidias였다. 설계에 참여한 사람들에는 건축가 익티노스Iktinos, 칼리크 라테스Kallikrates 등이 있었다. 기원전 406년에 세운 에레크테이온 신전을 제외하고 다른 건물들은 모두 기원전 448년에서 기원전 420년 사이에 잇 달아 세워졌다.

파르테논 신전

아크로폴리스는 하나의 건물 집합체라고 할 수 있다. 아크로폴리스의 입 구인 프로필라이아는 서쪽을 향해 나 있고, 그 오른쪽에 아테나 니케 신전 이 세워져 있다. 아테네 니케 신전과 프로필라이아, 이 두 건축물은 하나의 길로 이어져 있으며 지도로 보면 완벽하게 평형을 이룬다.

프로필라이아를 통과해서 높은 기둥이 양옆에 세워진 중앙 통로를 따 라 들어가면 아크로폴리스 광장에 다다른다. 광장 오른쪽에 있는 건축물 이 바로 유명한 파르테논 신전이다. 파르테논 신전은 아크로폴리스에서 차 지하는 면적이 가장 넓고 장식도 가장 화려하다. 또 이곳은 도시의 수호신 인 아테나에게 제사를 올리는 곳이어서 아테네 인들이 매우 중요하게 여 겼다. 파르테논 신전은 기원전 447년부터 기원전 438년까지 세워진 건물로 건축가 익티노스가 설계를 맡았다. 전체적으로 하얀 대리석으로 만들어졌 으며, 당시에는 겉이 붉은색과 파란색으로 칠해져 있었지만 지금은 색이 모두 바래서 알아볼 수 없다. 길이 69.5m, 너비 30.88m, 높이 20m의 사각 형 구조이고 건물을 둘러싼 외부 복도에는 높이 14m, 지름 1.5m의 대리석

기둥 46개가 세워져 있
다. 이 거대한 기둥들
은 복도 안쪽으로 살짝
기울어져 있고 중간 부
분이 약간 불룩한 배흘
림 양식이다. 이런 독
특한 설계는 기둥이 부
드럽고 단정해 보이게
하는 시각적 착각을 일
으킨다.

　파르테논 신전 안에
는 조각가 페이디아스
가 제작한 거대한 아테
나 여신상이 있다. 아
테나의 머리에는 신화

**파르테논 신전의 아테
나 여신상**

높이가 12m인 아테나
여신상은 갑옷을 입고,
왼손으로는 방패를 잡
고 있으며, 오른손으로
는 승리의 여신 니케를
받치고 있다.

속에 등장하는 세 괴물이 있고, 가슴은 메두사의 머리로 장식되었다. 아테
나는 오른손으로 승리의 여신 니케Nike를 받치고 왼손으로는 방패를 세워
들고 있다. 조각상의 본체는 나무로 만들어졌고, 얼굴과 드러난 다른 부분
에는 모두 얇게 상아를 붙였다. 아테나가 입은 옷과 손에 든 무기는 모두
황금으로 만들어졌으며, 눈동자에는 보석을 박아 넣었다. 아테나가 서 있
는 단상에는 판도라의 탄생 신화가 조각되어 있다. 이 거대한 아테나 여신
상을 만드는 데에는 파르테논 신전 전체를 건축하는 것보다 비용이 많이
들었다고 한다. 여신상에 쓰인 황금은 무게가 무려 2톤이었다. 페이디아스
는 여신상을 완성하고 나서 황금을 개인적으로 이용했다는 모함을 받을
수도 있다고 생각했다. 그래서 여신상에 들어가는 황금을 떼어 낼 수 있게

제작했다. 예상한 대로 그는 모함을 받았다. 그러자 페이디아스는 자신의 결백을 주장하기 위해서 여신상의 황금 부분을 떼어 냈다. 그리고 자신을 모함하는 사람들 앞에서 황금의 무게를 재어 보이고 나서야 오명을 벗을 수 있었다. 이 아테나 여신상은 나중에 로마 황제가 가져간 이후로 행방이 묘연하다.

신전의 서쪽 지붕 바로 아래 삼각형 모양의 장식 부분인 페디먼트 Pediment, 곳곳의 장식 테두리, 복도는 아름답게 조각되어 있다. 페디먼트에는 아테나가 제우스의 머리에서 탄생한 신화, 아테나와 포세이돈이 서로 아테네의 수호신이 되겠다고 싸우는 장면이 조각되어 있다. 이 밖에도 파르테논 신전에는 유명한 '운명의 세 여신'상이 있다. 세 여신은 몸이 둥글고 풍만하며 아주 얇은 옷을 걸치고 있다. 옷 주름은 세세하고 풍성하게 잡혀 있는데, 마치 진짜로 착각할 만큼 정교하다. 세 여신의 머리 부분은 사라져서 지금은 없지만, 남아 있는 부분만으로도 조각가의 실력을 가늠할 수 있다. 또 신전 곳곳의 테두리에는 아테나에게 제사를 올리는 모습을 조각했는데, 인물 350여 명과 동물 250여 마리가 등장한다. 복도에는 하얀 대리석 장식 타일 92조각이 붙어 있다. 이 타일에는 그리스 신화 속에 나오는 전쟁 장면이 묘사되어 있다. 영웅의 전투, 울부짖는 말들, 야수에 대항하는 용감한 전사들의 모습이 아주 생생하다.

신화에 따르면 신들이 올림포스 산에서 내려와 아테네를 여행할 때 파르테논 신전에서 머무른 적이 있다. 그때 파르테논 신전이 더욱 화려해졌다고 한다. 파르테논 신전은 로마가 그리스를 침입한 이후 점점 쇠락하기 시작했다. 6세기에는 교회가 되었고, 그 후에는 이슬람교 사원이 되었으며, 나중에는 군대의 화약 창고로 쓰였다. 17세기에 터키와 베네치아가 전쟁을 벌였을 때에는 파르테논 신전에 불이 나서 많은 부분이 훼손되었다. 19세기 초에 한 영국인 수집가가 신전 안에 있는 많은 조각 작품과 유물을 영국으로 가져갔고 지금은 대부분 대영박물관에 소장되어 있다.

에레크테이온 신전

파르테논 신전의 맞은편에는 에레크테이온 신전이 있다. 신화에 따르면 이 곳이 바로 아테나와 포세이돈이 아테네를 두고 싸운 곳으로, 신전의 정원에는 올리브나무가 가득 심어져 있었다. 신전의 남쪽 기둥은 여섯 개의 소녀상이다. 이 여섯 소녀는 긴 치마를 몸에 두르고 가슴 부분에서 단단히 묶었다. 한쪽 다리는 살짝 구부리고 가볍게 서 있다. 신전 지붕의 엄청난 무게를 감당하려면 소녀들의 목은 굵게 만들어야 했다. 하지만 목이 너무

에레크테이온 신전의 소녀상 기둥은 부드럽고 우아하다. 엄청난 무게를 지탱하는 소녀들은 모두 단정한 자세로 놀랍게도 아주 가벼워 보인다.

두꺼우면 아름답지 않다. 그래서 건축가는 소녀들의 목에 풍성하게 머리카락을 늘어뜨리고, 또 머리 위에 예쁜 꽃바구니를 얹어 주었다.

아크로폴리스로 가는 길은 오로지 파나테나이아 대로 하나였다. 매년 늦여름에 '전全 아테네'라는 뜻의 파나테나이아Panathenaea제라는 대규모 축제가 열리면 사람들은 성 밖의 성지에서 신성한 불씨를 가져와서 다 같이 대로 위를 행진했다. 올리브 나뭇가지를 든 노인, 제물을 끌고 가는 청년, 아테나에게 새 옷을 바치려는 소녀 등 많은 사람이 아테나에게 제사를 올리려고 아크로폴리스를 향해 나아갔다.

아테네 사람들

아테네는 아고라Agora라고 불리던 커다란 광장을 중심으로 발전했다. 광장은 아테네에서 사회와 경제의 중심으로, 신전과 의사당 등이 있었다. 의사당은 정치를 토론하고 회의를 여는 곳이었다. 그리고 의사당 뒤에는 대장장이 신 헤파이스토스의 신전이 있었다.

광장은 언제나 시끌벅적했다. 광장 한쪽에서 열리는 시장에는 매일 상인들이 생선, 고기, 채소 등 식료품과 도자기 등 일상용품을 가지고 나와서 팔았다. 시장은 이러한 물건을 사고파는 공간일 뿐 아니라 아테네 시민을 위한 사교의 장이기도 했다. 시장 옆에는 작은 천막을 치고 돈을 바꾸어 주는 사람이 있었다. 당시 그리스의 도시국가들은 나라마다 고유한 화폐를 사용했기 때문에 다른 도시국가에서 온 사람들이 물건을 사려면 반드시 이 사람에게 먼저 들러야 했다. 약간의 수수료만 치르면 금방 돈을 바꿀 수 있었다. 아테네는 주로 은화를 사용했는데, 이 은화에는 아테나의 상징인 고양이 머리의 올빼미가 새겨져 있었다. 그리고 광장 한가운데에는 작고 약간 높은 무대가 있었다. 시민들은 그곳에 올라가서 연설하거나 노예를 사고팔 수 있었다. 광장에는 언제나 관리 몇 명이 돌아다니며 질서가 유지되는지 감시했다.

시민들은 광장에서 사람을 만나고 이야기를 나누었다. 서로 재미있는 집안 대소사 같은 것을 이야기하고, 다른 도시국가에 다녀온 사람들은 여행하다가 들은 재미있고 신기한 이야기들을 해 주었다. 광장은 또 소크라테스 같은 철학자들이 저마다 자신의 철학을 이야기하는 곳이었다. 아테네의 여름은 지금도 그렇듯이 무더웠다. 그래서 한여름에 광장에 서 있는 것이 너무 힘들면 사람들은 그늘에 가서 이야기를 나누었다.

당시 광장에서는 길게 수염을 늘어뜨린 철학자와 청년들이 열정적으로 대화를 나누는 모습을 쉽게 찾아볼 수 있었다. 청년들은 철학자의 말을 주의 깊게 들으며 고개를 끄덕였다. 귀족 여성들은 꼭 가족이나 친척 중 남자와 함께 물건을 사러 나왔다. 그리고 항상 노예를 한 명씩 데리고 다녔다. 노예는 소박한 옷차림을 하고 큰 목소리와 거친 행동으로 주인마님 대신 상인들과 물건 값을 흥정했다. 광장은 많은 사람들로 북적였고 언제나 활기찼다.

아크로폴리스의 남쪽 비탈길에는 디오니소스 극장Theater of Dionysos이 있었다. 그 옛날 그리스 인들은 이 극장에서 인간의 삶을 반영한 연극을 공연했다. 일 년에 한 번씩 관객들의 환호성으로 가장 멋진 연극을 뽑기도 했다. 기록에 의하면, 비극 작가 아이스킬로스Aeschylus는 열세 번도 넘게 뽑혔다고 한다. 아이스킬로스의 작품은 오늘날까지도 인간의 운명을 가장 절묘하게 표현한 걸작으로 평가받는다.

점점 번영하는 아테네의 모습은 다른 도시국가의 모범이 되었다. 기원전 5세기에 그리스 인들은 이렇게 말하기도 했다. "아테네를 보고도 열광하지 않는다면 당신은 눈이 있어도 진주를 알아보지 못하는 것이며 나귀만큼 어리석은 것이다. 또 만약 스스로 아테네를 떠나려고 한다면 당신은 낙타만큼이나 멍청한 사람이다."

후에 마케도니아Macedonia가 공격해 왔지만 아테네는 그다지 훼손되지 않았다. 그러나 로마가 침입하고 기독교가 유입되면서 그동안 칭송되던 신전은 이교도의 상징으로 여겨졌다. 아테네의 많은 신전은 점차 훼손되었고, 결국 17세기에 공격을 받아 아크로폴리스는 폐허가 되었다.

오늘날 아크로폴리스는 높은 언덕 위에서 묵묵히 바다를 내려다보고 있다. 비록 역사를 거치며 많이 훼손되어서 우리가 볼 수 있는 것은 일부분뿐이지만, 그 웅장함과 아름다움은 여전히 감탄을 자아낸다.

3 킬론의 쿠데타

평범한 귀족에서 뛰어난 운동선수로, 다시 야심만만한 정치가로서 킬론^{Kylon}은 더 높은 권력을 향해 한 발, 한 발 앞으로 나아갔다. 그는 늘 현실에 만족하지 않고 더 많은 권력을 가지려 했다. 하지만 쿠데타를 일으킨 후 아테네 인들의 외면을 받았고 결국 모든 것을 잃었다.

시기 : 기원전 630년
인물 : 킬론, 테아게네스, 메가클레스, 에피메니데스

쿠데타를 모의하다

귀족정 시대에 아테네의 귀족들은 정치권력뿐만 아니라 많은 토지를 소유했다. 가난한 농민들은 자연히 소작농이 되었다. 어떤 평민들은 무역을 통해서 재산을 불리기도 했으나, 정치적으로는 여전히 아무런 권한이 없었다. 그들은 자신의 경제력에 걸맞은 정치적 지위를 얻고 싶어 했다. 그러나 귀족층이 그것을 허락하지 않아 계층 사이의 갈등은 더욱 깊어졌다.

평민은 점점 귀족정에 불만을 품었다. 이때 뭔가 돌파구를 찾고자 시도한 사람이 있었다. 그가 바로 킬론이다. 킬론은 귀족 집안에서 태어났고 올

한눈에 보는 세계사
기원전 625년 : 신바빌로니아 왕국 성립

림픽에 참가해 승리를 거둔 운동선수였다. 그의 아내는 메가라의 참주 테아게네스Theagenes의 딸이었다. 자신의 집안도 좋고 강력한 처가를 둔 킬론은 정치 무대에 등장해서 한 발, 한 발 앞으로 나아갔다. 그러나 그는 현실에 만족하지 않는 야심가였다. 그는 아테네의 최고 권력자가 되고 싶었다. 때를 기다리던 킬론은 귀족에 대한 평민과 농민의 불만이 나날이 심해지고 있다는 데 주목했다. 그는 이 상황을 이용하여 스스로 참주가 되고자 했다.

이를 위해 킬론은 맨 먼저 친척, 친구들을 끌어들였다. 대부분 귀족이거나 명망 있는 인물들이었다. 그 후 평민 지도자의 지지를 얻어 냈다. 마지막으로 장인인 테아게네스에게 도움을 요청했다. 테아게네스는 그를 불러 긴밀하게 논의를 했다. 그런 후 자신에게도 도움이 되는 일이라고 판단하고 킬론에게 메가라의 군대를 보내 돕겠다고 약속했다. 그는 이렇게 모든 준비를 마쳤다.

그런데도 킬론은 주저하며 좀처럼 결정하지 못했다. 가족과 친구들의 목숨과 재산, 운명이 달린 일이므로 서두르다가 일을 그르치고 싶지 않았다. 그는 신의 뜻을 들어보기로 했다. 당시에 그리스 인들은 인간이 판단하기 어려운 문제를 해결하기 위해 신의 응답을 구했다. 이것을 신탁神託이라고 한다. 그리스 인들은 델포이에 있는 아폴론 신전의 신탁을 가장 신뢰했다. 킬론은 아무도 모르게 델포이로 가서 신에게 물었다. "신이시여, 제가 하려는 일이 성공할 수 있을지 알려 주십시오." 신전의 여사제는 신과 소통하여 킬론에게 신탁을 내려 주었다. 대답은 "성공한다."는 것이었다. 킬론은 기뻐하며 다시 물었다. "그렇다면 언제 일을 벌이는 것이 좋을까요?" 그러자 신은 "제우스 신의 축제일에 하라."고 응답했다.

킬론은 기쁨과 동시에 고민에 빠졌다. 제우스 신의 축제일이 대체 언제일까? 신탁은 언제나 너무 모호했다. 집으로 돌아온 킬론은 신이 말한 날이 과연 언제일지를 생각했다. 그러던 어느 날, 밖에서 시끌벅적한 소리가 들려 노예를 보내 알아보니, 곧 개최될 올림픽에 참가하러 떠나는 선수들을 환송하는 소리라고 했다.

순간 킬론은 정신이 번쩍 들었다. '혹시 신탁에서 말한 제우스 신의 축제일은 바로 올림픽이 열리는 날이 아닐까? 올림픽은 제우스 신을 위해 거행하는 것이니……' 답을 알아낸 킬론은 바로 행동을 결정했다. 아크로폴리스를 공격해서 점거하기만 하면 킬론은 아테네의 최고 권력자가 되는 것이었다.

처참한 실패

기원전 630년, 킬론은 마침내 쿠데타를 일으켰다. 그는 장인이 보내 준 군대를 이끌고 순조롭게 아크로폴리스를 공격하여 점거했다. 성공은 눈앞에 있었다. 그런데 이 중요한 시기에 킬론을 지지하겠다고 약속한 평민 지도자가 갑자기 그에게 등을 돌렸다. 그러고는 오히려 사람들에게 아크로폴리스에서 킬론을 내쫓아야 한다고 호소했다. 아테네의 많은 평민이 아크로폴리스로 몰려와 킬론과 그의 군대를 포위했다. 평민들이 킬론에게 아크로폴리스에서 나오라고 요구했지만, 그는 나가지 않았다. 시간이 흐를수록 평민들은 인내심을 잃고 모두 흩어졌다.

한편, 킬론의 군대 내부에서는 분열이 일어났다. 평민들에게 포위되어 아크로폴리스에서 나갈 수 없는 상황이 되자 물과 식량이 부족해져 병사들은 굶주림에 시달렸다. 군대는 끝까지 버티자는 의견과 항복하자는 의견으로 나뉘었다. 두 의견이 대립하는 가운데, 킬론은 형제들과 몰래 아크로폴리스에서 탈출했고 그의 행동은 병사들의 사기를 꺾었다. 병사들은 결국 항복하기로 했다. 집정관은 항복하면 그들에게 아무런 죄를 묻지 않겠다고 했다. 하지만 이것은 거짓말이었다. 킬론의 병사들이 항복하자 아테네 인들은 아크로폴리스로 들어가서 그들을 모두 죽여 버렸다. 어떤 병사는 아테나 여신상 밑으로 가서 벌벌 떨며 살려 달라고 했다. 원래 신전 안에서 피를 흘려서는 안 되지만 매우 화가 난 아테네 인들은 그들을 무참히 죽였다.

쿠데타의 영향

쿠데타는 실패로 돌아갔다. 그러나 재난은 아직 끝나지 않았다. 당시 집정관은 아테네의 지도층이었던 알크마이온Alkmaion 가문의 메가클레스Megacles였다. 그는 쿠데타를 진압할 때 신전 안으로 도망친 킬론의 병사를 모두 죽이라고 명령했다. 그러나 신전 안에서 피를 보인 것은 아테나를 모독하는 행위였다. 알크마이온 가문은 신을 모독한 죄로 심한 비난을 받았다. 아테네 인들은 신이 화가 나서 도시를 멸망시킬까 봐 두려워했다. 마침 아테네에 자연재해가 잇달아 일어나자 아테네 인들은 그 원인을 모두 메가클레스 탓으로 돌렸다. 그들은 메가클레스와 알크마이온 가문을 모두 아테네에서 추방했고, 심지어 알크마이온 가문의 묘지를 파헤치기까지 했다.

그러고도 아테네 인들은 여전히 마음을 놓지 못했다. 게

델포이에 있는 아폴론 신전은 그 지역에서 가장 큰 건물이다. 신전의 기둥은 모두 도리아 양식이다.

다가 얼마 지나지 않아 아테네에는 전염병까지 돌았다. 아테네 인들은 예언가인 에피메니데스^{Epimenides}에게 화가 난 아테나의 마음을 풀어 달라고 요청했다. 에피메니데스가 아테네에 와서 제사를 올리는 등 여러 종교의식을 거행하자 아테나 여신은 비로소 화를 풀었다. 전염병은 사라졌고, 아테네 인들은 에피메니데스에게 감사의 뜻으로 많은 금은보화를 선물했다. 그러나 에피메니데스는 아무것도 받지 않고 올리브나무 한 그루만 챙겨서 아테네를 떠났다.

GREECE 4 드라콘의 입법

빈부의 격차가 점점 벌어지자 아테네 사회는 불안정해졌다. 이에 드라콘Draco라는 사람이 나서서 엄격한 법률을 제정하여 사회를 안정시키고자 했다. 그러나 드라콘의 잔혹한 통치는 사회 문제를 해결하기는커녕 더욱 심각하게 했다.

시기 : 기원전 621년
인물 : 드라콘

소작민으로 전락한 농민들

킬론의 쿠데타는 진압되었지만 사회는 여전히 불안했다. 가난한 자는 더욱 가난해졌고 부자는 더욱 부유해졌다. 귀족들은 킬론의 쿠데타를 겪고도 여전히 흥청망청 생활하여 아테네의 사회 불안은 점점 심각해졌다.

귀족들은 아테네의 토지를 거의 다 소유했다. 농민들은 자신의 토지를 모두 귀족에게 빼앗기고 결국 귀족에게 토지를 빌려서 농사짓는 수밖에 없었다. 토지를 빌리는 가격은 매우 비쌌다. 농민들은 한 해 생산량의 무려 6분의 5를 귀족에게 주어야만 했다. 그만큼을 내지 못하면 농민의 아

한눈에 보는 세계사
기원전 625년 : 신바빌로니아 왕국 성립

내, 자녀들이 대신 귀족의 노예가 되었다. 돈을 갚으면 다시 풀어 주기는 했지만, 그런 일은 아주 드물었다. 농민들이 귀족에게 내야 하는 돈은 갈수록 늘어났다. 어떤 사람은 다른 도시국가로 팔려가기도 했다. 간신히 소작료를 낸다고 하더라도 생활이 편하지는 않았다. 소작료를 내고 나면 남은 양식이 얼마 되지 않았기 때문이다. 일 년 동안 농사를 지었어도 먹을 것이 없었다. 반면에 귀족들은 종일 술을 마시며 파티를 벌였다. 그들은 가난한 사람들을 인간으로 대우해 주지 않았다. 이러한 상황에서 귀족에 대한 반감은 날로 깊어졌다.

심각한 사회 불안

평민은 경제적으로도 어려웠지만 사회적·정치적 지위에 있어서도 많은 제약을 받았다. 당시 아테네의 법은 문서로 작성된 '성문법'이 아니라 오랜 세월에 걸쳐 굳어진 '관습법'이었다. 귀족들은 관습법을 무서워하지 않았다. 그들은 죄를 지어도 며칠 집안에 숨어 있다가 다시 유유히 모습을 드러냈다. 평민이 귀족의 죄를 고발해도 관리들은 항상 귀족의 편을 들었다. 억압받는 평민들은 아무리 화가 나도 해결할 방법이 없었다. 어떤 사람은 너무 화가 나서 귀족을 죽이려다가 사형을 당하기도 했다. 사회 질서는 극도로 혼란스러웠다.

귀족들은 서로 권력을 얻기 위해 자주 충돌했다. 심지어 무력 충돌이 일어나기도 했다. 그러나 이를 제재하거나 심판할 법은 없었다. 아테네 시민들은 강력한 영향력을 미치는 법률로 시민의 인권과 재산 등을 보호해야 한다고 느꼈다. 평민은 자신들의 인권을 탄압하는 귀족을 제지하기 위해, 귀족은 분노한 평민으로부터 자신들을 보호하기 위해서 법률을 만들기 바랐다. 아테네 인들은 집정관인 드라콘에게 법을 제정하는 일을 맡기고 이를 통해서 아테네 사회의 질서가 바로잡히기를 희망했다.

드라콘의 입법

드라콘은 당시 아테네의 사법을 담당하는 집정관인 아르콘 테스모테테스 여섯 명 중 한 명이었다. 그의 일생에 관해서는 알려진 것이 그다지 없다. 아테네 사회가 가장 불안할 때 가장 중요한 임무를 맡은 드라콘은 평민과 귀족이 모두 인정하는, 명성이 높은 귀족이었다.

기원전 621년에 드라콘은 법률 일부를 제정했다. 이것을 '드라콘 법'이라고 부른다. 드라콘 법은 아테네의 첫 번째 성문법으로 역사상 중요한 의미가 있다. 그러나 이 법은 오로지 귀족의 이익을 유지하고 보호하는 데 치중했으며 평민의 권리는 완전히 무시했다.

드라콘은 빚을 갚지 않으면 당사자와 그 가족이 모두 노예가 되어야 한다고 법률로 정했다. 살인, 방화, 강도, 절도를 저지르면 무조건 사형에 처했다. 채소나 과일을 하나 훔쳐도 사형이었다. 더욱 놀라운 것은 드라콘이 '게으름'을 범죄로 보았다는 것이다. 그는 게으름에 대한 형량도 법률로 정했다. 누군가가 왜 그토록 엄격한 형량을 정했는지 물어보자 드라콘은 이렇게 대답했다. "가벼운 범죄도 전부 사형에 처해야 한다. 더 큰 범죄는 사형보다 엄격한 형벌을 찾을 수 없어서 하는 수 없이 사형에 처하는 것뿐이다."

이처럼 드라콘이 제정한 법은 지나치게 엄격하고 잔혹했다. 기원전 4세기 아테네의 연설가 데마데스Demades는 드라콘 법을 잉크가 아니라 피로 쓴 법이라고 말했다. 여기에서 유래하여 오늘날에도 잔혹한 법이나 판결은 모두 '드라콘식'이라고 불린다.

드라콘 법은 현재까지 남아 있는 것이 많지 않다. 기원전 5세기경에는 드라콘의 법이 돌에 새겨져 있었으나, 사람들이 그를 증오하여 다 태워 버렸다. 남아 있는 법 조항에 이러한 것도 있다. 의도한 바는 아니지만 우연하게라도 살인한 자는 추방당했다. 그러나 피해자의 직계 남성 친족이 사

피로 물든 붉은 장미

신화에 따르면, 아도니스Adonis는 세상에서 가장 아름다운 소년이었다. 사랑의 신 아프로디테도 그를 사랑했다. 그러나 아도니스는 사랑보다 숲에서 뛰어놀거나 사냥하는 것을 더 좋아했다. 아프로디테는 매일 아도니스를 바라보며 그가 자신과 함께 숲에서 살기를 간절히 바랐다. 어느 날 아프로디테는 무서운 예언을 들었다. 그녀가 사랑하는 소년이 멧돼지에게 죽음을 당한다는 것이었다. 아프로디테는 아도니스에게 절대 혼자서 사냥하러 가서는 안 된다고 신신당부했다.

그러나 아프로디테가 깊은 잠에 빠지자 아도니스는 몰래 숲으로 가서 사냥을 시작했다. 아도니스를 질투하던 전쟁의 신 아레스가 그 모습을 보았다. 아레스는 아도니스가 있는 곳으로 멧돼지를 보내서 소년을 죽이라고 명령했다.

얼마 후 잠에서 깨어난 아프로디테는 곁에 아도니스가 없는 것을 알고 불길한 예감이 들었다. 아프로디테는 사방으로 아도니스를 찾아다녔다. 아도니스를 찾느라 자신의 하얗고 부드러운 발이 가시덤불에 찔려 피가 흐르는지도 몰랐다. 아프로디테의 피는 하얀 장미에 떨어져서 꽃잎을 붉게 물들였다. 이때부터 아름답고 고귀한 붉은 장미가 피어나기 시작했다.

면에 동의하면 죄를 용서받을 수 있었다. 만약 피해자에게 직계 남성 친족이 없다면 형제나 조카 같은 방계 남성 친족이 결정했다. 이마저도 없으면 그가 속한 씨족에서 남성 열 명을 뽑아서 심판하게 해 사면 여부를 결정했다. 이 법 조항은 관습법에 따른 것이기는 하나, 사실은 죄를 지은 귀족이 추방당하지 않도록 비상구를 마련해 놓은 것에 불과했다.

드라콘의 잔혹한 법률이 시행된 후 귀족 간의 갈등은 확실히 줄어들었다. 그러나 평민들은 드라콘을 저주했다. 새로운 법의 시행으로 궁지에 몰린 평민들은 좀도둑이나 살인자나 모두 똑같이 사형에 처해지므로 아예 중죄를 저지르는 경우가 많았다. 드라콘이 처음 법을 만들 때 예상한 것과는 달리, 사회의 치안은 더욱 나빠졌고 불안도 심해졌다.

5 솔론의 개혁

솔론은 머리가 좋은 상인이며 재능이 뛰어난 시인이었고 아테네에 최초로 민주 정치 체제를 세운 귀족이었다. 아테네 사회가 가장 혼란스러웠을 때 용감하게 집정관이 된 그는 민주정을 실현했다. 그의 뛰어난 지식과 앞을 내다보는 안목은 아테네를 새롭게 태어나게 했고 그리스 최고의 강국으로 거듭나게 했다.

시기 : 기원전 594년
인물 : 솔론, 테아게네스

어린 시절

솔론은 아테네의 귀족 가문에서 태어났다. 그의 아버지는 무척 선량한 사람이어서 언제나 자신의 재산을 가난한 사람들을 위해 아낌없이 내놓았다. 하지만 재산을 불리는 데에는 소질이 없어서 솔론의 집안은 점점 가난해졌다. 어려운 소년기를 거친 솔론은 어른으로 사라 상인이 되었다. 그는 장사에 천부적인 재능이 있었고 금세 상당한 재물을 모았다. 하지만 솔론은 단지 어린 시절의 가난에서 벗어나려고 한 것이지, 본래 탐욕스러운 사람은 아니었다. 그는 장사하면서 이곳저곳을 여행할 수 있다는 점을 더 좋

한눈에 보는 세계사
기원전 625년 : 신바빌로니아 왕국 성립

아했다. 여행하며 만나는 사람들에게서 많은 것을 배우고 깨달을 수 있기 때문이었다.

고대 그리스에서 정당한 방법으로 많은 재물을 모은 상인은 많은 존경을 받았다. 상인들은 필요한 물건과 외부의 소식을 가지고 오기 때문에 어느 지역에 가든지 환영을 받았다.

솔론은 장사하면서 그리스의 거의 모든 지역을 둘러보았다. 그러면서 귀족과 평민의 대립을 목격했고 어느새 억압받고 어렵게 생활하는 평민들에게 안타까움을 느끼게 되었다. 그는 소수 귀족이 정치를 좌지우지하는 아테네의 귀족정에 대해 깊이 생각했다.

살라미스 섬을 되찾다

메가라의 참주 테아게네스는 사위인 킬론의 쿠데타를 도와주었다가 일이 실패로 돌아가자 사위의 복수를 위해 군대를 이끌고 살라미스Salamis 섬으로 갔다. 살라미스 섬은 아테네에 군사적으로 중요한 지역이었다. 살라미스 섬을 빼앗긴다면 아테네는 적에게 노출되는 것이나 마찬가지였다. 무역

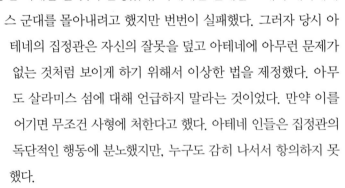

솔론의 두상

에도 상당한 피해를 볼 것이 분명했다. 아테네는 군대를 보내서 테아게네스 군대를 몰아내려고 했지만 번번이 실패했다. 그러자 당시 아테네의 집정관은 자신의 잘못을 덮고 아테네에 아무런 문제가 없는 것처럼 보이게 하기 위해서 이상한 법을 제정했다. 아무도 살라미스 섬에 대해 언급하지 말라는 것이었다. 만약 이를 어기면 무조건 사형에 처한다고 했다. 아테네 인들은 집정관의 독단적인 행동에 분노했지만, 누구도 감히 나서서 항의하지 못했다.

당시 솔론은 다른 도시국가로 가서 무역하던 중이었다. 그는 메가라에 살라미스 섬을 빼앗겼다는 소식을 듣고 곧바로 아테

네로 돌아왔다. 그리고 친구들과 함께 살라미스 섬을 되찾을 방법을 논의했다. 당연히 그도 사형을 당하기는 싫었기 때문에 이 일을 겉으로 드러낼 생각은 없었다. 그래서 이 계획을 추진해 나갈 기발한 방법을 하나 생각해 냈다. 바로 미친 척하는 것이었다. 사람들은 미친 사람이 이야기하는 것에는 별로 신경 쓰지 않는다. 설령 잡혀간다고 하더라도 무슨 말을 하는지도 모르고 떠든다고 생각할 터이니 화를 피할 수 있을 것이었다.

솔론은 그날부터 집에 처박혀 이상한 행동을 하기 시작했다. 솔론이 미쳤다는 소문은 순식간에 퍼져 나갔다. 며칠 지나지 않아 아테네의 모든 사람이 솔론이 미쳤다고 생각하게 되었다. 이를 기다린 솔론은 이번에는 높은 모자를 쓰고서 시장으로 나가 미친 사람처럼 행동하다가 살라미스 섬에 관한 시를 낭송하기 시작했다. 아테네 인들이 단결해서 살라미스 섬을 되찾자는 내용이었다. 솔론의 시는 아테네 인들을 감동케 했다. 아테네 인들은 섬을 빼앗긴 데 대해 수치심을 느끼고 반드시 되찾아야 한다고 생각했다. 미리 솔론의 계획을 알고 있던 친구들도 분위기를 몰아갔다. 그들은 우선 살라미스 섬에 대해 말하는 것을 금지하는 법을 없애야 한다고 요구했고, 많은 시민이 이를 지지했다. 이리하여 결국 그 법은 폐지되었다.

기원전 600년, 솔론은 군사 지휘관으로 임명되었다. 그는 즉시 군대를 데리고 살라미스 섬으로 갔다. 솔론의 군대는 한 번에 테아게네스의 군대를 몰아내고 살라미스 섬을 되찾았고, 이후 솔론은 아테네 인들의 영웅이 되었다. 아테네 인들은 나라를 위해 자신을 희생한 솔론을 칭송했다.

솔론의 개혁

드라콘의 입법 이후에도 아테네의 사회 불안은 조금도 완화되지 못했다. 평민들은 자신들의 정당한 권리를 찾고자 곳곳에서 시위를 벌였다. 귀족들은 이를 절대 허락하려고 하지 않았으나, 한편으로는 화난 평민들이 자신들을 공격해 올까 봐 두려웠다. 그래서 귀족과 평민 모두 현재의 상황을 바꿔야 한다는 데 동의했다. 이에 따라 귀족과 평민 양측으로부터 모두 존경받는 솔론이 집정관으로 추대되었다. 귀족들은 솔론도 어차피 귀족이니 귀족 입장에서 일을 처리하리라고 생각했다. 반대로 평민들은 솔론이 성실하고 용감하며 공정한 사람이니 평민들의 입장을 잘 이해해 주리라고 믿었다. 솔론은 이렇게 모두의 기대를 받으며 집정관이 되었다. 책임감이 강한 솔론은 어떻게 하면 사회 갈등을 해결할 수 있을지 궁리하느라 잠을 이루지 못했다.

기원전 594년, 오랜 시간 깊이 생각한 솔론이 몇 가지 개혁 조치를 발표했다. 첫째, 모든 채무 관계를 없앤다. 다시 말해, 빚을 진 사람은 빚을 갚지 않아도 되었다. 빚을 갚지 않으면 노예가 되어야 한다는 법도 없앴다. 돈을 빌려 주면서 신체나 땅을 담보로 잡는 것도 모두 금지했다. 게다가 그

솔론의 개혁은 많은 어려움을 겪었다. 그림은 솔론이 아테네 인들에게 자신의 의견을 주장하는 모습이다.

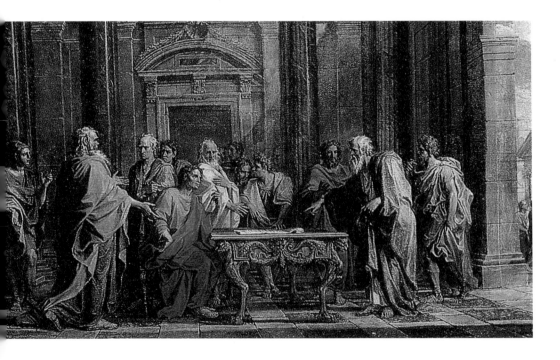

동안 빚을 갚지 못해서 빼앗긴 땅을 모두 원래 주인에게 되돌려 주라고 결정했다. 또 빚 때문에 노예가 된 사람들도 모두 풀려나 자유민이 되었다. 빚을 갚지 못해서 외국으로 팔려간 사람은 국가에서 그 주인에게 돈을 주고 다시 데려왔다.

둘째, 드라콘의 잔혹한 법률을 모두 없애고 살인죄에 관한 것만 남긴다. 그리고 아테네에 맞는 새로운 법을 제정한다.

셋째, 시민의 계층을 새로 정한다. 아주 옛날에 테세우스가 지위와 직업으로 단순히 귀족, 농민, 수공업자로 나눈 신분 구분은 솔론이 사는 시대와는 맞지 않았다. 당시에는 많은 시민이 무역 등을 통해서 재물을 모았고 그에 상응하는 정치적 지위도 누리고 싶어 했다. 솔론은 시민의 재산 정도에 따라 네 계층으로 나누었다. 가장 높은 계층은 '500석 급 Pentakosiomedimnoi'으로 연 수입이 곡물 500석 이상 혹은 그와 비슷한 양의 포도주나 올리브유를 만드는 사람이다. 두 번째 계층은 '기사급Hippeis'으로 말을 기르거나 연 수입이 300석에서 500석 사이인 사람이다. 기사가 대부분 이 계층이었기에 기사급이라고 불렀다. 세 번째 계층은 '농민급Zeugitai'으로 연 수입이 200석에서 300석인 사람들이다. 그리고 가장 낮은 계층은 '노동자급Thetes'으로 연 수입이 200석 이하인 시민이었다. 재산이 많은 사람은 정치권력도 그만큼 많았다. 또 당시에는 좋은 직업을 가지려면 경제적 여력이 필요했기 때문에 500석 급과 기사급만이 집정관이나 그 밖의 비교적 높은 관직, 또는 당시에 아주 좋은 직업이었던 기병을 할 수 있었다. 농민급은 중급 관리 직무를 맡을 수 있고 중장보병이 될 수도 있었다. 노동자급은 공직을 맡을 수 없었으나 시민의회의 구성원 혹은 배심원으로는 활동할 수 있었다. 또 군인이 되려면 간단한 무기를 가지고 중장보병을 보조하는 경장보병이 되는 것만 가능했다.

넷째, '400인 의회'와 배심 법정을 만들었다. 아테네에서는 역사적으로 집정관과 아레오파고스 회의가 정치의 중심으로서 정치·경제 및 문화의 모든 분야를 결정하는 권한이 있었다. 그러나 솔론은 더 많은 시민이 정치에 참여할 수 있도록 했다. 그래서 새로이 생겨난 400인 의회는 각 부락에서 제비뽑기 방식으로 구성원을 선출했다. 모두 네 부락에서 100명씩 뽑았다. 노동자급이 아니라면 누구든지 뽑힐 수 있었다. 또한 누구나 한 번씩만 뽑힐 수 있고, 모두 한 번씩 선출되면 처음부터 다시 시작했다. 400인 의회는 점차 아테네에서 안건이 가장 먼저 거쳐 가는 기구가 되었다. 이곳에서 통과되어야만 다음 단계로 나아갈 수 있었다. 솔론은 400인 의회를 통해서 아테네에 민주 정치 제도를 세우고자 했다. 배심 법정은 재산의 정도에 관계없이 누구든지 배심원으로 뽑힐 수 있었다. 배심 법정은 나중에 아테네의 최고 사법 기관이 되었고, 오늘날 사법 체계의 기원이 되었다.

위의 주요한 개혁 조치 외에 솔론은 문화와 경제 방면에서도 많은 새로운 법을 발표했다. 그는 시민이 수공업자와 상인이 되는 것을 지원했다. 그리고 화폐 제도를 개혁해서 새로운 화폐를 만들고, 올리브유와 그 밖의 농산물 수출을 제한해서 국내의 식량 부족 문제를 해결했다. 또한 다른 도시국가의 기술자들에게 시민권을 주어서 아테네로 오도록 했다. 아버지들은 아들에게 반드시 기술을 가르쳐야 했고, 그렇지 않으면 아들에게 자신을 부양하라고 요구할 수 없었다. 이 밖에 개인의 재산을 가족이 아닌 다른 사람에게 물려줄 수 있게 했다. 이전까지는 재산을 반드시 가족에게 물려주어야 했고, 물려받을 가족이 없으면 재산은 국가가 가져갔다. 그러나 솔론은 물려받을 가족이 없어도 다른 사람에게 주는 것을 가능하게 했다. 이것은 역사상 처음으로 재산을 오로지 개인의 것으로 보았다는 의미였다.

솔론은 독특한 법도 많이 만들었다. 당시 아테네 인들은 광장의 공공식 당에서 무료로 밥을 먹을 수 있었다. 솔론은 이 공공식당에 너무 자주 오 거나 너무 안 오는 사람을 처벌하기로 했다. 너무 자주 오는 사람은 탐욕스 럽고 너무 안 오는 사람은 공공질서를 무시한다고 생각했기 때문이다. 또 솔론은 시민의 정치 참여를 유도하기 위해서 정치에 무관심하면 참정권을 박탈하기로 했다.

솔론이 제정한 새로운 법은 나무나 돌로 된 넓은 판에 새겨서 사람들이 보고 따를 수 있게 했다. 법의 유효 기간은 100년이었다. 아레오파고스 회 의에서는 공동선서의 방식으로 솔론의 법을 통과시켰다.

개혁 그 후

솔론은 평민으로 하여금 빚에서 벗어나게 해 주었다. 또 많은 시민이 정치 에 참여하도록 유도해 귀족들을 견제했다. 아주 초보적인 민주주의의 형 태를 채택한 것이다. 그러나 문제점도 있어서 불만이 생기기도 했다. 특히 모든 빚을 없앤다는 조항은 평민에게는 환영받았으나 귀족들은 불만이 많 았다. 또 이를 이용해서 개인적으로 이득을 얻은 사람도 있었다. 솔론은 이 법을 발표하기 전에 친구 몇 명에게 의견을 물어보았다. 이렇게 해서 앞 으로 시행될 법을 미리 알게 된 친구들은 집으로 돌아가서 부자 귀족에게 많은 돈을 빌려 땅을 샀다. 그리고 새로운 법이 발표되자 그들은 빚을 갚지 않으려 했다. 이런 일이 알려지자 솔론은 일부러 친구들에게 미리 알려 준 것이 아니냐는 의심을 받았다. 그는 자신도 친구들에게 속은 것을 증명하 고 나서야 비로소 오명을 벗을 수 있었다.

솔론의 개혁은 주로 상공업의 발전을 도모하고 상인의 이익을 보호하며 그들의 지위를 높이는 데 치중되었다. 그래서 상대적으로 귀족들의 손해가 컸다. 농민들도 솔론이 토지를 공평하게 분배해 줄 것으로 기대했지만 이에 관해서는 아무런 조치도 없자 솔론에게 불만을 품었다. 결국 귀족과 농민들은 모두 솔론에게 자신들을 위한 법을 더 만들라고 요구했다. 그러나 솔론은 타협하지 않았다. 그는 어떤 일이든지 적응하는 데 시간이 필요하며 곧 사회가 안정될 것이라고 생각했다. 그리고 집정관의 임기를 마친 후 아예 아테네를 떠났다.

솔론은 이집트, 키프로스, 소아시아 등지를 여행하고 아테네로 돌아왔다. 이후 솔론은 집에서 꼼짝 않고 지내며 다시는 정치에 뛰어들지 않았다. 그가 죽은 후 유해는 그가 되찾은 살라미스 섬에 뿌려졌다.

솔론은 뛰어난 상인이었고 탁월한 정치가였다. 동시에 그는 재능이 뛰어난 시인이었다. 그는 사람들이 지켜야 하는 도덕을 주제로 많은 시를 남겼다. 아테네의 아름다움을 찬양한 시도 많았다. 그의 시들은 아주 감동적이어서 '아테네 최고의 시인'이라는 영예를 얻었다.

6 첫 번째 참주, 페이시스트라토스

GREECE

페이시스트라토스Peisistratos는 아테네 역사상 가장 독특한 인물이다. 그는 귀족 출신이었으나 평민의 이익을 먼저 생각했고, 쿠데타를 일으켜 아테네의 첫 번째 참주가 되었다. 그는 독재자였음에도 아테네 인의 사랑과 지지를 받았다.

시기 : 기원전 600년~기원전 527년
인물 : 페이시스트라토스, 솔론, 히피아스, 히파르코스

산지당의 지도자

아테네에서는 귀족은 귀족끼리만 결혼했기 때문에 정치가들은 서로 친척인 경우가 많았다. 페이시스트라토스도 솔론의 사촌 형제였다. 그는 솔론보다 재능과 지혜가 더 뛰어났으며 야심도 컸다.

솔론이 집정관을 맡았을 때 아테네에는 세 개의 정치 세력이 있었다. 귀족으로 구성된 평지당Men of the plains과 상인 중심의 해안당Men of the shore, 그리고 농민과 노동자들을 중심으로 구성된 산지당Men of the mountains이다. 각 정당은 서로 다른 각 계층의 이익을 대표했다. 평지당의 지도자는 리쿠르

한눈에 보는 세계사
기원전 563년 : 석가모니 탄생   기원전 551년 : 공자 탄생
기원전 525년 : 페르시아, 오리엔트 통일

고스Lycurgus, 해안당을 이끄는 사람은 메가클레스였다. 여기서 메가클레스는 킬론의 쿠데타를 진압할 당시 신을 모독한 죄로 추방당한 메가클레스의 아들로 아버지와 이름이 같았다.

페이시스트라토스는 귀족이었지만, 산지당에 관심을 느끼고 그들의 개혁 운동에 적극적으로 참여해 얼마 후 산지당의 지도자가 되었다. 그의 이런 행동은 두 가지로 해석된다. 하나는 그가 억압받는 사람들을 보고 안타깝게 생각해서 순수하게 그들을 돕고자 산지당에 뛰어들었다는 견해이다. 또 다른 해석은 그는 사실 평지당이나 해안당에 들어가고 싶었으나 벌써 명문 귀족이 너무 많아 지도자가 되기 어렵다는 점을 파악하고, 어쩔 수 없이 산지당에 들어갔다는 것이다.

고대 그리스의 신전 가운데 가장 큰 제우스 신전은 기원전 6세기에 제우스에게 제사를 올리기 위해서 세워졌다.

솔론이 집정관의 임기를 마치고 아테네를 떠난 후 이 세 정치 세력 사이의 갈등은 날로 심해졌고 심지어는 무력 충돌이 발생하기도 했다. 나중에 솔론이 아테네로 돌아와서 세 정당이 서로 화해하기를 바라며 지도자들을 불러 함께하는 자리를 마련했지만, 결과는 실패로 끝났다. 세 정당의 지도자는 여전히 솔론을 존중하고 존경했지만, 그의 말 한마디에 권력 투쟁을 포기할 정도는 아니었던 것이다.

솔론은 한 사람이 독단적으로 정치를 이끌어 가는 참주 정치에 반대했다. 그래서 그는 사촌 형제인 페이시스트라토스가 참주가 되려고 하는 것을 미리 눈치채고 그를 말렸다. 그러나 야심만만한 페이시스트라토스는 자신의 뜻을 굽히지 않았다.

권력을 향해

페이시스트라토스는 자신의 정치적 야심을 실현하기 위해 우선 평지당과 해안당을 해산시켰다. 그리고 아테네 인들에게 자신은 공정하고 엄격하며 자비로운 사람이라는 이미지를 심었다. 아테네 인들은 점점 그를 존경하게 되었고, 페이시스트라토스는 아테네 정치에서 가장 중요한 인물로 자리매김했다. 그러나 그는 야심을 멈추지 않았다. 그는 더 높은 자리에 올라서고 싶어 했고 권력을 다른 사람과 나누고 싶지 않았다.

페이시스트라토스는 자신에 대한 아테네 인들의 존경과 신뢰가 정점에 이르기를 조용히 기다렸다. 그리고 마침내 그날이 왔다. 어느 날, 페이시스트라토스는 자신의 몸에 스스로 상처를 내고 치료도 하지 않은 채 마차를 몰아 광장으로 갔다. 그리고 광장에 있는 많은 사람에게 자신의 상처를 보여 주고, 한 정치가의 이름을 대며 자신을 이렇게 만들었으니 반드시 그를 처단하겠다고 선언했다. 이어서 그는 자신은 시민을 걱정하느라 잠도 제대로 못 자는데 결국 얻은 것은 이런 상처뿐이라며 눈물로 호소했다. 페이시스트라토스의 이야기를 듣고 사람들은 매우 놀랐다. 그의 훌륭한 연기는 아테네 인의 동정과 신뢰를 이끌어 냈다. 사람들은 페이시스트라토스가 안전을 위해서 호위대 50명을 데리고 다니는 것을 당연히 여기게 되었다. 단, 그때 광장에 있던 사람 중 솔론만은 페이시스트라토스의 속셈을 다 파악하고 있었다. 하지만 이제 자신이 어쩔 도리가 없다는 것을 깨닫고 아무 말 없이 광장을 떠났다.

페이시스트라토스는 호위대의 훈련을 거듭하는 한편, 처음의 50명에서 인원을 점차 늘려 갔다. 나날이 강해진 호위대는 페이시스트라토스에게 절대적으로 복종했다. 기원전 560년에 페이시스트라토스가 통솔하는 호위대가 아크로폴리스를 점령했고, 페이시스트라토스는 스스로 참주가 되었다. 이렇게 되자 사람들이 페이시스트라토스의 집권을 반대했던 솔론에게 안전을 위해서 잠시 아테네를 떠나 있으라고 권했지만, 그는 거절했다. 페이시스트라토스는 예상과 달리 솔론에게 예의를 갖추어 대했고 나라에 어려운 일이 있으면 늘 솔론에게 의견을 구했다.

페이시스트라토스의 권력은 오래가지 못했다. 평지당과 해안당이 연합해서 그를 참주의 자리에서 끌어내렸기 때문이다. 평지당과 해안당은 공동의 목표를 이루자마자 연합을 깨고 서로 갈등을 빚었다.

다시 참주가 되다

해안당의 지도자인 메가클레스는 페이시스트라토스에게 자신의 딸과 결혼하라고 권유했다. 그러면 자신과 해안당은 페이시스트라토스가 다시 권력을 차지할 수 있도록 도와주겠다고 제안했다. 페이시스트라토스도 이 제안에 동의하여 해안당의 지지를 얻고 다시 한 번 아테네의 참주가 되었다.

그러나 페이시스트라토스는 권력을 얻고 나서 곧바로 메가클레스의 딸을 버렸다. 이에 메가클레스는 페이시스트라토스가 강을 건너고는 다리를 끊어 버린 것과 같다며 반드시 복수하겠다고 분노했다. 실제로 메가클레스는 다시 한 번 평지당과 연합해서 페이시스트라토스를 아테네에서 추방했다.

짧은 기간에 두 번이나 권력의 자리에서 쫓겨난 페이시스트라토스는 마음을 진정시킨 후 자신이 겪은 일에 대해 깊이 생각해 보았다. 그리고 두 번의 경험에서 교훈을 얻은 그는 재기를 결심했다. 페이시스트라토스는 트라키아로 가서 사업을 해 자금을 충분히 마련하고, 그 자금으로 군대를 조직했다. 무려 10년 동안 준비를 한 그는 마침내 군대를 이끌고 아테네로 돌아왔다. 그리고 다시 한 번 아크로폴리스를 점령하고 참주가 되었다. 그 후 페이시스트라토스는 죽는 날까지 거의 20년 동안 아테네를 통치했다.

군대를 통솔해서 아크로폴리스로 진격할 때, 페이시스트라토스는 아테

참주정

참주정은 고대 그리스 도시국가의 특수한 정치 체제이다. 당시에 합법적인 권력 이동은 선거를 통해 이루어졌는데, 참주정은 폭력처럼 합법적이지 않은 수단으로 귀족정을 무너뜨리고 개인이 독재자가 되는 것을 의미한다. 원래 '참주'라는 말은 단순히 독재자를 의미했고 부정적인 뉘앙스는 없었다. 그러나 권력을 이용해서 사사로이 개인의 이익을 추구하고 시민을 마음대로 휘두르는 참주들이 등장하면서 '참주'라는 말에 부정적인 의미가 더해졌다.

참주는 코린토스, 아르고스, 메가라, 아테네처럼 비교적 경제가 발달한 도시국가에서 나타났다. 고대 그리스 전체에서 처음으로 참주의 자리에 오른 사람은 아르고스Argos의 페이돈Pheidon이었다. 참주들은 대부분이 상공업에 종사하던 사람이어서 정권을 잡고 나서 상공업을 발전시키는 데 힘을 쏟았고, 상인과 수공업자들의 지위를 높이는 데에도 힘썼다.

고대 그리스의 도시국가 가운데 스파르타는 과두 정치를 오랫동안 유지했다. 과두 정치란 한 사람이 아닌 소수나 일부 집단이 정권을 잡는 것을 의미한다. 한편, 스파르타는 다른 도시국가의 참주들을 추방하는 일에도 깊이 관여했다.

네 인의 지지를 얻기 위해 작은 속임수를 썼다. 군사 행렬의 맨 앞을 장식한 전차에 무기를 든 아름다운 여성을 세운 것이다. 그녀는 마치 신전에 세워져 있는 아테나상 같았다. 페이시스트라토스는 아테네 인들에게 이 여성이 바로 아테나이며, 그녀가 자신을 지지해서 승리를 위해 직접 내려왔다고 크게 소리쳤다. 아테네 인들은 그의 말을 믿고 무릎을 꿇으며 그를 맞이했다.

페이시스트라토스의 정치

참주가 되기까지 많은 갈등과 배신, 속임수가 있었지만, 페이시스트라토스의 정치는 공정하고 평화로웠다. 사람들은 그가 솔론의 법을 없애고 독재 정치를 위한 새로운 법을 제정할 것으로 생각했다. 그러나 페이시스트라토스는 솔론의 법을 없애지 않았고 오히려 더욱 철저하게 솔론의 정신을 실현했다. 법뿐만 아니라 솔론에게도 깍듯하게 예의를 갖추었다. 한 번은 솔론이 페이시스트라토스를 암살할 계획을 세웠다고 고발당했다. 그러자 페이시스트라토스는 말도 안 된다며 오히려 고발한 사람을 사형에 처했다.

그 밖에 페이시스트라토스는 귀족의 권력을 제한하고 농민의 이익을 확대하기 위해서 많은 노력을 기울였다. 기본적으로 솔론의 뜻을 따르면서 솔론보다 과감한 조치를 시행했다. 그래서 당시 페이시스트라토스의 억압을 피해 아테네를 떠나는 귀족도 많았다. 그리고 페이시스트라토스가 직접 아테네에서 추방한 귀족도 많았다. 그는 아테네를 떠난 귀족의 토지를 모두 가난한 농민에게 나누어 주었다. 세금을 줄이고, 농민에게 돈을 빌려주어 농사를 짓는 데 필요한 씨앗과 농기구 등을 살 수 있게 해 주었다. 또 순회 법정을 설치해서 법관들이 직접 농촌으로 가서 분쟁을 해결하도록 했다. 농민의 시간과 비용을 아끼려는 조치였다. 종종 자신이 농부로 변장하고 농촌에 가서 민심을 살피기도 했다.

페이시스트라토스는 상공업의 발전도 적극적으로 추진했다. 해상 무역은 이전보다 확대되어 아테네의 아름다운 도자기가 외국으로 팔려 나갔고, 멀리 이집트까지도 갔다. 배를 만드는 기술도 향상되어서 아테네 해군은 더욱 강해졌다. 페이시스트라토스는 이와 더불어 도시를 정비하는 데에도 힘을 쏟았다. 아름답고 웅장한 신전들을 많이 세우고 곳곳에 화려한 공공건물을 지었다. 그동안 아테네에는 비만 오면 홍수가 났기 때문에 이를 개선하고자 운하도 만들었다. 또 산에서 내려오는 물을 도시 안으로 직접 끌어다 쓸 수 있도록 수로를 정비했다. 그는 문화 방면에서도 많은 업적을 남겼다. 다른 도시국가의 시인, 작가 등 훌륭한 예술가들을 아테네로 초청했고, 파나테나이아 축제의 규모를 확대했으며, 당시까지는 지방의 명절이었던 디오니소스 축제를 전국적으로 확대했다.

참주 시대의 종결

기원전 527년에 페이시스트라토스는 세상을 떠났다. 그는 자신의 권력을 장남 히피아스Hippias에게 물려주었고, 차남 히파르코스Hipparcos에게도 높은 지위를 주었다. 아테네 인들은 이에 조금 불만을 느꼈지만, 히피아스가 별다른 문제없이 통치했기에 반대하고 나서지는 않았다. 히피아스는 아버지의 통치 이념을 이어서 안정되고 온화한 정치를 펼치며 아테네 인의 존경을 받았다. 그러나 암살 미수 사건이 그를 변화시켰다.

기원전 514년에 파나테나이아 축제가 열리던 행사장에서 히피아스는 자객 두 명의 공격을 받았다. 이 일로 그는 크게 다쳤으나 다행히 죽지는 않았다. 건강을 회복하고 나서 히피아스는 언제 또 이런 일을 당할지 모른다는 두려움에 휩

이 아름다운 도자기에는 헤라클레스의 열두 가지 시련 가운데 하나인, 산돼지를 잡는 장면이 그려져 있다.

싸였다. 그래서 그 후로 참주의 통치권을 강화하기 시작했다. 군인이 아닌 사람이 무기를 가지는 것을 허락하지 않았고 자신에게 반대하는 자는 모두 제거했다.

자유로운 사상을 추구하는 아테네 인들은 히피아스의 엄격하고 잔혹한 통치를 참을 수 없었다. 이는 귀족들도 마찬가지였다. 기원전 510년에 아테네의 귀족들은 스파르타와 연합해 쿠데타를 일으켰다. 히피아스는 도망가다가 잡혀서 가족과 함께 아크로폴리스에 갇히고 말았다. 아테네 귀족들은 히피아스의 자녀들을 체포해서 인질로 잡고 그에게 항복을 권했다. 히피아스는 결국 아이들을 무사히 돌려받고 가족과 함께 아테네를 떠나기로 했다. 이렇게 히피아스가 추방당하면서 페이시스트라토스의 2대에 걸친 참주 정치는 막을 내렸다. 히피아스는 이후 여러 나라를 떠돌다가 페르시아에 정착했다.

페이시스트라토스가 통치한 20년은 아테네 역사에서 아주 중요한 시기이다. 이 기간에 아테네는 정치·경제·문화 등 거의 모든 분야에서 엄청난 발전을 거두었다. 비록 페이시스트라토스는 독재 정치를 펼쳤지만, 그가 있었기에 아테네 사회의 발전은 아주 안정되고 순조로웠다.

7 클레이스테네스의 개혁 GREECE

클레이스테네스 Cleisthenes는 '저주받은 가문' 출신이었다. 그의 집안은 아테네의 명문가였지만 권력 투쟁에서 밀려나 추방당했다. 덕분에 클레이스테네스는 청소년기에 외국을 떠돌아야 했다. 성인이 되어 아테네로 돌아온 그는 민주정을 세우기 위해 온 노력을 다했다.

시기 : 기원전 550년~기원전 500년
인물 : 클레이스테네스, 히피아스, 이사고라스, 클레오메네스

히피아스를 축출하다

클레이스테네스는 알크마이온 가문 출신이다. 그의 할아버지인 메가클레스는 킬론의 쿠데타를 잠재웠지만, 이후 신을 모독했다는 비난을 받아 결국 온 가족이 추방당했다. 그로부터 어느 정도 시간이 흘러 아테네 인의 분노가 사그라지자 그들은 조용히 아테네로 돌아왔다. 클레이스테네스의 아버지인 메가클레스는 해안당의 지도자였는데, 페이시스트라토스와의 권력 투쟁에서 실패했다. 이 일로 알크마이온 가문은 다시 외국으로 망명했다. 그러나 언제든 아테네로 돌아간다는 마음으로 시시각각 아테네에서

한눈에 보는 세계사

기원전 563년 : 석가모니 탄생
기원전 525년 : 페르시아, 오리엔트 통일

기원전 551년 : 공자 탄생
기원전 500년 : 인도, 불교 탄생

들려오는 소식에 귀를 기울이며 돌아갈 날을 손꼽아 기다렸다.

페이시스트라토스가 죽고 나서 그 아들인 히피아스가 정권을 장악했다. 그러나 히피아스의 정치는 아테네 인의 지지를 얻지 못했다. 클레이스테네스는 이 상황을 정확히 파악하고 지금이 바로 기회라고 생각했다. 그는 비밀리에 다른 귀족들과 히피아스의 추방 계획을 논의했고, 여기에 스파르타를 이용하기로 했다.

스파르타는 과두 정치 국가로, 참주를 내쫓는 데 언제나 앞장서는 나라였다. 그러나 클레이스테네스의 지원 요청을 받고는 조금 망설였다. 아테네는 강국이므로 섣불리 행동했다가는 오히려 자국이 손해를 볼 수도 있으리란 생각에서였다. 그래서 스파르타는 델포이의 아폴론 신전에 가서 신탁을 구했다. 그러나 이 신전의 여사제는 이미 클레이스테네스에게 매수되어 있었다. 클레이스테네스의 말대로 스파르타 인들이 신전을 찾아와서 신탁을 구하자 여사제는 신이 "반드시 아테네를 해방하라."라고 말했다고 전했다. 몇 번을 물어도 대답은 마찬가지였다. 스파르타 인들은 이 신탁을 믿고 아테네 귀족들을 지원해 히피아스를 추방했다.

권력 투쟁

클레이스테네스는 히피아스를 쫓아내는 데 가장 큰 공을 세웠다. 그 자신도 그렇게 생각했기 때문에 다음 집정관이 될 준비를 하고 있었다. 그런데 느닷없이 귀족 이사고라스Isagoras가 먼저 손을 써서 집정관 자리를 꿰찼다. 이사고라스는 자신이 집정관이 된 후에도 시민에게 많은 지지를 받는 클레이스테네스를 껄끄러워 했다. 그러다가 결국에는 스파르타의 힘을 빌려서 그를 아테네에서 추방했다. 이후로 스파르타는 '저주받은 가문', 즉 알크마이온 가문을 처리하겠다며 공공연히 아테네의 정치에 간섭하기 시작했다.

이사고라스는 아테네 광장에 스파르타 인들이 돌아다니도록 내버려 두면 민심을 잃을 것이 뻔하므로 그들을 내보내려고 했다. 그러나 이제 스파르타는 그의 말에 따라 움직여 주지 않았다. 아테네 시민은 광장을 활보하는 스파르타 인들을 내버려 둔 채 귀족의 이익만 보호하려는 이사고라스에게 반감을 느꼈고, 결국 이사고라스는 스파르타 인들과 함께 추방되었다. 이후 아테네 시민들은 다시 클레이스테네스를 맞아들였다. 클레이스테네스는 승리자의 자격으로 아테네로 돌아왔고, 이것은 오랜 세월 동안 외국을 떠돈 알크마이온 가문의 승리이기도 했다.

클레이스테네스의 개혁

기원전 507년에 클레이스테네스가 아테네의 집정관이 되었다. 클레이스테네스는 아테네 사회를 안정시키려면 현재의 체제를 바꿔야 한다고 생각했다. 그래서 먼저 자신과 아테네의 상황을 잘 살펴보았다. 그를 지지하는 계층은 귀족이 아닌 평민이지만 당시 아테네의 정치권력은 대부분 귀족의 손에 있었다. 평민이 아무리 자신을 지지해 주어도 법적으로 해 줄 수 있는 일이 아무것도 없었다. 그래서 클레이스테네스는 계층에 관계없이 모든 사람이 평등하게 정치에 참여할 수 있도록 대대적인 개혁을 하기로 했다.

도자기에 그려진 태양신을 숭배하는 그리스 인들의 모습은 반복적이면서도 조화롭다.

그 첫걸음은 부락을 다시 구성하는 것이었다. 아테네는 역사적으로 혈연을 기초로 하는 4개 부락이 있는데, 이런 씨족 중심의 부락은 정치권력을 하나의 집안에서 대대로 잇는 경우가 많았다. 전통적인 4부락 체제는 귀족들의 혈연적 특권을 강화하는 기반이었기에 클레이스테네스는 이를 없애고자 했다. 그래서 지역을 기초로 하는 10개 부락 체제로 개편했다.

　그는 우선 4부락 체제를 해체한 후 아티카 지역을 해안, 내륙, 아테네와 그 주변의 셋으로 크게 나누고 이를 다시 10개로 나누었다. 혈연이 아닌 거주지를 근거로 나눈 것이다. 10개 부락 아래에는 또 많은 촌락 공동체가 있었고, 이 촌락 공동체는 도시국가의 기본 단위가 되었다. 아테네 시민은 누구나 촌락 공동체에 등록되어야 했다. 다른 도시국가에서 온 사람도 자신이 사는 촌락 공동체에 등록해야 했다. 이렇게 하니 중앙 정부에서 시민의 구성, 분포, 연령을 파악하기가 아주 쉬워졌다. 또 성인 남성이 어느 지역에 얼마나 있는지 금방 알 수 있어서 전쟁이 나거나 선거할 때 시민을 불러 모으는 일이 편리해졌다.

　두 번째 개혁으로는 400인회를 없애고 '500인회'를 조직했다. 구성원은 10개 부락에서 계층에 관계없이 각각 50명씩 뽑아서 조직했다. 만 30세 이상 남성 중에서 제비뽑기로 뽑았고 임기는 1년이었다. 그러나 일상 업무를 볼 때 500명은 너무 많았다. 그래서 500명을 10조로 나누어서 50명씩 돌아가며 사무를 보았다. 그러므로 이들이 각기 실제로 일한 기간은 1년의 10분의 1에 불과하다.

　마지막으로 '10장군회'를 만들었다. 이는 각 부락에서 선출된 장군 열 명으로 조직한 군사 위원회이다. 장군들은 선거를 통해 선출되었고 연이어 직위를 맡을 수 있었다. 전쟁이 일어나면 이들은 기병, 보병, 해병을 포함하는 군대를 이끌고 전쟁터로 나갔다. 그리고 전쟁이 일어나지 않을 때에는 군사를 훈련하고 관리하는 임무를 맡았다. 각 부락에서 선출된 장군들은 각 부락의 지도자가 되었다. 이들의 지위와 권력은 계속 높아져서 나중에는 아테네 정치권력의 핵심에 섰다.

도편추방제

클레이스테네스는 이 밖에도 '도편추방제0stracism'를 만들었다. 아테네는 면적도 작고 인구도 적었다. 그래서 한 사람이 어느 정도 힘을 갖추면 쿠데타를 일으키는 경우가 많았다. 킬론의 쿠데타가 그 예이다. 참주정을 몇 번 겪고 나자 아테네의 귀족과 평민들은 모두 참주정에 반감을 느꼈다. 그들은 아무나 힘만 있으면 참주가 될 수 있는 기회를 주어서는 안 된다고 생각했고, 클레이스테네스도 같은 생각이었다. 그는 쿠데타의 싹을 처음부터 잘라야 한다고 생각했다. 도편추방제는 바로 이런 생각에서 나온 제도이다. 특별한 고발, 심판과 변호 같은 과정을 거치지 않고 위험한 시민으로 여겨지는 자를 바로 나라 밖으로 추방하는 것이었다.

절차는 다음과 같았다. 우선 도편추방제가 필요한지 500인회가 투표로 결정한다. 필요하다는 결과가 나오면 투표 날짜와 장소를 정한다. 그 장소에 들어갈 수 있는 입구는 모두 10개가 있고, 각 입구에는 부락의 이름이

기원전 4세기에 도편
추방제에 사용된 도자
기 조각

적혀 있다. 사람들은 반드시 자신이 속한 부락의 이름이 적힌 입구로만 들어갈 수 있다. 안으로 들어가면 도자기 조각에 추방되기를 바라는 사람의 이름을 적고 투표함에 넣는다. 총 투표수가 6,000개를 넘으면 투표 결과는 유효하다고 인정되었다. 이후 도자기 조각을 하나씩 꺼내서 거기에 적힌 이름을 확인한다. 집계가 끝나면 집정관은 가장 많이 나온 사람의 이름을 쓰고 밖으로 나와서 발표한다. 여기에서 이름이 불린 사람은 짐을 꾸려서 반드시 열흘 안에 아테네를 떠나야 한다. 추방이 결정된 사람은 자신을 변호할 권리가 없다. 그저 떠나기만 하면 되는 것이다. 추방 기간은 처음에 10년이었다가 나중에 5년으로 줄어들었다. 그의 시민권과 재산은 추방 기간에도 그대로 유지되고, 돌아오면 자동으로 그에게 돌려주었다. 추방된 사람은 반드시 기간을 다 채우고 나서야 돌아올 수 있는데 예외도 있었다. 추방되는 사람은 사회·정치적으로 중요한 지위에 있던 사람이 많았기 때문에 아테네가 전쟁과 같은 큰 위험에 맞닥뜨렸을 때에는 그들의 지혜와 의견을 구하기 위해서 긴급하게 부르기도 했다. 아테네에서 처음으로 도편추방제가 시작되자 다른 도시국가들도 앞다투어 이를 모방했다. 어떤 곳은 도자기 조각이 아닌 조개껍데기나 나무 조각 또는 올리브 잎을 사용하기도 했다.

첫 번째 희생양

클레이스테네스의 개혁은 평민에게는 환영받았으나 귀족들은 불만을 품었다. 그들은 은밀히 스파르타에 도와 달라고 요청했다. 마침 스파르타의 왕 클레오메네스Cleomenes도 지난번에 이사고라스와 함께 아테네에서 쫓겨난 일로 분이 풀리지 않은 상태였다. 그래서 이번에는 이사고라스를 내세워서 아테네에 귀족 과두정을 세우고야 말겠다고 생각했다. 클레오메네스는 다른 도시국가들과 연합해서 군대를 이끌고 아테네로 밀고 들어왔고,

결국 클레이스테네스는 추방되었다.

그런데 이때 스파르타와 연합했던 다른 도시국가들은 스파르타와 아테네가 연합하는 것이 자신들에게 절대 유리한 상황이 아니라는 사실을 깨달았다. 이에 그들은 슬그머니 아테네에서 빠져나갔다. 게다가 스파르타 내부에서도 권력 투쟁이 일어나서 클레오메네스는 하는 수 없이 스파르타로 돌아가야 했다. 아테네 시민은 무기를 들고 남아 있는 스파르타 군대에 저항하는 동시에 클레이스테네스에게 돌아와 달라고 요청했다. 클레이스테네스가 돌아와 다시 권력을 장악했으나 스파르타는 그 후에도 끊임없이 아테네의 정치에 간섭하려고 했다.

스파르타가 아테네의 정치에 간섭하고 위협하는 것을 막기 위해 클레이스테네스는 어리석은 선택을 했다. 페르시아와 동맹을 맺기로 한 것이다. 클레이스테네스는 직접 페르시아로 가서 협상했고, 페르시아의 왕은 클레이스테네스가 아테네의 흙과 물을 바친다면 지원해 주겠다고 약속했다. 그것은 곧 아테네가 페르시아의 식민지가 되라는 의미였다. 그런데도 다급했던 클레이스테네스는 그 조건에 동의했다. 이 소식을 들은 아테네 인들

맥을 잡아 주는 **그리스사 중요 키워드**

피타고라스

피타고라스는 고대 그리스의 유명한 철학자이자 수학자이며 신비주의자이다. 그는 사모스 섬에서 태어났고 나중에 이탈리아 크로토네Krotone로 이주해서 피타고라스 공동체를 설립했다. 이 공동체에는 괴상한 금지 사항이 아주 많았다. 예를 들어 콩을 먹지 않거나 태양을 마주하고 소변을 보지 않는다는 것 등이 있다. 피타고라스는 영혼이 돌고 돈다고 믿었으며, 숫자를 세상의 근원으로 보았다. 그는 1은 2를 만들고, 2는 3을 만들고, 수는 점을 만들고, 점을 이으면 선이 되고, 선은 면을 형성하고, 면은 물체를 만들어 세상을 만든다고 주장했다. 또 그는 직각삼각형의 직각을 포함하는 두 변 위의 정사각형의 넓이의 합은 빗변 위의 정사각형의 넓이와 같다는 '피타고라스의 정리'를 발견했다.

은 치욕스러운 합의를 했다며 크게 반대했다. 페르시아에서 돌아온 클레이스테네스는 자신이 만든 도편추방제로 아테네에서 영원히 추방되었다.

　클레이스테네스는 추방되었으나 그의 개혁은 솔론이 기초를 마련한 민주정을 더욱 발전시켰다. 다만, 한 가지 아쉬운 것은 클레이스테네스의 개혁은 오로지 정치에 관한 것뿐이었고 경제나 사회·문화에 관한 것은 거의 없었다는 점이다.

　드라콘의 입법 이후 솔론, 페이시스트라토스, 클레이스테네스로 이어지는 사회 개혁은 아테네에서 민주정의 탄생과 발전을 이끌었다. 역사적으로 당시의 민주정은 아주 획기적이었다. 오랜 기간 끊임없는 노력을 거쳐서 아테네는 번영의 시대를 누렸다.

8 연극이 늘어놓는 다채로운 인생

GREECE

연극은 마치 인생 같고 인생은 마치 연극 같다. 고대 그리스 인은 무대 위에 인생의 희로애락을 펼쳐 보였다. 비극은 슬픔과 운명의 무상함을 이야기하고 희극은 익살과 웃음, 불공평한 세상에 대한 조롱을 늘어놓았다. 웃음과 울음, 찬양과 조롱으로 가득한 다채로운 인생이 연극 속에 녹아 있었다.

| **시기** : 기원전 5세기부터
| **인물** : 테스피스, 아리스토파네스, 메난드로스

제사에서 시작된 연극

고대 그리스의 연극은 술의 신 디오니소스에게 올리는 제사에서 시작되었다. 그리스 인들은 매년 봄과 가을에 풍성한 포도 수확을 기원하며 디오니소스를 찬양했다. 사람들은 무리 지어 춤추고 노래하며 거리를 걸었다. 무리 중에 노래를 잘 부르는 사람이 앞장서서 무리를 이끌었고, 이것이 점차 연극으로 발전했다. 이 과정에서 고대 그리스의 가장 중요한 연극 형식 두 가지가 탄생했다. 바로 비극과 희극이다. 비극이 희극보다 먼저 출현했으며, 비극을 의미하는 'tragedy'의 그리스 어 뜻은 '산양의 노래'이다. 이것에

한눈에 보는 세계사

기원전 480년경 : 인도, 석가모니 열반   기원전 403년 : 중국, 전국 시대 시작
기원전 400년경 : 한반도, 철기 문화의 보급

관해서는 두 가지 해석이 있다. 하나는 제사를 지낼 때 거리를 걸으며 노래하던 사람들이 산양 가죽으로 만든 옷을 입었기 때문이라는 것이고, 다른 하나는 산양이 연극 대회의 상품이었기 때문이라는 것이다. 비극과 희극 외에 사티로스극Satyr Play이라는 연극 형식도 있는데, 이것은 저속하거나 우스꽝스러운 말과 행동으로 비극에 등장하는 신화 속 영웅들을 재현하는 것이었다.

비극은 약 기원전 5세기부터 시작되었고 가장 처음으로 비극을 공연한 작가는 테스피스Thespis였다. 그는 디오니소스에게 올리는 제사 때 춤추며 노래 부르는 무리에 처음으로 배우를 넣었다. 배우는 배역에 어울리는 분장을 하고 노래 사이사이에 합창단과 대화를 했다. 그러나 비극은 대부분 엄숙하고 운명에 관한 이야기가 많았기 때문에 축제와 어울리지 않는 조금 답답한 분위기가 있었다. 그래서 비극 공연이 끝나면 바로 이어서 희극을 공연했다. 비극에 감동한 관객들은 희극을 보면서 기분이 즐거워졌다. 희극은 대개 평범한 시민의 생활을 소재로 삼았고, 종종 당시의 정치인이나 사회적으로 유명한 사람을 풍자하는 내용도 있었다. 희극이 끝나고 나면 가끔 무언극이 공연되기도 했는데, 대부분 저속하고 음탕한 내용이었다.

맨 처음 공연된 연극에는 합창단과 배우만 등장했다. 합창단은 남자로만 구성되었고 그들은 모두 연극의 분위기에 맞는 노래를 부르고 춤을 추며 대사도 했다. 그들은 배우에게 질문을 던져서 관객이 연극의 내용을 이해하도록 도왔다. 그러나 이후 배우의 수는 점차 많아지고 합창단 인원은 점점 줄어들었다.

'비극의 아버지'로 불리는 아이스킬로스Aeschylos는 한 명이던 배우를 두 명으로 늘린 첫 번째 작가였다. 이로부터 몇 십 년이 흐른 후, 또 다른 비극 작가 소포클레스Sophocles는 배우를 세 명으로 늘렸다. 당시의 배우는 모두 남성이었기 때문에 여자 역할도 남성이 맡았다. 여성들은 무대 위에 올라가는 것조차 금지되었다.

공연이 시작되다

처음에 연극은 광장에서 공연되었다. 이후 연극의 인기가 점점 높아지자 연극을 전문으로 공연하는 극장이 세워졌다. 큰 극장은 관객 수만 명이 들어갈 수 있을 정도였다. 극장은 대부분 야외무대였고, 무대가 잘 보이도록 비탈에 관객석을 만들었다. 객석은 무대를 반원형으로 둘러싸는 형태였다. 극장에는 무대와 관객석 외에도 배우들이 옷을 갈아입고 대기하는 작은 건물이 하나 더 있었다. 무대의 뒤쪽 벽에는 배경을 그린 커다란 천을 걸었다. 당시에는 죽는 장면이나 전쟁 장면을 직접 보여 주지 않고 이 배경 천에 피 흘리는 시체나 빠르게 달리는 전차 등을 그려서 보여 주는 것으로 표현했다. 무대 옆에는 바퀴가 달린 지렛대가 있었다. 이것은 오늘날의 와이어 같은 것으로, 주로 하늘에서 신이 내려오는 장면을 표현할 때 사용되었다. 무대와 관객석 사이에는 원형의 공간이 있었는데, 이것은 합창단이 서서 노래하는 곳으로, 디오니소스를 위한 작은 제단도 있었다.

관객석은 모두 돌로 만들었다. 처음에는 나무로 만들기도 했지만, 무게를 견디지 못하고 관객석이 무너지는 사고가 발생한 후 모두 돌로 바꾸었다. 관객석은 일부를 제외하고는 모두 등받이가 없었다. 등받이가 있는 좌석은 귀빈들을 위한 것이었다. 관객은 남녀가 나누어 앉았는데, 여성들은 연극을 보러 외출하지 않았기 때문에 극장에 와서 연극을 보는 여성은 대부분 기녀였다.

연극 공연은 일 년에 두세 번 정도 있었다. 그중에 매

라클레스의 곤봉으로 사랑의 활을 깎는 큐피드

프랑스 조각가 에듬 부샤르동(Edme Bouchardon)의 작품으로 재빠르고 활동적인 아기 신의 모습을 훌륭히 표현했다. 큐피드는 에로스의 로마식 이름이다. 이 아기 신은 희극에도 자주 등장해서 관객에게 즐거움을 준다.

년 3월 디오니소스에게 바치는 연극의 규모가 가장 컸다. 디오니소스에게 제사를 올리고 나면 바로 연극 대회를 시작했다. 극작가들은 미리 자신의 작품을 담당 집정관에게 제출했고, 집정관이 어떤 연극을 공연할지 결정했다. 연극 공연에 드는 비용은 거의 부자들의 후원으로 충당했다. 돈 많은 귀족이 정치에 참여하고 싶다면, 바로 이때가 자신의 영향력을 확대할 가장 좋은 기회였다.

공연 시간이 길어서 관객들은 극장에 들어갈 때 물과 음식물을 싸 가지고 들어갔다. 연극 공연이 있을 때에는 적어도 모든 시민이 하루는 연극을 볼 기회가 있었다. 아테네의 황금기를 이끈 페리클레스Pericles 시대부터는 연극 공연을 더욱 활성화하기 위해 시민에게 연극 관람 지원금을 지급하기도 했다.

극장은 대부분 음향 효과가 나쁘지 않은 편이었지만 극장 규모가 너무 컸다. 뒷줄에 앉은 사람은 배우를 보기는커녕 대사도 제대로 못 들었다. 그래서 뒷줄에 앉게 된 관객들은 연극을 더 잘 볼 수 있는 곳을 찾아 이리저리 이동했다. 배우들도 관객에게 내용을 더 많이 전달하기 위해서 다양한 방법을 썼다. 한 예로, 양면에 서로 다른 인물의 표정을 그린 가면을 썼다. 이렇게 하면 연기 중에 상황에 따라 가면을 뒤집어서 쓰며 인물의 심리 변화를 효과적으로 표현할 수 있었다. 또 몸을 크게 해서 자신이 더 잘 보이도록 옷 안에 다른 옷을 두껍게 껴입었다. 그리고 아주 높은 모자를 쓰고, 굽이 높은 신발을 신기도 했다.

그러나 관중은 만족할 수가 없었다. 그래서 조금이라도 배우들의 목소리가 들리지 않거나 내용이 마음에 들지 않으면 소리를 지르거나 무대를 향해 물건을 던지면서 공연에 불만을 나타냈다. 어떤 때에는 극의 절반에 이르기도 전에 배우들이 무대에서 쫓겨나가기도 했다. 그러면 바로 이어서 다음 연극을 공연했다. 관객들은 어차피 미리 그 연극을 보고 온 주변 사람들에게서 내용을 다 들었으므로 이야기가 중간에 끊어져도 별로 신경 쓰지 않았다.

영혼을 울리는 비극

고대 그리스의 비극은 연극 역사에 매우 중요한 존재이다. 당시 비극의 소재는 대부분 신화와 전설에 등장하는 이야기였다. 대부분 아주 엄숙한 것으로, 주인공은 언제나 강하고 의지가 굳건한 인물이었다. 그러나 운명에 맞서다가 실패하고 대부분 비참하고 불행한 결말을 맞는다. 이렇게 비극은 거의 모두 인생의 무상함과 신이 정해 놓은 운명을 피할 수 없다는 것을 표현했다.

비극을 본 관객들은 주인공을 동정하며 함께 슬퍼했다. 비극이 공연될 때면 관중석에서는 주인공의 운명에 대한 안타까움의 탄식이 끊이지 않았다. 그리스 반도 북부에 있었던 도시국가 테살리아Thessalia의 한 잔인하고 악랄한 참주조차 에우리피데스Euripides의 비극 〈트로이 여인들Women of Troy〉을 보고 매우 슬퍼하며 눈물을 흘리고 몸을 가누지 못했다는 기록이 있다.

연극의 소재가 한정되어 있기 때문에 비극 작가들의 극본은 내용이 겹치는 경우가 많았다. 그러나 비슷한 소재와 내용의 연극이 상연되어도 관중은 즐거워했다. 작가에 따라 이야기를 풀어 가는 형식이 다르고 무대 효과도 모두 달랐기 때문이다. 관중은 즐겁게 두 연극을 비교하며 우열을 가리기도 했다.

세상을 조롱하는 희극

비극보다 조금 늦게 등장한 희극의 소재는 주로 일상생활이었다. 비극이 공연되는 무대에서처럼 엄숙하고 무거운 느낌은 전혀 없었다. 대신 시장에서 흔히 볼 수 있는 소박함과 저속함이 가득했다. 대사 중에는 가끔 욕설이 들어가기도 했다. 기원전 5세기경에 아테네는 3대 희극 작가를 탄생시켰다. 크라티노스Cratinus, 유폴리스Eupolis, 아리스토파네스Aristophanes로, 현재 크라티노스와 유폴리스의 작품은 남아 있지 않고 아리스토파네스의 작품만 전해 온다.

아리스토파네스는 '희극의 아버지'로 불리는 위대한 극작가이다. 그는 고대 그리스의 수많은 극작가 중에서도 가장 뛰어난 한 명이었다. 아리스토파네스는 일생을 통해 모두 44편에 이르는 작품을 썼다. 현재 남아

〈바쿠스의 축제〉

이탈리아 화가 베첼리오 티치아노(Tiziano Vecellio)의 작품이다. 디오니소스와 그의 시종 사티로스, 님프들이 술을 마시며 즐거워하는 모습을 표현했다.

있는 11편 가운데 비교적 유명한 것에는 〈새Ornithes〉, 〈구름Nephelai〉, 〈벌Sphekes〉, 〈기사Hippheis〉, 〈아카르나이의 사람들Acharneis〉 등이 있다. 그의 희극은 정치적인 색채가 강했고, 아리스토파네스는 웃음과 즐거운 분위기로 당시 사회와 정치가들을 조롱하고 풍자했다.

아리스토파네스의 작품 중에서 〈아카르나이의 사람들〉은 전쟁과 관련된 희극이다. 그 내용을 소개하자면 이렇다. 아테네와 스파르타가 전쟁을 준비하자 농민 디카이오폴리스는 전쟁에 큰 반감을 느끼고 있었지만 혼자 힘으로는 어쩔 수가 없었다. 전쟁에 나가고 싶지 않았던 그는 스파르타 인들과 직접 협상을 벌였다. 그러자 사람들은 그가 국가를 배신했다고 비난했다. 이에 디카이오폴리스는 자신은 아테네를 반대하는 것도 아니며 스파르타를 지지하는 것도 아니라고 당당하게 말했다. 단지 평화를 사랑하는 것뿐이라고 외쳤다.

전쟁을 찬성하던 라마코스가 디카이오폴리스를 계속 몰아세웠고 이윽고 두 사람은 싸우기 시작했다. 디카이오폴리스는 라마코스를 때려눕히고 그에게 전쟁을 포기하라고 계속 권했다. 하지만 라마코스는 뜻을 굽히지 않은 채 전쟁터로 나섰다가 결국 부상을 당하고 고통스럽게 신음한다. 한편, 디카이오폴리스는 계속해서 홀로 스파르타와 협상해 마침내 평화 협정을 맺었다. 전쟁을 막는 데 성공한 그는 고향 사람들과 함께 파티를 열어 축하하며 즐거워한다. 이 작품은 전쟁을 거부하고 평화를 추구하는 작가의 마음을 반영했다.

아리스토파네스의 다른 작품인 〈새〉도 걸작이다. 극 중에 등장하는 아테네 인 페이세타이로스와 에우엘피데스는 새들과 함께 하늘에 '구름뻐꾹 나라'를 세웠다. 이 나라는 살인도 없고, 빈부의 차이도 없는 이상적인 사회였다. 하지만 신은 자신의 손에서 벗어난 이 나라를 미워했다. 이후 몇 가지 재미있는 에피소드를 거쳐서 페이세타이로스는 제우스의 딸과 결혼하고, 제우스의 뒤를 이어 신들의 왕이 되었다.

즐겁고 가벼운 신희극

마케도니아가 그리스를 점령한 이후 그리스의 희극은 새로운 발전의 계기를 맞았다. 이때의 희극을 '신新희극'이라고 부른다. 신희극의 내용은 정치에 관심이 없고 현실 생활에 만족하는 각 계층의 인물에 관한 것이었다. 대사는 생동감이 넘쳤고 무대에 등장하는 배우의 수에도 제한이 없었다. 배우들은 무대에서 언쟁을 벌이기도 하고 화를 내기도 하며 우정을 쌓기도 했다. 마치 현실의 즐거움과 슬픔이 모두 담긴 듯한 연극이었다.

메난드로스Menandros가 이 신희극의 대표 작가이다. 그는 거의 100편에 가까운 작품을 창작했는데, 그중 〈까다로운 성격Dyskolos〉을 제외하고는 완전한 형태로 남아 있는 것이 없다.

〈까다로운 성격〉은 즐거운 사랑 이야기이다. 부유한 젊은이 소스트라토스는 아름다운 아가씨 미르라인을 사랑하게 되었다. 그러나 미르라인의 아버지인 크네몬은 소스트라토스를 싫어했다. 크네몬은 성질이 괴팍한 노인으로, 자기 자신 외에는 아무도 믿지 않았다. 그래서 그는 일도 혼자 했고 친하게 지내는 사람이 거의 없었다. 심지어 나중에는 아내도 내쫓아 버렸다. 크네몬의 아내는 집을 나와서 전 남편에게서 낳은 아들 고르기아스와 살았다. 고르기아스는 소스트라토스의 친구였기 때문에 소스트라토스의 사랑이 이루어지기를 바랐다. 그는 여러 가지 방법을 써 보았지만, 아무 효과도 없었고 도리어 크네몬이 소스트라토스를 더 싫어하게 만들었다. 어느 날 크네몬이 우물 안으로 떨어졌고 고르기아스가 그를 구해 주었다. 이때부터 크

메난드로스의 희극에 등장하는 가면

메난드로스는 고대 그리스의 유명한 극작가이다. 그의 작품은 유럽의 희극 발전에 큰 영향을 주었다.

네몬은 성격이 바뀌기 시작했다. 그는 재산을 반으로 나누어 고르기아스에게 주고 집안일을 맡겼다. 고르기아스는 소스트라토스와 자신의 의붓여동생이 결혼할 수 있도록 도와주었고, 소스트라토스는 자신의 여동생과 고르기아스가 결혼하도록 주선했다. 이렇게 해서 두 청춘 남녀는 모두 행복을 찾았고, 크네몬도 다시 아내를 맞았다. 연극은 모든 등장인물이 모여서 잔치를 벌이며 끝난다.

9 그리스의 3대 비극 작가

GREECE

서양의 연극 역사에서 그리스 비극의 출현은 중대한 사건이다. 그리스의 비극에는 역사성과 현실성이 조화롭게 어우러진 매혹적인 작품들이 가득하다. 많은 비극 작가 가운데 아이스킬로스, 소포클레스, 에우리피데스가 '3대 비극 작가'로 손꼽힌다. 그들의 아름다운 비극은 그리스 연극 예술을 정점에 올려놓았다.

시기 : 기원전 525년~기원전 405년
인물 : 아이스킬로스, 소포클레스, 에우리피데스

'비극의 아버지' 아이스킬로스

'비극의 아버지'로 불리는 아이스킬로스는 고대 그리스의 가장 위대한 비극 작가 중 한 명이다. 마라톤 전투와 살라미스 해전에 참가한 군인이기도 한 그는 일생을 통해 모두 70편의 작품을 남겼다. 지금은 그중에서 〈오레스테이아Oresteia〉 3부작, 〈포박된 프로메테우스Prometheus Desmotes〉, 〈구원을 바라는 여자들Hiketides〉, 〈테베 공격의 7장군Heptaepi Thebai〉, 〈페르시아인Persian〉의 일곱 작품만이 남아 있다. 평생 감동적인 비극을 쓴 아이스킬로스의 죽음과 관련해 이런 이야기가 있다. 노인이 된 아이스킬로스는 머

한눈에 보는 세계사

기원전 525년 : 페르시아, 오리엔트 통일
기원전 403년 : 중국, 전국 시대 시작

기원전 500년 : 인도, 불교 탄생
기원전 400년경 : 한반도, 철기 문화의 보급

202

리카락이 모두 빠졌다. 어느 날 독수리 한 마리가 하늘을 날다가 햇빛에 반짝이는 아이스킬로스의 머리를 보았고, 그것이 바위라고 생각했다. 독수리는 그때 거북이 한 마리를 사냥해서 발톱으로 단단히 움켜쥐고 날아가던 중이었다. 그래서 마침 잘되었다고 생각하고는 딱딱한 거북이 등딱지를 바위에 부딪쳐 깨뜨리기 위해 높은 하늘에서 바위, 그러니까 아이스킬로스의 머리에 거북이를 떨어뜨렸다. 아이스킬로스는 하늘에서 떨어진 거북이에 맞아 즉사했다.

　남아 있는 아이스킬로스의 작품 가운데 가장 유명한 것은 〈오레스테이아〉 3부작이다. 〈아가멤논Agamemnon〉, 〈재주를 바치는 여인들Choephoroi〉, 〈자비로운 여신들 Eumenides〉의 세 작품으로 구성되었다. 이 세 이야기는 원래 따로 만들어진 작품인데, 이야기가 서로 이어져서 3부작으로 불린다. 세 작품에 등장하는 인물은 서로 관련이 있으며, 각 이야기가 따로 공연되기도 하고 함께 이어서 공연되기도 했다. 〈오레스테이아〉 3부작은 보기 드문 형식의 걸작이다.

　〈아가멤논〉은 미케네의 왕 아가멤논이 트로이 전쟁에서 승리한 후 기

소포클레스의 〈오이디푸스 왕〉은 인간의 운명을 비극적으로 이야기한다. 이 그림은 프랑스의 귀스타브 모로 Gustave Moreau 의 작품인 명화 〈오이디푸스와 스핑크스〉이다.

뼈하며 트로이의 공주 카산드라를 데리고 귀국하는 내용을 담았다. 카산드라는 아가멤논이 곧 죽임을 당한다고 예언했는데, 아무도 그녀의 말을 믿지 않았다. 아가멤논이 전쟁터에 가 있는 동안 왕비 클리타임네스트라Klytaimnestra는 아가멤논의 사촌 동생인 아이기스토스Aegisthus와 불륜을 저질렀다. 아가멤논이 트로이로 떠나기 전에 딸을 제물로 바치려고 한 적이 있기에 클리타임네스트라는 아가멤논을 원망했다. 아가멤논을 용서할 수 없다고 생각한 그녀는 아이기스토스와 함께 아가멤논이 돌아오면 죽이기로 했다. 마침내 아가멤논이 귀국하자 그들은 왕이 무사히 돌아온 것을 축하하는 행사를 열었다. 아가멤논이 기쁨에 취해서 방심했을 때 클리타임네스트라와 아이기스토스는 그를 죽였다.

〈재주를 바치는 여인들〉은 3부작의 두 번째 이야기이다. 아가멤논이 살해당했을 때, 그의 아들 오레스테스Orestes는 아직 어렸다. 그때 그의 누나 엘렉트라Electra는 자신의 목숨을 걸고 동생이 아이기스토스가 준 독약을 먹지 않도록 하여 구해 냈다. 오레스테스는 성인이 된 후 아버지의 복수를 하겠다고 결심하고 미케네로 돌아왔다. 그는 누나 엘렉트라와 친구 필라데스Pylades의 도움으로 우선 아이기스토스를 죽이고 어머니인 클리타임네스트라도 죽였다. 고대 그리스는 모계 씨족 사회였다. 부부는 서로 다른 씨족 출신이지만 그들의 아이는 어머니의 씨족에 속했다. 그래서 클리타임네스트라가 남편을 죽인 것은 윤리적으로 문제가 없었으나 오레스테스가 어머니를 죽인 것은 큰 죄였다. 오레스테스는 이 일로 복수의 여신들 에리니에스Erinyes의 추격을 받기 시작했다.

3부작의 마지막 이야기인 〈자비로운 여신들〉은 에리니에스가 오레스테스를 추격하는 내용이다. 오레스테스는 도망치면서 불안에 휩싸여 거의 미칠 지경이었다. 그는 여신 아테나에게 자신을 도와달라고 간청했다. 그러자 아테나는 아테네 시민에게 오레스테스가 무죄인지 유죄인지 투표하라고 명령했다. 그 결과, 양쪽 의견에 모두 똑같은 수가 나왔다. 이때 아테나가 무죄에 자신의 표를 던졌다. 에리니에스는 그 결과를 받아들여서 자비로운 여신 에우메니데스Eumenides로 변해 오레스테스에게 자비를 베풀었다.

'연극의 호메로스' 소포클레스

소포클레스는 아테네의 부유한 상인 집안에서 태어났다. 훗날 그가 쓴 연극 작품은 그리스 인에게 많은 사랑을 받아 그는 '연극의 호메로스'라는 명예로운 별명을 얻었다. 기원전 468년에 열린 연극 대회에서 처음으로 1등을 한 후 그는 평생에 모두 24번이나 1등을 했다. 이 기록은 선배 아이스킬로스보다 많은 것이다. 그는 아테네의 집정관이었던 페리클레스, 역사학자 헤로도토스Herodotus와 친구였고 아테네의 10장군 중 한 명이기도 했다. 그러나 정치가로서는 그다지 큰 업적을 세우지 못했다. 소포클레스는 일생에 작품을 120여 편 썼는데, 오늘날 전해지는 것은 〈안티고네Antigone〉, 〈오이디푸스 왕Oidipous Tyrannos〉, 〈필로크테테스Philoktetes〉, 〈트라키스의 여인Trachiniai〉 등의 일곱 작품뿐이다. 그 가운데 〈오이디푸스 왕〉이 가장 유명하다.

〈오이디푸스 왕〉은 아버지를 죽이고 어머니와 결혼한 오이디푸스의 비극적인 이야기이다. 테베의 왕과 왕비에게서 아들이 태어났다. 왕이 아기를 안고 기뻐할 때 한 예언가가 다가와서 이 아기는 아버지를 죽이고 어머니와 간음하게 될 것이라고 예언했다. 왕은 예언을 듣고 두려움에 떨었다. 그리고 하는 수 없이 아들의 두 발을 가시로 뚫은 후 양치기에게 멀리 데려가서 죽이라고 명령했다. 그러나 양치기는 천진난만한 아기를 차마 죽일 수가 없어 산에 내려놓고 돌아왔다. 그때 마침 지나가던 코린토스의 양치기가 아기를 발견했다. 그는 아들이 없어서 고민하던 코린토스의 왕에게

고대 그리스 극장의 유적지에 서면 감동적인 그리스 비극을 떠올리게 된다. 극장의 기둥을 받치는 돌에는 슬퍼하거나 깜짝 놀라는 표정이 새겨져 있다.

아기를 바쳤다. 그러자 왕은 아기에게 오이디푸스라는 이름을 지어 주고 자신의 아들로 삼아 키웠다. '오이디푸스'는 '퉁퉁 부은 발'이라는 뜻이었다.

코린토스의 왕과 왕비는 오이디푸스를 매우 사랑했다. 청년으로 성장한 오이디푸스는 어느 날 자신이 아버지를 죽이고 어머니와 간음할 것이라는 예언을 들었다. 자신이 양자인 것을 몰랐던 오이디푸스는 그 예언이 실현될까 봐 두려워 코린토스를 떠났다. 이후 그리스 곳곳을 여행하던 오이디푸스는 깊은 산골짜기의 외길에서 노인과 마주쳤다. 두 사람은 서로 먼저 지나가겠다고 싸웠다. 그러다가 노인이 오이디푸스를 모욕하는 말을 하자 그는 젊은 혈기에 그만 노인을 죽이고 말았다. 이 노인은 바로 테베의 왕, 오이디푸스의 아버지였다.

자신이 아버지를 죽인 사실을 꿈에도 모르는 오이디푸스는 계속 가던 길을 갔다. 우연히도 그의 발길은 테베를 향하고 있었다. 테베의 외곽에 산골짜기가 있었는데, 그곳에는 얼굴은 사람이고 몸은 사자인 요괴 스핑크스가 살고 있었다. 스핑크스는 테베를 오가는 사람들에게 항상 똑같은 수수께끼를 냈다. 여기에 대답하지 못하면 꼼짝없이 스핑크스의 제물이 되어야 했다. 이 골짜기는 테베에서 다른 곳으로 가려면 꼭 지나야 하는 곳이었기 때문에 그동안 많은 사람이 목숨을 잃었다. 결국 왕비는 누구든지 이 스핑크스를 처치하면 왕위를 물려주고 그와 결혼하겠노라고 선포했다.

오이디푸스도 테베로 가는 길에 스핑크스와 맞닥뜨렸다. 스핑크스가 여지없이 그에게 물었다. "동물 중에 아침에는 네 다리로 걷고, 점심에는 두 다리로 걷고, 황혼에는 세 다리로 걷는 것이 있다. 또 아침에는 발이 가장 많지만 속도와 힘은 가장 적다. 이것은 무슨 동물인가?"

오이디푸스는 잠시 생각에 잠겼다가 미소를 지으며 대답했다. "사람입니다. 사람은 막 태어났을 때에는 두 발과 두 손으로 기어 다니고, 자라면 두 다리로 걷죠. 또 늙으면 체력이 약해져서 지팡이를 짚고 걸으니 세 다리가 아닙니까?" 스핑크스는 수수께끼가 풀리자 굴욕을 느끼고 낭떠러지에서 스스로 뛰어내려 죽었다.

이렇게 해서 오이디푸스는 테베의 왕이 되었고, 전 왕의 왕비를 아내로 맞이했다. 두 사람은 화목하게 지내며 아들 둘과 딸 둘을 낳았다. 그 후 테베에 전염병이 크게 번졌다. 신전의 사제는 누군가가 아버지를 죽이고 어머니와 간음한 죄를 지었기 때문이라고 신탁을 내렸다. 예전에도 그와 같은 예언을 한 사람이 있다는 것을 듣고 오이디푸스는 그를 찾았다. 예언자는 죄를 지은 사람이 바로 오이디푸스라고 말했다. 한편, 왕비는 오이디푸스에게 전 남편이 깊은 산골짜기에서 살해당했다고 말해 주었다. 그 말을 듣고 오이디푸스는 자신이 죽인 노인이 자신의 아버지였다는 것을 깨달았다. 그는 이 엄청난 일을 감히 믿을 수가 없었다. 그때 아기였던 자신을 산에 버린 양치기가 나타나서 모든 사실을 밝혔다. 오이디푸스는 운명을 피해서 도망쳤으나 결국 운명을 피할 수 없었다. 모든 것을 알게 된 왕비는 자살했고, 오이디푸스는 자신의 두 눈을 찔러 장님이 된 채 여기저기로 떠돌아다녔다.

'연극의 철학자' 에우리피데스

에우리피데스는 평생 철학을 연구했지만 당시 그리스의 다른 철학자들과 달리, 한 번도 정치에 뛰어들지 않았다. 기인으로 불릴 정도로 사람들과 별로 어울리지도 않고, 홀로 철학을 탐구하고 연극을 썼다. 그래서 사람들은 에우리피데스를 '연극의 철학자'라고 불렀다. 에우리피데스는 무려 비극 90여 편을 썼다. 그중 18편이 지금까지 전해지는데, 〈메데이아Medeia〉, 〈트로이의 여인〉, 〈바카이Bakchai〉 등이 유명하다. 에우리피데스의 연극은 전통적인 비극과 많이 달랐다. 그래서 그는 살아 있을 때보다 오히려 죽은 후에 더욱 유명해졌다. 그의 비극은 다른 작품들처럼 운명에 한탄하기보다 인간의 본성인 질투와 탐욕, 교만, 분노 등에 주목했다. 그래서 에우리피데스의 작품에 등장하는 인물들의 심리는 아주 복잡하며, 이는 후대의 연극에 많은 영향을 주었다. 그는 또 여성 문제에 관심이 많았는데, 이는 그의 작품인 〈메데이아〉를 통해서 엿볼 수 있다.

〈메데이아〉는 고대 그리스 영웅의 이야기이다. 이올코스Iolcos의 왕 아이손은 동생 펠리아스에게 왕위를 빼앗겼다. 그래서 아이손의 아들인 이아손은 성인이 된 후 아버지의 복수를 하기 위해서 펠리아스를 찾아갔다. 그러자 펠리아스는 이아손에게 황금 양가죽을 가져오면 왕위를 내주겠다고 말했다. 황금 양가죽은 전쟁의 신인 아레스에게 바쳐진 제물로 동방의 황무지인 콜키스Colchis에 있었고, 사나운 용이 지키고 있었다. 이아손은 그 황금 양가죽을 가지러 콜키스로 떠났다.

이아손은 황금 양가죽이 있는 정확한 장소를 알아냈지만 도무지 용을 처치할 수가 없었다. 그러던 중 콜키스의 공주 메데이아가 이아손을 사랑하게 되었다. 그녀는 사랑을 위해 나라를 배신하기로 마음먹고 이아손에게 용이 깊은 잠에 빠지게 하는 방법을 알려주었다. 그녀의 도움으로 황금 양가죽을 얻은 이아손은 메데이아와 그녀의 남동생을 데리고 도망쳤다. 콜키스의 병사들이 그들을 추격해 오자 메데이아는 자신의 손으로 동생

맥을 잡아 주는 그리스사 중요 키워드

오이디푸스 콤플렉스

오이디푸스의 이야기는 원래 예전부터 전해 내려오는 이야기였지만 소포클레스가 연극으로 창작한 후에 더욱 유명해졌다. 오늘날 오이디푸스의 이름은 심리학에서 남자아이가 '어머니를 사랑하는 것'을 나타내는 말이 되었다. 프로이트S. Freud는 자신의 성 심리 발달 이론에서 남자아이가 어머니에 대해 성적인 관심이나 집착을 보인다고 주장했다. 그래서 남자아이는 어머니를 차지한 아버지를 무의식적으로 미워하며 아버지를 밀어내고 그 위치를 차지하려고 한다.

제3장 위대한 아테네를 향하여 **209**

을 죽이고 사지를 찢어 길가에 펼쳐 놓았다. 그것을 본 병사들은 메데이아와 이아손도 죽었다고 생각하고 추격을 멈췄다.

이아손은 메데이아와 이올코스로 가서 새로운 생활을 시작했다. 그들은 아들도 두 명 낳았다. 그러나 숙부는 아무리 기다려도 왕위를 물려주지 않았다. 그러자 메데이아는 펠리아스를 죽일 계획을 세웠다. 그녀는 우선 펠리아스의 딸들에게 접근해서 아버지를 다시 젊게 만들어 주겠다고 말했다. 메데이아에게 깜빡 속아 넘어간 펠리아스의 딸들은 그녀가 시키는 대로 펠리아스를 죽이고 토막 내어 솥에 넣고 삶았다. 그러나 펠리아스는 되살아나지 못했다. 한편, 펠리아스가 죽은 것을 확인하고 바로 이올코스를 빠져나와서 떠돌던 이아손과 그의 가족은 코린토스에 도착했다. 코린토스 인들의 따뜻한 환대를 받은 그들은 그곳에 정착하려 했다. 이아손은 더이상 메데이아를 사랑하지 않았다. 그는 코린토스의 공주 글라우케 Glauce 의 미모와 권력을 사랑하게 되었다. 공주와 결혼하면 코린토스의 왕이 될 수 있다고 생각한 그는 메데이아를 버리려고 했다. 메데이아가 이아손에게 제발 돌아오라고 매달렸지만 헛수고였다. 오히려 이아손은 메데이아를 더욱 싫어하게 되었고 코린토스의 왕과 상의해서 메데이아를 추방시키려고 했다.

메데이아는 분노에 휩싸여 미칠 지경이었다. 나라와 가족을 배신하고 그를 따라 여기까지 왔는데 버림받을 줄은 생각지도 못했다. 그녀는 마음을 다잡고 복수를 결심했다. 그녀는 이아손을 찾아가서 글라우케와의 결혼에 동의해 주었다. 그리고 직접 아름다운 왕관과 황금 실로 만든 옷을 글라우케에게 선물로 보냈다. 글라우케는 매우 기뻐하며 옷을 입어 보았다. 그 옷은 메데이아가 오랫동안 독약에 담가 놨던 것이었다. 옷을 입은 글라우케는 온몸에 독이 퍼지며 죽었다. 놀란 코린토스의 왕이 손을 뻗어 딸을 껴안자 그의 몸에도 독이 퍼졌고 곧 숨을 거두었다.

글라우케를 죽였지만 메데이아는 여전히 슬펐다. 그녀는 슬픔과 분노를 주체하지 못하고 자신의 아들마저 목 졸라 죽였다. 이아손이 소식을 듣고 급히 메데이아를 찾아왔을 때에는 이미 메데이아가 아들의 시신을 마차에 싣고 떠나려고 하던 중이었다. 이아손은 그제야 자신의 행동을 후회했지만 너무 늦은 후였다.

이상의 3대 비극 작가는 모두 각 시대의 그리스 문명을 대표하며, 그들의 작품은 지금까지도 아름다운 이야기와 감동으로 많은 사랑을 받고 있다.

아테네 가정의 하루

바다 위에 짙은 안개가 걷히고 태양이 떠오른다. 태양의 첫 번째 빛이 아테네의 신전을 비추고, 천천히 광장으로 내려온다. 광장 양쪽의 가정집에서 조금씩 이야기 소리가 들리기 시작한다. 조용하던 광장으로 사람들이 하나둘씩 나타난다. 아테네의 새로운 하루가 시작된다.

분주한 아침

아테네는 바다와 가까워서 언제나 해가 일찍 비추었다. 그래서 아테네 인들은 보통 아침 일찍 일어났다. 특히 주부들은 집에서 가장 일찍 일어나고 늦게 잠자리에 들었다. 그들은 종일 바쁘게 집안일을 한다. 하늘이 채 밝아지기도 전에 일어나서 청동으로 만든 빛나는 거울에 얼굴을 비춰 보며 머리를 단정하게 매만진다. 보통은 별다른 장식을 하지 않는다. 간단한 준비가 끝나면 빠르게 집안을 정리한다. 노예들에게 물을 길어 오라고 이야기하고, 그들이 일하는 동안 먹을 것을 준비한다. 혹시 몸이 아픈 노예가 있으면 그들에게 가서 밤사이에 잘 지냈는지 살펴보고, 여자 노예들과 함께 천을 짜기도 한다.

아테네에서는 남성은 밖에서 일하고 여성은 집에서 일하는 것이 보통이었고, 주부가 집안일을 잘 돌보면 남편은 안심하고 밖에서 일했다. 부잣집

철학자들의 사상을 경청하는 것은 아테네 인들의 큰 즐거움이었다.

주부라면 자질구레한 일은 할 필요가 없고 그저 노예들에게 명령을 내리기만 하면 되었다.

주부가 아침을 준비하는 동안 다른 가족들도 하나둘 일어난다. 아테네 인들은 대부분 아침을 먹지 않았다. 노예들이 길어 온 물로 씻은 후 아이들은 학교로 가고 남자들은 외출한다. 남자들은 먹고 자는 것을 제외하고는 대부분의 시간을 밖에서 보낸다. 집안은 여자들의 세계이고, 집 밖은 남자들의 세계였다.

여유로운 아테네 인
아테네의 시민은 고대 그리스에서 가장 행복한 사람들이었을 것이다. 그들은 상당히 많은 정치적 자유를 누렸고 노예들이 있어서 많은 노동을 할 필요가 없었다. 기껏해야 가끔 농지에 나가서 노예들이 일하는 것을 감독하기만 하면 되었다. 대다수 시민은 교외에 농지를 소유했고 여기에서 생산되는 과일과 채소는 집으로 가져가서 먹거나 수확량이 많으면 시장에 내다 팔기도 했다.

남자들은 외출 준비를 끝내면 여유롭게 대문을 나섰다. 당시 아테네 인은 신발을 신지 않았고 맨발로 광장을 걸었다. 무엇을 신는다고 해도 가죽 몇 줄로 발에 묶은 슬리퍼뿐이었다. 아테네의 여름 햇볕은 무척 강했지만, 그들은 모자가 몸속에서 빠져나온 수분이 공기 중으로 발산되는 것을 방해한다고 생각했기 때문에 여행자와 노인을 제외하고는 모자를 쓴 사람이 거의 없었다. 그래서 아테네 인들은 이른 나이에 백발이 되는 사람이 많았다.

아테네 남성들은 한담을 나누고 사색에 잠기고 운동이나 정치 활동을 하며 하루 대부분을 보냈다. 그들은 광장을 급하지도, 느리지도 않은 속도로 걸었다. 아는 사람을 만나면 멈춰 서서 몇 마디 안부를 나누었다. 아테네 인들은 길을 갈 때 급하게 걷거나 사방을 두리번거리는 것을 교양 없는 행동으로 보았다. 그리고 그들은 머리와 턱수염을 길게 늘어뜨리고 다녔다. 그들에게 머리와 턱수염을 다듬고 정리하는 것은 아주 중요한 일이었기 때문에 광장에 있는 공공 이발소는 언제나 사람들로 북적였다.

'아고라'라고 불리던 아테네의 광장은 사교의 중심이었다.

광장에서 보내는 하루

아테네 남자들은 정치에 참여하지 않는 날이면 언제나 시장에 갔다. 특별한 일이 있든 없든 시장에서는 온갖 새로운 소식을 들을 수 있었다. 또 다른 도시국가에 다녀온 상인들에게서 새로운 소식을 듣기도 했다.

아테네는 일 년 내내 더운 편이었다. 특히 여름에는 견디기 어려울 정도였다. 그래서 남자들은 기다란 천을 몸에 몇 번 휘감고 다녔다. 이렇게 하면 바람도 잘 통하고 더울 때에는 언제든 벗어 버리기 쉬웠기 때문이다. 몸에 두른 천은 브로치로 고정했는데, 걸어 다닐 때 옷이 휘날리면 속이 다 보이기도 했다. 여성들에게도 이런 경우가 많았다. 그러나 고대 그리스 인들은 나체를 부끄러워하지 않았기 때문에 누구도 전혀 개의치 않았다.

농사짓는 데 사용할 농기구가 필요한 사람은 철공소로 갔다. 아테네의 상점들은 거의 가게 뒤쪽에 공장을 두고 있었다. 철공소 공장에서는 허리에 천 하나만 두른 노예들이 커다란 쇠망치를 휘둘러 펄펄 끓는 붉은 쇳덩이를 내리쳤다. 공장의 한구석에는 언제나 대장장이 신 헤파이스토스의 신상이 모셔져 있었다.

아테네 광장의 한쪽에는 신체 단련장이 있었다. 아테네 인들은 그곳에서 운동하고 친구를 사귀기도 했다.

집으로 돌아가다

해가 진 후 특별히 약속이 없으면 아테네 인들은 천천히 집으로 돌아갔다. 주부들은 이미 저녁 식사 준비를 마친 후였다. 종일 밖에서 보낸 남자들은 식사하기 전에 먼저 목욕을 했다. 그들은 깨끗한 것을 아주 좋아했다. 부자들은 욕실에 대리석으로 만든 욕조를 두고 사용했다. 아테네는 작은 산 위에 있어서 물이 충분하지 않았기 때문에 이처럼 물을 받아 놓고 목욕하는 것은 사치였다. 그래서 그들은 대체로 올리브유를 몸에 바르고 솔로 몸을 닦았다. 부잣집 여자들은 매일 목욕하고, 얼굴과 몸에 올리브유로 만든 화장품을 발라

아테네 가정의 일상생활 모습을 생생하게 표현해 낸 조각

하얗게 보이게 했다. 그 위에 또 하얀 분을 바르고 눈매는 붉게 칠했다.

목욕을 마치면 가족이 모두 모여서 함께 식사를 했다. 식사를 마치면 남자들은 안뜰로 나가 바람을 쐬고, 아이들은 그 옆에서 뛰어다니며 장난을 쳤다.

깊은 밤이 되면 남자들은 침대에 들었다. 바쁜 하루를 보낸 주부들도 집 안일을 마무리하고 방으로 들어갔다. 침실은 아주 간소했다. 침대 말고는 방을 장식하는 도자기 몇 개뿐이었다. 아테네 인들은 집을 언제든지 벗어 버릴 수 있는 옷과 같은 것으로 생각해서 그다지 꾸미지 않았다.

주부가 집안 곳곳의 올리브유 등불을 끄면 집은 어둠에 빠졌다. 곧이어 조용히 코 고는 소리가 들렸다. 이렇게 그들은 새로운 하루를 기다리며 깊은 잠에 들었다.

맥을 잡아주는 세계사
The flow of The World History

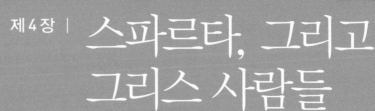

제4장 | **스파르타, 그리고 그리스 사람들**

1 스파르타의 건립

스파르타는 매우 독특한 도시국가였다. 경제는 그다지 발전하지 못했지만 군사력이 아주 뛰어났고, 다른 도시국가와 많이 접촉했지만 자신들만의 전통을 지켜 나갔다. 또 아테네 등 다른 도시국가는 사치스러운 문화가 유행했지만, 스파르타의 문화는 소박했다.

시기 : 기원전 8세기
인물 : 수스

도리아 인의 남하

스파르타는 그리스의 남부 지역인 펠로폰네소스 반도의 라코니아Laconia에 있었던 도시국가이다. 이 지역의 역사는 미케네 문명 당시까지 거슬러 올라가며, 트로이 전쟁의 원인이 된 미녀 헬레네가 바로 여기에서 납치되었다. 기원전 1100년에 그리스 북부에 살던 도리아 인이 대규모로 남쪽으로 이동했다. 그들은 도중에 만난 미케네 문명을 멸망시키고, 펠로폰네소스 반도까지 내려와 그곳에 있던 나라들을 모두 정복했다.

도리아 인의 이동을 지휘한 삼 형제는 정복지를 세 덩어리로 나누었다.

한눈에 보는 세계사
기원전 770년 : 주의 동천. 춘추 시대 시작   기원전 753년 : 로마 건국 그리고 제비뽑기를 해서 각각 메세니아^{Messenia}, 아르고스^{Argos}, 라코니아를 나눠 가졌다.

기원전 10세기경이 되자 풍요로운 라코니아에는 몇 개의 나라가 세워졌다. 스파르타는 그중 하나로, 산으로 둘러싸인 넓은 강에 자리해서 자연적인 방어 시설이 훌륭한 곳이었다.

스파르타 건립

기원전 8세기에 스파르타가 라코니아 지역에 있던 수많은 작은 나라를 통일했다. 당시 스파르타 왕이었던 수스^{Soos}는 평생 전쟁을 해서 이름을 날린 사람이었다. 그는 스파르타의 발전을 위해서 최선을 다했다. 한번은 인근의 작은 나라와 전쟁을 벌이다가 작은 산골짜기에 포위되었다. 그곳은 물을 끌어올 수가 없는 곳이어서 병사들이 목마름에 하나둘 죽어 갔다. 그러자 수스는 적에게 물을 달라고 제안했다. 만약 스파르타 군이 그 물을 한 명도 빠짐없이 마신다면 항복하겠지만 한 명이라도 마시지 않는다면 포위를 풀어 줄 것을 조건으로 내걸었다. 적의 장군은 수스의 병사들이 갈증을 참지 못할 것으로 생각하고 물을 가져다주었다. 수스는 병사들에게 가서 그 물을 안 먹고 버틴다면 왕위를 주겠노라고 말했다. 그러나 병사들은 목마름을 참을 수가 없어 모두 물을 마셨다. 이를 보고 적의 장군은 자신만만하게 땅을 내놓으라고 말했다. 그 말에 수스는 여유로운 웃음을 지으며 자신은 마시지 않았으니 모든 사람이 마신 것은 아니라고 말했다. 적의 장군은 그제야 자신이 속았다는 것을 알았다. 수스는 물을 마시고 체력을 회복한 병사들을 이끌고 유유히 산골짜기에서 빠져나왔다.

스파르타는 세 부락이 모여서 구성된 나라였다. 그러나 부락 사이에 분쟁이 생기자 혈연이 중심인 씨족 사회 제도를 버리고 지역을 중심으로 하는 다섯 부락으로 다시 조직했다.

스파르타의 정치 체제에서 가장 큰 특징은 왕이 두 명이라는 점이다. 이것을 양두兩頭 정치라고 한다. 그러나 나중에 귀족 세력이 점점 커지면서 소수 귀족이 왕보다 더욱 큰 권력을 가지고 나라를 통치하는 귀족 과두정을 시행했다. 이때에도 스파르타에는 두 명의 왕이 그대로 존재했다.

특별한 스파르타

사실 스파르타는 엄격한 의미에서 도시국가라고 할 수 없었다. 성벽도 없고 건축물도 계획적으로 세워지지 않아 도시의 형태를 전혀 갖추지 못했다. 높고 화려한 공공건물도 없고, 작은 주택 몇 채만 모여 있을 뿐이었다. 이런 모습은 고대 그리스 도시국가의 대표격인 아테네와 사뭇 달랐다. 스파르타는 도시보다는 농촌의 집합체에 가까웠다. 이는 화려함이라고는 찾아볼 수 없는 그들의 소박한 문화와 관련이 깊다.

스파르타에서 만든 금속 용기와 꽃병은 튼튼하고 아름다워서 상당히

스파르타의 병사는 모두 용맹하고 전투력이 뛰어났다. 스파르타는 라코니아 지역을 통일하면서 자신들만의 독특한 군사 진영을 갖추었다. 보병들은 보통 8명씩 200줄로 서서 사각 진영을 만들었다.

면 곳까지 수출되었다. 그러나 이렇듯 외국 무역이 매우 발전한 것과 달리 사회·문화·정치 방면에서는 고유의 전통을 절대 버리지 않았다. 그들은 외부의 사상이 스파르타 내부로 들어오는 것을 용납하지 않았다.

스파르타가 세워진 라코니아 지역은 아주 넓고 풍요로운 땅이었다. 그곳에서 스파르타 인들은 충분한 양식을 얻었기 때문에 따로 수입할 필요가 없었다. 국가가 성립된 초기에 스파르타 인은 대부분 농업이나 목축업에 종사했다. 그러나 점차 직업 군인이 많아지자 농지는 많은데 농사지을 사람이 부족했다. 그들은 농사를 지어 자신들에게 양식을 제공할 노예가 필요했다. 이윽고 스파르타는 형제의 나라 메세니아를 노리기 시작했다.

2 메세니아 정복

"약한 자는 강한 자에게 먹힌다."라는 약육강식의 법칙은 고대 사회의 기본 법칙이었다. 용맹한 스파르타 인들은 노예가 필요했다. 그래서 그들은 주저하지 않고 이웃 국가인 메세니아로 진격했다. 두 나라는 같은 민족이었지만 스파르타는 전혀 개의치 않았다.

| 시기 : 기원전 735년~기원전 645년
| 인물 : 아리스토데무스, 아리스토메네스

제1차 메세니아 전쟁

메세니아는 스파르타의 서쪽에 있는 도시국가였다. 스파르타보다 면적은 작지만 토지가 비옥해서 많은 수확을 할 수 있었다. 스파르타와 메세니아는 거의 같은 시기에 나라를 세웠는데, 스파르타가 군사력을 증대시키는 데 주력한 것과 달리, 메세니아는 군사 훈련에 그다지 신경 쓰지 않았다. 그 결과, 스파르타의 공격에 속수무책으로 무너진 메세니아는 저항하려고 했지만 소용이 없었다. 두 나라는 한쪽은 침략하고 다른 한쪽은 침략에 저항하는 오랜 전쟁을 시작했다.

한눈에 보는 세계사

기원전 650년경 : 중국, 철기 시대 시작   기원전 753년 : 로마 건국 기원전 735년경 두 나라의 국경에서는 소소한 군사적 충돌이 끊이지 않고 발생했다. 주로 스파르타가 먼저 공격하고 메세니아가 어쩔 수 없이 반격하는 형태였다. 이런 일이 계속되자 메세니아 내부에서는 스파르타에 적극적으로 대항해서 제대로 전쟁을 치르자는 목소리가 커졌다. 그러나 스파르타가 계속해서 메세니아의 중심부가 아닌 촌락만 공격했기 때문에 전쟁으로 이어지지는 않았다. 스파르타는 불시에 촌락을 공격해서 양식을 빼앗고 사람들을 데려가 노예로 삼았다. 이런 상황은 무려 20년 가까이 계속되었다. 이 영향으로 메세니아는 국력이 급격히 약해졌고 가뭄까지 덮쳐 상황은 더욱 나빠졌다.

상황이 좋지 않지만 메세니아의 왕 아리스토데무스Aristodemus는 스파르타의 노예가 될 수 없다고 결심했다. 그래서 그들은 메세니아를 건 마지막 전투를 계획했다. 아리스토데무스는 델포이에 있는 아폴론 신전으로 신하를 보내서 신탁을 구했다. 그러자 메세니아가 승리할 것이라는 신탁이 내려왔다. 아리스토데무스는 신에게 감사의 뜻을 표하고 메세니아를 보호해 달라는 의미로 자신의 딸을 제물로 바쳤다. 신탁이 전해지자 메세니아의 군대는 사기가 올랐다. 그들은 오랫동안 스파르타에 당해 온 원한을 풀고 잃어버린 땅을 되찾겠다고 다짐했다.

스파르타는 예상치 못한 메세니아의 격렬한 공격에 허를 찔려 잇달아 패했다. 아리스토데무스는 이제 메세니아가 거의 승리했다고 생각했다. 그러나 스파르타의 군대는 강했다. 타고난 전사인 그들은 죽음을 두려워하지 않고 전쟁터로 뛰어들었다.

아리스토데무스는 전쟁이 끝날 듯하면서 끝나지 않자 메세니아의 미래를 걱정하느라 잠을 이루지 못했다. 그는 다시 한 번 델포이로 사람을 보내서 신탁을 구했다. 그러자 신은 여사제의 입을 빌려서 이토메Ithome 산에 있는 제우스 제단 위에 발이 셋 달린 솥 100개를 바치는 쪽이 전쟁에서 승리할 것이라고 알려 주었다.

발이 셋 달린 솥은 청동을 녹여서 만들어야 했다. 아리스토데무스는 급히 기술자들을 불러 솥 100개를 만들라고 명령했다. 한편, 첩자를 통해서 이 이야기를 들은 스파르타 인들은 메세니아보다 빨리 솥을 만들 방법을 궁리했다. 그들은 밤을 새워서 점토로 만든 솥 100개를 구워 메세니아보다 먼저 제우스 신전에 솥 100개를 바쳤다.

그 소식을 들은 아리스토데무스는 이 전쟁에서 결국 메세니아가 질 것이라고 생각했다. 그는 큰 슬픔에 잠겼고 그의 군대도 사기가 꺾였다. 스파르타는 이 기회를 놓치지 않고 무섭게 공격해서 메세니아의 중심지까지 점령했다. 아리스토데무스는 너무 슬퍼한 나머지 딸의 무덤에서 자살했다. 이제 메세니아의 땅은 모두 스파르타의 것이 되었다. 미리 도망친 사람들을 제외하고 대부분 메세니아 인은 스파르타에 노예로 끌려갔다.

제2차 메세니아 전쟁

스파르타로 끌려와 소나 말처럼 일하던 메세니아 인은 나라를 잃은 울분과 고향에 대한 그리움으로 매일 눈물을 흘렸다. 그들은 스파르타 인들을 증오했고 다시 나라를 되찾기를 간절히 기도했다.

기원전 660년에 메세니아 청년 아리스토메네스Aristomenes가 스파르타의 각 지역에 흩어져서 노예 생활을 하는 동포들과 비밀리에 접촉했다. 그는 몇몇 도시국가의 지지를 약속받고 메세니아 인들과 반란을 일으켰다. 이것이 제2차 메세니아 전쟁이다. 기원전 660년에서 기원전 645년 사이에 일어난 이 전쟁에서 아리스토메네스와 메세니아 인은 복수심에 불타 스파르타에 여러 번 큰 타격을 입혔다.

스파르타는 갑작스러운 반란에 당황했다. 그러나 그들은 곧 냉정함을 되찾고 적의 지도자를 매수하는 가장 단순한 방법을 사용했다. 가장 중요

용감하고 전쟁을 좋아
했던 스파르타 전사들

한 시점에 지도자인 아리스토메네스가 배신했다는 소식이 전해지자 메세
니아 인들은 어찌할 바를 몰랐다. 이를 노린 스파르타는 공격에 더욱 박차
를 가했고, 다시는 반란을 일으킬 엄두가 나지 않도록 메세니아 인을 참혹
하게 죽였다. 일부는 산으로 도망쳐서 10년 동안이나 저항했지만, 결국 스
파르타 인들에게 전멸했다. 한편, 동포를 배신한 아리스토메네스는 외국
으로 망명했다.

　스파르타는 반란을 성공적으로 진압한 후 공개적으로 메세니아의 영토
를 스파르타의 소유로 선포했고 메세니아 인 노예를 더욱 가혹하게 다뤘다.

스파르타 사회

오랜 기간에 걸쳐 메세니아 전쟁을 두 차례 겪은 후 스파르타 사회에도 많
은 변화가 있었다. 그중 가장 큰 변화는 사회 계층이 셋으로 나뉘었다는 것
이다.

　첫 번째 계급은 '호모이오이Homoioi'이다. 스스로 '평등자'라고 부른 그들
은 스파르타의 통치 계급이었다. 이들은 계층이 나뉜 초기에는 약 9,000가
구였으며, 국가에서 일정한 토지를 받았고 노예들이 그 땅을 경작했다. 그

러나 토지의 소유권은 국가에 있고 그들은 단지 사용권만 받은 것이었다.

두 번째 계급은 '변두리 사람들'이라는 뜻의 '페리오이코이Perioikoi'이다. 그들은 반半자유민으로, 스파르타가 처음으로 통일한 라코니아 지역 사람들과 메세니아가 전쟁을 벌일 때 자진해서 항복한 메세니아 인들이었다. 그들은 자유롭게 생활할 수 있고 세금도 냈지만, 정치에 참여할 권리는 전혀 없었다. 그래서 반자유민은 주로 농업이나 상공업에 종사했다.

마지막으로 가장 낮은 계층은 '헬로트Helot'였다. 그들은 주로 스파르타에 절대 복종하려고 하지 않아 강제로 끌려온 메세니아 인 노예였다. 그들은 스파르타 인을 위해 농사를 지었지만 수확물은 모두 스파르타 귀족들의 것이었다. 또 전쟁이 나면 전쟁터에 나서야 했고, 다리를 놓거나 길을 닦는 고된 노동에 동원되어야 했다. 그러나 자유롭게 가정을 이루는 것은 허락되었다.

3 입법자 리쿠르고스

GREECE

리쿠르고스Lykurgos가 나타나기 전까지 스파르타에는 제대로 된 법이 없었다. 리쿠르고스는 수많은 법을 치밀하게 제정해서 엄격한 사회 체제를 완성했다. 그가 사망한 후 스파르타 인들은 그를 신으로 추앙했다.

시기 : 기원전 8세기
인물 : 리쿠르고스, 에우노모스, 폴리데크테스

왕의 자리를 포기하다

리쿠르고스는 스파르타의 왕 에우노모스Eunomus의 둘째 아들이었다. 에우노모스의 두 번째 아내가 낳은 아들로, 형 폴리데크테스Polydectes와는 어머니가 달랐다.

에우노모스가 통치하는 동안 스파르타 사회는 매우 불안했다. 귀족들은 서로 권력 투쟁을 벌였고 페리오이코이들은 심한 빈부 격차에 불만을 품었다. 헬로트들은 심한 노동으로 주인에게 반감을 품었고, 노예 주인들은 헬로트가 언제 반란을 일으킬지 몰라 불안해했다. 결국 스파르타는 혼

한눈에 보는 세계사
기원전 770년 : 주의 동천, 춘추 시대 시작   기원전 753년 : 로마 건국

란에 휩싸여 폭동이 일어났고 에우노모스는 난리통에 죽었다. 그 후 왕위
는 큰아들인 폴리데크테스가 물려받았다.

하지만 폴리데크테스도 얼마 지나지 않아 죽었다. 그다음으로 왕위에
오른 사람은 왕의 동생인 리쿠르고스였다. 그러나 정치적 야심이 없던 그
는 폴리데크테스의 아내가 임신 중이라는 것을 알고 그 아이가 태어나면
왕위를 물려주겠다고 선언했다.

그런데 폴리데크테스의 아내가 리쿠르고스에게 자신을 아내로 맞이하
라고 제안했다. 그녀는 그렇게 해서 자신을 다시 왕비로 만들어 준다면 뱃
속의 아기를 죽이겠다고 말했다. 리쿠르고스는 이 잔인한 여성에게 혐오
감을 느꼈다. 그러나 아기가 무사히 태어나도록 겉으로는 자신의 마음을
드러내지 않고 우선 아기를 낳으면 자신이 직접 처리하겠다고 말해 동의하
는 척했다.

그녀는 안심하고 리쿠르고스를 믿었다. 아기가 태어날 날이 다가오자 리
쿠르고스는 사람을 보내서 폴리데크테스의 아내를 잘 감시하다가 아들을
낳으면 즉시 아기를 데려오라고 시켰다. 태어난 아기는 아들이었다. 리쿠르
고스의 신하가 아기를 데려오자 그는 기뻐서 환호성을 지르며 외쳤다. "보
아라! 스파르타 인들이여, 국왕이 탄생했다!" 리쿠르고스는 아기에게 '나
라의 기쁨'이라는 뜻의 칼리우스Charillus라는 이름을 지어 주었다. 이후 리
쿠르고스는 약속대로 조카를 왕위에 올리고 자신은 조카가 성인이 될 때
까지 섭정을 맡았다.

망명길에 오르다

리쿠르고스의 욕심 없는 행동은 오히려 귀족들의 반감을 샀다. 특히 리쿠
르고스에게 속은 폴리데크테스의 아내, 즉 칼리우스의 어머니도 분노를
참지 못했다. 그녀는 귀족들에게 리쿠르고스를 험담하며 리쿠르고스가

곧 칼리우스의 왕위를 빼앗을 것이라고 모함했다.

근거 없는 소문이 점점 퍼져 나가자 리쿠르고스는 하는 수 없이 외국으로 떠났다. 그는 칼리우스가 성인이 되어 왕위를 계승할 아들을 낳으면 다시 돌아오기로 했다. 다른 도시국가들을 떠돌던 리쿠르고스는 스파르타의 법과 정치 체제의 문제점을 깨닫게 되었다. 그는 크레타 섬과 소아시아, 이집트 등에서 법·정치·사회에 대해 깊이 연구했고 고향으로 돌아가면 공정한 법을 만들겠다고 생각했다. 그는 또 이 시기에 호메로스의 서사시를 듣고 크게 감동했다. 호메로스의 서사시를 그리스 곳곳에 퍼뜨린 사람이 바로 리쿠르고스라는 설도 있다.

그는 타지에서 조카 칼리우스가 귀족들의 횡포로 권력을 모두 잃었다는 소식을 들었다. 스파르타의 귀족들은 자신의 이익을 위해 나라를 좌지우

리쿠르고스가 조카 칼리우스의 탄생을 기뻐하며 원로들에게 소개하고 있다.

지하고 칼리우스를 깔보았다. 사실 칼리우스는 그들을 통제하기에는 너무 어려웠다. 스파르타 인들은 이런 상태를 해결할 사람은 리쿠르고스밖에 없다고 생각했다. 그들은 차라리 리쿠르고스가 왕이 되는 것이 좋겠다고 생각하고 그에게 스파르타로 돌아와 달라고 간청했다.

다시 고향으로

리쿠르고스도 고향의 부름을 거절하지 않았다. 그는 고향으로 돌아와 혼란한 상황을 살펴보고, 예전에 자신과 친했던 중요 인사들과 접촉해 스파르타를 개혁하려고 했다. 그러나 그의 명성만으로 새로운 스파르타를 만드는 것은 어려웠다. 리쿠르고스는 신의 힘을 빌리기로 했다.

그는 델포이에 있는 아폴로 신전으로 갔다. 여사제는 그에게 리쿠르고스가 바로 신과 같은 존재이며, 스파르타는 그를 따라야 하고 그가 만든 법이 세상에서 가장 좋은 법이 될 것이라는 신탁을 전했다. 또한 신탁은 그 법을 지키는 나라가 세상에 널리 이름을 떨칠 것이며, 신이 리쿠르고스를 통해서 스파르타 인들에게 '레트라Rhetra'라는 법을 내려 주겠다고 말했다. 그러나 사실 이 말들은 모두 리쿠르고스가 미리 신전의 여사제를 매수해서 신탁으로 전하라고 시킨 말이었다. 고대 그리스 인들은 신탁을 무조건 믿었기 때문에 이번에도 의심 없이 받아들였다. 그들은 리쿠르고스의 개혁을 지지하기 시작했다. 레트라의 내용은 제우스와 아테나를 위한 신전을 건설할 것, 부락을 구분할 것, 왕을 포함한 30명으로 구성된 원로원을 만들 것, 시민에게 투표권을 줄 것 등이었다. 간단해 보이지만 이때부터 스파르타 사회에 일어난 변화는 상당히 컸다.

신의 이름으로 세운 법

리쿠르고스는 가장 먼저 부락을 다시 편성했다. 호적을 정리해서 이를 바탕으로 정치 체제도 조정했다.

예로부터 스파르타의 왕은 두 명이었다. 두 왕은 권력을 동시에 가졌고 한 명이 전쟁터에 나가면 다른 한 명은 나라를 지켰다. 그러나 리쿠르고스는 왕의 권한을 대폭 줄였다. 이제 왕들은 제사와 안건을 처리하는 일만 할 수 있었다. 그리고 두 명에게 똑같은 권리를 주어 서로 견제하도록 했다. 왕족인 리쿠르고스가 이런 조치를 자발적으로 제안했다는 것은 정말 대단한 일이다. 아테네에서는 왕을 아예 없애고 집정관을 만들었지만, 스파르타는 왕이라는 직책은 그대로 두었다.

스파르타에도 아테네의 아레오파고스 회의 같은 기구가 있었지만 그 권력이 매우 약했다. 리쿠르고스는 이 기구를 원로들의 모임인 '게루시아 Gerousia'로 재정비했다. 왕 2명을 포함해서 구성원은 모두 30명이었고, 왕을 제외한 나머지 28명은 모두 선거로 뽑았는데, 주로 귀족이었다. 이들은 한 번 뽑히면 죽을 때까지 일하는 종신직이었고 빈자리가 생기면 그 수만큼 다시 뽑았다. 왕 2명이 포함되었지만 그들에게 특권은 없었고 다른 원로들과 똑같이 투표권만 있었다. 게루시아는 평의회가 다룰 안건을 준비하는 일을 하거나 여러 가지 행정적인 문제를 처리했다. 더불어 게루시아는 왕의 권력을 제한하는 데 매우 효과적인 기구였다.

게루시아에서 새로운 원로를 뽑는 방법은 아주 재미있다. 심사위원들이 광장에 세워진 작은 천막으로 미리 들어간다. 그들은 밖의 상황을 볼 수 없고 밖에 있는 사람들도 그들을 보지 못한다. 심사위원들은 오로지 밖에서 나는 소리만 들을 수 있다. 원로가 되고자 하는 사람들은 순서를 적은 제비를 뽑고 순서대로 광장에 설치된 작은 무대로 올라가서 자신의 정치적 의견이나 주장을 펼친다. 그러면 시민들은 지지하는 사람에게는 환호성을 보내고, 지지하지 않는 사람에게는 침묵으로 반응한다. 천막 안에 있는 심사위원들은 연설하는 사람의 이름을 모르기 때문에 순서대로 번호를 적고 그 옆에 환호성의 크기를 기록한다. 연설이 모두 끝난 후 환호성이 가장 컸던 사람이 새로운 원로가 된다.

리쿠르고스는 또 아펠라Apella라고 부르는 민회民會를 설치했다. 만 30세가 된 스파르타 남성은 모두 자동으로 아펠라에 가입된다. 그들은 안건에 대해 표결할 때 표를 던지거나 선거 관리에 참여할 수 있지만, 안건을 제출할 수는 없다. 안건에 대해 동의하면 큰소리로 환호성을 보내고, 동의하지 않으면 가만히 있었다. 표결할 때에는 동의하는 시민의 수를 세지 않았다. 그저 환호성의 크기를 파악하여 결정했다. 리쿠르고스는 감찰관 5명으로 구성된 에포로스Ephorat라는 기구도 설립했다. 1년 임기의 감찰관들은 사법 기관이 공정한지 감독하는 역할을 맡았다. 에포로스는 역할이 점점 확대되어 나중에는 왕도 어쩔 수 없이 따라야 할 정도로 막강한 권력을 가지게 되었다.

빈부의 격차를 없애다

리쿠르고스의 두 번째 개혁은 토지를 새로이 분배한 것이다. 라코니아 지방을 통일할 때 늘어난 토지는 귀족들이 거의 차지했다. 그래서 리쿠르고스는 강제적인 방법을 동원해 귀족들을 설득했다. 그 결과, 전국의 토지를 나누어 호모이오이 9,000가구에 똑같이 나누어 주기로 했다.

빈부의 격차를 없애고자 리쿠르고스는 금과 은으로 만든 모든 화폐를 없앴다. 화폐는 오로지 철로만 만들기로 하고 화폐 가치를 떨어뜨렸다. 철로 만든 화폐는 너무 무거워서 스파르타 인들은 조금이라도 비싼 물건을 사려면 수레로 돈을 운반해야 할 정도였다. 리쿠르고스는 화폐의 저장과 이동이 불편해지면 사람들의 탐욕스러운 마음도 자연스럽게 없어질 것이라고 보았다. 그는 이와 더불어 사치품 사용을 제한하고, 집도 호화롭게 짓지 못하도록 나무를 도끼와 못으로만 다듬어서 짓게 했다. 훗날 한 스파르타 왕이 코린토스 왕의 궁전을 방문했을 때 그는 지붕, 대들보, 기둥 같은 것들이 반듯하게 잘려 있고 아름답게 채색된 것을 보았다. 그는 깜짝 놀라서 속으로 '코린토스의 나무는 네모 모양으로 자라는가 보다.' 하고 생각했다고 한다.

리쿠르고스 개혁의 다음 단계는 공공 식당을 운영하는 것이었다. 너무 가난해서 돈을 내지 못하는 사람을 제외하면 모든 사람은 매달 공공 식당에 일정한 양의 식량과 약간의 돈을 내고 매일 이곳에 와서 식사를 했다. 메뉴는 동일해서 선택의 여지가 없었다. 이곳에서는 한 테이블에 15명이 앉아서 함께 밥을 먹었다. 공공 식당에 가입하지 않은 스파르타 인은 법으로 시민의 권리를 박탈했다. 이 밖에 공공 식당에 오기 전에 집에서 밥을 먹고 오면 안 된다는 조금 독특한 법도 있었다.

리쿠르고스가 시행한 각종 개혁, 특히 이 공공 식당은 귀족들의 강한 반대에 부딪혔다. 분노는 폭력 사태로 번져서 한 청년이 리쿠르고스의 눈에 상처를 입히기도 했다. 그러나 리쿠르고스는 화를 내지 않고 그 청년을 돌보았다. 이러한 그의 인자함과 아량에 감동한 청년은 이때부터 리쿠르고스의 추종자가 되었다. 리쿠르고스는 사람을 대할 때에는 친근하고 부드러웠지만 개혁을 시행할 때에는 주저함이 없었다. 처음에는 극렬한 반대에 부딪힌 공공 식당도 시간이 흐르자 별문제 없이 운영되었고 오히려 더욱 발전하여 스파르타 인들의 사교의 중심이 되었다.

리쿠르고스는 국민 전체를 군사화했다. 이로써 스파르타 인들은 단체 생활에 익숙해졌고 모두 강한 전사가 되었다. 전사를 가장 고귀한 직업으로 여긴 스파르타 인들은 상공업에 종사하

안티키테라의 청년

펠로폰네소스 반도 남부의 안티키테라 (Antikythera) 섬 앞바다에서 건져 올린 청동상이다.

는 사람을 멸시했다. 한편, 외부의 첩자가 스파르타로 들어오거나 스파르타의 내부 상황이 외부로 흘러나가는 것을 막기 위해서 리쿠르고스는 스파르타 시민이 다른 도시국가로 이주하는 것을 허락하지 않았다. 이런 입법 과정을 통해서 그는 스파르타를 가장 엄격하고 완벽한 공동체로 만들었다.

스파르타를 위해

리쿠르고스의 법은 글로 기록한 성문법이 아니었다. 리쿠르고스는 법이라는 것은 글로 쓰는 것보다 사람의 마음에 자리 잡는 것이 중요하다고 생각했다.

글이 새겨진 기둥과 주춧돌

리쿠르고스의 개혁은 스파르타 사회 내부에 존재하던 위기를 비교적 순조롭게 처리했다. 또 스파르타가 고대 그리스 최고의 군사 국가가 되는 기초를 다졌다. 리쿠르고스가 세운 이 기초는 나날이 발전해서 스파르타는 훗날 누구도 감히 넘보지 못하는 강국이 되었다.

리쿠르고스는 자신이 만든 법을 스파르타 인들이 영원히 지키기를 바랐다. 그는 개혁을 시작하기 전에 그랬던 것처럼 다시 한 번 델포이로 갔다. 그전에 그는 스파르타 인들에게 신이 아직 가장 중요한 것을 알려 주지 않았다며 그것을 들으러 다녀올 테니 자신이 없는 동안 법을 잘 지키라고 말했다. 스파르타 인들은 그러겠다고 약속했다.

델포이에 도착한 그는 곧장 아폴론 신전으로 갔다. 그리고 자신이 만든 법이 완전한지, 스파르타를 발전시킬 수 있는지 신에게 물었다. 신은 그렇다고 대답했고, 리쿠르고스는 기쁨의 미소를 지었다. 그 후 리쿠르고스는 식사를 하지 않았고 마침내 죽음을 맞이했다.

오늘날 알려진 리쿠르고스의 개혁 중 몇 가지는 그가 살았던 연대와 맞지 않는다. 아마 후손들이 그의 업적을 덧붙였기 때문일 것이다. 그러나 리쿠르고스가 스파르타가 발전하는 기초를 다졌다는 사실은 의심할 여지가 없다.

4 불굴의 헬로트

헬로트가 흘리는 고통의 눈물과 붉은 피가 스파르타의 땅에 스민다. 쉴 새 없이 날아오는 쇠채찍 아래 웅크린 헬로트는 여전히 그날이 오기를 간절히 기다린다. 자유를 되찾아 고향으로 돌아갈 그날을.

시기 : 기원전 645년~기원전 455년
인물 : 헬로트(메세니아 인), 스파르타 인

고통스러운 삶

스파르타는 메세니아를 정복한 후 메세니아 인 대부분을 스파르타로 끌고 와서 노예로 부렸다. 헬로트라고 불린 이들은 스파르타의 공공 재산이었다. 개인은 노예를 죽일 수 없지만, 국가의 이름으로는 얼마든지 죽일 수 있었다. 헬로트는 스파르타 인들을 위해서 농사를 짓고 양식을 바쳤다. 평생 농사를 지었지만 그들은 언제나 배고픔에 시달렸다.

헬로트는 스파르타 인보다 훨씬 많았다. 헬로트 일곱 명이 스파르타 인한 명을 모시는 셈이었다. 스파르타 인은 자신들보다 훨씬 수가 많은 헬로

한눈에 보는 세계사

기원전 563년 : 석가모니 탄생
기원전 525년 : 페르시아, 오리엔트 통일
기원전 492년 : 페르시아 전쟁 시작

기원전 551년 : 공자 탄생
기원전 500년 : 인도, 불교 탄생

트들이 폭동을 일으킬까 봐 항상 두려워했다. 그래서 온갖 잔인한 방법을 동원해 헬로트를 괴롭혔다. 심지어 헬로트를 살인 연습 도구로 삼기도 했다. 스파르타에서는 청년들이 전사가 되는 과정에서 꼭 거쳐야 하는 훈련이 있었다. 바로 비밀스러운 행동을 의미하는 '크립테이아krypteia'이다.

크립테이아를 시작한 스파르타 청년들은 조직을 만들어 농촌으로 갔다. 그들은 헬로트가 사는 곳 근처에 숨어 있다가 날이 어두워지면 눈에 띈 헬로트를 무참히 죽였다. 낮에도 일하는 헬로트에게 몰래 다가가서 반항하는 헬로트를 모두 죽였다. 그들은 헬로트를 죽이는 일에 전혀 죄책감을 느끼지 않았다. 그들에게 헬로트는 소나 말 같은 동물과 같았기 때문이다. 또 매년 새로 뽑힌 감찰관들은 신에게서 헬로트를 죽이는 임무를 부여받는 종교 의식을 거행했다.

헬로트는 이 모든 고통을 묵묵히 참아냈다. 스파르타 인들은 헬로트의 몸에 비천하다는 표식을 달게 했고 절대로 인격을 표현하지 못하게 했다. 스파르타 인들은 심지어 헬로트가 아무런 잘못을 하지 않았어도 주기적으로 때렸다. 그들이 노예라는 사실을 잊지 않도록 하기 위해서였다. 헬로트는 또 스파르타 인들의 광대가 되기도 했다. 스파르타 인들은 헬로트에게 억지로 독한 술을 먹여서 공공 식당에 데려갔다. 그리고 마치 오늘날 사람들이 텔레비전을 보듯이 자리에 앉아 밥을 먹으면서 헬로트가 술에 취해서 하는 행동을 구경했다. 몇 세대가 지난 후 로마의 한 작가가 "스파르타 인들은 전 세계 제일의 자유인들이며, 헬로트는 전 세계 제일의 비참한 노예다."라고 말하기도 했다.

전쟁이 일어나면 헬로트는 전쟁에 동원되었다. 스파르타의 주력 부대는 중장보병이었는데, 그들은 투구, 갑옷, 방패, 긴 창 등 온몸을 무기로 휘감았다. 그 무게가 거의 30kg에 이르렀다. 헬로트는 이 중장보병들이 이동할 때 그들의 장비를 들어 주고 음식을 준비하기도 했다. 또 전투를 벌일 때에는 각기 주인의 등 뒤에 서서 주인을 향해 다가오는 적을 곤봉으로 내리쳤다. 그리고 스파르타 장군들은 적의 허점을 찾기 위해서 헬로트를 적진으로 보내서 적의 반응을 살피기도 했다.

전쟁에서 공을 세우면 자유를 준다고 약속했기 때문에 죽음을 무릅쓰고 스파르타 인들을 위해서 전투에 참여하는 헬로트도 있었다. 그러나 그것은 말뿐이었다. 스파르타와 아테네가 전쟁을 벌일 때 헬로트 2,000명이 전투에 참여해 큰 공을 세웠다. 그러자 스파르타 인들은 이 헬로트들에게 화관을 씌워 주며 이제 자유의 몸이라고 선언했다. 헬로트들은 감격에 겨워서 신전으로 가서 감사함을 표했다. 그러나 그들이 기뻐하면서 신전을 나오려고 문을 열었을 때 밖에서 기다리고 있던 것은 자유가 아니었다. 스파르타 인들은 아무런 무기도 없는 헬로트 2,000명을 무참하게 때려죽였다.

도자기에 그려진 헬로트

제3차 메세니아 전쟁

스파르타의 억압이 점점 야만적이고 잔혹해지자 헬로트들은 더는 참지 못하고 여러 차례 반란을 일으켰다. 반란은 번번이 실패했지만, 그럴수록 자유를 얻고자 하는 마음은 더욱 커졌다.

기원전 464년에 스파르타에 대지진이 일어났다. 그 영향으로 온 나라가 혼란한 틈을 타 헬로트는 다시 한 번 반란을 일으켰다. 그들은 연합해서 무기를 들고 자신의 주인을 죽였고, 스파르타의 수도를 포위하고 공격했다. 가장 강한 전사라고 자신만만해하던 스파르타 인들은 헬로트에게 속수무책으로 당했다. 그들은 급히 아테네에 지원을 요청했다. 당시 스파르타와 아테네는 사이가 좋지 않았다. 하지만 스파르타에서 헬로트의 반란이 성공하면 아테네의 노예들도 반란을 일으킬 가능성이 있다고 판단해 아테네는 스파르타를 지원했다. 주변의 다른 국가들도 스파르타를 지원하러 왔다.

스파르타에 지원군이 몰려들어 전세가 불리해지자 헬로트는 이토메 산으로 후퇴해서 계속 저항했다. 그들은 여기에서 항복해도 돌아가면 결국 스파르타 인들에게 맞아 죽으리라는 것을 알고 있었다. 그래서 절대 굴복하지 않고 계속 전투를 벌였고, 이 전투는 10년 동안이나 계속되었다.

스파르타에서는 오랫동안 헬로트가 농사를 도맡아서 지었다. 그 헬로트들이 반란을 일으키고 스파르타를 떠나자 스파르타 인들은 당황했다. 당연히 농사는 제대로 되지 않았고 곧 양식이 부족해졌다. 게다가 반半자유민인 페리오이코이들도 덩달아 반란을 일으켰다. 스파르타 인들은 하루빨리 이 상황을 해결하지 못하면 더 큰 화가 닥치리라는 것을 예감했다.

철저히 헬로트를 응징하겠다고 벼르던 스파르타 인들은 하는 수 없이 헬로트와 평화 협정을 맺었다. 이에 근거하여 헬로트는 '메세니아 인'이라는 원래의 이름을 되찾고 펠로폰네소스 반도를 떠날 수 있게 되었다. 그들은 바다 건너 서쪽으로 가서 이탈리아의 시칠리아 북쪽에 정착해 잔크레 Zancle라는 도시국가를 건설했다. 잔크레는 후에 메세네Messene로 이름을 바꾸었고, 오늘날의 메시나Messina가 되었다. 헬로트는 온갖 핍박을 이겨내고 자유에 대한 희망을 버리지 않은 덕분에 결국 잔혹한 스파르타 인들에게서 해방되었다.

5 그리스 최고의 전사 스파르타 인

GREECE

전쟁터에서 죽는 스파르타 인은 있어도 적에게 무릎을 꿇고 항복하는 스파르타 인은 없었다. 스파르타 인들은 영예를 생명보다 중요하게 생각했다. 그들은 전쟁을 위해 살았고, 전쟁을 위해 죽었다. 스파르타 인들에게 가장 완벽하고 아름다운 죽음은 전쟁터에서 죽는 것이었다.

인물 : 스파르타 인
특징 : 전사의 용맹함, 강인한 성격과 침묵, 소박한 생활

전쟁, 스파르타 인의 천직

스파르타 인들에게 영예를 얻을 수 있는 곳은 오로지 전쟁터였다. 그들에게 전쟁터에서 죽는 것은 신이 주신 최고의 선물이었다. 그들의 격렬한 전투, 죽음을 두려워하지 않는 용맹함은 오늘날까지도 유명하다. 전 국민을 군인으로 훈련시킨 스파르타의 교육은 당시 다른 도시국가와는 크게 달랐다. 이런 나라는 당시에도 없었고, 앞으로도 없을 것이다.

스파르타가 모든 국민을 군인으로 훈련시킨 데에는 역사적인 이유가 있다. 건국 초기에 라코니아 지역에서 자리를 잡기 위해서였다. 그들은 군사 훈련에 집중했고, 역사적으로 영토를 확장하고 노예를 잡아오기 위해 끊임없이 전쟁을 벌였다. 그리하여 마침내는 라코니아 지역을 통일했고, 메세니아를 정복해 헬로트로 만들었다. 영토가 점점 넓어지고 노예가 많이

늘어나도 군사 훈련은 멈추지 않았다. 이번에는 또 노예가 너무 많았기 때문이다. 스파르타 인들은 헬로트가 반란을 일으킬까 봐 그들을 억압하기 위해서 더욱 전문적이고 강력한 군대를 조직해야 했다. 그래서 스파르타 만의 독특한 정책을 시행했다. 바로 모든 국민에게 군사 훈련을 시키는 것이었다.

스파르타 인의 직업은 '용맹한 전사' 하나뿐이었다. 20세부터 60세까지의 스파르타 인은 모두 중장보병이 되었다. 스파르타는 사회 전체가 하나의 거대한 군대였다.

스파르타의 소년

스파르타 인들은 태어나면서부터 우수한 전사가 되기 위해 준비한다. 아기가 태어나면, 스파르타의 부모는 경험 많은 노인이 있는 레스케Lesche라고 하는 공회당으로 아기를 데려갔다. 그러면 공회당의 검사관 다섯 명이 아기를 꼼꼼히 검사했다. 만약 골격이 비뚤어졌거나 기형이거나 혹은 그저 허약하다고 생각되면 바로 깊은 골짜기에 아기를 버렸다. 공회당의 검사를 무사히 통과하더라도, 집에 돌아오면 아기 어머니가 독한 술로 아기를 목욕시켜 보았다. 건강하지 못한 아기는 목욕하는 동안 경련을 일으키고, 건강한 아기는 독한 술로 몸을 씻은 후 더욱 건강해졌다.

남자아이들은 일곱 살까지 부모와 함께 살았다. 이 시기에도 부모들은 절대 아이를 보호하지 않았다. 스파르타의 아이는 사실상 혼자서 크는 것과 다름없었다. 아이들은 절대 울지 않고, 시끄럽게 하지 않으며, 음식에 욕심내지 말라고 배웠다. 부모는 아이가 규칙을 엄격히 지키도록 교육했고, 어둠을 두려워하지 않도록 때때로 밤에 아이 혼자 길에 내버려 두기도 했다.

그리고 일곱 살이 된 남자아이는 모두 집을 떠났다. 그때부터 공교육 기관인 아고게Agoge에서 군사 교육을 받았다. 여기서 같은 나이의 아이들과 단체 생활을 하면서 다시 작은 집단으로 나뉘었다. 그 가운데에서 뛰어난 아이는 집단의 우두머리가 되고, 다른 아이들은 우두머리에게 절대적으로 복종해야 했다. 우두머리는 집단에 속한 아이들에게 명령하거나 징벌을 내리기도 했다. 또 집단별로 달리기, 원반던지기, 권투, 검술, 격투 등을 훈련했다. 아이들은 힘든 단체 생활을 하면서 용기와 체력을 길렀다. 모두 맨발로 길을 걸어 다녔고, 훈련할 때에는 옷을 하나도 입지 않았다. 머리카락은 아주 짧게 잘랐으며, 열두 살이 되면 속옷도 입지 않았다. 일 년 내내 겉옷 한 벌로 버텼다. 그리고 매일 훈련이 끝나면 얼음처럼 차가운 에우로타스Eurotas 강으로 가서 다 같이 목욕했다. 아무리 추운 겨울이라도 예

<⟨소년들에게 도전하는 스파르타의 소녀들⟩(Spartan Girls Challenging Boys)⟩>

18세기 프랑스의 화가 에드가르 드가(Edgar De Gas)는 고대 그리스의 철학자이자 저술가인 플루타르코스(Plutarchos)의 작품을 읽고 스파르타 인의 청혼 장면을 재해석했다.

244

외는 없었다. 목욕을 마친 아이들은 돌아오는 길에 맨손으로 풀을 뽑았다. 그 풀은 그날 밤 땅바닥에 깔거나 덮을 이불이 되었다. 그래서 아이들의 손은 언제나 날카로운 풀에 벤 상처로 가득했다.

나이가 많아지면 훈련의 강도도 점점 강해졌다. 그들은 항상 연습했고 종종 경연을 했다. 이때에는 왕과 장군들이 직접 나와서 아이들의 경연을 보았다. 때로 두 팀으로 나누어서 실제 전쟁터에서처럼 전투를 벌이기도 했다. 경연을 하기 전날 밤, 아이들은 개를 죽여서 신에게 제사를 올렸다. 스파르타에서 개는 용맹함의 상징이었기 때문이다. 전투 경연을 할 때에는 무기를 사용하거나 보호 장비를 착용할 수 없었다. 대신 주먹과 발을 모두 사용할 수 있고, 입으로 물거나 심지어 상대방의 눈알을 파는 것도 허용되었다. 전투 경연은 한쪽 편 아이들이 모두 쓰러지면 비로소 끝이 났다.

아이들은 스무 살이 될 때까지 아고게에서 단체 생활을 했다. 매년 한 번씩은 채찍으로 맞았다. 이것은 국가에 대한 복종심과 인내력을 기르기 위한 것이었다. 채찍은 달의 여신인 아르테미스의 신전 앞에서 무릎을 꿇고 맞았다. 불에 달구어 불꽃이 비처럼 떨어지는 쇠채찍으로 맞으면서도 아이들은 절대 애원하거나 울지 않았다. 소리를 지르지도 않고, 심지어 얼굴색조차 변하지 않았다. 매년 이 행사를 치르고 나면 많은 아이가 죽었다. 겨울에는 그나마 입고 지내던 겉옷 하나마저 벗고서 밖으로 나가 훈련했다. 그러나 아이들은 추위에 벌벌 떨거나 위축되지 않았다. 스파르타는 이런 가혹한 훈련을 거치며 최강의 전사들을 키워 냈다. 아고게를 졸업할 무렵, 아이들은 명령에 복종하고 용감하며 어떠한 괴로움도 참아 낼 수 있는 스파르타의 전사가 되었다.

고된 훈련을 하면서도 아이들은 한 번도 배부르게 먹어 본 적이 없었다. 훈련관들은 배가 고프면 거리로 나가서 훔쳐 먹으라고 부추겼다. 시장이든 공공식당이든 상관없이 음식을 훔쳐서 돌아오면 아이는 많은 칭찬을 받았고, 음식을 훔치다가 잡히면 돌아와서도 심한 매질을 당했다.

이와 관련해 전해지는 이야기가 하나 있다. 한 스파르타 소년이 여우를 한 마리 훔쳤다. 그때 여우의 주인이 다가오자 소년은 얼른 옷 속에 여우를 숨겼다. 그 모습을 수상하게 여긴 주인은 소년을 붙잡고 이것저것 질문하기 시작했다. 주인에게 여우를 훔친 것을 들키면 돌아가서 심하게 매질을 당할 것이기 때문에 소년은 태연하게 질문에 모두 대답했다. 그런데 옷 속에 감춘 여우가 소년의 몸을 물고 발톱으로 할퀴기 시작했다. 그래도 소년은 절대 겉으로 내색하지 않았다. 급기야 여우는 소년의 내장까지 파먹었지만, 소년은 고통을 참아 냈고 마침내 여우 주인에게서 벗어났다. 그러나 장기를 모두 여우에게 먹힌 소년은 곧 쓰러져 죽었다.

스파르타의 성인들

소년들은 스무 살이 되면 아고게를 졸업했다. 그리고 15명이 한 조가 되는 공동 식사 제도syssitia에 소속되었다. 조원 15명은 언제나 함께 식사하고 훈련하며 밤에는 야영하거나 기숙사에서 함께 자는 단체 생활을 했다. 이 조는 전쟁이 나면 바로 전투에 투입되는 스파르타 군대의 가장 작은 기본 단위였다.

청년들은 스무 살부터 서른 살까지 더욱 용맹해 보이기 위해서 머리를 길게 기르고 10년 동안 정규 군사 훈련을 받았다. 그들은 대부분 스물다섯 살에서 서른 살 사이에 결혼했는데, 결혼식 당일에도 낮에 신부와 잠깐 시간을 보낸 후 밤이 되면 기숙사로 돌아와서 동료들과 함께 잤다. 그 후에도 아내가 임신하기 전까지는 낮에만 잠깐씩 짬을 내어 만나고 밤이면 기숙사로 돌아와야 했다. 스파르타에서 결혼의 목적은 국가에 충성하는 훌륭한 전사를 낳는 것으로, 부부가 건강한 아이를 낳는 일을 아주 중요하게 여겼다.

서른 살이 되면 기숙사에서 나가 비로소 가족과 함께 생활할 수 있지만, 공동 식사 제도는 계속 유지되어서 조원들과 함께 식사하고 훈련하는 단체 생활은 예순 살이 되어야 끝났다.

스파르타 인들의 행복은 전쟁 상황이 좌우 했다. 스파르타에 전쟁이 일어나면 그들 은 드디어 엄격한 훈련에서 해방되었 다. 평소보다 훈련이 편해지기 때 문에 스파르타 인들은 기쁜 마음 으로 전쟁에 나섰다. 이때 그들 은 더욱 강해 보이려고 머리를 길 게 늘어뜨리고 치장했다. 스파르 타와 전쟁하러 원정을 온 페르시 아의 왕 크세르크세스 1세^{Xerxes I}는 스파르타 인들이 훈련도 잘 하지 않고 그저 머리를 정성스레 빗고 있다는 이야 기를 들었다. 크세르크세스 1세가 그 사실을 의아해하자 스파르타에 대해 잘 아는 신하는 벌벌 떨 면서 그들이 죽음의 전쟁을 결심한 것이라고 말했다.

군사 훈련을 받는 그 리스 청년

발밑에는 투구와 방패 가 있으며 어깨에는 칼 을 걸고 있다. 기원전 5 세기경에 만들어진 도자 기에 그려진 그림이다.

스파르타의 여자들도 남자들과 똑같았다. 여자아이도 일곱 살부터 강 도 높은 체력 훈련을 했다. 미래에 모두 어머니가 될 것이므로 건강한 체 질을 단련해 두어야 한다는 생각에서였다. 아이들은 달리기, 멀리뛰기, 격 투, 창던지기 등을 훈련했다. 심지어 옷을 하나도 입지 않은 채로 남자아 이들과 함께 뛰기도 했다. 스파르타 인들은 강한 어머니만이 강한 전사를 길러 낼 수 있다고 생각했다.

조용하고 소박한 생활

스파르타 인들은 강도 높은 군사 훈련을 받는 동시에 글을 읽고 쓰는 교육도 소홀히 하지 않았다. 그러나 스파르타 인들은 어렸을 때부터 말을 많이 하지 말라고 교육받기 때문에 길게 토론하거나 화려하게 연설하는 것을 좋아하지 않았다. 어떤 사람이 스파르타 왕에게 계속 물었다. "훌륭한 스파르타 인이란 어떤 사람인가요?" 그러자 왕은 귀찮아하며 이렇게 대답했다. "당신과 정반대인 사람이오."

웅변과 연설을 좋아한 아테네 인들은 그런 스파르타 인들을 이해하지 못했다. 스파르타 인들의 무뚝뚝한 말투에 관해서 다음과 같은 이야기가 전해진다. 아테네의 한 웅변가가 스파르타 인들은 교육을 충분히 받지 못한다고 조롱했다. 이를 들은 스파르타 인은 바로 이렇게 대꾸했다. "당신 말이 맞소. 그리스 반도에서 우리만 당신들의 그 나쁜 성격을 배우지 않았지." 이런 이야기도 있다. 한 번은 어느 나라의 왕이 스파르타 왕에게 편지를 보냈다. 자신에게 복종하지 않으면 스파르타를 폐허로 만들겠다는 내용이었다. 스파르타의 왕은 아무 말도 하지 않고 답장을 써서 보냈다. 답장에는 단지 "그러시지요."라고만 적혀 있었다. 스파르타 인들처럼 이렇게 무뚝뚝하고 짧은 대답을 '스파르타식 대답'이라고 한다.

스파르타 인들은 매우 검소하고 소박하게 생활했다. 이 역시 모두 전쟁을 위한 준비였다. 그들은 밤에 길을 걸을 때에도 절대 횃불을 들지 않았다. 야간 전투에 대비하여 어둠에 적응하기 위해서였다. 또 전쟁할 때에는 제대로 된 음식을 먹기 어려우므로 평소에도 간단한 음식만 먹었다. 그중 유명한 것이 바로 검은 수프black broth였다. 돼지의 피와 고기, 식초, 소금으로 만든 아주 묽은 수프로, 스파르타 인들이 매우 좋아한 음식이었다. 이 음식이 맛있다는 소문은 멀리 다른 나라에까지 퍼졌다. 시라쿠사의 참주는 스파르타 인들이 전쟁에 강한 이유를 찾다가 이 음식에 대한 이야기를 들었다. 그래서 스파르타의 요리사를 초청해서 그 수프를 만들어 달라고 했다. 음식이 완성되어 나오자 참주는 매우 기대하며 맛을 보았다. 그러나 그는 바로 눈썹을 일그러뜨리며 음식을 뱉어 냈다. 그는 요리사에게 어떻게 이런 음식을 좋아할 수가 있느냐고 물었다. 그러자 요리사는 '스파르타식'으로 대답했다. "겨울에 에우로타스 강에서 목욕해 보지 않아서 하시는 말씀입니다." 얼음장같이 차가운 에우로타스 강에서 목욕한 스파르타 인들에게는 어떤 음식도 맛있었을 것이다.

모든 국민을 대상으로 한 엄격하고 혹독한 군사 훈련은 스파르타를 군사 강국으로 만들었다. 스파르타의 중장보병은 '천하무적'으로 불렸다. 기원전 6세기에 이르러 스파르타는 펠로폰네소스 반도의 패권을 차지했고, 도시국가들을 연합해 펠로폰네소스 동맹을 결성했다. 이 동맹에 속한 도시국가들은 각기 독립적이었지만 사실은 모두 스파르타의 지휘 아래 있었다. 헬로트의 거센 폭동을 겪었던 스파르타는 다른 도시국가에서 노예 반란이 일어나면 반드시 지원군을 보냈다.

고대 그리스 병사의 투구와 갑옷

동맹의 지도국을 결정할 때, 다른 도시국가들은 스파르타의 인구가 너무 적다고 반대했다. 그러자 스파르타의 왕은 인구가 아니라 병사 수로 결정하자고 말했다. 그의 제안에 따라 각 도시국가는 병사들을 불러 모았다. 그때 스파르타의 왕이 세상의 모든 직업을 부를 테니 해당하는 병사는 일어서서 나가라고 말했다. 스파르타를 제외한 도시국가들의 병사는 평소에는 다른 일을 하다가 전쟁이 일어났을 때에만 군대에 들어오는 사람들이었다. 모든 직업을 다 부른 후, 다른 도시국가의 병사들은 한 명도 남아 있지 않았다. 군인이 직업인 스파르타의 병사들만이 남아 있었다. 스파르타의 왕은 자신만만하게 외쳤다. "보시오! 어디의 병사가 가장 많소?"

6 고대 그리스의 여성과 어린이

그리스의 거의 모든 도시국가에서 여성들은 집안에서 생활했다. 그녀들의 삶에서 가장 중요한 일은 아이를 낳고 기르는 것이었다. 그리스에서 아이들은 과거를 계승하고 미래를 이끌어 나갈 개척자였다. 그래서 아이들은 어렸을 때부터 엄한 교육을 받으며 우수한 시민이 될 준비를 했다.

시기 : 고대 그리스
인물 : 부녀자, 어린이

담장 안의 여성들

고대 그리스의 도시국가들에서 정치가들이 끊임없이 추구하던 이른바 '자유'와 '민주'는 실제로는 남성에게만 해당되는 말이었다. 아테네를 예로 들면, 여성도 남성과 똑같은 시민이었지만 여성들은 정치적으로 어떠한 권리도 없었다. 여성들의 세계는 오직 집안의 작은 정원뿐이었다. 그리고 그녀들은 평생 개인행동이 규제되었다. 아테네의 법은 여성이 결혼 전에는 아버지나 오빠, 결혼 후에는 남편의 관리, 감독을 받아야 한다고 규정했다. 남편이 죽으면 아들이 그 역할을 했다.

남성들은 집안의 재산을 물려받았지만 여성은 재산을 가질 수 없었다. 일부 도시국가에서는 여성이 재산을 물려받을 수 있었지만 그 재산의 관리는 남편이 맡아서 했다. 만약 결혼하지 않은 여성이 재산을 물려받았다면, 그녀는 재산이 다른 가문으로 넘어가는 것을 막기 위해 사촌과 결혼해야 했다.

결혼 전의 생활

여성들은 결혼하기 전에는 외출할 수 없었다. 그리고 자라면서 어머니에게서 읽기와 쓰기, 음악, 무용 및 주부와 어머니로서 갖추어야 할 지식과 상식을 배웠다. 어머니는 천을 짜는 방법과 노예를 관리하는 방법 등을 딸에게 차근차근 가르쳤다. 결혼하지 않은 여성은 미리 허락을 받지 않으면 외부 사람과 만날 수 없었다.

실을 뽑고 있는 그리스 여성

여성들은 열다섯 살이 되면 결혼해서 집을 나가야 했다. 그러나 고대 그리스 인들이 생각하던 남성의 결혼 적령기는 서른 살에서 서른다섯 살 사이였다. 당시의 결혼은 가문끼리 결정했고, 당사자들은 미리 만날 수 없었다. 결혼식 전날, 여성은 어린 시절이 끝났다는 의미로 가지고 놀던 장난감을 달의 여신 아르테미스에게 바쳤다. 그리고 근처의 깨끗한 강으로 가서 목욕했다. 결혼식 당일에는 양쪽 가문이 신에게 제사를 올리고 제물을 바친 후, 친척들을 불러 모아서 크게 잔치를 열었다. 밤이 되면 신랑이 신부를 데리러 왔다. 그러면 신부는 부모에게 작별 인사를 하고, 신랑이 가지고 온 마차를 타고 신랑의 집으로 향했다. 그들의 뒤에는 혼수가 가득 담긴 마차 여러 대가 뒤따랐다. 집에 도착하면 신랑은 신부를 안고 문지방을 넘었다. 그리고 기다리던 사람들이 신혼부부에게 견과류나 과일을 던져 축복했다. 여성은 이때부터 한 남성의 아내가 되어 새로운 삶을 시작했다.

결혼 후의 생활

고대 그리스 여성들의 첫 번째 의무는 자녀를 낳고 기르는 것이었다. 자녀는 많을수록 좋았다. 그다음 의무는 가정을 관리하고 노예를 감독하는 일이었다. 남성들은 보통 집에 있지 않았기 때문에 집안의 각종 자질구레한 일은 여성이 맡아서 했다. 그녀들의 하루는 빨래, 식사 준비, 청소, 천 짜기 등 반복되는 가사 노동으로 꽉 짜여 있었다. 또 결혼한 여성은 가족이 아닌 남성과 같은 식탁에서 식사할 수 없었다. 부잣집 여성들은 심지어 남편과도 친밀한 접촉을 하지 않았다. 그녀들은 보통 위층에 있는 자신의 방에서 따로 지냈다.

결혼하면 할 일은 많아지지만 대신 외출할 수 있었다. 친구를 만나러 나가거나 친구를 집으로 초대할 수도 있었다. 하지만 여전히 혼자서는 외출할 수 없고 반드시 가족 중 남성과 함께 나가야 했다. 이때에도 베일을 써서 남들이 자신의 얼굴을 알아볼 수 없게 했다. 가난한 집안의 여성들은 좀 더 자유로웠다. 돈을 벌어야 했기 때문에 그녀들은 어쩔 수 없이 공공장소에 모습을 드러냈다. 노예가 없으면 직접 물도 길어 오고 음식물도 사야 했다. 어떤 여성들은 아예 직접 장사를 하거나 여관, 술집 등을 운영하기도 했다.

여성들은 연회에 참여하지도 못했고 운동 경기도 볼 수 없었다. 극장에 가서 연극을 볼 수도 없었는데, 성적인 표현이 종종 등장했기 때문인 듯하다. 여성들이 아무런 제약 없이 외출할 수 있는 날이 일 년에 딱 한 번 있었다. 바로 풍요의 신 데메테르를 기리는 명절이었다. 이 날은 여성의 날이었다. 데메테르에게 제사를 올리는 것도 여성이 했다. 그리고 이때 남성들이 여성들의 제사를 몰래 구경하면 엄격한 처벌을 받았다.

결혼생활

고대 그리스 인들은 결혼이 사회적 의무라고 생각했다. 남성들이 여성들에게 요구하는 것은 자신을 이을 합법적인 후계자를 낳아 기르는 것이었다. 물론 아내와 마음이 맞으면 더할 나위 없이 좋겠지만 그렇지 않아도 상관은 없었다.

고대 그리스에도 이혼 제도가 있었다. 남성들은 아내가 복종하지 않거나 자녀를 낳지 못하면 증인을 데려다 놓고 아내에게 이혼을 선포했다. 이혼은 선포한 즉시 효력이 발생했다. 이와 달리 여성이 이혼하려고 하면 반드시 중요한 이유가 있어야 했고 복잡한 법률적 절차를 거쳐야 했다. 모든 조건을 충족해도 결국 이혼이 안 되는 수도 있었다. 그리고 어느 쪽이 잘못했고 먼저 이혼을 요구했는지에 관계없이 자녀와 여성이 결혼할 때 가져온 혼수는 모두 남성의 소유가 되었다.

기원전 5세기 아테네의 정치가 페리클레스는 이렇게 말한 적이 있다. "공공장소에 나타나지 않는 것, 남성의 의견에 반대하지 않는 것, 이 두 가지가 가장 여성다운 행동이다." 실제로 당시 공공장소에 나타나는 여성들은 기녀나 노예뿐이었다. 당시 아테네에서 좋은 집안의 여성들은 사회생활을 멀리할수록 좋다고 여겼다.

아테네의 결혼식

그래서 그리스 여성 대부분은 집안에 거의 갇혀 있다시피 했다. 하지만 스파르타의 여성들은 달랐다. 그녀들은 남성들과 거의 똑같은 교육을 받았다. 운동, 훈련 등의 편의를 위해 허벅지가 다 드러나는 옷을 입었고, 집안의 재산을 물려받을 수도 있었다. 공공장소에 나가서 자신의 의견을 발표할 수도 있고 용맹하지 못한 남성들을 조롱할 수도 있었다. 또 스파르타 인들은 여성과 남성의 사랑에 대해 큰 제한을 두지 않았기 때문에 결혼해서 자녀까지 낳은 여성이라고 해도 다른 남성과 교제할 수 있었다. 심지어 그녀의 남편도 이런 상황을 기쁜 일이라고 생각했다. 아내가 또 건강한 아이를 낳으면 스파르타의 용맹한 전사가 한 명 더 생긴다고 여겼기 때문이다. 스파르타 인들은 아테네 인들이 아내를 집안에 거의 가둬 놓다시피 하는 것을 이해하지 못했다. 그들은 친척들끼리 결혼하거나 여성을 심하게 보호하면 혈통이 점점 약해진다고 생각했다.

그리스의 어린이

고대 그리스의 모든 도시국가는 아버지가 갓 태어난 자녀를 버리는 것을 허용했다. 그러나 자녀들은 다 자라면 반드시 늙은 부모를 모셔야 했다. 이를 지키지 않으면 도덕적으로 비난을 받았을 뿐만 아니라 법률적으로도 형벌을 받았다.

그리스 인들은 어린이를 교육하는 것이 아주 중요하다고 생각했다. 스파르타가 특별하게 군사 훈련에 집중한 것을 제외하면, 다른 도시국가는 거의 비슷한 교육 제도를 갖추고 있었다.

아테네의 어린이들은 일곱 살까지 집에서 자라고, 어머니가 첫 번째 선생님이 되었다. 어머니는 아이들에게 신화와 영웅의 전설을 이야기해 주면서 역사를 가르치고, 예의 바른 행동과 말투를 연습시켰다. 그 외의 시간에 아이들은 형제들과 집안 정원에서 뛰어다니고 딸랑이나 인형 같은 장

올림픽은 성인뿐만 아니라 소년들의 경기도 있었다. 올림픽에 나간 소년들이 권투 경기를 하는 모습을 그린 그림이다.

난감을 가지고 놀았다. 애완동물을 기르기도 했다. 몹시 추운 겨울이라도 아이들은 건강해지기 위해서 얇은 옷을 입고 놀았다.

공공 교육

만 일곱 살이 되면 남자아이들은 공공 교육을 받고 여자아이들은 집에서 어머니에게 가정생활과 관련된 일을 배웠다.

공공 교육의 첫 번째 단계는 쓰기였다. 선생님이 칠판에 글자를 쓰면 아이들은 똑같이 따라 썼다. 나중에 익숙해지면 혼자서 글을 썼다. 그 밖에 수학과 읽기도 배웠다. 읽기 시간에는 《일리아스》와 《오디세이아》가 필수 과목으로, 막힘없이 부드럽게 읽을 줄 알고 아름다운 부분은 외워서 말할 수 있어야 했다. 그리고 음악 교육도 훌륭한 아테네 인이 되기 위한 기본 과목이었다. 아테네에서는 지능, 도덕, 체력이 모두 조화롭게 발달되도록 아이들을 가르쳤다.

열세 살이 되면 소년들은 체조 학교에 들어갔다. 그곳에서 약 2, 3년 동안 체육 훈련을 받고 달리기, 멀리뛰기, 원반던지기, 사냥, 수영, 무용 등을 배웠다. 더불어 건강하고 아름다운 몸과 부드럽고 우아한 근육을 가질 수 있도록 여러 동작을 연습했다. 체조 학교를 졸업하면 귀족 자제들을 제외한 대부분 아이는 집에서 아버지의 일을 돕거나 기술을 배웠다. 그리고 귀족 출신 아이들은 열여섯 살 이후에도 계속 학교에서 공부했다.

소년들은 나라에서 운영하는 체육관에서 엄한 훈련을 받았다. 그들의 최종 목표는 올림픽에 나가서 승리하는 것이었다. 그러나 체육관에서 운동만 하는 것은 아니었다. 연설하는 법과 우아하게 대화하는 법을 배우고 정치, 철학, 문학 등 각 방면의 교육을 받았다. 그런 후 성인이 되면 모두 아테네의 중요한 인물이 되었다.

당시 아테네에는 오늘날의 대학에 해당하는 학교가 없었다. 그러나 기원전 5세기부터 유명한 철학자들이 도시국가를 여행하며 공공장소에서 연설하자 청소년들은 그들을 보고 배웠다. 기원전 4세기에 플라톤과 철학자 몇 명이 아테네에 사립학교인 아카데메이아Academy를 세웠다. 이곳에서 귀족 자제들이 수준 높은 교육을 받았다. 연설, 천문학, 철학 등을 가르쳤고, 오늘날의 대학과 아주 비슷했다. 교육 방식이 과학적이고 체계적이어서 고대 로마도 이를 모방해서 학교를 세웠다.

소년의 사랑

그리스의 소년들은 성장하는 과정에서 나이가 많은 성인 남성들의 사랑과 도움을 받았다. 그리스 성인 남성들은 열두 살에서 열여섯 살 사이의 소년들을 사랑했다. 그들은 소년의 아름다운 신체와 깨끗한 피부를 동경하고, 여성을 사랑하듯이 소년들을 대했다.

소년들이 기본 교육을 받은 후 한 성인 남성의 사랑을 받게 되면 소년은 '사랑받는 자beloved', 성인 남성은 '사랑하는 자loved'로 불렸다. 성인 남성은 자신이 사랑하는 소년의 도덕과 지식을 발전시키는 데 최선을 다했다. 인자함과 사랑으로 소년을 대하고, 만약 소년이 잘못하면 대신 벌을 받기도 했다. 소년이 자라서 성인이 되면 그 역시 다른 소년의 '사랑하는 자'가 되었다. 하지만 이들의 사랑이 성인 남성들의 결혼 생활에 문제를 일으키지

정원에서 새를 가지고
노는 아테네 여성들

는 않았다. 그리스 남성들에게 아내는 단지 자녀를 낳고 기르는 존재였고,
아름다운 소년들은 정신적 교류를 하는 대상이었기 때문이다. 고대 그리스
인들에게 순수하고 맑은 영혼을 지닌 소년들은 아름다움의 상징이었다. 실
제로 고대 그리스의 조각상이나 그림에는 여성보다 젊은 남성이 훨씬 많다.

아테네의 소년들은 열여덟 살이 되면 군대에 들어가는 것을 스스로 결
정한다. 그리고 스무 살이 되면 일정한 자격시험을 거치고 아테네의 정식
시민이 되어 투표권을 얻는다.

7 그리스의 7현인

GREECE

기원전 7세기에서 기원전 6세기경 그리스에는 수많은 위인이 등장했다. 그중에 가장 큰 업적을 세우고 존경받은 일곱 명을 가리켜서 '그리스의 7현인(賢人)'이라고 부른다. 그들은 바로 탈레스Thales, 킬론Chilon, 비아스Bias, 피타코스Pittakos, 페리안드로스Periander, 클레오불루스Cleobulus, 솔론이다.

시기 : 기원전 7세기~기원전 6세기
인물 : 탈레스, 킬론, 비아스, 피타코스, 페리안드로스, 클레오불루스, 솔론

발밑을 보지 못했던 탈레스

밀레투스에서 태어난 탈레스는 그리스 최초의 철학 학파인 '밀레투스 학파'를 만들었다.

밀레투스는 지중해 동쪽 해안인 소아시아의 도시국가였다. 그리스 반도에서 동쪽과 서쪽을 잇는 중요한 위치에 자리해 바빌론, 이집트 등 동방 문화를 많이 받아들일 수 있었다. 밀레투스의 귀족 집안에서 태어난 탈레스는 훌륭한 교육을 받으며 자랐다.

성인이 된 후 탈레스는 무역을 하며 동방의 나라들을 여러 번 다녀왔다.

한눈에 보는 세계사

기원전 671년 : 아시리아, 오리엔트 통일
기원전 563년 : 석가모니 탄생
기원전 525년 : 페르시아, 오리엔트 통일

기원전 625년 : 신바빌로니아 왕국 성립
기원전 551년 : 공자 탄생

그러면서 이집트나 바빌론 같은 나라에서 다양한 지식을 배웠다. 그중에 탈레스는 먼저 수학과 천문학에 관심을 가지고 깊이 연구했고 나중에는 철학까지 연구를 확장했다. 이 밖에 지리, 정치, 날씨 등 다양한 분야의 지식도 쌓았다. 그리고 많은 제자를 길러 내며 자신의 지식을 모두 제자들에게 알려 주었고, 많은 존경을 받았다.

탈레스는 만물의 근원을 물이라고 보았다. 땅은 물 위에 둥둥 떠다니는 접시 같은 것이며 하늘도 물이라서 비가 내린다고 생각했다. 그는 과학 지식이 해박해서 이집트를 여행할 때에는 피라미드의 높이를 계산해 내기도 했다. 또 기원전 585년 5월 28일에 일식을 정확히 예측했다는 기록도 있다. 그러나 이것은 당시의 과학 수준으로는 불가능한 일이므로 확실하지는 않을 수도 있다.

탈레스는 인간 자체에 대해서도 많은 연구를 했다. 가장 힘든 일이 무엇이냐는 질문을 받고 그는 "바로 나 자신을 알아가는 것"이라고 대답했다. 그는 끊임없이 자신을 비추어 보고 심판했고, 이런 경향은 자연에 대한 탐구로 이어졌다. 한번은 그가 머리를 쳐들고서 하늘을 뚫어지게 관찰하고 있었다. 그런데 어느 날 하늘을 쳐다보는 데 너무 집중한 나머지 그만 발을 헛디뎌서 우물에 빠지고 말았다. 사람들은 그를 건져 내고는 놀리며 말했다. "하늘은 보면서 정작 발밑은 보지 않는군." 탈레스는 그 말을 듣고 그저 멋쩍은 웃음을 지었다.

신중하고 부지런한 킬론

킬론은 기원전 6세기에 살았던 스파르타 사람이다. 공정하고 성실한 사람이었던 그는 한마디도 허

청동으로 만든 소

소의 등 위에서 남자가 두 손으로 여자를 든 채 균형을 잡고 있다. 운동에 대한 고대 그리스 인들의 열정을 엿볼 수 있다.

투루 내뱉지 않았다. 또 그는 왕의 권력이 너무 커졌으므로 감찰관을 임명해서 왕의 정치를 감독하자고 제안했다. 다른 사람들도 이에 동의하고, 그를 첫 번째 감찰관으로 뽑았다. 킬론은 감찰관으로서 신중하고 조심스럽게 맡은 일을 했다. 개인적인 이익은 마다하고 오로지 국가를 위해서 열심히 일했다. 그러면서 그는 감찰관, 왕, 그리고 원로들의 모임인 게루시아가 정확히 똑같은 권력을 가질 수 있도록 했다.

킬론은 국가가 발전하려면 왕이 이끄는 강한 나라가 되어야 한다고 생각했다. 그는 아테네처럼 민주 정치를 해서 여러 사람의 의견이 충돌하면 국가는 발전할 수 없다고 여겼다. 언젠가 킬론의 형이 왜 자신은 동생처럼 감찰관으로 뽑히지 않는지 화를 내며 물었다. 정치와 국민의 심리에 대해 정확하게 꿰뚫고 있던 킬론은 "저는 사람들이 불공정에 복종하는 까닭을 알지만 형님은 모르시니까요."라고 대답했다.

킬론은 올림픽 권투 경기에서 아들이 우승하자 성대하게 축하 잔치를 벌였다. 그런데 안타깝게도 너무 심하게 흥분한 나머지 킬론은 잔치가 끝난 후 갑자기 세상을 떠났다.

예리한 비아스

비아스는 출생과 사망 연도가 명확하지 않다. 다만 킬론과 같은 시대의 인물이라는 것만 알려져 있다. 프리에네Priene에서 태어난 비아스는 말솜씨가 아주 뛰어났던 변호사였다. 그는 항상 정의를 추구했고 억압받는 사람들을 위해 싸웠다. 또 아무리 돈을 많이 준다고 해도 나쁜 짓을 한 사람은 변호하지 않았다.

어떤 사람이 비아스에게 물었다. "사람을 가장 즐겁게 하는 일은 무엇인가요?" 그러자 비아스는 뜻밖에도 "돈 버는 일이지."라고 대답했다. 그는 돈이 많아야 남을 도울 수 있다고 생각했고, 실제로 많은 부를 쌓아서 가난한 이들에게 베풀었다.

한번은 이웃의 도시국가가 프리에네를 공격해 왔다. 사람들은 놀라서 허둥지둥하며 어찌할 바를 몰랐다. 전쟁에 대한 공포에 휩싸여 사람들이 절망하고 있을 때, 비아스가 적이 스스로 군대를 물리게 할 방법을 생각해 냈다. 비아스는 먼저 노새 두 마리를 완벽하게 무장시켜서 적의 진영으로 보냈다.

적들은 그 노새들을 보고 깜짝 놀랐다. 노새가 이 정도라면 프리에네 사람들은 얼마나 무장이 잘 되어 있는 것일까? 적은 전투하는 것이 불리하다고 생각하고, 프리에네에 협상하자고 제안했다. 협상하는 날이 다가오자 비아스는 성안 곳곳에 가득 찬 곡식 포대를 쌓아 놓도록 지시했다. 마침내 약속된 날, 프리에네 성안으로 들어선 적군의 사절단은 깜짝 놀랐다. 그리고 협상을 마치고 돌아가 자신들의 왕에게 프리에네에는 무기가 많을 뿐만 아니라 식량도 충분하다고 보고했다. 그 말에 괜히 모험할 필요는 없다고 생각한 상대국의 왕은 평화롭게 프리에네를 떠났다. 프리에네 성안에 쌓아 놓은 곡식 포대들은 모두 모래더미로, 단지 겉으로만 식량처럼 보이게 한 것이었다. 비아스는 이렇게 뛰어난 지혜로 나라를 재난에서 구해 냈다.

노인이 된 비아스는 어느 날 가난한 자를 위해서 변호했다. 말을 마친 그는 피곤한 듯 손자의 어깨에 머리를 기댔고, 재판 결과 비아스 측이 승소했다. 하지만 비아스는 손자의 어깨에 기댄 채 이미 세상을 떠난 후였다.

너그러운 피타코스

피타코스는 미틸레네Mytilene 사람이다. 뛰어난 정치가이자 군사 지휘관이었던 그는 동료들과 함께 레스보스의 참주를 물리치고 10년 동안 레스보스를 통치했다. 그는 온화한 통치로 국민을 이끌었다. 또 사람들이 무력이 아닌 말로써 원하는 것을 얻도록 해야 한다고 가르쳤다. 그러나 정치가였던 그는 적이나 범죄자에게는 관용을 베풀지 않았다. 일례로, 추방된 귀족이 다시 고향으로 돌아오는 것을 엄격히 금지했다.

피타코스는 국민에게 한없이 너그러운 통치자였다. 그런 점을 보여 주는 일화를 하나 소개한다. 어느 날, 그의 아들이 이발소에서 대장장이와 싸우다가 죽었다. 그러자 사람들은 그 대장장이를 끌고 피타코스에게 데리고 갔다. 사람들에게서 자초지종을 들은 피타코스는 오랫동안 생각하더니 그를 풀어 주었다. 사람들이 깜짝 놀라서 이유를 물었다. "물론 나는 아들이 죽어서 너무 슬프오. 하지만 이야기를 들어보니 그는 일부러 내 아들을 죽인 것이 아니오. 그래서 그를 풀어 준 것이오. 용서는 그 무엇보다 중요한 것이니까."

10년의 통치 기간이 끝난 후 피타코스는 스스로 자리에서 물러났고 평안한 노년을 보냈다. 그는 일흔 살에 세상을 떠났다.

옷장 속의 아기, 페리안드로스

페리안드로스의 아버지는 코린토스의 평민이었지만 참주의 자리까지 올랐다. 나중에 페리안드로스는 아버지의 자리를 물려받았다. 온화한 통치를 한 아버지와 달리 페리안드로스는 귀족에게 엄격한 정치를 펼쳤다.

페리안드로스가 태어났을 때 예언가는 앞으로 이 아기가 귀족의 적이 될 것이라고 말했다. 그 말을 들은 귀족들은 아기를 몰래 죽일 계획을 세웠고, 그 계획을 눈치 챈 페리안드로스의 아버지는 옷장 안에 아기를 숨겼다. 아기를 죽이러 온 사람들은 온 집안을 뒤졌다. 마침내 한 사람이 옷장 문을 열자 아기가 그를 향해 방긋 웃었다. 그들은 원래 아기

사자의 머리를 조각해서 장식한 코린토스의 병

를 높은 곳에서 떨어뜨려 죽이려고 했지만, 사랑스럽게 웃고 있는 아기를 보고는 누구도 선뜻 아기를 안아 올리려고 하지 않았다. 계획은 실패했고 페리안드로스는 목숨을 구했다. 그러나 페리안드로스는 참주가 된 후에도 이 일을 잊지 않았다. 그는 자신이 아기였을 때 죽이려고 한 귀족들을 알아내어 모두 처단했다.

페리안드로스는 무려 40년이나 코린토스를 통치하며 크게 발전시켰다. 화폐 제도를 개혁하고 세금을 줄였으며, 상공업을 발전시켰다. 그는 또 귀족과 빈민이 다른 지역으로 가서 식민지를 건설하는 것을 허락했다. 이것은 자신을 위협하는 귀족과 사회의 문제인 빈민을 구제할 한 방법이었다. 게다가 코린토스의 귀족이 식민지를 세우면 무역 시장을 확대할 수 있었다. 그는 나라 전체에 길을 닦고 건물을 세웠으며 운하도 건설했다. 더불어 국민이 앞선 문화를 배우도록 권장하고, 페리안드로스 자신도 문학과 예술에 관해 많은 공부를 했다.

페리안드로스의 많은 업적 가운데 가장 위대한 것은 코린토스 만과 사로닉Saronic 만 사이에 서로 연결하는 길을 만든 것이다. 이 길에 돌을 깔고 쭉 이어지는 홈을 두 줄 파 놓았는데, 홈의 폭이 마차 바퀴의 폭과 딱 맞았다. 이는 사람들이 큰 배에 실린 화물을 작은 배로 옮길 때 마차로 편하게 이동하도록 하기 위한 것이었다. 이 길은 코린토스의 무역을 크게 번영시키는 원동력이 되었다. 페리안드로스의 뛰어난 통치로 코린토스는 고대 그리스에서 가장 부유한 도시국가가 되었다.

한편, 그리스 인들은 죽은 후 무덤이 파헤쳐지거나 시신이 훼손될까 봐 걱정했다. 페리안드로스도 자신의 무덤이 있는 곳을 다른 사람이 아는 것은 싫었다. 그래서 자신이 죽으면 시신을 묻은 자를 죽이라고 명령했는데, 그 얼마 후에 세상을 떠났다.

여성 교육을 주장한 클레오불루스

클레오불루스는 기원전 6세기 린두스Lindus 사람으로, 린두스의 참주였다. 그는 영웅 헤라클레스의 후손으로 알려져 있다.

클레오불루스는 가정, 교육, 여성의 지위 등에 관심이 아주 많았다. 그는 아이들이 우수한 교육을 받아야 하며 여성도 남성과 똑같이 교육받아야 한다고 여겼다. 그의 묘비에는 이런 글귀가 새겨져 있다. "지혜로운 클레오불루스가 여기에 잠들다. 바다가 그를 가져갔으니 더욱 오만해지고, 대지는 그를 보냈으니 더욱 슬피 울겠구나." 후세 사람들은 이 글을 근거로 클레오불루스의 유골이 바다에 뿌려진 것으로 추측하고 있다.

이상의 여섯 명 외에도 아테네의 솔론이 있는데, 그에 대해서는 따로 이

맥을 잡아 주는 **그리스사 중요 키워드**

오르페우스와 에우리디케

오르페우스Orpheus는 태양신 아폴론과 인간 사이에서 태어난 아들이다. 그에게는 아름다운 아내 에우리디케Eurydice가 있었고, 두 사람은 서로 사랑하며 숲에서 행복한 나날을 보냈다. 아폴론은 음악을 좋아하는 아들 오르페우스에게 자신의 리라를 주었고, 오르페우스가 리라를 연주하면 숲의 정령과 요정들도 모두 귀를 기울이고 들었다. 정령과 요정들은 그를 계속 따라다닐 정도로 오르페우스의 연주를 좋아했다. 그러던 어느 날, 에우리디케가 독사에 물려 죽었다. 오르페우스는 저승까지 쫓아가서 아내를 돌려달라고 간절히 빌며 마음을 다해 리라를 연주했다. 그의 아름다운 음악은 지하 세계의 신인 하데스의 차가운 마음도 움직여서 마침내 하데스는 에우리디케를 돌려보내 주기로 했다. 대신, 집으로 돌아가는 길에 오르페우스가 절대로 뒤를 돌아보면 안 된다는 조건이 붙었다. 그러나 오르페우스는 돌아오는 중에 아내의 목소리를 듣고는 바로 뒤를 돌아 그녀를 보고 말았다. 그 순간, 에우리디케는 영원히 사라졌다. 숲의 정령과 요정들은 여전히 오르페우스에게 리라를 연주해 달라며 계속 쫓아다녔지만, 그는 매우 슬퍼하며 다시는 리라를 연주하지 않았다. 오르페우스가 자신들의 부탁을 들어주지 않자 화가 난 숲의 정령과 요정들은 그를 갈기갈기 찢어 죽였다. 이리하여 마침내 오르페우스는 저세상에 가서 에우리디케와 다시 만나게 되었다.

야기했으니 여기서는 생략하겠다.

일곱 현인은 서로 친분을 나누었다. 솔론은 밀레투스를 방문했을 때 탈레스와 만났다. 그가 탈레스에게 왜 결혼도 하지 않고 자녀도 낳지 않는지 물었다. 탈레스는 그 질문에 바로 대답하지 않았다. 며칠 후, 탈레스는 사람을 시켜서 솔론에게 자신이 지금 막 아테네에서 돌아왔음을 알렸다. 그러자 솔론은 아테네 소식을 물었다. 탈레스가 보낸 사람은 들은 대로 아테네에서 한 젊은이가 죽었다며 그에 대해 자세히 설명했다. 이야기를 듣고 나서 솔론은 죽었다는 그 청년이 바로 자신의 아들이라는 사실을 알아차렸다. 그는 그 자리에 주저앉아 울부짖었다. 그때 탈레스가 다가왔다. "솔론, 당신처럼 훌륭한 사람도 자식이 죽었다고 하면 이렇게 무너지는데, 나 같은 사람이 어찌 자식을 낳겠소. 이것이 내가 결혼하지 않는 이유라오. 걱정하지 마시오. 당신의 아들은 무사하다오."

이런 이야기도 있다. 어부가 낚시를 하다가 강에서 아주 오래된 것으로 보이는 솥을 하나 건져 냈다. 어부는 이것을 지혜로운 사람에게 주어야겠다고 생각하고 탈레스에게 가져갔다. 그러자 탈레스는 자신보다 지혜로운 사람이 그것을 가져야 한다고 생각해서 다른 현인에게 주었다. 이 솥은 결국 현인들의 손을 몇 바퀴 돌고 돈 끝에 솔론의 손에 들어왔다. 솔론은 그 솥을 델포이에 있는 아폴론 신전에 바쳤다.

8 고대 그리스 인의 영원한 고향

GREECE

고대 그리스 인들은 죽음을 두려워했다. 그래서 그들은 육체는 잠시 영혼이 머무는 곳에 불과하며, 죽어도 영혼은 사라지지 않고 육체를 떠나 암흑의 땅인 명계冥界로 간다고 생각했다.

시기 : 고대 그리스 시대
인물 : 고대 그리스 인, 지하 세계의 신 하데스, 전령의 신 헤르메스, 지옥의 문을 지키는 개 케르베로스

영혼이 지나가는 길

그리스 인들은 사람이 죽으면 영혼은 지하 세계로 가며 그곳은 지하 세계의 신인 하데스가 지배한다고 믿었다. 하데스는 땅 밑 아주 깊은 곳에 살고 있으며, 동굴의 입구나 땅이 갈라진 거대한 틈이 바로 지하 세계로 들어가는 문이다. 지하 세계의 입구에는 강이 몇 줄기 흐른다. 영혼이 처음 강 앞에 다다르면 뱃사공 카론Charon이 태워 주는 배를 타고 비통의 강 아케론Acheron을 건넌다. 이때 영혼은 자신이 죽었다는 사실을 깨닫고 통곡한다. 다음에 도착하는 강은 시름의 강 코키투스Cocytus이다. 이곳에서 영혼은 과거를 돌이켜보며 시름에 잠긴다. 그다음 불꽃의 강 플레게톤Phlegethon을 지나면서 자신의 죄를 태우고, 영혼은 이제 망각의 강 레테Lethe로 가서 그 강물을 마시고 과거의 일을 모두 잊는다. 이 모든 과정이 끝나면 마지막으

로 증오의 강 스틱스Styx를 건너 하데스의 궁전으로 들어간다.

배를 타고 여러 개의 강을 지날 때 영혼은 반드시 뱃사공 카론에게 노 잣돈을 주어야 한다. 돈을 주지 않으면 카론이 영혼을 강으로 밀어 버린 다. 그래서 그리스 인들은 시신을 묻을 때 반드시 죽은 이의 입에 돈을 넣 어 주었다. 영혼이 마지막 강인 스틱스를 건너면 하데스의 지하 궁전 입구 에서 케르베로스 Cerberus 를 만난다. 케르베로스는 궁전의 입구를 지키는 문지기 개로, 머리는 세 개이고 용의 꼬리를 달고 있다. 케르베로스가 흘 리는 침에는 독이 들어 있다. 머리와 등에 난 털은 독사 수백 마리와 뒤엉 켜 있다. 케르베로스는 무섭게 으르렁거리면서 영혼들이 도망가는 것을 막는다.

케르베로스를 지나치면 영혼은 갈림길에 선다. 여기에서 심판관이 영혼 이 갈 곳을 정한다. 전부 세 곳으로, 먼저 엘리시온Elysion은 생전에 선행을 베풀고 도덕적으로 산 사람이 가는 곳이다. 그곳은 언제나 해가 비추고 맑 은 시냇물이 흐르며 꽃이 만발하고 나무가 푸르게 자란다. 추위와 배고픔 도 없고 늘 상쾌한 바람이 부는 낙원이다. 두 번째는 수선화만 가득한 황 무지 벌판으로 평범한 삶을 산 영혼이 가는 곳이다. 대부분 영혼이 이곳에 오는데, 빛과 그림자도 없고 하늘과 땅도 없는 곳이다. 영혼은 이곳에서

고대 그리스의 장례식

왼쪽의 남성들은 죽은 이를 향해 작별의 뜻으 로 손을 흔들고 있으 며, 오른쪽의 여성들은 죽은 이를 바라보며 울 고 있다. 그녀들은 짧 게 자른 머리를 움켜쥐 며 괴로워하고 있다.

목적 없이 사방을 떠돌아다닌다. 세 번째는 지옥이다. 생전에 악한 행동을 한 사람들은 지옥으로 떨어져서 고통받는다. 지옥 안에서도 생전에 지은 죄에 따라 구분해서 가둔다. 어떤 곳은 일 년 내내 차가운 바람이 불고 차가운 비가 내려서 옷을 입지 않은 영혼은 벌벌 떤다. 또 어떤 곳은 맛있는 음식으로 가득하지만 먹을 수는 없다. 이 밖에 쉬지 않고 힘든 일을 반복해서 해야 하는 곳도 있다.

인간의 장례

고대 그리스 인들은 장례 의식을 중요하게 생각했다. 그들은 죽은 후에 시신이 무덤에 들어가지 못하고 햇볕에 노출되면 영혼이 돌아갈 곳을 찾지 못하고 황무지를 떠돈다고 여겼다. 그래서 그리스 인들은 전쟁에서 동료가 죽으면 반드시 시신을 가지고 돌아갔다.

그리스에서는 사람이 죽으면 우선 친척이나 친구들에게 알렸다. 그리고 시신을 깨끗하게 씻긴 다음 올리브유를 바르고 하얀 천으로 감싸 놓았다. 다음 날 친척과 친구들이 찾아오면 그들은 시신을 둘러싸고 통곡했다. 가족 중에 여성은 검은 옷을 입고 머리를 짧게 잘랐고, 친구들은 장례 준비를 했다. 그 준비가 끝나면 사람들은 줄지어서 공동묘지로 향했다. 시신을 묻을 때에는 죽은 이가 생전에 사용하던 물건을 같이 넣어서 매장했다.

시신은 보통 땅에 묻거나 화장했다. 호메로스의 서사시에는 아킬레우스가 전쟁터에서 친구 파트로클로스가 죽자 불에 태운다는 부분이 나온다. 그리고 나서 아킬레우스는 친구의 유해를 황금 상자에 넣어서 땅에 묻고 아주 높이 묘를 세웠다. 또 트로이 왕자 헥토르의 아버지는 아들의 장례식을 11일 동안 거행했다. 9일 동안 통곡했고, 10일째 되는 날 헥토르의 시신을 화장해서 11일째 되는 날 아주 높은 무덤을 세워 땅에 묻었다. 그리고 다시 신에게 제사를 올리는 것으로 장례식이 마무리되었다.

전사의 죽음

나라를 위해서 싸우다가 전쟁터에서 죽는 것은 당시 사람들에게 가장 영예로운 죽음이었다. 군대가 전쟁에서 돌아오면, 가져온 시신이 고향을 돌아볼 수 있도록 성안을 크게 행진한다. 이 시신들은 보통 성 밖의 공동묘지에 매장되지만 공로가 큰 장군들은 전쟁터에 묻히기도 했다. 그리고 비석을 세워서 그의 공로를 널리 알렸고, 젊은이들은 그를 본받고자 했다.

몇몇 도시국가는 일 년에 한 번씩 전쟁터에서 죽은 병사들을 위해 행사를 거행했다. 나팔이 울리면 꽃으로 한가득 장식한 마차가 천천히 행진했고 마차 뒤로 청년들이 술 주전자, 돼지기름, 물 등을 받쳐 들고서 따랐다. 행렬의 맨 끝에는 이 행사를 맡은 정치가가 섰다. 공동묘지에 도착하면 사

지하 세계의 뱃사공
카론

람들은 존경하는 마음으로 맑은 물을 부어 묘비를 깨끗이 닦았다. 그 후 소나무나 전나무에서 나오는 끈끈한 액체를 묘비에 꼼꼼히 발랐다. 그리고 끌고 간 소를 죽여서 제사를 지냈다. 그들은 이렇게 하면 영혼이 음식과 술을 먹으러 올 것이라고 믿었다.

기원전 5세기 이전에 그리스에서는 비교적 간소하게 장례를 치르고 시신은 얕게 묻었다. 그러나 기원전 4세기에 들어서서 빈부의 격차가 크게 벌어지자 부자들은 경쟁적으로 장례를 성대하게 치르고 묘를 거대하게 세우기 시작했다.

고대 그리스 인들의 음식과 여가 활동

고대 그리스 인들이 먹는 음식은 언제나 소박했다. 연회를 열 때에도 마찬가지였다. 또 여가를 보낼 때에도 언제나 우아함과 고상함을 추구했다. 그들은 소박한 생활을 해야 더 깊이 있는 사고를 할 수 있다고 생각했다. 그렇지 않고 맛있는 음식을 많이 먹는 데 집착하면 사고가 육체에 사로잡힌다고 생각했다.

일상 음식

기원전 33년에 고대 그리스에서 세계 최초의 요리책이 등장했다. 그리스는 지중해 기후에 속하는 지역으로, 습도가 높고 일조량이 충분하며 강수량이 많아서 콩, 밀가루, 포도, 올리브 등이 잘 자랐다. 그래서 그리스 인들은 빵 등의 밀가루 음식을 주식으로 먹고 채소, 과일, 견과류, 생선 등을 즐겨 먹었다. 가끔 사슴, 토끼 같은 것들을 사냥했을 때를 제외하면 육류는 그다지 먹지 않았다. 당시에는 설탕을 만들지 못했기 때문에 깨나 꿀로 단맛을 냈다. 그리스의 산과 들에는 온갖 식물이 가득해서 그들은 야생의 식물을 뜯어다가 조미료로 활용하기도 했다.

그들의 음식에서 올리브는 빼놓을 수 없는 식품이었다. 올리브는 약으로 사용하기도 하고, 여성들의 화장품이 되기도 했으며, 기름을 짜서 요리에 쓰기도 했다.

그리스 인들의 한 끼 식사는 생선 한 마리, 양파 하나, 올리브 몇 알이면 충분했다. 가끔 큰 연회가 열리면 수프, 포도주, 양상추 샐러드, 고기나 해산물, 빵이 식탁에 올랐다. 그들은 또 물이 건강에 좋지 않다고 여겨서 물도 아주 조금만 마셨다. 주변에 다른 마실 것이 없을 때에나 물을 마실 정도였다.

포도주

고대 그리스 시대에도 맥주가 있었다. 그러나 맥주는 하층민이 마시는 것이고 보통 사람들은 포도주를 마셨다. 포도주에 관한 기록은 호메로스의 서사시에 처음 등장했다. 오디세우스가 외눈박이 거인의 동굴에 갇혔을 때, 그는 야생 포도로 술을 빚어서 거인을 취하게 하고서 탈출했다. 이것이 포도주에 관한 최초의 기록이다.

기원전 3세기에 세워진 에피다우로스(Epidaurus) 원형 극장은 관객 1만 4,000명을 수용할 수 있었다.

포도주는 알코올 도수가 낮은 편인 데다 당시 사람들은 깨끗한 물을 넣어 희석해서 마셨다. 술에 취해서 추태를 부리지 않기 위해서였다. 그래서 그리스 인들은 포도주를 희석하지 않고 마시는 것은 저속한 행동이라고 생각했다.

고대 그리스 인들은 포도주를 지혜의 원천이라고 생각했다. 고대 그리스의 유물 중 도자기나 벽화에는 포도, 포도 정원, 포도주가 담긴 술잔 등의 그림이 아주 많다. 그리스 전설에 따르면 포도주는 술의 신 디오니소스가 가장 먼저 만들었다. 그래서 그리스 인들은 매년 포도를 많이 수확할 수 있도록 디오니소스에게 제사를 올리고 축제를 벌였다. 유명한 그리스의 비극도 이 행사에서 나온 것이다. 술을 만드는 것이 점차 전문화되면서 고대 그리스는 세계에서 최초로 포도주의 생산과 판매를 법으로 정했다.

고대 그리스의 연회

고대 그리스 인들의 음식에 대한 생각은 오늘날 사람들이 생각하는 것과 확연히 다르다. 그들은 음식이 그저 배를 채우는 것뿐이라고 생각했다. 맛있는 음식에 빠지면 머리가 둔해지고 바보가 되어서 생각도 하지 못하게 된다고 믿었다. 그래서 연회가 열려도 이야기를 나누는 것을 중요시했고, 맛있는 음식을 배부르게 먹는 일은 없었다.

고대 그리스에서 연회에는 남자들만 참석할 수 있었다. 물론 예외는 있었다. 즉, 고급 기녀들은 남자들의 파트너로 연회에 참석할 수 있었다. 그들은 기다란 소파 위에 비스듬하게 늘어져서 늦은 밤까지 연회를 즐겼다.

그러는 동안 노예들은 빵과 포도주를 계속해서 날랐다. 당시에는 포크가 없었기 때문에 빵이나 손으로 직접 음식물을 싸서 입 안으로 집어넣었다. 연회가 끝나갈 무렵에는 디저트로 꿀과 견과류를 넣어서 만든 케이크를 먹었다.

음식을 먹고 나면 남자들은 정치나 철학에 관한 이야기를 나누었다. 그들은 물로 희석한 술을 마시면서 각종 문제에 대해 토론했다. 그리고 토론이 끝나면 주인과 손님들은 좀 더 가벼운 주제로 이야기하기 시작했다. 종종 노예나 배우들이 노래를 부르거나 춤을 추고 서커스 공연을 하기도 했다. 가끔 연회에 초대하지 않았는데 유랑자들이 찾아올 때가 있었다. 그래도 그들은 다른 나라의 이야기를 재미있게 전해 주었기

연회는 고대 그리스 인들의 사교 모임이었다. 그림 속의 남자는 비스듬하게 누워서 젊은이의 연주를 듣고 있다.

때문에 쫓겨나지는 않았다. 연회 내내 남자들이 나누는 이야기에는 성적인 이야기가 포함되기도 했다.

연회가 끝나고 손님들은 하나둘씩 집으로 돌아갔다. 그들은 오늘도 자

신을 잘 억제한 것에 대해 스스로 만족했다. 배부르게 먹거나 취하도록 마시면 다른 사람들의 웃음거리가 되기 때문이었다.

여가 활동

고대 그리스 인들이 가장 좋아한 여가 생활은 바로 연설을 하거나 듣는 것이었다. 또는 극장에 가서 연극을 보는 것이었다. 좋아하는 배우에게 갈채를 보내는 것은 즐거운 일이었다. 이 밖에 그들은 여가를 활용해서 운동을 하고, 오늘날의 체스와 비슷한 게임을 하기도 했다. 주사위를 던져서 도박을 하거나 닭싸움을 구경하기도 했다.

수탉만 참여할 수 있는 닭싸움은 남성의 용맹함을 상징했다. 닭싸움은 광장의 공간에서 언제나 열렸다. 아직 경기가 시작되지 않았더라도 사람들은 주변에 모여서 경기를 기다렸다.

닭의 주인은 거드름을 피우며 자신의 수탉을 안고 나타나서 관중에게 닭을 내보이며 자랑했다. 수탉의 높게 솟은 벼슬과 밝게 빛나는 독기 어린 눈을 보고 관중은 환호성을 보냈고, 환호성이 클수록 주인은 매우 자랑스러워했다. 심판이 경기의 시작을 알리면 주인들은 각자 자신의 수탉을 경기장에 내려놓았다. 그러면 수탉 두 마리는 날개를 파닥거리다가 곧 뒤엉켜서 싸우기 시작했다. 본격적인 싸움이 시작되면 관중은 목을 길게 빼고서 경기에 집중했다. 잘한다는 환호성과 안타까움의 탄식이 연이어서 흘러나왔다. 수탉의 주인들은 얼굴이 붉어질 정도로 흥분해서 자신의 닭을 응원했다. 경기가 끝나면 싸움에 진 수탉의 주인은 속이 상해서 발을 동동

구르고 이긴 수탉의 주인은 만세를 불렀다. 주인은 마치 자신이 싸움에서 이긴 것처럼 기뻐 어쩔 줄을 몰랐다.

이런 여가 활동들 외에도 고대 그리스 인들은 명절 기간에 국가적인 규모로 연회를 열었다. 이때에는 모두 모여서 즐겁게 먹고 마시며 신에게 감사했다.

제5장 | 페르시아 전쟁과 《역사》의 탄생

고대 그리스는 수백 년에 걸쳐 발전의 기틀을 다졌고 서서히 번영하기 시작했다. 이와 동시에 서아시아에서도 페르시아 인이 거대한 나라를 세우고 빠르게 번영했다. 영토를 확장하려는 야망을 숨기지 않는 페르시아에 그리스 반도의 도시국가들은 걸림돌이었다. 페르시아는 그 창끝을 그리스로 향하기 시작했다.

시기 : 기원전 492년~기원전 449년
인물 : 다리우스 1세, 히피아스, 밀티아데스, 칼리마코스

강국 페르시아

고대 그리스의 도시국가들은 주로 기원전 8세기에서 기원전 6세기 사이에 세워졌다. 이들은 바다로 나아가 지중해 건너편에 있는 이집트나 바빌론 같은 나라들과도 무역했다. 양측은 경제 교류뿐만 아니라 정치·문화적으로도 서로 모방하며 발전의 밑거름으로 삼았다.

그리스 반도에 도시국가가 생길 무렵, 서남아시아의 이란 고원 남부에서는 페르시아가 점점 번영했다. 페르시아는 기원전 558년에 키루스 2세 Cyrus II 가 각종 개혁을 시행하면서 더욱 빠르게 발전했다.

한눈에 보는 세계사

기원전 480년경 : 인도, 석가모니 열반   기원전 400년경 : 한반도, 철기 문화의 보급

기원전 550년에 페르시아 인은 정복 전쟁을 시작했다. 먼저 이란 고원 북부의 메디아Media 지역을 정복하고, 이어서 바빌론을 멸망시키고 이집트까지 공격했다. 주변 지역을 모두 정복한 페르시아는 소아시아의 도시국가들까지 모두 점령했다. 30년에 걸친 정복 전쟁이 끝나자 페르시아는 동쪽으로는 인도, 서쪽으로는 에게 해, 북쪽으로는 흑해, 남쪽으로는 인도양에 다다르는 거대한 국가가 되었다.

기원전 522년에 페르시아의 왕 캄비세스 2세Cambyses II가 세상을 떠났다. 그러자 메디아의 종교 지도자였던 가우마타Gaumata가 나타나서 자신이 캄비세스 2세의 동생이라며 왕권을 차지하려고 했다. 그러나 이때 귀족 다리우스가 귀족들을 이끌고 가우마타를 죽인 후 스스로 왕이 되었다. 그가 바로 유명한 다리우스 1세Darius I이다. 다리우스 1세가 왕위에 올랐을 때 페르시아는 여러 귀족 세력이 끊임없이 충돌하는 혼란한 상황이었다. 그중에는 다리우스 1세에 반대하는 세력도 있었다. 다리우스 1세는 단번에 이들을 제거하고 페르시아의 질서를 다잡았다. 또 그는 그동안 정복한 땅으로 가는 길을 다시 정리하거나 새로 만들었다. 길이 모두 완성되자 페르시아 군대는 필요할 때 신속하게 이동할 수 있게 되어 정복 지역들을 더욱 효과적으로 관리할 수 있었다.

다리우스 1세의 야심

다리우스 1세는 키루스 2세의 뜻을 이어받아 정복 전쟁을 계속했다. 에게 해에 도착한 다리우스 1세는 그리스 반도를 반드시 차지하고 싶었다. 페르시아 군대가 한 발, 한 발 그리스 반도로 진격하면서 그리스 도시국가들은 차례로 힘없이 무너졌다.

소아시아 지역은 다리우스 1세가 왕이 되기 전에 이미 페르시아에 정복된 상태였다. 페르시아는 정복 후에 엄격하게 통치하지 않았기 때문에 소아시아의 도시국가들도 별다른 저항을 하지 않았다. 그러나 다리우스 1세는 정복 지역에 많은 세금을 부과하고, 병사로 쓰거나 노역을 시키려고 강제로 사람들을 끌고 갔다. 소아시아 지역의 통치자들은 모두 페르시아 인으로 바꾸었다. 또 페니키아 상인들이 소아시아 상인들과 분쟁을 일으키자 일방적으로 페니키아 상인들을 지지해서 상업적 이익을 거두지 못하도록 했다. 그러자 소아시아의 많은 도시국가에서 페르시아에 대한 불만이 점점 커졌다.

기원전 522년에 다리우스 1세가 페르시아의 왕으로 즉위한 장면을 표현한 조각. 다리우스 1세는 엄숙한 얼굴로 오른손에 왕의 지팡이를 쥐고 왼손에는 페르시아 왕실의 상징인 연꽃을 들었다.

전쟁의 불씨

고대 그리스와 페르시아 사이의 전쟁은 소아시아의 도시국가들이 반란을 일으키면서 시작되었다. 기원전 500년에 소아시아의 도시국가 밀레투스는 페르시아의 잔혹한 식민 정치를 견디지 못하고 참주 아리스타고라스Aristagoras의 지휘로 반란을 일으켰다. 그러자 소아시아를 비롯한 그리스 반도의 거의 모든 도시국가가 밀레투스를 지지하겠다는 의사를 표시했다. 아테네와 에레트리아Eretria는 군대와 말, 배를 지원하고 사르디스Sardis 지방에 있던 페르시아의 공공건물을 불태웠다. 페르시아는 지원국들의 도움을 받은 밀레투스의 강한 저항에 허를 찔려 일단 물러났다. 그러나

282

아테네와 에레트리아의 군대가 본국으로 돌아가자 다시 밀레투스를 점령하고 더욱 잔혹하게 통치했다.

다리우스 1세는 특히 사르디스의 소식을 듣고 크게 분노하여 반드시 아테네를 점령해서 보복하겠다고 선포했다. 밀레투스를 되찾은 후 그는 곧바로 아테네로 진격했다.

아테네를 흔들다

다리우스는 1세는 매우 화가 났지만, 섣불리 공격했다가는 일을 그르친다는 것을 알고 있었다. 그는 여러 가지 방법을 생각해 본 후 아테네의 내부를 분열시킨 다음, 무력으로 공격해야겠다고 마음먹었다. 다리우스 1세는 자신의 계획을 도와줄 수 있는 사람을 떠올렸다. 바로 아테네의 첫 번째 참주였던 페이시스트라토스의 아들 히피아스였다. 히피아스는 아테네에서 추방된 후 페르시아에 망명해서 고향으로 돌아갈 날만을 기다리고 있었다.

다리우스 1세의 제안을 듣고 나서 히피아스는 페르시아가 아테네를 정복한 후에 아테네의 통치권을 자신에게 준다면 영원히 페르시아에 복종하겠다고 약속했다. 그리고 여전히 자신을 지지하는 아테네의 알크마이온 집안과 비밀리에 접촉했다. 알크마이온 집안은 히피아스가 시키는 대로 다른 귀족들을 부추겼다. 그러자 페르시아의 잔인한 보복을 두려워한 아테네 귀족들은 조금씩 히피아스에게 협력하기 시작했다. 이들은 페르시아에 자신과 나라의 운명을 맡기기로 하고 다리우스 1세에게 충성을 맹세했다.

첫 번째 원정

기원전 492년에 다리우스 1세가 그리스 반도의 도시국가들에 공식적으로 선전 포고를 하고 육군과 해군을 조직해서 그리스 반도로 향했다. 총지휘관은 그의 사위였던 마르도니우스Mardonius였다. 그런데 해군 함대가 그리스 북부 해안의 아토스Athos 곶을 통과할 때 갑자기 큰바람이 불며 거센 파도가 치기 시작했다. 이 때문에 300척이 넘는 페르시아 함대가 침몰하고 2,000명이 죽었다. 페르시아 육군도 그리스 북부에서 습격을 받아 더 이상 앞으로 나아가지 못했다. 총지휘관 마르도니우스도 부상을 당해 간신히 페르시아로 돌아왔다. 이렇게 해서 페르시아의 첫 번째 원정은 그리스 반도에 가 보지도 못한 채 실패로 끝났다.

그러나 다리우스 1세는 포기하지 않았다. 그는 사위 마르도니우스에게 실패의 모든 책임을 떠넘기고 다시 해군을 조직하고 전함을 만들었다. 적극적으로 전쟁을 준비하는 한편, 그리스의 각 도시국가에 전쟁을 원하지 않는다면 '흙'과 '물'을 바치라고 전령을 보냈다. 그것은 자신에게 나라를 바치고 복종하라는 의미였다. 그러나 아테네와 스파르타는 끄떡도 하지 않았다. 아테네는 코웃음을 치며 페르시아에서 온 전령들을 동굴에 가두어 죽여 버렸다. 심지어 통역한 아테네 인도 그리스 어를 모독했다는 죄로 처형했다. 스파르타도 가만있지 않았다. 그들은 페르시아에서 온 전령들을 우물가로 끌고 갔다. 그러고는 "이 안에 흙과 물이 있으니 원하는 대로 하라."라고 말하고 그들을 우물에 던져 버렸다.

두 번째 원정

아테네와 스파르타가 자신의 제안을 거절했을 뿐만 아니라 전령들까지 무참히 죽였다는 소식을 듣고 다리우스 1세는 불같이 화를 냈다. 그는 경험이 풍부한 장군 아르타페네스Artaphernes와 다티스Datis에게 지휘를 맡겨 2차 원정을 시작했다. 페르시아 해군은 이번에는 아토스 곶을 무사히 통과하고 그리스로 가는 길에 낙소스 섬과 델로스 섬 등에 들러서 모두 점령했다. 그다음에 도착한 곳이 에레트리아였다. 에레트리아는 페르시아에 저항한 밀레투스를 지원한 적이 있었기에 페르시아는 그 보복의 의미로 도시를 완전히 불태웠다. 에레트리아의 건물은 하나도 남김없이 불에 타서 무너져 내렸고 성안의 사람들도 모두 죽었다. 페르시아는 다시 다음 목적지로 발길을 돌렸다. 그들은 아테네를 향해서 계속 진격했고, 이때 동행한 히피아스가 길 안내를 맡았다.

아테네는 페르시아가 쳐들어온다는 소식을 듣고 혼란에 빠졌다. 그러나 에레트리아가 완전히 몰살당했다는 소식을 듣고 나서는 오히려 안정을 되찾았다. 그들은 만약 이 전쟁에서 지면 자신들은 에레트리아보다 비참한 결말을 맞으리라는 것을 알고 있었다. 그러나 항복은 절대 원하지 않았기에 아테네는 급히 스파르타에 지원을 요청했다. 이에 스파르타는 지원을 약속했지만 종교 축제일이 지나고 보름달이 뜬 후에 군대를 보내겠다고 알려 왔다. 아테네는 하는 수 없이 홀로 전쟁을 준비했다.

마라톤 경기의 유래

아테네는 마라톤 전투에서 승리했다. 아테네의 병사 페이디피데스Pheidippides는 아테네에 이 기쁜 소식을 알리기 위해 마라톤 평원에서 아테네 광장까지 홀로 쉬지 않고 뛰었다. 그 거리는 무려 40km가 넘었다. 한 번도 쉬지 않고 이 먼 길을 달려온 그는 광장에 도착하자마자 고꾸라졌다. 그리고 마지막 힘을 다해 사람들에게 소리쳤다. "환호하시오! 우리가 승리했소!" 페이디피데스는 이 말을 남기고 죽었다. 1896년에 그리스 아테네에서 개최한 제1회 근대 올림픽에는 페이디피데스를 기념하기 위한 경기 종목이 생겼다. 바로 마라톤 경기이다. 선수들은 마라톤 평원에서 출발해서 당시 페이디피데스가 지나 온 길을 따라 아테네 주경기장으로 뛰어들어 왔다. 그 전체 거리는 42.2km였는데, 나중에 좀 더 정확하게 측정해 보니 42.195km였다. 이것이 바로 육상 경기 마라톤의 유래이다.

마라톤 전투

페르시아 군대는 아테네로 가는 길에 아티카 반도의 마라톤 평원을 정복했다. 마라톤 평원은 아테네와 아주 가까운 곳에 있기 때문에 아테네 인들은 여기서 페르시아의 진격을 저지하지 못하면 승산이 없다고 생각했다. 게다가 페르시아는 병사가 십만 명이고 아테네는 이웃 도시국가인 플라타이아이Plataiai에서 보내 준 천 명까지 합쳐서 간신히 만 명이었다. 아테네로서는 이 전쟁이 그야말로 '계란으로 바위 치기'였다.

아테네의 군대를 이끄는 장군들의 모임인 '10장군회'는 회의를 열었다. 당시 최고 사령관이던 칼리마코스Kallimachos를 비롯해 반 이상의 장군들이 아테네의 병력이 너무 적으므로 스파르타의 지원군이 올 때까지 기다려야 한다고 주장했다. 그러나 밀티아데스Miltiades는 이 상황이 오히려 좋은 기회가 될 수 있으며 지금이 아니면 이길 수 없다고 생각했다. 그는 최선을 다해서 칼리마코스와 다른 장군들을 설득했다. "이번 전쟁에 우리의 생사

그리스 병사들이 전투하는 모습을 그린 도자기 그림이다. 부상당한 병사가 땅에 누워 있고 허벅지에서는 피가 흐른다. 다른 병사들은 기다란 창과 방패를 들고 적들을 막고 있다.

가 달렸소. 승리하면 아테네는 그리스의 가장 위대한 도시국가가 될 것이고 우리는 아테네의 영웅이 될 것이오. 지금은 페르시아를 공격할 가장 좋은 기회이고, 이 기회를 놓치는 것은 페르시아에 순순히 아테네를 바치는 것과 다름없소."

칼리마코스도 결국 동의하여 밀티아데스는 즉시 군대를 이끌고 마라톤 평원 근처로 가서 상황을 살폈다.

아테네와 플라타이아이의 연합군은 마라톤 평원에 들어서서 페르시아와 전투를 시작했다. 아테네는 대형의 중앙을 비워 두고 병사를 양 측면에 집중적으로 배치해서 페르시아 군을 가운데로 끌어들여 그 측면을 공격하는 작전을 선택했다. 페르시아는 아테네가 예상한 대로 대형의 중간으로 깊이 치고 들어왔다. 그 순간 아테네는 측면의 병력을 이동시켜 페르시아를 에워쌌다. 마치 독 안에 들어간 쥐와 같은 상황에 몰린 페르시아 군은 어찌할 바를 모르고 제각기 살길을 찾아 도망쳤다. 아테네는 달아나는 페르시아 군을 끝까지 뒤쫓아서 해변까지 간 끝에 전함 일곱 척도 빼앗았다. 원래 페르시아의 작전은 육군이 아테네와 가까운 곳까지 진격하면 아테네 해안 근처에서 대기하던 해군이 그와 연합하여 동시에 공격하는 것이었다. 그러나 아테네의 장군 밀티아데스가 이미 마라톤 평원에서 페르시아 육군을 물리치고 바로 아테네로 돌아와 페르시아 해군을 기다리고 있었다. 그 소식을 들은 페르시아 해군은 공격을 포기하고 돌아갔다.

마라톤 평원 전투에서 페르시아 군은 6,400명이 죽었고 아테네와 플라타이아이의 연합군은 장군 칼리마코스를 포함해 192명이 죽었다. 마라톤 전투는 이후 적은 수로 많은 수를 이긴 전투의 대명사가 되었다.

2 피로 물든 테르모필레 전투

스파르타 전사 300명은 온몸으로 페르시아 군과 부딪혔다. 그들의 피와 살점은 테르모필레 Thermopylae 의 땅을 붉게 물들였다. 그리스로 전진하는 페르시아 군을 막기 위해 그들은 죽음을 두려워하지 않았다. 비록 승리하지는 못했지만 스파르타 전사의 용맹함은 지금까지 전해 온다.

| **시기** : 기원전 480년
| **인물** : 크세르크세스 1세, 테미스토클레스, 레오니다스

페르시아, 다시 그리스를 공격하다

페르시아 군은 두 번이나 그리스 원정을 했지만 모두 실패했다. 그러느라 페르시아가 다른 데에 신경을 쓰지 못하는 틈을 타 정복 지역인 이집트가 반란을 일으켰다. 다리우스 1세는 연이은 원정 실패와 이집트의 반란, 그리고 복잡해진 국내 정치 상황 때문에 골머리를 앓느라 건강이 악화되었다. 기원전 486년에 다리우스 1세는 세상을 떠나고 그의 아들인 크세르크세스 1세가 왕위를 계승했다.

크세르크세스 1세는 왕위에 오른 후 바로 이집트의 반란을 제압했다.

한눈에 보는 세계사

기원전 480년경 : 인도, 석가모니 열반   기원전 400년경 : 한반도, 철기 문화의 보급

그리고 대대적으로 전함을 만들어 대규모 함대를 조직하고 양식을 비축하라고 명령했다. 그는 아버지가 이루지 못한 꿈인 아테네를 정복하겠다고 선언했다. 크세르크세스 1세는 페르시아에 속해 있는 모든 국가와 부족에서 병사를 끌어 모았다.

당시의 페르시아가 얼마나 넓은지 페르시아 군대에 모인 병사들의 군복은 가지각색이었다. 머리에 수건을 둘둘 말고 긴 소매 상의에 발목만 동여맨 헐렁한 바지를 입은 페르시아 인, 청동 투구를 쓰고 손에 철퇴를 든 아시리아 인Assyrian, 기다란 천을 몸에 둘러 입은 인도인, 온몸을 검은색과 흰색으로 칠한 아비시니아 인Abyssinian, 이 밖에 사자나 호랑이 가죽으로 옷을 지어 입은 사람도 있었다. 당시의 페르시아 군은 군사 역사상 정말 보기 드문 특이한 군대였다.

기원전 480년에 크세르크세스 1세는 마침내 대군을 이끌고 그리스로 떠났다. 이번에는 이전의 두 차례 원정 때보다 병력이 매우 늘었다. 오늘날 학자들은 육군이 약 50만 명, 해군은 전함 1,000대에 인원이 15만 명에 달했을 것으로 추정한다.

도시국가의 연합

페르시아의 대군은 빠른 속도로 먼저 그리스 북부를 점령했다. 그리고 계속 남쪽으로 이동해서 테르모필레로 접근했다. 테르모필레마저 빼앗기면 아테네는 도마 위의 생선이나 다름없었다. 또 아테네가 페르시아에 점령되면 다른 도시국가도 차례로 무너질 터이고 결국 그리스 반도 전체가 페르시아의 점령지가 될 것이다. 먼저 아테네와 스파르타가 연합을 약속하자 다른 도시국가들도 하나씩 이 연합에 참여했다.

스파르타의 왕 레오니다스는 고대 그리스의 영웅이었다. 기원전 480년에 그는 단 300명의 전사를 이끌고 페르시아 군을 저지했고 테르모필레 전투에서 용감하게 싸우다가 전사했다.

아테네의 테미스토클레스Themistocles는 평민 출신이지만 마라톤 전투에 참여했고 집정관을 맡기도 했다. 그리스 도시국가 연합이 전쟁 준비를 위해 코린토스에 모여서 회의하기로 하자 테미스토클레스는 이 자리에서 연합에 참여하기를 망설이는 도시국가들을 멋진 연설로 설득하려고 했다. 그러나 회의에 참석한 대부분의 사람은 아무리 힘을 합쳐 봤자 페르시아 대군을 이기기는 어렵다고 생각했다. 심지어 델포이 아폴론 신전의 신탁조차 페르시아가 승리한다고 말하자 사기는 땅으로 곤두박질쳤다. 하지만 테미스토클레스는 절대 포기하지 않고 계속해서 신탁을 구했다. 결국 여사제는 '나무 창'이 있어야 그리스가 승리한다고 말해 주었다. 모호한 신탁이었지만 테미스토클레스는 '나무 창'이란 전함을 가리키는 것이 틀림없다며 동맹국들에 강한 전함을 만들자고 호소했다.

페르시아 군대가 테르모필레에 접근했다는 소식이 전해졌다. 그러자 그리스 인들은 테미스토클레스의 말대로 전함을 만들어서 테르모필레 동부의 아르테미시온Artemision으로 보냈다. 그들이 세운 계획은 육군이 테르모필레에 가서 페르시아 군대와 전투를 벌이는 동안 해군은 재빨리 아르테미시온으로 가서 페르시아의 전함 뒤쪽에서 공격하는 것이었다.

테르모필레 전투

테르모필레는 해안 절벽과 가파른 산 사이의 아주 좁은 길이었다. 가장 폭이 좁은 곳은 마차 한 대가 겨우 통과할 정도였다. 스파르타의 왕 레오니다스Leonidas는 그리스 연합군 7,200명을 이끌고 테르모필레로 왔다. 그들의 임무는 그리스 연합군의 전함이 올 때까지 테르모필레에서 최대한 오랫동안 페르시아 육군의 진격을 저지하는 것이었다.

크세르크세스 1세는 먼저 레오니다스에게 전령을 보내 무기를 버리라고 했다. 이에 레오니다스는 스파르타 인 특유의 간결한 말투로 "직접 가져가라고 해."라고 대답했다. 모욕감을 느낀 크세르크세스 1세는 그리스 연합군을 공격하라고 명령했다. 그러나 테르모필레는 공격보다 수비에 유리한 지형이었다. 페르시아의 대규모 군대는 테르모필레의 좁은 골짜기로 한 번에 들어갈 수가 없었다. 하는 수 없이 길게 줄지어서 골짜기를 통과하다 보니 접근하는 족족 그 반대편 끝에서 기다리던 그리스 연합군의 공격을 받고 쉽게 무너졌다. 그렇게 3일이 지났을 때 그리스 연합군에 배신자가 생겼다. 그는 페르시아 군을 지름길로 안내해서 연합군의 뒤쪽을 공격할 수 있게 했다.

적들이 예상치 못하게 뒤쪽에서 공격해 오자 레오니다스는 재빠르게 상황을 파악했다. 그는 그리스 연합군의 병력을 보호하기 위해 스파르타 전

〈테르모필레 전투의 레오니다스(Leonidas at Thermopylae)〉

19세기 프랑스의 화가 자크 루이 다비드(Jacques-Louis David)의 작품이다. 레오니다스와 300명의 용사가 싸운 테르모필레 전투의 감동적인 순간을 그린 것으로, 제작하는 데 15년이 걸렸다.

사 300명을 제외한 모든 군사에게 후퇴하라고 명령했다. 그리고 스스로 스파르타 전사 300명을 이끌고 죽을 각오로 페르시아 군에 저항했다. 스파르타 전사들도 자신들을 기다리는 것은 죽음뿐이라는 사실을 알고 있었다. 그들은 온 힘을 다해서 적에게 맞서 싸웠고, 레오니다스도 전장에서 병사들과 함께 싸웠다. 그는 맨 앞에 서 있었기 때문에 가장 먼저 죽었다. 자신들의 왕이 고꾸라진 것을 본 스파르타의 전사들은 죽음을 각오하고 더욱 맹렬하게 적에게 돌진했다. 적의 창에 찔려 피가 흘러도 그들은 조금도 물러서지 않았다. 몇 번을 찔려도 다시 일어나 적에게 창칼을 휘둘렀다.

스파르타의 전사들이 아무리 용맹하고 강하다고는 해도 단 300명으로는 페르시아의 수많은 군사를 무찌를 수 없었다. 그들은 모두 이 전투에서 장렬하게 죽음을 맞이했다. 페르시아는 승리했지만 희생도 컸다. 크세르크세스 1세는 뜻하지 않은 병력 손실에 화가 나 레오니다스의 머리를 기둥 위에 꽂아 놓고 분풀이를 했다.

비록 테르모필레를 지켜내지는 못했지만 레오니다스가 이끈 스파르타 전사들은 그리스 연합군의 전함이 바다에 집결하는 시간을 벌어 주었다. 그리스 연합군은 강한 해군을 앞세워 결국 해전에서 승리했다. 그들은 용감한 스파르타 전사 300명을 기리는 비석을 세웠다. 비석에는 다음과 같이 새겨졌다. "지나는 자여, 가서 스파르타 인에게 전하라. 우리는 조국의 명을 받아 여기 잠들었노라."

3 페르시아 전쟁의 종결

GREECE

스파르타 전사 300명의 희생에도 결국 테르모필레를 지키지 못한 그리스 연합군은 이제 페르시아와
결전을 앞두었다. 그리스 연합군은 페르시아보다 병력이 적었지만, 나라를 지키겠다는 의지로 그 어
느 때보다 강하게 단결했다. 아테네와 스파르타를 지휘국으로 결정한 그리스 연합군은 페르시아를
맞아들일 준비를 충분히 마쳤다.

시기 : 기원전 480년~기원전 449년
인물 : 크세르크세스 1세, 테미스토클레스, 마르도니오스

아테네의 계획

크세르크세스 1세는 깃발을 휘날리며 페르시아 대군을 이끌고 아테네로
진격했다. 그런데 아테네는 텅 비어 있었다. 어찌 된 일일까? 사실 페르시
아 군대가 아테네로 들어오기 며칠 전에 이상한 일이 생겼다. 아테네 신전
에 있던 커다란 뱀 한 마리가 없어진 것이었다. 사람들은 이것이 무슨 의미
일지 몰라 당황했다. 당시 집정관이던 테미스토클레스는 이 사건이 여신
아테나가 아테네를 떠난 것을 의미한다고 말했다. 또 델포이에 가서 신탁
을 구하자 신은 모든 아테네 인이 바다로 가야 한다고 말했다.

한눈에 보는 세계사

기원전 480년경 : 인도, 석가모니 열반   기원전 400년경 : 한반도, 철기 문화의 보급

그러나 아테네 인들은 고향을 떠나는 것을 주저했다. 테미스토클레스가 끊임없이 설득한 끝에 결국 노약자와 부녀자들은 살라미스 섬 등지로 갔고, 성인 남자는 모두 해군에 들어가 전함에서 전쟁을 준비했다. 그래서 크세르크세스 1세가 위풍당당하게 아테네로 들어왔을 때 아테네가 텅 비어 있었던 것이다. 아무것도 없는 도시를 멍하니 쳐다보던 크세르크세스 1세는 화가 머리끝까지 났다. 그는 신전과 아크로폴리스를 포함한 아테네의 모든 것을 태워 버리라고 명령했다. 아테네는 이때 모든 것이 불타 폐허가 되었다.

고향이 모두 잿더미가 되었다는 소식에 아테네 인들은 페르시아의 잔인함에 치를 떨며 복수심에 불탔다. 그들은 페르시아 군을 고통스럽게 죽여 버리겠다고 다짐했다. 테미스토클레스는 강한 해군을 보유한 아테네가 승리하는 길은 해상 전투로 승부를 내는 것뿐이라고 생각했다. 그래서 그는 폭이 좁아 큰 배가 들어가기 어려운 살라미스 해안으로 페르시아 해군을 유인했다. 페르시아 해군은 대규모 함대를 거느렸지만 전함이 대부분 크고 무거워서 속도가 느리고 방향 전환이 쉽지 않았다. 또 무엇보다 페르시아 해군은 이 지역의 해안과 조류에 대해 잘 몰랐다. 그리스 연합군은 정확히 그와 반대였다. 그들의 전함은 작고 기동력이 좋아서 좁고 얕은 물에서도 잘 움직였고 지리에도 훤했다. 테미스토클레스는 이 점을 이용해서 페르시아의 약점을 공격하면 반드시 승리할 수 있으리라고 생각했다.

그림 속 그리스 병사는 방패로 자신을 보호하면서 땅에 고꾸라진 페르시아 병사를 찌르려고 하고 있다.

적을 이용하다

페르시아와의 결전이 눈앞에 닥쳐왔다. 그런데 이 중요한 때에 그리스 연합군 내부에 분열이 생겼다. 스파르타의 지휘관이 테미스토클레스가 세운 작전은 스파르타에 불리하다며 전함을 코린토스 지역으로 이동시키겠다고 했다. 그것은 아테네와 그 이웃 도시국가를 모두 페르시아에 바치는 것이나 다름없었다. 테미스토클레스는 작전 회의를 열어서 좁은 지역으로 적을 유인해서 공격하는 전략의 성공 가능성을 반복해서 설명했다. 그리고 스파르타가 절대 위험에 노출되지 않을 것이라고 거듭 보장했다. 하지만 연합군은 여전히 의견을 일치시키지 못하고 시간만 자꾸 흘러갔다. 이러는 사이에 기회를 놓칠까 봐 불안해서 견딜 수 없던 테미스토클레스는 과감하게 승부수를 띄웠다. 바로 적인 페르시아를 이용한 것이다. 그는 비밀리에 크세르크세스 1세에게 전령을 보냈다. 그의 전령은 그리스 연합군에 내분이 생겼으며 곧 전투를 포기하고 물러날 예정이라고 거짓말을 했다. 그리고 이 기회에 페르시아 군이 해안으로 들어온다면 테미스토클레스가 직접 군대를 이끌고 항복하겠다고 알렸다. 크세르크세스 1세는 기뻐하며 바로 그리스 연합군을 공격하라고 명령을 내렸다. 그때까지 계속 논쟁만 하던 그리스 연합군은 페르시아 전함이 다가온다는 소식을 듣고는 갑자기 강한 단결력을 보이며 전투를 대비했다.

살라미스 해전

기원전 480년 9월 23일, 동이 틀 무렵에 페르시아의 전함이 살라미스 해협으로 들어왔다. 거대하고 묵직한 전함은 줄을 지어 좁은 해협으로 천천히 들어섰다. 크세르크세스 1세는 근처의 높은 산언덕에 앉아서 자신의 함대가 그리스 연합군을 향해 진격하는 것을 보고 있었다. 곧 승리를 거둔다는 생각에 기쁨에 들뜬 그는 기록관을 불러서 이 상황을 빠짐없이 적어 페르시아 대군의 이번 승리를 대대손손 전하라고 명령했다.

오랫동안 이때를 기다려 온 테미스토클레스는 신에게 제사를 올린 후 방패를 들었다. 그는 큰소리로 작전의 시작을 알렸다. 그러자 대기하던 그리스 연합군 전함들이 용맹하게 적군의 함대를 향해서 돌진했다.

생각지 못하게 그리스 연합군이 맹렬히 공격해 오자 페르시아 해군은 당황한 나머지 좁은 바닷길에서 서로 뒤엉켜 버렸다. 게다가 때마침 강한 바람까지 불기 시작해 페르시아 전함들은 원하는 대로 움직여 주지 않았다. 배들은 움직임이 둔해졌고 배를 젓는 노들이 서로 부딪혔다. 그리스 연합군은 이때를 놓치지 않고 날쌔게 적군의 함대로 접근해 침몰시켰다. 가장 앞에 있던 페르시아 전함은 상황을 깨닫고 후퇴하려고 했다. 그러나 뒤에 있던 전함은 바닷길이 너무 좁은 탓에 앞쪽에서 벌어지는 상황을 알지 못하고 그저 앞으로 돌진하려고만 했다. 결국에는 뒤쪽 함대가 앞쪽의 함대를 들이받는 일까지 발생했다. 큰 혼란을 겪은 페르시아 해군은 어찌할 바를 모르고 제각기 살길을 찾아 도망치기 바빴다.

살라미스 해전은 이렇게 페르시아의 패배로 끝났다. 페르시아 해군은 이곳에서 무려 전함 200대를 잃었다. 높은 곳에 앉아 이 상황을 처음부터 끝까지 지켜본 크세르크세스 1세는 그제야 자신이 속은 것을 깨닫고 비통함에 고개를 들지 못했다.

페르시아의 패배

살라미스 해전에서 패하면서 수송로가 끊겨 페르시아 군대는 수많은 군사가 먹을 양식을 제때에 보급받지 못했다. 이에 크세르크세스 1세는 전쟁을 포기하고 그리스 반도에 장군 마르도니오스Mardonios가 이끄는 병력 일부만 남긴 채 소아시아로 물러났다.

크세르크세스 1세가 이끄는 페르시아 대군이 소아시아로 돌아가려면 반드시 헬레스폰토스 해협을 지나가야 했다. 살라미스 해전에서 크게 이긴 그리스 연합군의 장군들은 병력을 보내서 페르시아 군을 추격해 전멸시켜야 한다고 주장했으나 테미스토클레스는 반대했다. 그는 돌아가는 페르시아 대군을 막았다가는 그들이 그리스 반도에 정착해

이 조각상은 상처 입은 고대 그리스 병사가 죽기 직전에 고통스럽게 발버둥치는 모습을 표현했다.

버릴 수 있으며, 그것이야말로 큰 재난이 될 것이라고 말했다. 그러자 다른 장군들도 그의 의견에 동의하고 페르시아 대군을 그냥 보내기로 결론을 내렸다.

　페르시아 전쟁에서 살라미스 해전은 가장 중요한 전투였다. 이전에 그리스 인들은 페르시아를 두려워하기만 했는데, 살라미스 해전에서 승리한 후 자신감이 생겼다. 그들은 다시 페르시아가 공격해 온다고 하더라도 반드시 그리스가 승리할 것이라고 생각했다.

플라타이아이 전투

페르시아 군대는 그리스 반도에서 완전히 철수한 것이 아니었다. 마르도니오스가 이끄는 페르시아의 군대가 남아 끊임없이 도시국가들을 위협하고, 기원전 479년에는 전쟁을 일으켰다. 마르도니오스는 먼저 그리스 연합군의 지휘국인 아테네로 돌진했다. 이 정보를 미리 들은 아테네는 예전에 효과를 본 '텅 빈 도시' 전술을 이용했다. 인기척 없이 비어 있는 도시를 본 마르도니오스는 화가 머리끝까지 나 또다시 아테네에 불을 질렀다. 몇 년 사이에 두 번이나 큰 방화 사건을 겪은 아테네는 처참한 상황이 되었다.

마르도니오스의 군대는 아테네 근처의 플라타이아이에서 스파르타의 파우사니아스Pausanias가 지휘하는 그리스 연합군을 기다렸다. 페르시아의 병력이 그리스 연합군보다 두 배는 많았기 때문에 마르도니오스는 자신만만했다. 그러나 그는 살라미스 해전 이후 페르시아 군의 사기가 크게 떨어졌다는 점을 깨닫지 못했다. 게다가 그가 이끄는 군대는 각 정복지에서 징집한 비정규군이었다. 그들은 훈련도 제대로 받지 못했고 당연히 페르시아를 위해 목숨 바쳐 싸울 생각도 없었다. 전투가 시작되자 병사들이 모두 도망가 버려서 얼마 지나지 않아 마르도니오스와 그의 부대는 전멸했다. 마르도니오스의 사망 소식이 전해지자 페르시아 군의 사기는 더욱 떨어졌다. 한편, 그리스 연합군은 전투 중에 도망친 페르시아 병사들을 끝까지 쫓아가서 모두 죽였다.

테미스토클레스의 운명

살라미스 해전을 성공으로 이끈 테미스토클레스는 아테네의 영웅이 되었다. 전쟁 후에 열린 올림픽에서 그가 경기장에 들어서자 모든 관중이 경기를 관람하는 것을 멈추고 그에게 갈채를 보냈다. 이 정도로 주변의 모든 사람이 자신을 찬양하자 테미스토클레스는 자만에 빠졌다. 그는 언제나 자신이 세운 업적을 자랑하듯 큰소리로 떠들어 댔다. 그러자 사람들은 겸손하지 못한 그를 싫어하게 되었고, 정치가들은 도편추방제를 이용해서 그를 아테네에서 추방했다. 그 후 여러 나라를 떠돌던 그는 스파르타의 파우사니아스가 페르시아와 내통한 사건에 관련되어 사형을 선고받았다.

사형을 피해 도망간 테미스토클레스는 그토록 싫어한 페르시아로 갔다. 당시 페르시아의 왕은 크세르크세스 1세의 아들인 아르타크세르크세스 1세였다. 그는 신하들의 반대를 물리치고 테미스토클레스를 환영하고 잘 대접해 주었다. 이후 페르시아와 아테네 사이에 또다시 전쟁이 벌어지자 아르타크세르크세스 1세는 그에게 전쟁에서 승리할 전략을 짜 내라고 명령했다. 하지만 테미스토클레스는 차마 그럴 수가 없었다. 또 자신에게 잘 대해 준 페르시아 왕의 명령을 거역할 자신도 없었다. 결국 그는 독약을 먹고 자살했다.

플라타이아이 전투에서도 패한 페르시아는 전쟁을 뒷받침할 재정과 병력이 모두 부족해졌다. 그들은 여전히 그리스 반도를 점령하고 싶었지만 이제는 군대를 조직할 힘도 없을 정도였다. 그리스 인들은 이 기회를 이용해서 공격에 박차를 가했다. 아테네를 중심으로 한 그리스 연합군은 페르시아의 점령지를 공격하기 시작했다. 그들은 먼저 소아시아를 공격해서 그 지역의 많은 도시국가를 페르시아에서 해방했다. 그러나 이 기간에 스파르타는 그리스 연합군에서 슬며시 빠져나갔다.

평화 협정

기원전 478년에 도시국가들은 페르시아가 다시 침입하는 것을 막기 위해서 델로스 섬에서 회의를 열어 델로스 동맹을 맺었다. 그들은 전함과 자금을 공동으로 내서 페르시아와의 전쟁에 대비하기로 했다. 스파르타가 이미 그리스 연합군에서 빠져나갔기 때문에 동맹의 지휘국은 자연히 아테네 혼자 맡게 되었다.

델로스 동맹은 지중해 일대에서 페르시아를 몰아내기 위해 전쟁을 계속했다. 이집트, 이오니아, 키프로스 등이 전쟁터가 되었다. 전쟁은 거의 델로스 동맹의 승리였다. 기원전 468년에 델로스 동맹은 소아시아의 에우리메돈 강에서 페르시아 해군을 격퇴했다. 이것은 살라미스 해전에 버금가는 큰 전투였다. 페르시아는 계속 패했고, 죽거나 다치는 사람은 셀 수 없이 많았다. 상황이 이쯤에 이르자 페르시아는 그리스를 정복하겠다는 야심을 버렸다. 기원전 449년에 아테네 해군은 키프로스 북부에서 페르시아 군을 크게 무찔렀고, 이 전투를 끝으로 페르시아 전쟁은 마침내 끝이 났다.

수십 년에 걸쳐 전쟁을 겪은 페르시아는 완전히 녹초가 되었다. 예전에 점령한 지역들도 곳곳에서 반란을 일으켰다. 페르시아는 하는 수 없이 델로스 동맹에 화해의 손길을 내밀었다. 계속되는 전쟁에 지친 것은 델로스 동맹을 이끄는 아테네도 마찬가지였다. 동맹에 참여하지 않은 스파르타는 사사건건 아테네의 일에 훼방을 놓았다. 스파르타를 견제하기 위해서라도 아테네도 전쟁을 끝내고 싶었다. 기원전 449년에 아테네는 칼리아스Kallias 를 대표로 삼아 페르시아로 협상단을 보냈다. 칼리아스는 크세르크세스 1 세의 뒤를 뒤이어 페르시아의 왕이 된 그의 아들 아르타크세르크세스 1세 Artaxerxes I와 평화 조약을 맺었다. 이것을 '칼리아스 평화 조약'이라고 한다. 평화 조약의 주요한 내용은 다음과 같았다. 첫째, 페르시아는 소아시아와 그리스의 모든 도시국가에 대한 통치를 포기한다. 둘째, 페르시아의 전함 은 에게 해로 들어올 수 없다. 셋째, 소아시아의 내륙, 이집트 및 키프로스 는 여전히 페르시아가 통치한다.

다리우스 1세가 통치한 시기에 페르시아는 최고의 번영을 누렸다. 그러나 그의 아들 크세르크세스 1세는 페르시아 전쟁을 일으켜 처참하게 패배했다. 사진은 다리우스 1세의 왕궁 유적이다. 비록 많이 훼손되었지만, 당시 제국의 기세와 화려함을 엿볼 수 있다.

4 헤로도토스의 《역사》

GREECE

'이곳에는 아름다운 말로 역사를 써 내려간 릭세스Lyxes의 아들 헤로도토스Herodotos가 묻혀 있다. 그는 도리아 인의 나라에서 태어나고 자랐지만 누명을 쓰고 이곳 투리오이Thourioi로 왔다. 그는 평생을 이곳에서 안락하게 보냈고, 투리오이는 그의 두 번째 고향이 되었다.'

시기 : 기원전 484년~기원전 425년
인물 : 헤로도토스

10년의 여행

위의 글은 이탈리아 남부의 투리오이에 있는 역사학자 헤로도토스의 묘비에 적힌 내용이다. 짧은 글 속에 그의 인생이 간결하게 표현되어 있다.

헤로도토스는 소아시아에 있는 할리카르나소스Halikarnassos의 유명한 집안에서 태어났다. 그는 독서를 좋아했고 그중에서도 호메로스의 서사시에 매료되었다. 서사시에 나오는 유명한 부분은 거의 다 외워서 암송할 정도였다. 당시 할리카르나소스는 폭정을 일삼고 시민을 억압하는 참주가 통치했다. 헤로도토스는 숙부와 함께 그 참주를 쫓아내고자 반란을 일으켰는

한눈에 보는 세계사

기원전 480년경 : 인도, 석가모니 열반   기원전 400년경 : 한반도, 철기 문화의 보급

데, 실패하여 숙부는 살해되고 그는 추방당했다. 참주가 물러난 후에 고향으로 돌아왔지만 정치적인 문제로 다시 추방되었다. 그 후로 헤로도토스는 다시 고향으로 돌아가지 않았다.

추방당한 헤로도토스는 사모스 섬에서 한동안 머무르다가 전 세계를 여행했다. 그는 10년 동안 흑해 연안, 이집트, 스키타이Scythia, 유프라테스 강, 페르시아와 트라키아 등지를 다녔다. 그는 방문하는 곳마다 유적지에 가 보고 현지의 민속 풍경과 사회 상황에 관심을 기울였다. 또 많은 일화와 민간에 떠도는 이야기를 모아서 기록했다. 10년에 걸친 이 여행은 그가《역사History》를 집필하는 데 아주 큰 도움이 되었다.

기원전 447년에 헤로도토스는 아테네로 왔다. 당시는 아테네가 가장 번영했을 때였다. 그리스의 상업과 문화의 중심이었던 아테네에서 그는 이곳이 바로 자신이 꿈꾸던 이상적인 도시라고 여겼다.

'역사의 아버지' 헤로도토스

《역사》를 쓰다

아테네에 머무르는 동안 그는 집정관 페리클레스, 극작가 소포클레스 등 유명한 사람들과 깊은 우정을 나누었고, 아테네의 각종 집회와 정치, 문화 활동에 적극적으로 참여했다. 그러던 중 그는 점점 페르시아 전쟁에 관심을 느꼈다. 아테네를 중심으로 뭉친 그리스 도시국가들이 상식적으로는 절대 이길 수 없는 페르시아 대군을 대체 어떻게 무찔렀는지 궁금증이 커졌다. 그가 아테네에 갔을 때는 마라톤 전투와 테르모필레 전투 등이 벌어진 지 수십 년이 지난 뒤였다. 헤로도토스는 당시 전투에 참여했거나 들은 것이 있는 사람들을 끊임없이 찾아다니면서 이야기를 들었다. 그리고 페르시아 전쟁에 대한 책을 써서 후세에 알려야겠다고 결심했다. 더 많은 자료를 모으기 위해 그는 그리스의 도시국가들을 여행하고 실제 전투가 벌어진 곳을 찾아가기도 했다.

기원전 444년에 아테네는 이탈리아 남부에 투리오이라는 식민 도시국가를 세웠다. 헤로도토스는 그곳으로 이주해서 투리오이 시민권을 취득했다. 이후 그는 온 힘과 정성을 다해《역사》를 쓰기 시작했다. 비록 그는《역사》를 완성하지 못하고 기원전 425년에 갑자기 세상을 떠났지만, 불후의 명작《역사》는 세상에 남았다.

《역사》

기원전 430년에 처음으로 발표된《역사》는《헤로도토스 전쟁사》,《페르시아 전쟁사》로도 불린다. 당시에는 나누어지지 않은 한 권이었지만, 나중에 알렉산드리아의 학자가 아홉 권으로 나누고 각 권에 뮤즈 아홉 명의 이름을 붙였다. 전체는 두 부분으로 나뉘며, 1권에서 5권의 27절까지가 전반부이고, 5권 28절부터 9권까지가 후반부이다. 전반부는 헤로도토스가 여행하며 보고 들은 다양한 이야기로 시작해서 페르시아 전쟁의 발발에 대해 설명한다. 그리고 이어서 후반부에서는 페르시아 전쟁이 진행되는 과정을 이야기하고 있다.

전반부에는 작가가 이집트 등 동방의 나라들에서 들은 신화, 전설 같은 황당무계한 이야기가 많이 삽입되어 있다. 그런 반면에 후반부는 역사적 사건의 원인과 결과를 정확하고 상세하게 파헤쳤다. 전반부와 후반부의 이런 차이점은 이 책이 짧은 기간에 가볍게 쓰인 것이 아니라는 사실을 나타낸다.

죽어가는 페르시아 병사

전반부와 후반부 가운데 어떤 것이 먼저 쓰였을까? 대다수 학자는 《역사》가 십여 년에 걸쳐서 쓰인 것으로, 헤로도토스가 여행하는 동안에 전반부를 쓰고 아테네에 와서 페르시아 전쟁에 관심을 느낀 후 후반부를 썼다고 여긴다. 후반부를 다 쓴 헤로도토스는 자신이 예전에 쓴 작품인 전반부를 좀 더 잘 정리하고 그중에 페르시아 전쟁과 관련한 부분을 다시 편집한 후 시작하는 글과 맺는 글을 더한 것 같다.

《역사》는 서아시아, 북아프리카 및 그리스 지역의 지리·민족 분포·경제·정치·풍습·관습·종교·유적 등을 상세하게 묘사한다. 또 아주 풍부하고 화려한 어휘를 사용해서 문학적으로도 가치가 높다. 특히 페르시아 전쟁을 쓴 후반부는 깔끔하고 이해하기 쉽게 설명해 읽기에 좋다. 이뿐만 아니라 그림 솜씨가 뛰어났던 헤로도토스는 이야기에 등장하는 왕, 정치가, 학자, 병사 등의 모습을 직접 그려 넣었는데, 모두 인물의 지위와 성격을 잘 반영한다. 아울러 《역사》는 역사상 처음으로 시나 노래가 아닌 '서술'을 했다는 점에서 큰 가치가 있다.

세계 문학의 보물인 《역사》를 써 낸 헤로도토스는 '역사의 아버지'로 불린다.

5 정의로운 자, 아리스티데스

GREECE

아테네에서는 훌륭한 위인이 많이 배출되었다. 그러나 '정의로운 자'라는 칭호를 받은 사람은 오직 아리스티데스^{Aristides} 한 명뿐이었다. 그는 아테네를 위해서 개인의 이익을 버리고 봉사와 희생을 마다하지 않았다.

시기 : 기원전 520년~기원전 467년
인물 : 아리스티데스, 테미스토클레스, 밀티아데스

정의를 수호하다

아리스티데스는 아테네의 유명한 정치가이다. 검소하고 청렴했으며 무엇보다 공정한 사람으로 존경받았다. 그는 살라미스 해전으로 그리스 연합군을 승리로 이끈 테미스토클레스와 나이가 비슷했는데 성격과 정치관은 완전히 달랐다. 아리스티데스는 무조건 원리와 원칙을 지키는 사람이었다. 그는 쾌락을 좇거나 유명해지려고 하지도 않았다. 반대로 테미스토클레스는 재치 있고 노련하며 열정적이었고 융통성 있게 일을 처리했다.

아리스티데스는 공평과 정의를 실천하는 것을 가장 중요하게 생각했다.

한눈에 보는 세계사
기원전 500년 : 인도, 불교 탄생   기원전 499년 : 공자, 노나라의 최고 재판관(대사구)에 임명
기원전 480년경 : 인도, 석가모니 열반

이 원칙은 자신에게 반대하는 사람에게도 정확히 적용되었다. 한번은 그가 반대파를 고발한 적이 있다. 그는 법정에서 자신이 고발한 이유와 사건에 대해 차근차근 이야기했다. 그다음에는 고발당한 사람이 자신을 변호하는 순서였다. 그러나 법관은 귀찮은 듯 기회를 주지 않았고, 법정의 누구도 이에 반대하지 않았다. 이때 뜻밖에도 아리스티데스가 자리에서 일어나 규정에 따라 고발당한 사람의 주장도 들어 봐야 한다고 말했다.

아리스티데스는 이러한 예에서 알 수 있듯이 청렴하고 공정하여 아테네인들에게 많은 존경을 받았다. 사람들의 추대를 받아 국고를 관리하는 감찰관이 된 그는 감찰 업무 중에 관리들이 국고를 개인적으로 사용한 사실을 발견했다. 그중에는 테미스토클레스도 포함되어 있었다. 감찰 결과가 밝혀지기 전에 이를 알게 된 테미스토클레스는 아리스티데스가 이 사실을 이용해서 자신을 공격할까 봐 걱정했다. 그래서 자신이 먼저 많은 사람 앞에서 아리스티데스가 탐욕스러운 행동을 하려고 했다고 공격했다. 다행히 아테네의 집정관과 시민은 그의 말을 믿지 않았고 아리스티데스는 감찰 직무를 계속할 수 있었다.

어쨌든 이런 일이 발생하자 아리스티데스는 전략을 바꿨다. 그는 더 이상 무조건 엄격하게만 관리하지 않았다. 표면적으로는 탐욕스러운 관리들과 타협한 것이다. 관리들은 아주 기뻐하며 아테네 인들에게 아리스티데스가 아주 공정하고 열심히 일한다고 칭찬했다. 아리스티데스의 임기가 끝나자 관리들은 그를 연임시키려 했다. 이 표결을 위해 열린 시민 의회에서 아리스티데스는 국고를 훔친 관리들의 이름을 공개하며 아테네 인들에게 훈계했다. "나는 최선을 다해서 일했으나 오히려 비난을 받았다. 그 후 관리들이 공금을 훔치는 것을 그냥 두었더니 칭찬을 받았다. 내가 지금 받는 칭찬은 예전에 받은 비난보다

양쪽으로 손잡이가 달린 '디필론(Dipylon)의 병'은 고대 그리스의 대표적인 기하학적 예술품이다. 병 전체에 다양한 기하학 문양이 가득하고 윗부분에는 장례 의식을 표현한 그림이 그려져 있다.

306

수치스럽다." 그의 훈계에 아테네 인들은 정의로운 아리스티데스에게 더욱 감동했고, 겉으로 보이는 것에 좌지우지된 자신들의 행동을 반성했다.

정의로운 자

페르시아 전쟁이 일어났을 때 아리스티데스는 10장군의 한 명으로 마라톤 전투에 참가했다. 10장군은 돌아가며 최고 지휘관을 맡았다. 밀티아데스를 믿고 지지하던 아리스티데스는 자신이 최고 지휘관이 될 차례가 되자 밀티아데스에게 그 권력을 넘겨주었다. 그러자 사람들은 이해할 수 없다며 그에게 이유를 물었다. 아리스티데스는 지혜가 뛰어난 사람을 뒤쫓아 가는 것은 수치스러운 일이 아니라고 설명했다. 그의 말에 감동한 다른 장군들도 모두 자신의 차례가 되었을 때 최고 지휘관의 자리를 밀티아데스에게 넘겨주었다. 덕분에 밀티아데스는 안정적으로 멀리 내다보며 전략을 짜고 실행할 수 있게 되어 마라톤 전투를 승리로 이끌었다.

마라톤 전투에서 승리한 후 아리스티데스는 집정관이 되었고, 사람들은 그를 칭송하며 '정의로운 자'라고 불렀다. 이를 질투한 테미스토클레스는 귀족들을 부추겨서 아리스티데스가 참주가 되려고 한다며 도편추방제로 추방하자고 설득했다.

아리스티데스는 자신은 잘못한 것이 없으니 추방될 리 없다고 생각하고 자신을 추방할지 결정하는 투표장에 가 보았다. 그때 옆에 있던 한 남자가 아리스티데스에게 도자기 조각을 하나 주면서 '아리스티데스'라고 쓰라고 권했다. 아리스티데스는 깜짝 놀라서 물었다. "그가 당신에게 무슨 잘못을 했습니까?" 그러자 남자는 귀찮다는 듯이 말했다. "아니, 난 사실 그 사람을 잘 몰라요. 그냥 사람들이 그를 '정의로운 자'라고 부르는 게 좀 짜증나서요."

아리스티데스는 말을 잇지 못했다. 그는 말없이 도자기 조각에 자신의 이름을 쓰고 남자에게 주었다. 그는 결국 아테네에서 추방되었다.

조국을 위해

페르시아가 두 번째 그리스 원정을 시작했을 때 테미스토클레스가 아테네 군의 지휘관이 되었다. 그는 추방된 아리스티데스가 페르시아의 편에 서는 것을 막기 위해 급히 아리스티데스를 불러들였다. 그러면서 테미스토클레스는 예전의 일로 아리스티데스가 앙심을 품고 자신에게 보복하지 않을까 걱정했다. 그러나 아리스티데스는 그저 최선을 다해서 테미스토클레스를 도왔고, 테미스토클레스는 살라미스 해전과 플라타이아이 전투를 승리로 이끌었다.

키레네(Cyrene)에서 출토된 아폴론 상

아리스티데스는 평생 많은 미덕을 베풀었다. 그중에서도 그의 용서하는 마음은 매우 훌륭했다. 아리스티데스는 자신을 미워하고 번번이 해를 끼치려고 한 테미스토클레스를 도왔다. 페르시아라는 거대한 적에 맞설 아테네의 지휘관을 개인적인 감정으로 방해해서는 안 된다고 생각했기 때문이다.

사실 델로스 동맹을 가장 처음 제안한 사람도 바로 아리스티데스였다. 그는 동맹에 참여한 각 도시국가의 재정 상황을 파악하고 그에 따라 각국이 내야 하는 전쟁 준비금을 계산하여 정하는 일을 맡았다. 다시 말해 그리스의 도시국가들이 전 재산을 그에게 맡긴 셈이었다. 그러나 아리스티데스는 단 한 푼도 자신을 위해 쓰지 않았고 그저 최선을 다해서 이 중요한 일을 해냈다.

기원전 467년에 아리스티데스는 세상을 떠났다. 그가 남긴 재산은 자신의 장례비도 부족할 정도여서 결국 각 도시국가의 지원을 받아 비로소 장례를 치를 수 있었다.

6 장군 키몬

GREECE

아테네의 명문가에서 태어난 키몬은 출신에 기대지 않고 자신의 신념과 능력을 바탕으로 조국을 위해서 열심히 일했다. 전쟁터에 나가 페르시아 군대를 무찔러 조국에 승리를 선물했고, 돌아와서는 아테네 사람들을 위해 온정을 베풀었다. 그의 명성은 그리스 전체에 퍼져 나가 이름만으로도 적을 물리칠 수 있을 정도였다.

시기 : 기원전 510년~기원전 450년
인물 : 키몬, 파우사니아스, 테미스토클레스

바보 키몬

키몬Cimon은 기원전 510년에 마라톤 전투의 지휘관을 맡은 밀티아데스와 트라키아의 공주 사이에서 태어났다. 그는 또 유명한 역사학자인 투키디데스Thucydides와는 친척이었다. 기원전 489년에 그의 아버지 밀티아데스는 죄를 지어 벌금 50달란트를 내야 했지만, 그 돈을 구하지 못해 감옥에서 죽었다. 당시 키몬은 아직 철이 들지 않은 젊은이였다. 큰 키에 늘 곱슬머리를 헝클어트린 채로 다녔고 문학과 철학에는 조금도 관심이 없었다. 술을 마시고 노는 것을 좋아해서 사람들은 그를 '바보 키몬'이라고 불렀다. 그러나

한눈에 보는 세계사
기원전 449년 : 로마, 12표법 제정

그는 너그럽고 속이 깊은 사람이었다.

기원전 480년에 살라미스 해전이 일어나기 전날 밤, 사람들은 모두 고향을 떠나는 것을 아쉬워했지만 키몬은 어서 빨리 전쟁터로 나가고 싶었다. 그는 동료들과 함께 아테나 신전에 가서 가져간 채찍을 바쳤다. 그리고 신전에 걸려 있던 방패를 집어 들고 용감히 싸우겠다고 맹세했다. 그는 살라미스 해전에서 신에게 맹세한 대로 용맹하게 싸웠고 공을 세워 지휘관이 되었다.

플라타이아이 전투에서 패한 페르시아 군대는 그리스 전 지역으로 뿔뿔이 흩어졌다. 당시 그리스 연합군을 이끈 스파르타의 파우사니아스는 계속되는 승리에 점점 교만해졌다. 그러나 키몬은 여전히 진심으로 사람을 대했고 친화력이 뛰어났다. 점차 다른 장군들의 존경을 받은 키몬은 파우사니아스를 물러나게 하고 그리스 연합군을 이끌었다.

뛰어난 장군

키몬은 기나긴 세월을 전쟁터에서 보냈다. 그가 이끄는 군대는 엄격하게 규칙을 지켰고 잘 훈련되어 있었으며, 아테네를 위해 많은 공을 세웠다. 기원전 476년에 키몬의 군대는 트라키아의 이온Eion을 공격해서 점령했고 페르시아 군을 성안에 가두고 포위했다. 양식이 떨어진 적이 스스로 성에 불을 지르고 자멸하자 사람들은 키몬의 공을 찬양하는 기념비를 세웠다.

키몬의 군대가 그리스 연합군과 함께 키프로스와 비잔틴을 공격했을 때 키몬은 많은 페르시아 인을 포로로 잡았다. 키몬이 전쟁에서 얻은 금과 은, 각종 보석 같은 재물과 포로 중에서 어떤 것을 가지겠느냐고 연합군에 묻자 연합군은 재물을 선택했다. 그리고 키몬은 전쟁 포로들을 이끌고 돌아왔다. 이에 사람들이 키몬을 어리석다고 비웃고 키몬의 부하들조차 화를 냈지만, 그는 빙그레 웃기만 하고 재물을 선택하지 않은 이유를 말하지 않았다. 얼마 후 포로들의 가족과 친구들이 포로를 풀어 달라고 요청해 왔다. 알고 보니 그들은 모두 페르시아의 부유한 귀족들이었고, 키몬이 그들에게 포로의 몸값으로 받은 돈은 연합군이 전리품으로 가져간 재물보다 훨씬 많았다. 사람들은 그제야 키몬의 지혜에 감탄하고 그를 더욱 신뢰했다.

드높은 명성

키몬은 전쟁을 하면서 많은 재물을 모았으나 재물에 집착하지 않았다. 그는 황금도 흙과 같은 것이라며 가난한 사람들에게 베풀었다. 또 자신의 농지에 있는 울타리를 다 뽑아내고 가난한 사람들이 얼마든지 먹을 것을 가져가도록 했다. 집에는 언제나 방금 만든 음식을 준비해 놓고 손님이 오면 대접했다. 그는 또 사람을 시켜서 학식이 깊고 인품은 좋으나 생활이 어려운 사람을 찾아서 돈을 보내 주었다. 전쟁터에서 쌓은 수많은 공로와 이러한 대범함으로 키몬은 아테네 인들의 존경을 받았다.

기원전 476년에 델포이에 있는 아폴론 신전의 여사제가 아테네 인들에게 신탁을 전했다. 스키로스 섬에서 살해된 옛 아테네의 왕 테세우스의 시신을 가져오라는 내용이었다. 키몬은 즉시 군대를 이끌고 스키로스 섬으로 가서 몹시 어렵게 테세우스가 묻힌 곳을 찾아냈다. 몇 주 후, 키몬이 테세우스의 시신을 정중하게 모시고 귀국했다. 키몬의 배가 도착하자 아테네 인들은 모두 달려 나와서 그를 환영했고 이후 키몬의 명성은 더욱 높아졌다.

인자하고 덕이 넘치는 키몬이었지만 정책을 펼치는 데에는 엄격한 편이었다. 그는 동맹국들에도 엄격하게 대했다. 기원전 465년에 타소스 섬이 델로스 동맹에서 탈퇴하자 키몬은 바로 군대를 이끌고 타소스 섬을 공격했다. 그 결과 조약을 맺고 타소스 섬의 모든 방어 시설을 철거했다. 또 트라키아에 있는 금광을 넘겨받고, 타소스 섬이 매년 델로스 동맹에 내야 하

에게 해에 있는 델로스 섬은 크고 작은 섬 39개로 이루어져 있다. 현재 델로스 섬에는 고대 그리스의 성지와 돌 사자상 등이 남아 있다. 당시 델로스 동맹의 본부와 전쟁 준비금을 모았던 금고가 바로 이곳에 있었다.

는 전쟁 준비금도 올렸다. 키몬의 이런 강력한 대응을 본 다른 동맹국들은 감히 동맹에서 탈퇴할 엄두도 내지 못했다.

다시 전쟁터로

아테네와 스파르타는 항상 연합과 갈등을 반복하는 앙숙이었다. 이 두 나라는 외부에서 온 공동의 적이 있을 때에는 협력하고, 평소에는 크고 작은 충돌이 끊이지 않았다. 그러나 키몬은 일부러 스파르타를 좋아하는 것처럼 행동했다고 한다. 그 예로 키몬은 아들에게 스파르타식 이름을 지어 주었고, 스파르타에서 헬로트가 반란을 일으키자 다른 귀족들의 반대에는 신경 쓰지 않고 스파르타를 지원하러 떠났다.

반란을 진압하는 것을 도와달라고 요청한 스파르타는 정말로 키몬이 군대를 이끌고 오자 무슨 속셈이 있는지 의심했다. 키몬은 결국 아무 일도 하지 못한 채 돌아와야 했다. 그러자 아테네 인들은 키몬 때문에 아테네가 스파르타에 치욕을 당했다며 그를 추방했다. 이후 아테네와 페르시아 사이에 한 번 더 전쟁이 일어났는데, 페르시아에 무참히 패한 아테네 인들은 용맹하고 똑똑한 장군 키몬을 떠올리고 그를 다시 불러들였다.

기원전 450년에 키몬은 해군을 이끌고 키프로스로 진격했다. 이때 그는 다시 한 번 바다를 페르시아 인들의 거대한 묘지로 만들겠다고 생각했다. 그러나 키몬은 키프로스에 도착하기도 전에 병에 걸려 죽었다. 죽기 직전에 그는 자신이 죽었다는 소식을 외부에 알리지 말라고 명령했다. 그리하여 키몬이 죽은 것을 모르고 여전히 그를 두려워하던 페르시아는 크게 패했다. 아테네는 육군과 해군이 모두 큰 승리를 거두었고 유리한 입장에서 페르시아와 전쟁 후의 협상을 시작했다.

7 페리클레스 시대

이 위대한 정치가를 빼놓고 아테네의 번영을 이야기할 수 없다. 페리클레스, 그가 통치한 수십 년 동안 아테네의 정치·경제·문화·학술·사상은 모두 화려하게 발전했고 이 기간은 '황금시대' 또는 '페리클레스 시대'라고 불린다. 고대 그리스 역사에서 사람의 이름으로 시대를 구분하는 것은 호메로스와 페리클레스뿐이다.

시기 : 기원전 495년~기원전 429년
인물 : 페리클레스, 에피알테스, 키몬

온화한 미소와 넘치는 재능

페리클레스는 아테네의 귀족 출신이다. 그의 아버지 크산티포스Xanthippus는 아테네의 해군 지휘관이었고 어머니 아가리스테Agariste는 참주 클레이스테네스의 조카였다. 아가리스테는 수사자가 자신의 뱃속으로 들어오는 꿈을 꾸고 며칠 후에 페리클레스를 낳았다.

페리클레스는 키가 아주 컸고 머리가 크고 기다란 편이어서 사람들 사이에 우뚝 솟아 있는 것처럼 보였다. 페리클레스를 반대하던 사람들은 그를 '양파 머리'라고 불렀고, 지지하던 사람들은 그의 겉모습이 다른 사람들

한눈에 보는 세계사

기원전 499년 : 공자, 노나라의 최고 재판관(대사구)에 임명   기원전 480년경 : 인도, 석가모니 열반
기원전 449년 : 로마, 12표법 제정

보다 뛰어나다는 의미라고 주장했다. 지금 남아 있는 페리클레스의 초상화는 대부분 모자나 왕관을 쓰고 있다. 이는 아마도 화가가 페리클레스의 외모를 보완하기 위해서 사용한 장치로 추측된다.

페리클레스는 어렸을 때부터 재능이 뛰어났고 철학, 정치, 음악, 체육 방면에서 우수한 교육과 훈련을 받았다. 그는 말과 행동이 모두 예의 바르고 성격도 온화해서 화를 낸 적이 거의 없었다. 한번은 어떤 사람이 광장에서 공개적으로 그를 비난했다. 페리클레스는 그의 말을 그저 묵묵히 들었다. 저녁이 되어 페리클레스가 집으로 돌아가자 그는 쫓아오면서까지 계속 비난했다. 집에 도착한 페리클레스는 하인들에게 횃불을 들고 그 사람을 집까지 모셔다 드리라고 분부했다.

아테네에서 군인이나 정치가가 되려면 말솜씨가 좋아야 했다. 페리클레스는 타고난 웅변가로 그의 연설은 소박하면서도 화려하고 설득력이 있었다. 역사학자 투키디데스와 이름이 같았던 정치가 투키디데스는 그를 질투했다. 한번은 스파르타의 왕이 그에게 페리클레스와 레슬링을 하면 누가 이기느냐고 물어보자 투키디데스는 이렇게 답했다. "당연히 제가 이깁니다. 하지만 그는 자신이 넘어지지 않았다고 변론하겠죠. 그러면 관중은 그의 변론에 설득되어 결국 이긴 사람은 그가 될 겁니다."

페리클레스

정치인이 되다

아테네가 델로스 동맹을 맺고 페르시아와 전쟁하던 때에 페리클레스는 아직 소년이었다. 그러나 당시 아테네의 상황을 정확히 알고 있었고, 애국심이 남달랐던 그는 빨리 성인이 되어 정치가가 되고 싶었다. 기원전 472년에 페리클레스는 비극 작가 아이스킬로스의 〈페르시아 인〉 공연을 후원했다. 이 연극이 대성공을 거두면서 덩달아 페리클레스도 유명해졌고 그가 정치인이 되는 데 큰 도움이 되었다.

당시 아테네는 귀족파와 민주파가 권력 투쟁을 했다. 귀족파에는 아리스테이데스Aristeides, 키몬, 투키디데스가 있었고, 민주파에는 테미스토클레스, 에피알테스Ephialtes가 있었다. 양쪽은 서로 팽팽하게 균형을 이루며 견제했다. 그러다가 아리스테이데스와 테미스토클레스는 연이어 추방되었고 테미스토클레스는 나중에 사형에 처해졌다. 페리클레스가 정치에 뛰어들었을 때에는 아리스테이데스가 이미 세상을 떠나고 테미스토클레스는 페르시아와 전쟁을 치르느라 바쁠 때였다.

페리클레스는 귀족 출신이었지만 민주 정치에 관심이 있었다. 그는 기원전 466년에 에피알테스가 이끄는 민주파에 정식으로 가입했다. 에피알테스는 가난한 집안 출신으로 전쟁에서 세운 공을 인정받아 정치인이 된 사람이었다. 그래서 좋은 집안에서 태어나 특별한 노력을 하지 않고도 성공하는 귀족들을 증오했다. 그는 최선을 다해서 아테네에 민주정을 세우고자 했으며 모든 시민이 정치에 참여하는 그날을 간절히 바랐다. 페리클레스도 에피알테스의 영향을 받아 굳은 신념을 지닌 적극적인 청년 정치인이 되었다.

민주정을 세우다

기원전 461년에 에피알테스와 페리클레스는 함께 귀족파인 키몬을 추방하고 아테네의 권력을 거머쥐었다. 그러나 그들이 추진한 계획은 많은 반대에 부딪혔다. 그 과정에서 에피알테스는 암살당했고 페리클레스가 그의 뒤를 이어 민주파를 이끌었다.

아테네 인들은 페리클레스의 공정한 사무 처리, 민주 정치에 대한 강한 의지에 감명하여 그를 존경했다. 기원전 444년에 그는 귀족파 투키디데스를 추방했다. 이제 귀족파의 주요 인물을 모두 아테네 밖으로 내쫓은 셈이었다. 기원전 434년에 페리클레스는 아테네 정치의 핵심 인물이 되었고, 이때부터 10년 동안 매년 수석 집정관으로 선출되며 아테네의 실질적인 통치자가 되었다.

페리클레스의 성실함은 아주 유명했다. 그가 집에서 나와 향하는 곳은 시장 아니면 의사당 두 곳뿐이었다. 또 그는 한 번도 연회 초대에 응한 적이 없었다. '양파 머리'라고 놀림 받던 그는 이제 '올림포스 산 꼭대기의 제우스'라는 별명을 얻었다.

페리클레스가 집정관이 되었을 때 가장 먼저 한 일은 에피알테스가 다하지 못한 일을 완성하는 것이었다. 에피알테스가 세운 민주의 기초를 더욱 발전시켜 페리클레스는 새로운 법을 발표했다. 그 내용을 보자.

첫째, 시민 의회의 지위를 높인다. 시민 의회는 오래전부터 존재했지만 실제로 정책을 결정하는 것은 아레오파고스 회의였다. 페리클레스는 시민 의회가 가장 높은 입법 기구이며, 고급 관리를 임명하거나 파면할 수도 있고 전쟁 등 국가의 큰일에 대해 최종 결정권이 있다고 규정했다. 아레오파고스 회의의 권한은 거의 없어졌고, 종교에 관한 안건과 사무만을 처리하도록 했다. 더욱 중요한 점은 아레오파고스 회의의 구성원인 원로들의 종신권을 없앤 것이다. 직무를 다하지 않는 원로는 심의를 거쳐서 신분을 박탈당할 수도 있었다.

둘째, 투표에 참여하는 계층을 확대했다. 아테네의 모든 남성 시민은 기본적으로 재산 정도에 상관없이 제비뽑기, 선거 등으로 관직에 뽑힐 수 있었다.

셋째, 아테네 시민은 자신의 정치적 권리를 더욱 많이 실행할 수 있게 되었다. 페리클레스는 10장군회의 장군들을 제외한 대부분의 관리에게 생활 지원금을 주기로 했다. 이렇게 하면 가난한 시민도 정치에 참여할 수 있기 때문이었다. 페리클레스는 또 '연극 관람 지원금'을 마련해 시민들이 연이 아테나상은 로마 인들이 만든 복제품이지만 강렬함과 신성함이 느껴진다. 페리클레스 시대에 페이디아스가 만든 진품은 마치 아테나가 살아 있는 듯 생생해서 사람들은 절로 무릎을 꿇고 절했다고 한다. 안타깝게도 지금은 사라지고 없다.

극을 볼 수 있도록 했다. 가난한 집에는 무료로 양식을 나누어 주기도 했다. 학자들은 당시 아테네의 시민은 약 3만에서 4만 명 정도였으며, 그중 국가로부터 물질적인 혜택을 받은 사람이 약 2만여 명에 달한다고 추측한다.

넷째, 아테네 시민권을 취득할 수 있는 자격 범위를 엄격히 제한했다. 기원전 451년부터는 부모가 모두 아테네 인인 사람만이 시민권을 얻을 수 있었다. 그런데 뜻밖에도 나중에 페리클레스 스스로 이 법을 위반했다. 사연은 이러했다. 이 법을 제정하고 몇 년 후에 아테네에 전염병이 크게 돌아 이때 페리클레스와 첫 번째 부인 사이에서 태어난 아들들이 모두 죽었다. 그 후에 맞은 페리클레스의 두 번째 아내는 아테네 시민이 아니었는데, 페리클레스는 두 번째 아내와의 사이에서 얻은 아들도 시민권을 얻게 해 달라고 시민 의회에 요청했다. 그는 시민 의회에 나아가 아들이 시민권을 얻지 못하면 집안의 대를 이을 사람이 없다고 탄식했다. 그러자 아테네 인들은 그를 동정하여 아들이 시민권을 얻도록 해 주었다.

아테네를 위해

페리클레스는 아테네의 세력과 이익을 확대하는 것을 외교의 목표로 삼았다. 델로스 동맹의 지휘국인 아테네는 전쟁 준비금이 들어 있는 금고를 관리했고, 페리클레스는 최선을 다해서 이 동맹을 유지하고 동맹 내에서 아테네의 지위를 더욱 높이고자 애썼다. 사모스 섬이 델로스 동맹에서 탈퇴하려고 하자 아테네 인들은 다른 도시국가에 대한 본보기로 그들을 엄격히 징벌했다. 그러나 기원전 454년에 아테네가 이집트에서 페르시아와 전투를 벌여 참패하자 동맹국들은 하나둘 델로스 동맹에서 빠져나갔다. 이때 페리클레스는 용맹하고 전쟁에 능한 장군 키몬을 불러 페르시아에 대항하도록 했고, 동맹을 탈퇴한 도시 국가들을 엄하게 다스려 다시 동맹에 들어오도록 했다. 또 각 도시국가에 군대를 파견해서 아테네와 민주정에 영원히 충성하겠다는 선서를 하도록 압박하고, 심지어 내정에까지 간섭했다. 델로스 동맹의 회의는 더 이상 열리지 않았고 아테네가 단독으로 명령을 내리고 관련 업무를 처리했다. 페리클레스는 이렇게 델로스 동맹을 엄격하게 관리하면서 이를 통해 그리스에서 아테네의 세력을 보호하고 확대했다.

페리클레스는 전쟁 준비금이 들어 있는 금고를 델로스 섬에서 아테네로 옮겼다. 이로써 페르시아를 무찌르기 위해 각 도시국가가 낸 돈은 사실상 아테네의 것이 되었다. 페리클레스는 시민들에게 지급할 각종 지원금 및 복지 비용을 이 돈에서 충당했다.

동맹국들이 모은 전쟁 준비금을 아테네가 마음대로 쓰자 그를 비난하는 사람들이 생겼다. 그러자 페리클레스는 그들에게 말했다. "페르시아 전쟁 중에 다른 도시국가는 말 한 마리, 병사 한 명도 보내지 않았소. 단지 돈만 냈을 뿐이오. 우리 아테네 인들은 동맹을 위해서 싸웠고 많은 병사를 희생했으니 이 돈은 아테네가 얻어 낸 것이오."

아크로폴리스를 다시 세우다

페르시아 전쟁을 치르는 동안 아테네는 두 번이나 불에 탔고 아크로폴리스도 파괴되었다. 그래서 기원전 449년에 페리클레스는 많은 유명 건축가와 조각가, 각 분야의 기술자를 초청해서 아크로폴리스와 광장의 공공건물을 다시 짓기 시작했다. 공사비는 모두 델로스 동맹의 금고에서 충당했다. 파르테논 신전, 웅장한 입구, 아테나·니케 신전을 연이어 짓고 나서 아름다운 조각으로 장식했다. 전투에 참여하는 병사들을 제외한 거의 모든 아테네 인이 이 엄청난 공사에 동원되었다.

투키디데스는 추방되기 전에 페리클레스가 이렇게 큰 공사를 벌여 아테네의 재산을 낭비한다고 비난했다. 이에 페리클레스는 직접 시민 의회에 참석해서 시민들에게 큰소리로 물었다. 돈을 너무 많이 썼느냐고 묻자 시민들은 그렇다고 대답했다. 그러자 페리클레스는 자신의 돈을 모두 내놓겠으며, 완성된 공공건물에 자신의 이름을 새기겠다고 말했다. 페리클레스의 당당한 대답에 아테네 인들은 다시 그를 지지했다.

페리클레스는 오랫동안 많은 권력을 누렸다. 그러나 단 한 번도 자신의 이익을 위해서 권력을 사사로이 사용한 적이 없었다. 페리클레스는 아테네 시민이었던 첫 번째 아내와 이혼하고 밀레투스 인인 아스파시아Aspasia와 결혼했다. 아스파시아는 아주 아름답고 우아한 여성이었다. 게다가 총명하고 사려 깊어서 소크라테스 같은 철학자, 예술가들과 많은 교류를 했다. 그러나 페리클레스를 반대하는 사람들은 언제나 그녀가 아테네 시민이 아니라는 점을 비난했다. 그리고 그녀를 방탕한 여성이라며 결국 '신을 모독한 죄'를 씌워 법정에 세웠다. 그러자 페리클레스는 권력을 이용해서 이 일을 해결하려고 하지 않고 뜨거운 눈물과 감동적인 연설로 배심원들을 설득해 아내의 목숨을 구했다.

페리클레스의 말기 집정

페리클레스의 통치 후반으로 접어들면서 아테네와 스파르타 사이의 갈등이 더욱 깊어졌다. 페리클레스는 스파르타를 적으로 생각하면서 절대 경계를 늦추지 않았다. 스파르타는 아테네의 끊임없는 영토 확장에 불만을 품고 있었다. 두 나라의 갈등은 점점 심해졌고, 결국 기원전 431년에 펠로폰네소스 전쟁이 발발했다. 스파르타의 군대가 아테네의 국경을 넘어서 진격해 오자 페리클레스는 고민에 빠졌다. 그는 스파르타 군대에 맞서 싸우

기보다는 아테네를 철통같이 지키기로 했고, 성 밖에 사는 농민들을 모두 성안으로 들어오도록 했다.

그런데 생각지도 못한 재난이 발생했다. 기원전 430년에 아테네에 대규모 전염병이 돌아 당시 아테네 인구의 약 4분의 1이 사망했다. 가족과 친구들을 잃은 아테네 인들은 누군가에게 이 재난의 책임을 떠넘기고 싶어 했다. 비난의 화살은 최고 지도자인 페리클레스에게 향했고 그는 결국 집정관에서 물러났다. 하지만 아테네 인들은 곧 페리클레스만이 이 어려운 상황을 해결할 수 있다는 것을 깨달았다. 그리하여 페리클레스는 다시 장군으로 뽑혔으나 얼마 후 그도 전염병에 걸려 세상을 떠났다.

파르테논 신전

아테네 아크로폴리스 정상에 있는 파르테논 신전은 페리클레스 시대의 위대한 건축물이다. 파르테논 신전은 당시 아테네의 번영을 상징한다.

8 그리스의 건축과 조각

고대 그리스의 건축과 조각은 과학적인 아름다움이 있다. 균형과 대칭이 완벽하게 조화를 이룬 당시의 작품들은 후대 서양의 건축과 미술에 큰 영향을 주었다. 고대 로마 인들은 그리스의 건축과 조각 작품들에 매료되어 열심히 모방했고, 덕분에 그리스의 독특함은 그대로 전해지고 있다.

시기 : 기원전 7세기~기원전 1세기
인물 : 미론, 페이디아스, 폴리클레이토스

고대 그리스의 건축과 조각 역사는 일반적으로 기원전 7세기에서 기원전 6세기의 아르카이크 시대, 기원전 5세기에서 기원전 4세기의 고전 시대, 기원전 4세기 말에서 기원전 1세기의 헬레니즘 시대의 세 시기로 구분된다.

그리스의 건축

고대 그리스는 신전, 노천극장, 광장과 기다란 복도인 콜로네이드colonnade 등 많은 건축물을 남겼다. 당시 그리스 건축의 가장 전형적인 특징은 건물

한눈에 보는 세계사

기원전 563년 : 석가모니 탄생	기원전 551년 : 공자 탄생
기원전 500년 : 인도, 불교 탄생	기원전 403년 : 중국, 전국 시대 시작
기원전 202년 : 중국, 한 건국	기원전 195년 : 위만, 고조선의 왕이 됨
기원전 97년 : 사마천, 《사기》 완성	기원전 57년 : 신라 건국
기원전 37년 : 고구려 건국	기원전 18년 : 백제 건국

주변에 거대한 기둥을 죽 두르는 것이었다. 그리스 인들은 또 건물 주변을 콜로네이드로 감싸는 것을 좋아했다. 콜로네이드에도 항상 돌기둥을 세웠는데, 초기에는 큰 돌덩어리 하나로 만들다가 나중에는 돌을 쌓아서 만들었다. 이때 돌덩이 사이는 철근으로 고정했다. 기원전 6세기가 되면서 건물의 기둥, 기둥받침, 처마 등의 비례와 스타일이 조금 더 완성되었다. 이 세 요소가 조합된 기둥의 양식은 그리스 건축의 기본 요소가 되었다. 크게 도리아식, 이오니아식, 코린트식 세 가지로 나뉘며 모두 간결하고 우아한 아름다움이 돋보인다.

도리아식과 이오니아식은 고전 시대에 이미 완성되었고, 코린트식은 고전 시대 이후에 출현했다. 이 기둥 양식은 이오니아식에 더욱 화려하게 장식한 것이었나. 기둥 윗부분에 불꽃이 타오르는 듯한 나뭇잎 장식을 하는 등 무척 정교하고 호화로웠다. 코린트식은 훗날 로마 인이 가장 사랑하고 많이 모방했다.

오늘날 가장 유명한 아크로폴리스의 건축물들은 대부분 고전 시대의 작품이다. 아크로폴리스는 역사적으로도 중요하지만 '건축 박물관'으로도 불릴 만큼 건축학적으로 중요한 곳이다.

〈사모트라케의 니케〉

헬레니즘 시대가 되면서 고대 그리스의 건축에는 큰 변화가 생겼다. 그리스 인들은 이제 거대한 신전보다는 일상생활에 필요한 건물을 짓는 데 더욱 집중했다. 광장 주변에 작은 신전과 각종 공공 건물을 세웠고, 도시는 정확한 대칭 구조로 발전했다. 이 건물들은 주로 화려한 이오니아식 기둥을 많이 사용했다. 이러한 기둥들은 무게를 감당하는 본연의 기능보다는 장식적인 용도로 많이 쓰였다.

그리스의 조각

고대 그리스 조각은 일반적으로 대리석으로 만들었다. 대리석이 튼튼하고 매끄러워서 완성했을 때 아름답고 세밀해 보이기 때문이다. 당시에는 조각한 다음에 그 위에 아름답게 색을 칠했는데, 오랜 세월을 거치면서 색은 모두 벗겨지고 지금은 대리석만 남아 있다. 종종 세밀한 부분은 청동으로도 만들고 눈은 유리, 보석, 금속을 끼워 넣어서 만들었다.

고대 그리스 인들은 수많은 조각 작품을 만들었으나 지금까지 남아 있는 것은 별로 많지 않다. 하지만 고대 로마를 비롯한 후대 사람들이 만든 복제품이 많이 남아 있어서 이를 토대로

페이디아스는 아크로폴리스의 소녀상 기둥으로 유명한 에레크테이온 신전을 건축했다.

당시의 조각을 이해할 수 있다.

아르카이크 시대의 조각은 이집트의 영향을 많이 받았다. 주로 인물은 정면으로 서 있고 왼쪽 다리를 한 발 내디딘 형태이다. 또 남자든 여자든 모두 똑같이 미소를 짓고 있다. 당시 인물상은 남성의 나체를 조각한 것과 옷을 입은 여성을 조각한 두 가지 유형으로 나뉘었다. 남성의 나체상은 '쿠로스kouros'라고 부르고 옷 입은 여성상은 '코레kore'라고 한다. 이후 이집트

스타일에서 벗어나 더욱 생동감 있는 남자 조각상이 많이 만들어지기 시작했다. 이런 조각을 통틀어 '아폴론'이라고 부른다. 그중에 기원전 6세기에 만들어진 〈목동〉은 아르카이크 시대의 걸작으로 귀엽고 생생한 소의 표정이나 힘이 느껴지는 남성의 두 손이 아주 멋지다.

고전 시대가 되자 그리스 조각들은 아름다운 신체를 있는 그대로 묘사한 작품을 많이 만들어 냈다. 이 시기는 가장 멋진 작품이 많이 만들어진 때였다. 여성을 조각한 작품이 많아졌고, 인물은 감정을 한껏 드러냈다. 환희와 기쁨, 공포와 두려움, 분노 등이 모두 자연스럽게 표현되었고 움직임도 더욱 강해져서 운동하거나 전투하는 모습도 있었다. 이전에는 인물들이 언제나 정면으로 서 있었지만 옆모습도 등장했고, 조각 기술이 더욱 발전해서 신체 비율이나 구조도 매우 정확해졌다.

신화에 따르면 미의 여신 아프로디테는 에게해의 거품 속에서 탄생했다. 이것은 아프로디테의 고귀함과 아름다움도 거품처럼 금세 사라진다는 것을 의미했다. 팔이 없는 이 조각상은 아프로디테의 조각 중에서 가장 유명하다.

헬레니즘 시대의 조각가들은 아이, 노인, 외국인 등 더욱 다양한 인물을 조각했다. 신과 관련된 것에서 벗어나 노화, 가난, 질병의 고통, 심지어 죽음까지 인간의 모든 것이 조각의 소재가 되었다.

고대 그리스는 위대한 조각가들을 많이 배출했고 그들은 정교하고 우수한 기술로 수많은 조각을 만들어 냈다. 그중 유명한 사람으로는 미론Myron, 페이디아스, 폴리클레이토스Polycleitos가 있다.

미론은 기원전 5세기의 유명한 조각가이다. 그는 인체의 골격과 근육에 대해 정확하게 파악해서 운동 중인 인물의 역동적인 모습을 조각하는 데 탁월했다. 그의 대표작 〈원반 던지는 사나이Diskobolos〉는 원반을 던지기 직전의 긴장된 자세를 표현했다. 무게 중심을 멋지게 한쪽 다리에 쏠리도록 해서 조각상을 보고 있으면 금세 몸을 돌려서 원반을 멀리 날릴 것만 같다.

페이디아스의 작품은 우아하고 엄숙하다. 이것은 고전 시대 조각의 전형적인 경향이다. 아크로폴리스에 있는 파르테논 신전의 유명한 조각상이 그의 작품이다.

폴리클레이토스는 기원전 5세기의 사람으로 운동선수의 동작을 표현하는 데 뛰어났다. 그는 인체의 비율에 대한 책도 썼다고 한다. 그의 대표작은 〈창을 든 청년Doryphoros〉으로 젊은 전사를 조각한 작품이다. 다부진 체격의 젊은 전사는 금방이라도 전쟁터에 뛰어나갈 듯하다. 그는 손에 기다란 창을 들고 무게 중심을 오른쪽 다리에 둔 채 왼쪽 다리를 살짝 구부리고 있다. 창을 든 왼손과 오른쪽 다리는 균형을 잘 잡고 있어서 아주 안정감이 있다. 이는 작가가 위대한 조각가일 뿐만 아니라 인체의 비율을 깊이 연구했다는 증거이기도 하다. 폴리클레이토스는 신체의 가장 이상적인 비율은 머리가 키의 7분의 1이고 얼굴은 키의 10분의 1이라고 말했다. 이것은 당시 많은 조각가가 작품을 만들 때 지켜야 하는 하나의 규칙이 되었다.

이 밖에도 고대 그리스의 조각 중에 〈사모트라케의 니케Winged Victory of Samothrace〉, 〈밀로의 비너스Venus of Milo〉 등이 유명하다.

고대 그리스의 나체 조각상

고대 그리스의 조각 작품 중에는 인간의 신체를 조각한 것이 많다. 조각상은 대부분이 나체인데, 이는 아마도 전쟁과 관련된 것으로 보인다. 당시의 전쟁은 무기보다 몸으로 대결하는 것이었으므로 몸이 강하면 강할수록 좋았다. 그래서 전쟁이 일어나지 않을 때 청년들은 대부분의 시간을 격투, 멀리뛰기, 권투, 달리기 등을 훈련하는 데 할애했다. 도시국가들은 축제일이 되면 항상 경기를 벌였고, 선수들은 경기장에서 자신의 아름다운 신체를 보여 주기 위해 옷을 벗었다. 프랑스의 조각가 로댕은 "그리스의 소녀들도 적나라하게 옷을 벗었지만 외설적인 느낌은 전혀 없었다."라고 말했다. 그리스 인들에게는 좋은 혈통을 타고나 발육이 잘된 데다 비율이 좋고 더욱이 운동까지 잘하는 사람이 가장 이상적인 인간이었다. 경기장에 나체로 서 있는 선수들은 모두 조각가들의 훌륭한 모델이었다.

〈사모트라케의 니케〉는 1863년에 에게 해 북부의 사모트라케 섬에서 발견되었다. 발견 당시에는 모두 깨진 조각이었지만 정교한 복원 작업을 거친 후 다시 탄생했다. 다만, 아직 머리와 팔은 없다. 여신이 날개를 펼치며 바람을 마주하는 모습으로 바람에 옷이 휘날린다. 머리와 양팔은 없지만 어느 각도에서 봐도 아름다운 모습이 찬사를 자아낸다. 기원전 190년 작품으로, 소아시아의 통치자였던 드미트리오스 1세^{Demetrius I}의 함대를 물리친 것을 기념하기 위해 만들어졌다.

〈밀로의 비너스〉는 1820년에 에게 해의 밀로 섬에서 발견되었다. 비너스는 아프로디테의 로마식 이름이다. 만들어진 연도에 대해서는 여전히 논란이 있지만 대략 기원전 2세기로 추측된다. 대리석 두 개를 합쳐서 만든 것으로, 우아한 여신의 모습이 무척 아름답다. 머리와 몸통, 하체로 이어지는 자연스러운 굴곡이 전체적으로 'S' 자를 그려 곡선의 아름다움이 돋보인다. 지금은 양쪽 팔이 남아 있지 않지만 '고대의 신성함'을 상징하는 세계 최고의 걸작으로 평가받는다.

광란의 디오니소스 축제

디오니소스 축제는 광란의 축제였다. 축제가 열리는 동안 사람들은 신분의 굴레를 벗어던지고 오로지 환희와 쾌락을 추구했다. 그들은 술에 취해서 평소에는 감히 할 수 없는 말과 행동을 서슴지 않고 했다.

디오니소스 신화

제우스는 인간 세계의 미녀 세멜레Semele와 사랑에 빠졌고 세멜레는 이윽고 제우스의 아기를 임신했다. 이 사실을 알게 된 헤라는 질투심에 불타 세멜레가 제우스의 본모습을 궁금해하도록 했다. 그 후에 제우스와 만난 세멜레는 제우스의 본모습을 보고 싶다고 졸랐다. 제우스는 그 부탁을 들어주기를 꺼렸지만 결국 어쩔 수 없이 본모습인 천둥과 번개로 변했다. 하지만 세멜레는 인간이었고 인간의 몸으로 제우스가 내뿜는 휘황찬란한 빛줄기를 견뎌 낼 수가 없었다. 그녀는 제우스의 몸을 휘감은 천둥과 번개를 보는 순간 그 열기로 그 자리에서 새까맣게 타죽고 말았다. 제우스는 죽어가는 세멜레의 몸에서 아기를 꺼내어 자신의 허벅지에 넣었다. 얼마 후 제우스의 허벅지에서 아기가 태어났고, 그가 바로 디오니소스이다.

세멜레가 죽었지만 헤라의 질투는 사그라지지 않았다. 그녀는 티탄 거인족에게 디오니소스를 죽이라고 명령했다. 이를 알게 된 제우스가 디오니

디오니소스의 환락

소스를 산양으로 변신시켰는데도 거인들은 디오니소스를 끝까지 쫓아와서 죽였다. 그러고는 몸을 갈기갈기 찢어 물이 펄펄 끓는 큰 솥에 넣었다. 아테나가 솥 안에서 디오니소스의 심장을 꺼내 제우스에게 가져다주었고, 제우스는 그를 가엾게 여겨 다시 태어나게 했다. 디오니소스는 이렇게 해서 두 번 태어났다.

디오니소스 축제

디오니소스는 포도 농사와 술의 신이다. 그래서 담쟁이덩굴, 산양, 그리고

포도 넝쿨과 술이 담긴 그릇을 들고 있는 디오니소스

포도 넝쿨로 휘감긴 지팡이가 그를 상징한다. 디오니소스는 인간 세계를 좋아해서 항상 지상에 내려와 놀았고 인간들에게 포도 농사를 짓는 법을 알려 주었다. 디오니소스는 항상 많은 숲의 요정, 연못의 선녀, 산에 사는 신들을 데리고 다니며 인간 세상을 여행했다. 디오니소스는 겨울에 죽었다가 이듬해 봄에 다시 태어났다. 그리스 인들은 그의 부활을 축하하고 포도의 풍성한 수확을 기원하며 매년 3월 말에서 4월 초까지 약 일주일 동안 성대한 축제를 열었다.

디오니소스는 그리스 신화에 처음부터 등장한 신은 아니었다. 기원전 13세기경에 포도주를 만들고 즐겨 마시면서 소아시아의 신화에 등장하기 시작했고, 이후 그리스 전역으로 널리 알려졌다.

원래는 단순히 포도 농사의 신이던 그에게 점차 에로틱한 이미지가 생겼다. 이것은 숲의 신 사티로스Satyr와 관련이 있다. 사티로스는 사람의 얼굴을 하고 있지만 이마에 숫양의 뿔이 달렸고 다리와 꼬리도 있어서 인간과

〈바쿠스와 아리아드네(Bacchus und Ariadne)〉

이탈리아 화가 베첼리오 티치아노(Vecellio Tiziano)의 작품이다. 바쿠스는 디오니소스의 로마식 이름으로, 그림은 디오니소스와 아리아드네가 사랑에 빠지는 장면을 재현했다.

짐승이 반반씩 합쳐진 것 같은 존재였다. 그는 환락을 좋아했고 음탕한 욕망이 있었다. 고대 그리스 인들은 사티로스를 디오니소스의 시종으로 생각했고, 나중에 이 둘을 하나의 신으로 보기도 하면서 디오니소스에게도 에로틱한 이미지가 더해졌다.

디오니소스 축제는 디오니소스와 그의 아내인 아리아드네를 찬양하는 축제이다. 처음에는 여성들만 참가하여 비밀스럽게 열리던 축제였는데, 나중에 점차 남성들도 참가하게 되었다. 또 처음에는 '성적인 해방'을 뜻하다가 나중에는 '감정의 해방'을 의미하게 되었다. 술을 잔뜩 마신 사람들은 평소에 지켜야 하는 도덕과 윤리 규범을 모두 벗어던진 채 자유롭게 행동했다. 이 과정에서 종종 폭력이나 학대가 발생하기도 했다. 고대 그리스의 도자기에 그려진 디오니소스 축제 모습을 보면 여성들은 짐승의 가죽을 걸치고 산속 계곡에 모여서 술을 마시고 산양을 잡으러 간다. 도중에 지나가는 남자를 만나면 그를 '사냥'하기도 한다. 산양이든 남자든 일단 사냥에 성공하면 그것을 갈기갈기 찢어서 디오니소스에게 바치고, 그 피를 마시고 고기를 먹는다.

디오니소스의 환락

디오니소스 축제는 원래 아테네의 작은 마을에서 시작된 지역 축제이다. 처음에는 단순히 신에게 제사만 올리다가 기원전 8세기에 들어서는 춤과 노래를 더했고, 기원전 6세기 무렵 전국적인 축제로 발전했다. 그러면서 디오니소스는 올림포스 산 신들의 계보에 이름이 올랐다. 그리고 축제가 도시에서 열

〈바쿠스(Bacchus)〉

이탈리아 화가 미켈란젤로 다 카라바조(Michelangelo da Caravaggio)의 작품이다.

리기 시작하면서 야만적인 행동은 금지되었고 대신에 성대한 퍼레이드를 거행했다.

아테네에는 디오니소스와 관련된 축제가 몇 가지 더 있는데, 그중에서 규모가 가장 큰 것은 매년 봄에 열리는 디오니소스 축제였다. 퍼레이드에서 춤을 추는 사람들은 윗옷은 벗고 아래에는 짐승의 가죽을 걸쳤다. 완전한 나체에 머리에 화관만 쓴 사람도 있고, 숲의 요정이나 연못의 선녀, 사티로스로 분장하기도 했다. 사람들은 디오니소스 제단을 둘러싸고 한들한들 춤을 추며 디오니소스를 기리는 기쁨의 노래를 불렀다. 그 내용은 디오니소스가 인간에게 포도주를 내려 준 데 감사하는 것이었다. 또는 디오니소스의 순탄치 않은 탄생을 이야기하며 슬픈 운명을 애통해하기도 했다. 바로 여기에서 비극이 탄생했다. 그래서 디오니소스는 나중에 연극의 신이 되기도 했다. 지역 축제에서 전국 축제로, 간단한 제사에서 화려한 퍼레이드로 확대된 디오니소스 축제에 연극 공연까지 더해졌다. 연극은 주로 눈물이 날 정도로 감동적인 비극을 공연해 디오니소스 축제만의 분위기를 더욱 고조시켰다.

이 축제는 그리스 인들의 중요한 행사 중 하나였다. 이것은 전통으로부터 해방을 의미하는 것이었으며, 그리스 인들은 디오니소스 축제에서 마음속 깊은 곳에 자리한 자유와 무질서에 대한 갈망을 드러냈다.

Ancient GREECE

맥을 잡아주는 세계사
The flow of The World History

제6장 | 펠로폰네소스 전쟁과 스파르타의 몰락

1 펠로폰네소스 전쟁

페르시아 전쟁에서 승리한 후 그리스 내부에 분열이 생겼다. 특히 오랜 앙숙인 아테네와 스파르타의 갈등은 더욱 고조되었다. 아테네는 경제적인 부와 해군을, 스파르타는 강한 육군을 앞세워 조금도 양보하려고 들지 않았고, 결국 두 나라는 전쟁을 시작했다.

시기 : 기원전 431년
인물 : 페리클레스, 클레온, 니키아스, 브라시다스

펠로폰네소스 전쟁은 아테네가 이끄는 델로스 동맹과 스파르타가 이끄는 펠로폰네소스 동맹 간에 벌어진 전쟁이다. 기원전 431년부터 기원전 404년까지 수십 년 동안 계속되었고 그리스의 거의 모든 도시국가가 참여했다. 전쟁은 잠시 멈추었다가 또다시 시작되기를 반복했다. 결국에는 스파르타가 승리했고 이후 아테네는 쇠락의 길을 걷기 시작했다. 펠로폰네소스 전쟁은 고대 그리스 사회 전체를 변화시켰고 그 규모와 기간, 영향력이 워낙 컸기에 '고대의 세계 대전'으로 불리기도 한다.

한눈에 보는 세계사
기원전 400년경 : 한반도, 철기 문화의 보급

전쟁의 불씨

민주 정치를 추구하던 아테네와 귀족 과두 정치를 유지하던 스파르타는 서로 이해하지 못했다. 특히 페르시아 전쟁이 끝나고 나서 갈등은 더욱 심해졌다. 페르시아 전쟁에서 승리를 거둔 후 아테네를 중심으로 한 델로스 동맹은 페르시아 군대를 끝까지 쫓아가서 페르시아의 정복 지역을 해방하고 자신들의 영향권 아래에 두었다. 이어서 아테네는 델로스 동맹을 더욱 강화했다. 원래는 페르시아에 대항하기 위해 만들어진 동맹이 이제는 그리스 반도에서 아테네의 패권을 유지하기 위한 수단이 되었다.

아테네는 영토와 시민을 보호하기 위해 기원전 460년부터 아테네에서 항구에 이르는 길을 따라 수십 킬로미터의 거대한 성벽을 쌓기 시작했다. 성벽이 완성되자 아테네 성은 절대 침략할 수 없는 하나의 요새가 되었다. 그리고 아테네 해군은 항상 펠로폰네소스 반도를 시찰하며 스파르타가 병력을 늘리지는 않는지, 국경을 슬며시 넘어오지는 않는지 살폈다. 스파르타는 아테네의 이런 행동을 기분 나빠하며 델로스 동맹을 해체시킬 방법을 궁리했다. 그들은 델로스 동맹에 참여한 각 도시국가의 정치가 중에 아테네에 반감을 품은 인물들을 비밀리에 접촉했다.

기원전 445년에 아테네와 스파르타는 '30년 평화 협약'을 맺기까지 했지만 별 효과는 없었다. 특히 스파르타가 지휘하는 펠로폰네소스 동맹이 결성되자 아테네와 스파르타의 갈등은 이제 델로스 동맹과 펠로폰네소스 동맹의 갈등으로 확대되었다.

기원전 435년에 펠로폰네소스 동맹에 속한 코린토스와 그 식민지였던 케르키라Kerkyra 섬 사이에 충돌이 발생했다. 아테네는 코린토스가 키르케라를 제압하고 세력이 확장될 것을 걱정해서 바로 키르케라를 지원하러 갔다. 병력이라고

투키데스

오늘날 펠로폰네소스 전쟁에 관해 알려진 내용은 대부분 역사학자 투키데스의 기록을 토대로 한다.

는 아테네의 예비 부대에도 못 미쳤던 키르케라는 아테네의 지원으로 코린토스의 식민지에서 벗어날 희망이 생겼다. 코린토스는 키르케라와의 전쟁에 뜻하지 않게 아테네가 간섭하자 스파르타에 지원을 요청했다. 이에 스파르타는 아테네가 30년 평화 조약을 위반했다며 아테네에 당장 키르케라 섬을 떠나고 델로스 동맹도 해체하라고 요구했다.

이때 스파르타가 다소 지나친 요구를 한 면이 있는데, 이는 사실 전쟁을 일으키려는 구실에 불과했다. 그들은 서로 양보하지 않으리라는 것을 이미 알고 있었고, 갈등은 겉으로 드러나기 시작했다. 감정이 폭발한 아테네와 스파르타는 이때부터 전쟁 준비를 시작했다.

전쟁이 시작되다

기원전 431년 초에 마침내 펠로폰네소스 전쟁이 시작되었다. 아테네가 이끄는 델로스 동맹은 주로 에게 해의 해안 도시와 섬으로 구성되어 해전에 강했다. 또 이들은 해상 무역이 발달해서 오래 이어질 수 있는 전쟁을 뒷받침하기에 충분한 부를 쌓아 놓고 있었다. 스파르타는 해군이나 부유함에서는 델로스 동맹보다 많이 부족했지만 대신에 그리스에서 최강의 육군을 보유했다.

당시 아테네의 집정관이며 뛰어난 군사 지도자였던 페리클레스는 무조건 해전을 벌여야 이길 수 있다고 생각했고 어떻게 해서든 지상전은 피하려고 했다. 페리클레스는 우선 펠로폰네소스 반도 근처로 전함을 파견하는 한편, 스파르타의 내부에 혼란을 일으킬 목적으로 첩자를 보내서 스파르타의 노예인 헬로트가 반란을 일으키도록 부추겼다. 그리고 아테네의 성 밖에 사는 농민들을 모두 성안으로 들어와 살게 하며 철저히 전쟁에 대비했다.

스파르타는 이렇게 여러 군데에서 동시에 공격해 오는 전략에 허를 찔려 속수무책으로 당했다. 최강이라는 육군이 있어도 적이 도통 육지로 올라오지 않으니 아테네의 공격에 대응하는 데 아무 쓸모가 없었다. 그래서 스파르타는 아테네 군대를 육지로 끌어들일 전략을 짰다. 기원전 431년 여름에 스파르타는 대규모로 아테네의 점령지를 공격했고, 아테네 주변에서 계속 도발했다. 아테네 인들은 성벽에 올라서서 자신들의 농지가 불타는 것을 멍하니 바라보았다. 농민들은 미리 성안으로 들어가 있었기 때문에 죽지는 않았으나 그들의 집과 가축은 모두 사라졌다. 아테네 인들은 분노했고 당장 스파르타와 싸우러 나가겠다고 흥분했지만, 페리클레스는 이것이 자신들을 유인하려는 스파르타의 전략이라는 것을 알고 있었기 때문에 침착함을 유지하자며 흥분한 아테네 인들을 설득했다. 한편, 아테네의 성벽은 성발 강해서 스파르타는 도무지 뚫고 들어갈 방법이 없었다. 아테네 역시 스파르타가 밖에 버티고 있어 함부로 성을 나올 수 없었다. 양쪽 모두이러지도 저러지도 못하는 상황이 되었다. 얼마 후 스파르타 군대는 가져온 양식이 떨어져서 하는 수 없이 후퇴했다. 이후 그들은 매년 여름 아테네

20여 년 동안 전쟁이 계속된 당시 상황은 참혹했다. 그리스 인들은 각종 방법으로 당시의 전쟁 상황을 표현했다. 이것은 도자기에 그려진 전투 장면이다.

근처의 농지로 와서 수확물을 모두 가져가는 게릴라식 전투를 하기 시작했다. 스파르타의 이런 전쟁 방식 때문에 페리클레스는 골머리를 앓았다. 또 줄곧 성벽을 걸어 잠그는 수동적인 전략만 펴다 보니 민심도 나빠졌고, 성안으로 불러들인 농민을 먹여 살리느라 국고도 거덜 날 지경이었다. 그러면서 아테네에서는 페리클레스의 전략에 반대하는 사람이 생기기 시작했다.

성 밖 농지에서 살던 농민들은 성안으로 들어온 후 대부분 임시로 판잣집을 짓고 살았다. 날씨는 무덥고 인구까지 갑자기 많아지자 성안의 위생 상태가 나빠졌다. 그 결과, 430년에 아테네에 심각한 전염병이 돌아 인구의 약 4분의 1이 사망했다. 아테네 인들은 페리클레스를 비난했고 결국에는 그를 파면했다. 그러나 페리클레스의 자리를 물려받은 집정관도 이 사태를 잘 해결하지 못했다. 아테네 인들은 이 상황을 바로 잡을 사람은 페리클레스밖에 없다고 생각하고 다시 그를 장군으로 추대했다.

몇 번을 공격해도 아테네의 성벽이 무너지지 않고 굳건히 버티자 스파르타는 조급해졌다. 그들은 페르시아에 지원을 요청하는 전령을 보냈다. 그러나 이 정보를 미리 들은 페리클레스가 사람을 보내서 페르시아로 향하던 스파르타의 전령을 납치해 죽였다. 스파르타의 계획은 또 한 번 실패했고, 델로스 동맹은 그리스 전체의 적인 페르시아에 지원을 요청한 스파르

고대 그리스 인의 묘에서 출토된 청동제 무기. 이 무기들은 아마 그리스의 병사들과 함께 수없이 전투에 참여했을 것이다.

타를 배신자로 몰며 더욱 경계했다. 그로부터 얼마 후 페리클레스도 전염병에 걸려서 세상을 떠났다.

페리클레스의 죽음으로 델로스 동맹은 분열 위기를 맞았다. 당시 아테네의 정치계는 클레온Cleon이 이끄는 급진적인 민주파와 니키아스Nikias가 이끄는 귀족파가 치열하게 권력 투쟁을 벌이고 있었다. 양측은 전쟁과 스파르타에 대한 생각도 정반대였다. 민주파는 스파르타와의 대화를 반대했고, 귀족파는 대화를 통해서 그리스에 평화를 되찾아야 한다고 생각했다.

기나긴 전쟁

아테네 인들은 자신들을 어려운 상황으로 몰아붙인 스파르타를 증오했고 전쟁을 원했다. 그래서 민주파가 지지를 얻어 클레온이 정권을 잡았다. 그는 군대를 정비해서 스파르타를 정면으로 공격하겠다고 결심했지만, 안타깝게도 그는 페리클레스만큼 전략이 뛰어난 지도자가 아니었다. 그는 별다른 전략도 없이 스파르타 군대를 공격했다가 물러나고 또다시 공격하기를 반복했다. 그리고 델로스 동맹을 철저하게 관리하지 못해 동맹 내부에 아테네에 반감을 품는 도시국가들이 생기기 시작했다. 페리클레스가 세상을 떠난 후, 아테네와 스파르타는 바다와 육지에서 서로 이기고 지는 지루한 전쟁을 3년 동안이나 계속했다.

그림 속 전사들은 마치 오선지 위에서 리듬에 맞추어 전투하는 것처럼 보인다. 대칭과 리듬이 돋보이는 이 그림은 전쟁을 마치 예술 작품처럼 표현해 냈다.

기원전 425년에 아테네는 스팍테리아Sphacteria에서 벌어진 전투에서 스파르타의 귀족 120명을 포로로 잡았다. 평민은 아무리 많이 포로로 잡아도 노예로 쓰는 방법밖에 없지만 높은 몸값을 가져다줄 수 있는 귀족은 달랐다. 스파르타는 어서 포로를 구출해 오라는 귀족들의 빗발치는 요구에 못 이겨 아테네에 평화 회담을 요청했다. 그런데 전쟁을 좋아한 클레온이 회담에서 스파르타가 절대 받아들이기 어려운 조건을 내걸어 양국 간의 평화 회담은 결국 무산되었다. 그리고 다시 20여 년 동안 전쟁이 계속되었다. 오랜 전쟁을 거치면서 아테네의 민주 정치도 무너지기 시작했다.

평화 회담이 실패로 돌아가자 스파르타는 아테네가 포로로 잡아간 귀족들에게 해코지할까 봐 걱정스러웠다. 그래서 직접 아테네를 공격하지는 못하고 델로스 동맹에 참여한 다른 도시국가들을 공격하기 시작했다.

기원전 424년에 스파르타의 장군 브라시다스Brasidas가 군대를 이끌고 트라키아로 떠났다. 브라시다스는 전쟁 경험이 많고 용감하며 머리도 좋았다. 그는 이때 병력을 보충하기 위해서 헬로트에게 전쟁에 참여하면 자유를 주겠다고 제안했다. 많은 헬로트가 그의 말을 믿고 스파르타의 군인이 되었고 이로써 브라시다스 군대는 병력이 금세 증가했다. 또 브라시다스는 마케도니아의 왕 페르디카스 2세Perdiccas II와 동맹을 맺었다. 스파르타와 마케도니아 연합군의 공격에 아테네는 연이어 패배했다.

뒤찾은 평화

전쟁은 이후로도 8년이나 계속되었고 아테네와 스파르타 모두 지쳤다. 이때 클레온에 반대하며 꾸준히 대화를 통해서 평화를 찾아야 한다고 주장하던 아테네의 니키아스가 평화의 중요성을 더욱 강조하며 정치가들을 설득했다. 기원전 423년에 니키아스의 노력으로 양쪽은 마침내 1년 동안 전쟁을 멈추는 데 합의했다. 아테네와 스파르타는 스스로 잠시 쉬는 시간을 준 것이었다. 물론 작은 충돌은 있었지만 약속대로 그 후 1년 동안에는 전쟁이 일어나지 않았다.

기원전 422년에 휴전 기간이 끝나자 클레온은 다시 전쟁을 시작하려고 준비했다. 그는 군사를 이끌고 암피폴리스Amphipolis로 가서 브라시다스와 죽음을 각오한 전투를 벌였다. 결과는 아테네의 참패였다. 그러나 스파르타도 장군 브라시다스가 전투 중에 중상을 입어 사망하는 큰 손실이 있었다. 아테네와 스파르타는 모두 전쟁터에서 중요한 지도자들을 잃었고, 사람들은 이제 평화를 갈망했다.

아테네의 니키아스는 이때 다시 한 번 대화를 주선했고, 양측은 평화 조약에 합의했다. 이 조약은 니키아스의 노력으로 이루어졌기에 '니키아스 평화 소약'으로 불린다. 조약의 내용은 다음과 같았다. '앞으로 델로스 동맹과 펠로폰네소스 동맹은 고의로 분쟁을 일으키지 않는다. 만약 분쟁이나 무력 충돌이 발생하면 서로 대화하여 해결한다. 양측은 각자 점령한 지역에서 물러나며, 서로 포로를 교환하고 50년 동안 전쟁하지 않는다.'

맥을 잡아 주는 그리스사 중요 키워드

투키디데스와 《펠로폰네소스 전쟁사》

투키디데스는 약 기원전 460년에 아테네의 귀족 집안에서 태어났다. 펠로폰네소스 전쟁이 터졌을 때 그는 서른 살이었다. 군인이 되어 몇 번 전투에 참가한 후 기원전 424년에 그는 10장군의 한 명으로 뽑혔다. 투키디데스는 전함 일곱 척을 이끌고 트라키아 근처의 타소스 섬으로 가서 전투를 치렀다. 몇 년 후 암피폴리스에서 아테네가 패배했을 때 그는 군사 기밀을 외부에 흘렸다는 오해를 받아 결국 아테네에서 추방당했다.

그 후 20년 동안 투키디데스는 트라키아에서 살았다. 그러나 애국심이 강한 그는 항상 전쟁 중인 아테네의 상황을 살피며 그 내용을 기록했고 이것이 훗날 《펠로폰네소스 전쟁사History of the Peloponnesian War》라는 책이 되었다. 기원전 404년에 전쟁이 끝난 후 투키디데스는 사면되어 아테네로 돌아왔다.

2 시칠리아 원정

니키아스 평화 조약의 효력은 오래가지 못했다. 전쟁의 불씨는 완전히 꺼지지 않았고 얼마 후 금세 다시 타올랐다. 야심만만했던 아테네의 정치가 알키비아데스^{Alkibiades}는 자신의 이익을 위해 아테네를 다시 전쟁으로 몰아넣었다.

시기 : 기원전 415년~기원전 413년
인물 : 알키비아데스, 니키아스, 라마코스

불안한 평화

기원전 415년에 전쟁이 다시 시작되었다. 아테네의 귀족 집안에서 태어난 정치가 알키비아데스는 어렸을 때 아버지를 잃고 페리클레스의 손에서 키워졌다. 그는 소크라테스가 가장 아낀 제자 중 한 명이기도 했다.

알키비아데스는 야심이 많은 정치가였다. 그는 '니키아스 평화 조약'을 깨뜨리고 스파르타와 전쟁을 하고자 했고, 시민 의회에 참석해 자신을 지지해 달라고 호소했다. "위대한 아테네 시민 여러분, 스파르타가 우리의 운명을 좌지우지하는 상황을 멀쩡히 보고만 있어야 합니까? 스파르타가 우

한눈에 보는 세계사
기원전 400년경 : 한반도, 철기 문화의 보급

리에게 준 치욕을 벌써 잊은 것입니까? 당신들이 생각하는 평화는 그저 맛있는 음식을 먹고 편하게 지내는 것입니까? 우리는 예전의 영광을 되찾아야 합니다. 용감한 시민이여, 일어나시오! 치욕을 씻을 때가 왔습니다. 무기를 들고 나와 함께 아테네의 영광을 되찾아 옵시다!" 아테네 시민들은 그의 연설에 애국심이 불타올라 스파르타와 죽음을 각오한 전쟁을 해야 한다고 생각하게 되었다. 알키비아데스는 뛰어난 웅변 실력으로 아테네 인들을 모두 자신의 편으로 끌어들였다.

불길한 예감

전쟁을 다시 시작해야 한다는 여론이 거세져 이제는 니키아스도 어쩔 도리가 없었다. 알키비아데스는 대담하게도 시칠리아를 공격해서 점령하기로 했다. 시칠리아의 시라쿠사는 스파르타의 동맹국으로 땅이 비옥한 곳이었다. 알키비아데스는 시라쿠사를 점령하면 스파르타를 전쟁에 끌어들일 수 있다고 생각했다. 그리고 이곳을 중심으로 아프리카 북부의 카르타고 Carthage를 침략해서 지브롤터 Gibraltar 해협의 동쪽도 차지해 볼 요량이었다.

마침 시칠리아의 세게스타 Segesta와 시라쿠사 사이에 충돌이 발생해 세게스타가 동맹국인 아테네에 즉시 지원을 요청했다. 알키비아데스는 자신의 생각과 정확히 맞아떨어지는 이 상황에 쾌재를 불렀다. 곧이어 아테네는 세게스타의 지원 요청을 구실로 시칠리아로 향했다. 아테네 시민들도 스파르타를 전쟁으로 유인하고 아름다운 시칠리아까지 차지할 수 있다는 생각에 시칠리아 원정을 지지했다. 니키아스가 전쟁을 다시 시작해서는 안 된다고 온 힘을 다해서 아테네 인을 설득하려고 노력했지만 실패했다. 그리고 애국심이 깊은 그는 하는 수 없이 원정에 참여했다. 시민들은 노련하고 신중한 니키아스와 용감한 알키비아데스가 원정에서 승리하고 돌아올 것이라고 확신했다.

시칠리아로 원정을 떠나기 전날 밤에 신전 안에 있던 헤르메스상이 불탔다. 헤르메스는 제우스의 아들로 전령의 신이자 여행자를 보호하는 신이다. 아테네 인들은 이것이 신이 원정을 반대하는 것이라며 혼란스러워했다. 불을 낸 사람을 추적하던 중에 누군가가 알키비아데스가 이 일과 관련이 있다고 고발했다. 그러나 아테네 인들은 이 일로 아무런 이득을 볼 수 없는 알키비아데스가 그럴 리 없다고 생각했고, 이 사건은 결국 흐지부지 넘어갔다.

알키비아데스의 배신

기원전 415년에 니키아스, 알키비아데스, 라마코스Lamachus가 이끄는 중장 보병 5,000명이 전함 134대에 나눠 타고 원정을 떠났다. 시칠리아에 도착한 아테네군은 시라쿠사로 바로 가지 않고 천천히 시칠리아 주변을 항해했다. 아테네 지휘관들은 이렇게 하면 적을 위협할 수 있다고 생각했으나 사실 적에게 전쟁을 준비할 시간만 더 준 셈이었다.

전투가 벌어지기 전날 밤, 알키비아데스는 즉시 아테네로 귀국하라는 전령을 받았다. 알고 보니 아테네를 떠나기 전날 헤르메스상이 불탄 사건과 관련해서 알키비아데스가 반란자로 고발되었다는 것이었다. 알키비아데스가 아테네를 떠나 있는 동안 이 사건에 연루되어 많은 사람이 죽었고 이제 그가 재판을 받을 차례였다. 그는 상황이 불리해진 것을 알고 한밤중에 스파르타로 도망쳤다. 그리고 스파르타에서도 멋진 연설 솜씨를 발휘해 자신을 믿지 않는 스파르타 인들을 설득했다. 그는 애국심보다는 야심이 많은 사람이었기에 스파르타에 아테네의 군사 기밀을 제공했고, 심지어는 시칠리아로 가서 아테네 군대를 공격하라고 부추기기까지 했다. 마침 그때 시라쿠사가 스파르타에 지원을 요청해 와서 스파르타도 시칠리아 원정을 결정했다.

기원전 414년에 니키아스가 군대를 이끌고 시라쿠사를 공격했다. 전투에서 장군 라마코스를 잃었으나 아테네는 승리했다. 그래서 시라쿠사는 아테네에 항복하려고 했는데, 때마침 스파르타가 지원군을 보냈다는 소식을 듣고 조금 더 버티기로 했다.

아테네의 패배

니키아스도 스파르타가 오고 있다는 이야기를 들었다. 불길한 예감이 든 그는 아테네에 전령을 보내 아테네 군대의 후퇴를 허락해 달라고 요청하면서 그럴 수 없다면 바로 지원군을 보내 달라고 했다. 그리고 어떤 경우이든 자신은 병에 걸렸으니 사직하겠다고 했다. 그러나 아테네 정부는 그의 사직을 허락하지 않고 대신에 그의 부담을 덜어주기 위해 장군 두 명이 이끄는 지원군을 보내 주었다.

기원전 413년에 아테네와 시라쿠사는 전투를 시작했다. 이때 니키아스와 다른 두 장군이 서로 다른 전략을 내세우며 싸워 아테네는 참패했다. 아테네는 결국 시칠리아 섬에서 철수하기로 했다. 그로부터 얼마 후, 지구의 그림자가 달 표면을 가리는 개기월식이 있었다. 이는 적들이 눈치채지 못하게 철수할 가장 좋은 기회였다. 그러나 미신을 믿는 니키아스가 다음 보름달이 뜰 때까지 기다려야 한다고 주장해서 철수는 미뤄졌다. 우유부단한 니키아스가 보름달을 기다리는 동안 시라쿠사와 스파르타 연합군은 아테네 전함을 공격했다. 니키아스는 이 전투 중에 사망했고, 수많은 아테네 병사가 노예로 끌려가거나 고통스럽게 죽었다. 이 전쟁은 아테네 인들에게 큰 충격을 주었고, 자신들이 항상 자랑하던 아테네의 해군이 이제는 그리스 최강이 아니라는 사실을 실감했다.

전쟁을 좋아한 알키비아데스는 아테네를 배신하고 스파르타로 갔다. 그는 스파르타를 위해 많은 군사 기밀을 제공했고 여러 번 공을 세웠다. 이후 스파르타를 떠난 그는 소아시아에서 암살당했다.

GREECE

3 아테네의 비극

아테네가 시칠리아 원정에서 참패하자 스파르타와 페르시아는 동맹을 맺고 함께 아테네를 압박했다. 상황이 바뀌자 델로스 동맹의 많은 동맹국은 아테네를 저버렸고 아테네 내부에서도 권력 투쟁이 극심해졌다. 번영했던 아테네는 사라지고 쇠락의 길만 남았다. 아테네는 스파르타와 운명의 결전을 시작했다.

시기 : 기원전 414년~기원전 404년
인물 : 알키비아데스, 리산드로스

다시 돌아온 알키비아데스

아테네 해군이 시칠리아 원정을 가 있는 동안 아테네 본토에서도 페르시아, 스파르타와 자잘한 마찰이 계속되었다. 기원전 414년에 아테네는 페르시아에 저항하는 소아시아의 도시국가들을 지원했다. 이 일은 아테네에 대해 아주 오래전부터 쌓여 온 페르시아의 해묵은 감정을 끄집어냈고, 아테네에 보복하겠다는 같은 목표가 있는 페르시아와 스파르타는 동맹을 맺었다. 동맹의 의미로 스파르타는 페르시아에 소아시아의 점령지를 넘겨주고 페르시아는 스파르타에 전함을 제공했다. 시칠리아 원정에서 실패하고

한눈에 보는 세계사
기원전 403년 : 중국, 전국 시대 시작

348

델로스 동맹의 동맹국들까지 등을 돌리자 아테네는 그야말로 누구 하나 도와줄 사람 없는 외로운 처지가 되었다.

페르시아와 스파르타의 동맹은 바로 알키비아데스가 주선한 것이었다. 그러나 동맹을 맺고 나서도 페르시아와 스파르타는 서로를 믿지 않았다. 특히 페르시아는 스파르타와 아테네가 전쟁을 치러 양쪽이 몹시 지쳐 있을 때 두 나라를 모두 정복하겠다는 야심 찬 계획을 세우고 있었는데, 이것은 알키비아데스가 페르시아에 제안한 것이었다. 알키비아데스는 아테네를 배신하고 스파르타로 갔으나 스파르타 인들이 자신을 받아 주지 않자 이번에는 페르시아로 가서 부추긴 것이다.

시칠리아 원정에 실패한 아테네는 굉장히 혼란스러운 상태였다. 기원전 411년에 과두 정치를 주장하는 귀족파가 정변을 일으키자 알키비아데스는 이 기회를 놓치지 않았다. 그는 아테네의 귀족들에게 자신을 다시 받아 주면 페르시아의 지원을 받게 해 주겠다며 접근했다. 그러나 귀족들은 아테네를 한 번 배신한 적이 있는 그를 절대 믿지 않았다. 그러자 알키비아데스는 이번에는 민주파에 접근해서 그들의 지지를 이끌어 내고 사모스 섬의 사령관이 되었다.

알키비아데스는 사모스 섬과 아테네의 전함을 모아 스파르타와 전투를 벌이고 연이어 승리했다. 궁지에 몰린 스파르타가 평화 협상을 제안했지만 아테네는 거부했다. 계속된 전투에서도 모두 아테네가 승리했고, 알키비아데스는 델로스 동맹을 떠난 도시국가들에 다시 동맹에 참여하라고 압박했다. 기원전 408년 여름에, 전쟁터에서 많은 공을 세운 알키비아데스는 위풍당당하게 아테네로 돌아왔고 아테네 인들의 열렬한 환영을 받았다. 아테네 인들은 전쟁에 이겼다는 환희에 젖어서 예전에 알키비아데스가 아테네를 배신한 일은 다 잊은 듯 보였다.

운명의 결전

기원전 407년에 스파르타의 장군 리산드로스^{Lysandros}가 군대를 이끌고 소아시아로 갔다. 스파르타가 아테네와의 전쟁에서 승리하려면 반드시 페르시아와 손을 잡아야 한다는 생각에서였다. 그러나 페르시아와 스파르타는 언제나 서로를 믿지 않았다. 그들은 필요할 때에는 서로 동맹을 맺었지만, 필요 없어지면 바로 동맹을 깼다. 당시 아테네가 스파르타에 연이어 승리를 거두자 페르시아는 불안해졌다. 아테네가 다시 강해지는 것을 원하지 않았던 페르시아는 스파르타를 지원하기로 했다.

리산드로스가 이끄는 스파르타군은 아테네군을 크게 무찔렀다. 이번에 알키비아데스는 전투에 참여하지는 않았지만, 아테네에서 다시 추방당했다. 아마 아테네 인들은 그가 예전에 아테네를 배신했다는 사실을 기억해 냈을 것이다. 아테네를 배신하고 또다시 스파르타를 배신한 이 '기회주의자'는 소아시아의 프리지아에서 스파르타 인에게 암살당했다.

얼마 후 아테네와 스파르타는 아르기누사이^{Arginusae}에서 운명의 결전을 벌였다. 결과는 아테네의 승리였다. 그런데 승리의 기쁨에 도취해서인지 아테네 군대의 지휘관들은 바다에 빠져 죽은 병사들의 시신을 거두어 오는 것을 잊었다. 아테네로 돌아간 후에 그들은 재판을 받았고 결국 모두 사형에 처해졌다. 군대를 이끌고 치열했던 전투를 승리로 이끈 지휘관들이 정말 허무하게 죽었다. 죽은 자를 살아 있는 자만큼이나 중요하게 여긴 아테네 인들의 사고방식은 이런 어이없는 일을 만들었다. 아테네는 이제 가장 노련하고 경험이 풍부한 장군들을 모두 잃었고, 이것은 제 손으로 스파르타에 승리를 내 준 것이나 다름없었다.

아테네의 마지막 날

리산드로스는 다시 아테네 군대를 공격했다. 훌륭한 장군이 모두 죽은 아테네는 전략적으로 허술했고 병사들은 제대로 훈련되어 있지 않았다. 리산드로스는 이 전투에서 아테네 군대를 거의 전멸시키다시피 했다.

마침내 아테네의 마지막 날이 왔다. 리산드로스는 해군을 통솔해서 아테네의 해군 기지 피레우스Piraeus를 봉쇄하고 아테네로 통하는 바닷길을 끊었다. 그리고 이번에는 대규모로 중장보병을 이끌고 아테네로 가서 압박했다. 아테네 인들은 놀라서 어쩔 줄을 몰랐고, 성안 사방에서 여자들과 아이들의 울음소리가 들렸다. 그들은 스파르타 인들이 설마 아테네까지 올 줄은 상상도 하지 못했다. 그동안 패자에게 고통과 치욕을 주던 쪽은 언제나 아테네였다. 아테네 인들은 이제 자신들이 패배자의 입장이 될 것을 생각하니 너무 괴로웠다.

기원전 404년 봄, 아테네는 봉쇄되었다. 예전의 동맹국들은 모두 아테네에 등을 돌렸다. 델로스 동맹을 지휘할 당시 아테네가 그들에게 보여 준 잔

모든 준비를 마치고 출발을 기다리는 병사들

혹함과 냉정함 때문이었다. 아테네는 양식이 모두 떨어지자 항복할 수밖에 없었고 스파르타가 제시한 굴욕적인 조건의 평화 조약을 받아들였다. 그 내용을 보면 델로스 동맹을 즉각 해체할 것, 앞으로 아테네는 전함을 열두 척 이상 보유할 수 없다는 것, 성벽을 비롯한 모든 방어 시설을 철거할 것 등이었다.

27년 동안 이어진 펠로폰네소스 전쟁은 결국 이렇게 끝이 났다. 펠로폰네소스 전쟁은 고대 그리스의 역사에서 하나의 전환점이 되었다. 번영하던 그리스는 이로 인해 쇠락하기 시작했고 팽팽하게 유지되던 도시국가들 사이의 균형도 깨졌다. 이후 아테네가 다시 델로스 동맹을 조직하기는 했지만, 그 세력은 예전만 못했다.

스파르타는 이 전쟁에서 승리했고 그리스 전체의 패권을 차지했지만 그 기세는 오래가지 못했다. 오랜 전쟁으로 사회 발전은 후퇴했고, 이를 되돌리기는 어려웠다. 엄밀히 말해서, 펠로폰네소스 전쟁에서 승자는 없었다. 스파르타와 아테네는 모두 크나큰 대가를 치렀다.

4 아테네의 30인 참주

GREECE

스파르타는 아테네에 과두 정부를 세웠다. 소수가 통치하는 과두 정부는 아테네의 정의감 넘치는 시민들을 억압했다. 시민들이 직접 참여하는 민주 정치를 추구하던 아테네 사회는 암울해졌고 사람들의 불만은 점점 커졌다. 이에 아테네 시민들은 협력해서 과두 정부를 없애야 한다고 생각하기 시작했다.

> 시기 : 기원전 404년~기원전 403년
> 인물 : 레오티키다스, 크리티아스, 테라메네스, 트라시불루스

30명의 참주

전쟁이 끝난 직후인 기원전 404년, 아테네 시민들은 전쟁에서 패했으나 오히려 안심했다. 그들은 지긋지긋한 전쟁이 드디어 끝났다는 사실에 즐거웠다. 비록 이번에 승리하지는 못했지만 스파르타에 빼앗긴 패권을 곧 찾아올 수 있을 것 같았다. 그들은 희망을 품고 약속대로 성벽을 허물었다.

스파르타의 왕 레오티키다스Leotychidas는 군대를 이끌고 위풍당당하게 아테네 성안으로 들어왔다. 스파르타 군대는 무력을 앞세워 거만하고 제멋대로 굴었다. 그리고 얼마 후 리산드로스의 군대만 남겨 두고 모두 스파르

한눈에 보는 세계사
기원전 403년 : 중국, 전국 시대 시작

타로 돌아갔다. 리산드로스는 아테네에 스파르타를 지지하는 정치가들을 불러 모아서 과두 정부를 세웠다. 그들은 모두 30명이었기 때문에 '30인 참주'라고 부른다. 30인 참주 가운데 지도자는 크리티아스Critias였는데, 그는 소크라테스의 제자였고 플라톤의 외숙부였다.

30인 참주는 자신들에게 불만을 품은 사람이 있으면 즉시 재산을 빼앗고 추방하거나 심지어 사형에 처하기도 했다. 30인 참주는 시민들을 엄격하고 잔혹하게 압박했다. 민주파를 해체하려고 했고 조금이라도 반대 의견을 이야기하면 그 자리에서 바로 죽였다. 당시 30인 참주가 처형한 사람의 수는 펠로폰네소스 전쟁의 마지막 10년 동안 죽은 아테네 인보다 많다고 한다. 30인 참주들은 시민들이 반란을 일으키는 것을 저지하기 위해 아테네의 시민 수를 3,000명으로 제한하고, 또 다른 각종 방법을 이용해서 시민의 정치 참여를 막으려 했다.

30명 참주의 내부 분쟁

도덕과 윤리 규범에 어긋나는 참주들의 행동은 점차 아테네 인들의 불만을 고조시켰다. 시민뿐만 아니라 30인 참주 내부에서도 이를 싫어하는 사람이 있었다. 바로 온화한 성격의 테라메네스Theramenes였다. 30인 참주 중 한 명인 그는 크리티아스에게 이렇게 많은 사람이 죽어서는 안 된다며 온정을 베풀라고 권했다. 크리티아스는 겉으로는 고개를 끄덕이며 그러겠다고 했지만, 동시에 속으로는 테라메네스를 제거해야겠다고 생각했다.

며칠 후 회의를 하던 중에 크리티아스가 갑자기 일어서더니 테라메네스를 가리키며 배신자라고 말했다. 테라메네스는 깜짝 놀라서 자신을 변호하기 위해 자리에서 일어났다. 그 순간, 크리티아스의 명령을 받고 미리 숨어 있던 사람이 손에 단검을 쥐고 나타났다. 그 사람을 보고 테라메네스는 당황했지만 날쌔게 제단을 향해 뛰어 올라갔다. 아테네에는 제단에 올라가서 신에게 보호해 달라고 비는 사람은 죽일 수 없는 관습이 있었다. 이를 어기고 제단 앞에서 살인한 사람은 거센 비난과 엄격한 형벌을 받았다.

크리티아스는 이것을 잘 알고 있었기에 우선 테라메네스를 제단에서 끌어내리라고 명령했다. 테라메네스는 강제로 끌려 내려왔고, 크리티아스의 부하가 그의 입에 억지로 독약을 쏟아 부었다. 테라메네스는 죽어 가면서도 입 안의 독약을 뱉어내면서 말했다. "이것은 크리티아스 너에게 남겨 주는 것이다. 네가 무너질 날도 얼마 남지 않았다." 여기까지 간신히 말한 테라메네스는 그 자리에서 죽었다.

전제 정치를 뒤집어엎다

많은 아테네 인이 30인 참주의 공포 성지를 피해 근처의 도시국가로 망명했다. 30인 참주와 스파르타가 이들을 받아 주지 말라고 각 도시국가에 엄포를 놓았으나, 몇몇 도시국가는 그들의 말을 듣지 않았다. 이렇게 해서 아테네를 떠난 사람들은 외부에 모여 30인 참주를 무너뜨릴 계획을 세웠다.

기원전 403년, 다른 도시국가로 떠났던 사람들은 아테네 내부의 시민들과 비밀리에 연합했다. 그들은 비밀리에 30인 참주를 몰아낼 계획을 짜기 시작했다. 그들의 지도자는 트라시불루스Thrasybulus로, 영리하고 용감한 사람이었다. 그는 군대를 조직해서 우선 아티카 반도의 필리Fyli를 근거지로 삼아서 30인 참주를 피해 다른 나라로 가서 살고 있는 아테네 인들을 불러 모았다. 그러면서 트라시불루스의 군대는 점차 더욱 강해졌다.

크리티아스는 이 소식을 듣고 크게 화를 냈다. 그리고는 바로 스파르타에 지원을 요청하고 필리로 향했다. 이로써 트라시불루스의 군대와 30인 참주의 군대가 치열한 전투를 시작했다. 이때 30인 참주의 군대를 지휘하는 장군 중에는 30인 참주를 반대하는 사람들도 있었다. 이들이 전투에 적극적으로 나서지 않아 전세는 점점 트라시불루스의 군대에 유리해졌다.

마침내 트라시불루스는 아테네의 중요한 군사 지역인 피레우스Piraeus 항구를 점령했다.

무너질 날이 얼마 남지 않았다는 테라메네스의 유언처럼 크리티아스는 이 전쟁에서 전투 중에 죽었다. 크리티아스가 죽었다는 소식이 아테네로 전해지자 아테네 인들은 기쁨의 눈물을 흘리고 환호했다. 그들은 이제 30인 참주의 통치에 복종하지 않았다. 그동안 30인 참주의 억압에 시달려 온 아테네 인들은 30인 참주를 사형에 처하라고 요구했다. 이러한 분위기를 눈치챈 30인 참주 중 대부분은 허둥지둥 다른 나라로 도망갔다.

한편, 스파르타의 장군 리산드로스는 상황이 어떻게 돌아가는지 지켜보고 있었다. 그러면서 민주를 요구하는 아테네 시민을 이겨 낼 방법이 없다고 판단했다. 그리고 아테네 안에서 성난 시민들을 마주하는 것보다 피레우스 항구로 가서 반란자들을 처단하는 것이 낫겠다고 생각했다.

이때 스파르타의 왕 파우사니아스Pausanias는 리산드로스가 전쟁에서 많은 공을 세우고 스파르타 시민의 존경을 받는 것을 질투했다. 게다가 이번에 리산드로스가 피레우스로 가서 또 공을 세우는 것이 싫어서 자신도 급히 군대를 이끌고 피레우스로 갔다. 리산드로스가 피레우스에서 전투를 준비하고 있을 때 갑자기 파우사니아스가 전쟁터에 나타났다. 파우사니아스는 트라시불루스 측에 협상하자고 제안했다. 그리하여 양측은 오랜 협상 끝에 30인 참주의 통치를 끝내고 트라시불루스를 비롯한 망명자들이 모두 아테네로 돌아가는 데 합의했다.

〈원반 던지는 사나이〉는 오른쪽 어깨를 위로 높이 올린 자세이다. 등과 허리, 다리 부분이 모두 부드러운 'S'자를 그려서 전체적으로 힘이 느껴진다. 작가는 운동선수가 원반을 던지기 직전의 모습을 정확하게 표현해 냈다. 이 유명한 조각은 올림픽 정신을 구현한 것으로 평가받는다.

5 '영혼의 산파' 소크라테스

GREECE

그는 산모가 아기 낳는 것을 돕는 산파의 아들이었다. 그는 이에 빗대어 자신을 '영혼의 산파'라고 불렀다. 또 그의 아내는 그리스에서 가장 유명한 악처였지만, 그는 "행복한 결혼은 나에게 행복만 주지만 불행한 결혼은 나를 훌륭한 철학자로 만든다."라고 말했다. 그는 그리스 최고의 지식인이자 철학자, 소크라테스이다.

시기 : 기원전 469년~기원전 399년
인물 : 소크라테스

소크라테스의 대화법

그리스 역사에는 위대한 철학자가 세 명 있다. 바로 소크라테스, 플라톤, 아리스토텔레스이다. 플라톤은 소크라테스의 제자였고 아리스토텔레스는 플라톤의 제자였다. 그러니까 소크라테스는 다른 두 철학자의 뿌리인 셈이다.

소크라테스는 아테네 근처의 작은 농촌 마을에 살았다. 그의 아버지는 조각가였고 어머니는 산파였다. 그는 어렸을 때부터 아버지에게 조각하는 법을 배웠다. 그가 철학에 관심이 없었다면 조각가가 되었을지도 모른다.

한눈에 보는 세계사

기원전 449년 : 로마, 12표법 제정   기원전 403년 : 중국, 전국 시대 시작
기원전 400년경 : 한반도, 철기 문화의 보급

당시에 유행한 철학은 자연 만물을 연구하는 것이었다. 그러나 소크라테스는 그보다 사회와 인생을 탐구하기를 즐겼다. 그는 끊임없이 '선善'을 탐구하고 파헤치는 철학자였다.

소크라테스는 가난했다. 그러나 그는 돈에 전혀 관심이 없었다. 여름이나 겨울이나 늘 옷 한 벌만 달랑 입고는 광장을 걸어 다니며 여러 사람과 다양한 문제를 토론했다. 선행이란 무엇인가? 도덕이란 무엇인가? 진리는 어떤 것인가? 아름다움이란 어떤 것을 말하는가? 그는 모두들 알고는 있지만 모호한 것들에 대해서 정의를 내리고자 했다.

소크라테스는 독특한 대화법으로 유명하다. 그는 제자들이 질문하면 한 번도 그 자리에서 대답한 적이 없었다. 대신 그들에게 되묻고 함께 토론하면서 문제를 해결했다. 끊임없이 돌이켜 생각해 보고 문제를 정확하게 인식하는 것, 이것이 바로 '문답법'이라고 불리는 그의 첫 번째 대화법이다. 그는 또 "나의 어머니는 산파였다. 나는 사람들이 스스로 답을 찾고 자신만의 사상을 형성할 수 있도록 돕는 영혼의 산파이다."라고 말했다. 그의 이런 대화법은 '산파술'이라고도 불린다.

소크라테스의 철학

소크라테스의 가정생활은 아주 불행했다. 그의 아내는 사납고 거센 여성으로 항상 소크라테스를 못마땅하게 생각하며 괴롭혔다. 하루는 소크라테스가 제자들과 토론하는데, 그의 아내가 무슨 일인지 화를 내기 시작하더니 갑자기 남편에게 물을 부어 버렸다. 제자들은 깜짝 놀라서 어찌할 바를 몰랐지만, 소크라테스는 항상 있는 일인 듯 아무렇지 않게 천천히 옷을 갈아입고 다시 토론을 시작했다.

소크라테스는 많은 제자가 있었지만 한 번도 그 대가를 받은 적이 없다. 그는 자신의 지식과 사상이 돈에 팔리는 것을 싫어했다. 소크라테스는 언

제나 자신은 아는 것이 없다고 말했는데, 제자들은 이 말을 이해하지 못했다. 그들은 델포이에 있는 아폴론 신전에 가서 이 세상에 소크라테스보다 현명한 사람이 있는지를 물었다. 신탁은 여사제의 입을 빌려서 "없다."라고 말했다. 제자들이 바로 소크라테스에게 가서 이 사실을 알리자 이번에는 소크라테스가 이해하지 못했다. 그는 정말로 자신은 아는 것이 없다고 생각했기 때문에 무척 답답했다. 신은 왜 내가 가장 현명한 사람이라고 하셨을까? 소크라테스는 다른 유명한 철학자들에게 가서 가르침을 구했다. 그리고 그는 그제야 신탁을 이해했다. 다른 사람들은 스스로 아는 것이 없다는 사실조차 알지 못했다.

소크라테스는 쓸데없거나 가능하지 않은 헛된 이야기를 하는 것을 경멸

기원전 399년에 소크라테스는 '신성모독죄'로 사형되었다. 당시 아테네에서는 사형을 신고받은 사람은 독을 먹고 자살해야 했다. 이 그림은 독을 마시고 천천히 죽어가는 소크라테스가 제자들에게 작별을 고하는 장면이다.

했다. 그리고 모든 분야는 각기 최고의 전문가들이 관리해야 한다고 생각했는데, 그중에는 정치도 포함되었다. 그는 제비뽑기나 투표를 통한 시민의 정치 참여를 반대했다. 그런 방식으로는 대다수의 어리석은 시민이 정치를 올바르지 못한 길로 이끈다고 생각했다. 그는 모든 행동의 기본이 '도덕'에 있다고 보고 도덕적인 사람이 되어야 한다고 생각했다. 소크라테스는 당시 아테네에서 아주 큰 영향력이 있었다. 그는 직접 정치에 나서지는 않았지만, 그의 제자 중에서는 정치가가 된 사람이 아주 많았다.

소크라테스의 죽음

기원전 399년에 소크라테스는 신을 모독하고 청년들을 나쁜 사상으로 물들였다는 죄명으로 고발되었다. 아무런 근거가 없는 고발이었지만, 추측해 보면 사람들이 그의 교육 방식을 오해한 것으로 보인다. 소크라테스는 청년들이 인생과 미래를 더 깊이 생각하도록 이끌었고, 그중 일부 청년들이 아버지 세대를 거부했다. 아버지 세대는 당연히 이것을 소크라테스가 유도했다고 생각했을 것이다. 사실 소크라테스가 고발당한 데에는 어느 정도 정치적인 이유도 있었다. 소크라테스가 투표로 정치가를 뽑는 방식을 반대했으니, 투표로 뽑힌 정치가들의 미움을 산 것은 어찌 보면 당연한 일이었다. 이 밖에도 소크라테스가 고발당한 데에는 그의 두 제자가 연루되어 있었다. 그들은 바로 펠로폰네소스 전쟁에서 아테네를 배반한 알키비아데스와 30인 참주의 지도자였던 크리티아스였다.

소크라테스 사건을 심판하는 배심원단은 500인으로 구성되었다. 그리고 투표 결과, 소크라테스는 60표 차이로 유죄를 선고받았다. 그러자 그를 고발한 사람은 사형에 처할 것을 주장했다. 당시 아테네의 재판은 일단 유죄로 결정되면 고발한 사람과 고발당한 사람이 각각 형량을 제안할 수 있고, 두 가지 중에서 배심원단이 고르는 방식이었다. 그러나 소크라테스는 자신의 무죄를 적극적으로 주장하지도 않았고 형량을 제시할 때에도 성의가 없어 보였다. 배심원단은 소크라테스의 그런 모습에 실망했고 소크라테스는 결국 찬성 360표, 반대 140표로 사형을 선고받았다.

당시는 아테네 정부가 델포이의 아폴론 신전에 이런저런 신탁을 구하러 갔을 때였기에 소크라테스의 사형은 신탁을 받은 이후로 미뤄졌다. 소크라테스는 감옥에서 사형을 기다리고 있었다. 제자들은 매일 감옥으로 찾아와 통곡하며 소크라테스를 탈옥시킬 방법을 생각했다. 그러나 소크라테스는 단호히 거절하고, 자신의 죽음으로 아테네 인들이 진리를 추구하는 계기가 된다면 그것으로 만족한다고 말했다.

소크라테스는 독이 든 술을 마시고 세상을 떠났다. 그는 살아 있는 동안 책을 한 권도 쓰지 않았다. 현재 우리가 알고 있는 그에 대한 정보와 그의 사상은 제자 플라톤이 쓴《대화편Dialogues》으로 전해졌다. 또 역사학자 크세노폰Xenophon이 쓴《소크라테스의 추억Memorabilia》에서도 그의 사상을 엿볼 수 있다. 이렇게 완전하게 전해지지 않는데도 소크라테스의 사상은 오늘날에도 여전히 빛나고 있다.

6 플라톤의 이상

그는 아테네의 유명한 귀족 집안에서 태어났지만 정치를 싫어했다. 그 대신 늘 이상(理想)을 추구했다. 그는 자신이 꿈꾸는 이상적인 나라를 찾아 몇 번이나 시칠리아로 떠났지만, 매번 실망하고 돌아왔다. 그의 이상은 비록 실현되지는 못했으나 널리 퍼져 세상에 큰 영향을 주었고, 그는 서양 철학 역사에서 빼놓을 수 없는 인물이 되었다.

시기 : 기원전 427년~기원전 347년
인물 : 플라톤, 디온, 디오니시우스 2세

이상을 찾아 떠나다

아테네의 귀족 집안에서 태어난 플라톤은 원래 이름이 아리스토클레스 Aristocles였다. 그는 이마가 아주 넓어서 그리스 어로 '넓은 이마'라는 뜻의 '플라톤'이라는 별명을 얻었는데, 나중에는 이름보다 이 별명으로 더 자주 불렸다. 플라톤은 어렸을 때 다양한 교육을 받았다. 작문·체육·연설·음악·미술 등을 배웠고, 다른 아이들보다 뛰어난 재능을 보였다. 그중에서 플라톤은 연극과 철학에 관심을 보였다.

스무 살이 된 플라톤은 소크라테스의 제자가 되었다. 처음에 그는 철학

한눈에 보는 세계사
기원전 403년 : 중국, 전국 시대 시작
기원전 350년 : 중국, 제자백가의 시대 전개

기원전 400년경 : 한반도, 철기 문화의 보급

자가 될 생각은 없었다. 오히려 정치에 뜻을 두었고 야심도 있었다. 그러나 당시 펠로폰네소스 전쟁을 겪고 있던 아테네는 너무 혼란스러웠다.

　기원전 404년에 30인 참주의 잔혹한 통치가 시작되었고, 부패하고 무능한 참주들을 본 플라톤은 정치를 혐오하게 되었다. 게다가 존경하는 스승 소크라테스가 부당하게 사형되자 플라톤은 이에 충격을 받고 아테네를 떠났다. 그 후 이집트, 시칠리아 등을 여행하며 경험을 쌓았다. 플라톤은 시칠리아 시라쿠사의 참주 디오니시우스 1세Dionysios I를 통해 자신이 항상 꿈꿔 오던 이상 국가를 실현해 보려고 했다. 그러나 디오니시우스 1세는 플라톤이 기대한 그런 이상적인 지도자가 아니었다. 플라톤은 결국 디오니시우스 1세를 공개적으로 비난하고 아테네로 향했다. 그러던 중 화가 난 디오니시우스 1세가 보낸 사람들에게 납치되어 노예 시장으로 끌려가고 말았다. 그러나 다행히 시라쿠사에 있는 동안 깊은 우정을 나눈 귀족 디온이 구하러 와서 위기를 모면했다. 이 일로 플라톤은 참주를 더욱 증오하게 되었다.

플라톤은 소크라테스가 추구하던 '도덕'의 본질을 연구했다. 또한 자신만의 사상도 확립했다. 그는 기원전 387년에 아카데메이아를 세워 일생을 바쳤다.

아카데메이아를 열다

기원전 387년에 마흔 살이 된 플라톤은 아테네로 돌아왔다. 그리고 아테네의 외곽에 아카데메이아Academy라는 학교를 세웠다. 학생들에게 주로 철학을 가르쳤고 기하학, 천문학, 음성학, 식물학 등 자연과학도 교육 과목에 포함했다. 아카데메이아는 비교적 완벽한 교육 체계와 교실, 기숙사 및 기타 교육 시설을 갖추어 후대의 서양 고등 교육 기관의 초기 형태로 여겨진다. 아카데메이아는 수많은 인재를 배출했으며, 플라톤이 세상을 떠나고 나서도 529년에 로마가 폐쇄할 때까지 무려 900년 동안 계속되었다.

　아카데메이아를 세우고 20년이 지났을 때 플라톤은 시라쿠사의 친구인

아카데메이아의 벽화에 등장하는 인물들은 모두 학문 연구에 깊이 빠져 있는 듯 보인다. 가운데의 두 사람이 바로 토론하고 있는 플라톤과 아리스토텔레스이다.

디온의 편지를 받았다. 당시 시라쿠사를 다스리는 참주는 디오니시우스 2세Dionysios II였다. 디온은 플라톤에게 자신의 조카인 디오니시우스 2세의 교육을 부탁했다. 플라톤은 여러 번 거절했지만, 거듭되는 요청에 결국 시라쿠사로 가는 것을 결정했다. 그는 자신이 말만 번드르르한 사람으로 비치는 것이 싫었다. 그래서 이상 국가를 건설한다는 목표를 실현하고자 다시 한 번 시라쿠사로 향했다. 그러나 안타깝게도 젊은 참주 디오니시우스 2세 역시 디오니시우스 1세와 다를 바가 없었다. 그는 플라톤의 철학에도 관심이 없었다. 디오니시우스 2세는 결국 플라톤을 추방했고, 심지어 숙부인 디온도 내쫓았다. 플라톤은 또 한 번 실망하고 아테네로 돌아왔다. 이후 기원전 361년에 디오니시우스 2세가 플라톤에게 다시 한 번 와 달라고 요청했다. 이를 수락한 플라톤은 이번에도 시라쿠사에서 이상을 구현하지 못하고 돌아왔다. 그 후 플라톤은 이상을 실현하는 것을 포기하고 교육과 글 쓰는 일에 전념했다. 기원전 347년에 여든 살이 된 플라톤은 세상을 떠났다.

플라톤은 자신의 정치적 이상을 실현하기 위해서 시칠리아의 시라쿠사를 세 번이나 방문했지만 매번 실패하고 돌아왔다. 결국 어느 곳에서도 그의 이상은 실현되지 못했다. 그러나 그가 서양의 교육과 철학에 미친 영향은 대단한 것이었다.

지혜의 번갯불

플라톤은 평생에 책을 40여 권 썼다. 분야도 철학뿐만 아니라 천문학, 교육학, 정치학 등 다양했다. 플라톤의 책은 대부분 대화체로 쓰여 있다. 대화에 참여한 사람의 이름과 대화의 배경도 설명되어 있으며, 아름다운 말투로 꼼꼼하게 글을 풀어 나간다. 그의 책들은 문학적으로도 높은 가치를 인정받는다.

플라톤의 사상은 두 가지로 압축할 수 있다. 하나는 '이데아Idea'이고, 다른 하나는 '국가론Politeia'이다. 이데아는 플라톤 철학의 기본 개념으로, 눈이 아닌 이성理性으로만 알아볼 수 있는 존재를 의미한다. 이것은 영원히 변하지 않는 것으로 끊임없이 변화하는 주변에서 볼 수 있는 사물들과는 다르다. 플라톤은 우리가 눈으로 보는 사물들은 이데아를 본떠서 만들어진 것이므로 우리는 그 근원, 바로 이데아를 추구해야 한다고 주장했다. 그렇다면 어떻게 해야 이데아에 가까워질 수 있을까? 그것은 바로 철학을 통해서만 가능하다.

플라톤은 여러 나라를 돌아다니면서 많은 정치 체제를 연구했다. 그 결과, 그는 모든 정치 체제가 완벽한 것은 아니며 각기 문제점이 있다고 생각했다. 그리하여 플라톤은 이를 토대로 《국가론》에서 자신이 생각하는 완벽한 정치 체제인 유토피아를 묘사했다. 그가 묘사한 이상적인 국가에서는 시민이 세 계층으로 나뉜다. 국가를 다스리는 통치자, 국가를 보호하는 군인, 그리고 이 두 계층에 물질을 제공하는 노동자이다. 당시 노예는 사람으로 여기지 않았기 때문에 제외되었다. 남성과 여성은 동등한 권리와 지위를 누릴 수 있으며, 모든 시민은 한 가지 직업에만 종사한다. 그들은 지혜, 용기, 절제, 정의의 네 가지 미덕 중 하나 이상을 갖추고 각자의 미덕과 능력을 발휘한다. 그들은 논쟁이 아닌 협력으로 문제를 해결하고, 완벽한 나라를 만들어 나간다. 그 과정에서 가장 중요한 역할을 하는 것은 바로 통치자이다. 플라톤은 가장 현명하고 관용적인 철학자가 이 통치자의 역할을 맡아야 한다고 생각했다. 나중에 플라톤은 여기에서 더욱 확대해 공동 생산과 공동 소비를 주장하기도 했다.

플라톤은 당시로써는 획기적인 사상과 의견을 많이 제시했다. 어떤 것은 오늘날에도 깜짝 놀랄 만한 생각이다. 그의 사상은 후대의 철학자들에게 많은 영향을 주었다.

7 코린토스 전쟁

GREECE

펠로폰네소스 전쟁에서 승리한 스파르타는 아테네가 중심이 된 델로스 동맹을 해체했다. 이로써 스파르타가 그리스 전체의 패권을 차지했고 도시국가들은 이에 불만을 품었다. 게다가 페르시아가 이 도시국가들을 부추기기까지 했다. 그리스는 차츰 다시 전쟁에 휘말리고 있었다.

> **시기** : 기원전 404년~기원전 387년
> **인물** : 아르타크세르크세스 2세, 키루스 2세, 아게실라오스 2세

깊어지는 갈등

펠로폰네소스 전쟁에서 승리한 스파르타는 델로스 동맹을 해체했다. 그후 스파르타는 아테네뿐 아니라 이전에 델로스 동맹에 가입했던 나라들에까지 정치 간섭을 하기 시작했다. 그러자 그리스 대부분의 지역이 스파르타의 영향권에 들어갔고, 스파르타는 각 도시국가에 스파르타를 찬성하는 사람들로 구성된 과두 정부를 세웠다. 게다가 전쟁 보상금이라는 명목으로 막대한 돈을 내라고 협박했다.

　스파르타는 강한 군사력을 바탕으로 세력을 계속해서 확장해 나갔다.

한눈에 보는 세계사

기원전 403년 : 중국, 전국 시대 시작　　　　　기원전 400년경 : 한반도, 철기 문화의 보급

다른 도시국가의 내정에 간섭하고 말을 듣지 않으면 군대를 보내 무력을 휘둘렀다. 그들의 이런 행동은 도시국가들에 강한 불만을 불러일으켜 전쟁의 불씨가 되었다.

스파르타도 고민이 있었다. 그들은 펠로폰네소스 전쟁을 치르는 동안 아테네를 무찌르기 위해서 페르시아와 손잡았다. 그때 페르시아는 스파르타를 지원해 주는 대가로 전쟁이 끝난 후 소아시아 지역의 도시국가를 달라는 조건을 걸었다. 당시 스파르타는 페르시아의 지원이 꼭 필요했기 때문에 이에 동의했다. 하지만 전쟁이 끝나고 나서 다시 생각해 보니, 소아시아의 도시국가를 페르시아에 준다면 페르시아의 국력이 너무 강해질 것 같았다. 그래서 스파르타는 이런저런 핑계를 대며 약속을 지키지 않았고 이에 페르시아는 몹시 화가 났다. 게다가 스파르타가 페르시아의 왕위 계승 문제에 관련되면서 스파르타와 페르시아의 갈등은 더욱 깊어졌다.

위기를 넘긴 페르시아

기원전 404년에 페르시아의 왕 다리우스 2세Darius II가 세상을 떠난 후, 그의 두 아들은 왕위를 놓고 싸우기 시작했다. 결국에는 첫째 아들인 아르타크세르크세스 2세Artaxerxes II가 왕위에 올랐다. 그러자 그의 동생 키루스Cyrus는 이에 불만을 품고 스파르타에 자신을 지원해 달라고 요청했다. 스파르타의 왕 아게실라오스 2세Agesilaos II는 그의 요청을 받아들여 군대를 이끌고 페르시아로 가서 키루스를 지원했다. 그러나 키루스는 얼마 후 전쟁 중에 죽었고, 아르타크세르크세스 2세는 스파르타가 키루스를 지원한 것에 대해 복수하겠다고 별렀다. 그리고 마침내 그는 스파르타를 지도에서 영원히 없애 버리겠다고 선포했다.

기원전 399년에 페르시아의 왕 아르타크세르크세스 2세는 스파르타가 펠로폰네소스 전쟁 당시에 맺은 약속을 지키지 않은 것을 이유로 스파르

페르시아의 페르세폴
리스(Persepolis) 유적
지에 있는 아르타크세
르크세스 2세의 묘

타를 공격했다. 그러나 페르시아는 스파르타에 연이어 패했고 스파르타와
정면 승부를 해서는 전쟁에서 이길 수 없다는 사실을 깨달았다. 그래서 자
신들이 많이 사용했던 방법을 이용하기로 했다. 바로 적을 이용해서 다른
적을 무찌르는 것이다. 페르시아는 스파르타의 독단적인 행동에 불만을 품
고 있던 그리스의 도시국가들과 비밀리에 접촉하기 시작했다. 그들은 코린
토스, 테베, 아테네에 접근해서 지원해 줄 테니 스파르타에 대항하라고 부
추겼다. 결국 아테네와 코린토스, 테베 등 도시국가들은 동맹을 맺고 기원
전 395년에 스파르타에 선전 포고를 했다. 이 전쟁은 주로 코린토스에서
전투가 벌어져서 '코린토스 전쟁'이라고 부른다.

스파르타의 왕 아게실라오스 2세는 페르시아에 거의 승리했다고 여기던 때 그리스의 도시국가들이 선전 포고를 해 오자 매우 당황했다. 그는 원래 페르시아에 쳐들어가서 완전히 점령하려고 했으나, 코린토스에서 전쟁이 일어났다는 소식을 듣고 급히 스파르타로 돌아왔다. 이로써 페르시아는 위기를 넘길 수 있었다.

코린토스 전쟁

코린토스 전쟁은 8년이나 계속되었다. 이 기간에 아테네는 페르시아의 금전적인 지원을 받아 성벽을 다시 쌓고 전함을 만들었다. 코린토스와 테베도 페르시아의 지원으로 병력을 키웠다. 기원전 394년에 소아시아의 쿠낙사Cunaxa에서 벌어진 전투에서 도시국가 연합군은 스파르타의 함대에 맞서 크게 승리했다. 스파르타 해군은 이 패배로 한동안 전쟁에 나설 수 없는 지경에까지 이르렀다. 오랜 전쟁에서 패한 스파르타는 더 이상 전쟁을 치를 여력이 없었다. 그들은 하는 수 없이 페르시아에 사과하고 자신들을 도와달라고 요청했다.

코린토스 전쟁은 페르시아가 도시국가들에 지원해 주기로 약속하면서 일어난 전쟁이었지만, 페르시아는 그리스의 도시국가들이 계속해서 스파르타를 무찌르자 슬슬 불안해지기 시작했다. 그들은 특히 아테네가 다시 강해지는 것을 원하지 않았다. 때마침 스파르타가 잘못을 인정하고 지원을 요청하자 페르시아는 약삭빠르게도 스파르타를 지원하기 시작했다. 페르시아의 압박에 밀려 도시국가 연합군은 전쟁을 멈출 수밖에 없었다.

기원전 387년에 스파르타와 페르시아는 '안탈키다스 평화 조약'을 맺었다. 스파르타가 소아시아 지역의 여러 도시국가와 키프로스 섬을 페르시아의 영토로 인정하는 내용이었다. 이와 함께 스파르타가 이끄는 펠로폰네소스 동맹 외에 그리스의 다른 도시국가 동맹을 모두 해체해야 한다는 조항도 있었다.

이 평화 조약은 엄밀히 말하면 스파르타가 그리스에서의 패권을 유지하기 위해 소아시아의 도시국가와 키프로스 섬을 페르시아에 넘겨준 것이나 다름없었다. 그리스의 운명을 페르시아가 결정하도록 넘긴 것이다. 그리스인들은 오랜 세월 신화와 역사의 흔적이 새겨진 소중한 영토를 이방인에게 팔아 버린 스파르타를 더욱 증오하게 되었다.

어찌 되었든 그리스의 패권은 여전히 스파르타의 손에 있었다. 하지만 도시국가들은 예전과 상황이 많이 달라졌다. 그들은 페르시아의 지원을 받아 군대를 정비했고 전함도 만들었다. 그래서 도시국가들은 다시 한 번 스파르타에 본때를 보여 줄 날을 기다렸다.

8 테베, 스파르타를 공격하다

펠로폰네소스 전쟁에서 패한 아테네는 한동안 다시 일어서지 못했지만, 테베는 점점 부강해졌다. 코린토스 전쟁을 치르면서 테베는 더욱 강해졌고 그리스에서 무시할 수 없는 주요 도시국가가 되었다. 테베는 스파르타에 대항하는 도시국가 세력을 이끌고 마침내 스파르타를 무찔러 그리스의 패권을 차지했다.

시기 : 기원전 382년~기원전 362년
인물 : 펠로피다스, 에파미논다스, 클레옴브로토스

스파르타는 도시국가들이 다시는 저항하지 못하도록 각국에 과두 정부를 세우는 일에 더욱 박차를 가했다. 그들은 더욱 폭력적이고 잔혹한 방법으로 도시국가들을 휘둘렀고, 스파르타에 반대하는 정치가들을 무참하게 처형했다. 이 시기에 대규모 전쟁은 일어나지 않았지만, 도시국가 간에 충돌이 끊이지 않았고 언제나 불안한 기운이 감돌았다.

그리스 인들은 스파르타가 페르시아의 하수인이라고 비난하고, 이익을 위해 동포를 팔아먹은 배신자라고 생각했다. 스파르타에 대한 불만이 커지면서 그들은 서서히 다시 한 번 스파르타와 전쟁을 치를 준비를 시작했

한눈에 보는 세계사
기원전 350년 : 중국, 제자백가의 시대 전개

다. 테베도 이 중 하나였다.

부강해진 테베

고대 그리스 신화에서 제우스는 해변에서 노니는 아름다운 에우로페를 보고 사랑에 빠졌다. 제우스가 흰 소로 변해서 에우로페를 납치해 가자 에우로페의 오빠인 카드모스Kadmos가 동생을 찾아 나섰다. 아버지인 페니키아의 왕 아게노르Agenor는 카드모스에게 에우로페를 찾지 못하면 돌아올 생각도 하지 말라고 엄포를 놓았다. 결국 에우로페를 찾지 못한 카드모스는 페니키아로 돌아가지 못하고 그리스 반도에 테베를 세웠다. 테베는 원래 스파르타가 이끄는 펠로폰네소스 동맹 소속이었다. 스파르타가 아테네와 델로스 동맹 소속의 도시국가들을 제압하느라 바쁜 동안, 테베는 그리스 반도 중부의 보이오티아Boeotia 지역을 점령했다. 그 후 아테네, 코린토스 등의 도시국가와 동맹을 맺고 스파르타와 코린토스 전쟁을 벌였다.

코린토스 전쟁에서 결국 패했고 스파르타가 압박해 왔지만, 전쟁 기간에 페르시아의 지원을 받아 테베의 군사력은 아주 강해졌다. 기원전 382년에 스파르타는 테베를 점령하고 과두 정부를 세웠다. 이에 테베의 민주파 지도자인 펠로피다스Pelopidas는 스파르타를 비난하며 아테네로 망명했다. 펠로피다스의 절친한 동료인 에파미논다스Epaminondas도 과두 정부에 반대했지만, 다른 도시국가로 망명하지 않고 테베에 남아서 때를 기다렸다.

기원전 379년 겨울, 펠로피다스가 아테네의 지원을 받아 군대를 이끌고 테베로 향했다. 에파미논다스도 몰래 군대를 조직해서 과두 정부를 공격했다. 펠로피다스와 에파미논다스는 안과 밖에서 협력해 과두 정부를 무너뜨리고 테베에 민주 정부를 세웠다. 테베는 두 지도자의 지휘 아래 국력이 날로 강해졌다. 얼마 후 테베는 보이오티아 지역의 도시국가들을 연합해서 보이오티아 동맹을 결성했다.

이후 아테네도 약 70개 도시국가와 동맹을 맺었다. 그리고 다른 도시국가들의 신뢰를 얻기 위해서 앞으로는 절대 과거처럼 패권을 차지하거나 다른 도시국가의 정치에 관여하지 않겠다고 약속했다.

류트(Lute)를 연주하는 여성을 그린 테베의 벽화

전쟁의 시작

테베의 보이오티아 동맹과 아테네의 두 번째 동맹은 스파르타를 위협했다. 스파르타는 우선 보이오티아 동맹을 공격했다. 스파르타와 보이오티아 동맹이 치른 첫 전투에서 양쪽의 실력은 비슷했고, 이 사실은 보이오티아 동맹군의 사기를 올렸다. 그들은 스파르타와 전쟁을 해도 이길 수 있다는 희망을 품었다. 기원전 375년에 펠로피다스는 사기가 오른 동맹군을 이끌고 몇 차례 전투를 치른 끝에 스파르타 대군을 물리쳤다.

그러나 그 후의 전투에서는 스파르타가 거듭 승리했다. 그럼에도 스파르타는 안심하지 못했다. 그리하여 그리스 전체의 도시국가를 불러 모아 회의를 열었다. 스파르타는 안탈키다스 평화 조약의 '펠로폰네소스 동맹 외에 다른 동맹은 결성해서는 안 된다.'라는 조항을 내세워 테베가 보이오티아 동맹을 해체해야 한다고 주장했다. 그러나 테베는 안탈키다스 평화 조약을 인정할 수 없다며 저항하고 오히려 펠로폰네소스 동맹을 해산하라고 되받아쳤다.

당시 테베의 대표로 이 회의에 참석한 에파미논다스는 스파르타에 비난을 쏟아 부었다. 이에 몹시 화가 난 스파르타는 테베를 공격했다. 겉으로 보면 스파르타의 군사력이 테베보다 훨씬 강했으므로, 이 전쟁은 테베로서는 계란으로 바위를 치는 격이었다. 그러나 에파미논다스는 이미 모든 준비를 마쳐 놓았다.

에파미논다스는 언젠가는 스파르타와 전쟁을 해야 한다고 예감하고 그동안 부지런히 무기를 정비하고 전술을 개발하고 있었다. 테베의 병사들은 점점 늘어났고 선발 부대도 뽑았다. 테베의 선발 부대는 테베 시민 300명으로 구성되었으며 '신성대神聖隊, Hieros lochos'라고 불렸다. 이들은 모두 서로 사랑하는 남성 연인들이었다.

레우크트라 전투

기원전 371년 7월에 테베 서남부의 레우크트라Leuktra 근처에서 테베와 스파르타의 전투가 시작되었다. 에파미논다스는 테베 군대의 총지휘관을 맡고, 펠로피다스가 '신성대'를 이끌었다. 그리고 스파르타는 왕인 클레옴브로토스Cleombrotus가 지휘관을 맡았다.

당시 한 나라의 군사력은 중장보병의 수가 결정했는데, 스파르타의 중장보병은 테베의 거의 두 배였다. 에파미논다스도 테베의 군사력이 스파르타에 훨씬 뒤떨어진다는 것을 알고 있었다. 그래서 그는 전투 전날 밤 병사들을 불러 모아 놓고 병사들을 칭찬하며 자신감을 북돋아 주었다. 한층 사기가 오른 테베 군대는 위풍당당하게 전쟁터로 향했다.

당시 그리스의 전통적인 전투 방식은 중장보병 여덟 명 혹은 열두 명이 나란히 여러 줄로 서서 사각형을 만들고 경장보병과 기마병이 사각형의 양쪽을 보완하는 형태였다. 이런 형태로 적을 향해 진격해서 방패로 몸을 막은 채로 적이 도망갈 때까지 밀어붙였다. 그런데 이 형태는 진격하다 보면 언제나 오른쪽이 왼쪽보다 먼저 가게 되었다. 그리고 병사들은 오른손으로 창을 들고 왼손으로 방패를 들기 때문에 가장 오른쪽에 있는 병사들은 몸이 그대로 노출된다. 그래서 일반적으로 가장 오른쪽에는 최정예 군사들이 섰다. 스파르타는 레우크트라 전투에서도 이 형태를 고수했다.

그러나 에파미논다스는 새로운 형태를 개발했다. 그는 위에서 말한 사각형의 형태를 만든 다음 최정예 군사 오십 명을 세로로 세워 사각형의 왼쪽에 배치했다. 그리고 진격하다 보면 오른쪽이 먼저 나가게 되기 때문에 그 차이를 고려해서 출발하기 전에 왼쪽을 앞으로 하고 오른쪽을 뒤로 해서 비스듬하게 세웠다. 그래서 이 전술은 '사선 진법斜線陳法'으로 불린다. 스파르타는 당연히 테베군의 오른쪽이 최정예 군사라고 생각했기 때문에 왼쪽을 향해 전진했다. 이때 테베의 왼쪽에 서 있던 최정예 군사 오십 명은 스파르타의 최정예 군사 열두 명을 물리쳤다. 전투가 시작되자마자 최정예 군사 열두 명을 모두 잃은 스파르타는 대패했다. 그리고 이 과정에서 스파르타의 왕이자 총지휘관인 클레옴브로토스도 죽었다. 레우크트라 전투에서 스파르타는 모두 병사 1,000명을 잃었고, 살아남은 병사도 대부분 포로로 끌려갔다. 반면에 테베의 병사 중 전투에서 죽은 사람은 300명도 채 되지 않았다.

에파미논다스의 사선 진법은 큰 성공을 거두었다. 그의 사선 진법과 최정예 군사들에게 집중하는 전술은 전 세계 군사 전술의 발전에 획기적인 변화를 가져왔다.

스파르타는 레우크트라 전투에서 치명적인 타격을 입고 그리스의 패권을 빼앗겼다. 그리고 기원전 370년, 에파미논다스는 군대를 이끌고 스파르타로 진격했다. 그러자 펠로폰네소스 동맹에 가입했던 도시국가들은 급하게 탈퇴했다. 스파르타의 식민지였던 메세니아도 독립을 선포했고, 펠로폰네소스 동맹은 완전히 해체되었다.

패권을 차지한 테베

이후 테베는 점점 강해져서 그리스의 최대 강국이 되었다. 테베는 스파르타가 도시국가들에 패권을 휘두르는 것에 반발하여 전쟁을 일으켰고 스파르타를 무찔렀다. 그런데 그 후 테베는 그토록 증오하던 스파르타의 행동을 그대로 따라 했다. 각 도시국가의 정치를 간섭하고 테베에 반대하는 자는 서슴지 않고 죽였다. 이에 보이오티아 동맹에 속한 도시국가들은 테베에 등을 돌리고 동맹에서 나갔다. 끝까지 테베를 지지한 나라는 메세니아뿐이었다.

테베와 아테네 사이의 갈등이 점차 수면으로 드러나기 시작했다. 원래 보이오티아 동맹과 아테네가 결성한 두 번째 동맹은 서로 의견이 맞지 않았다. 공동의 적인 스파르타를 무찌르기 위해서 잠시 갈등을 덮어 두었지만, 이제 적은 사라졌고 양측은 서로를 견제했다. 그리스 전체의 패권을 독차지하고 싶은 테베에 가장 큰 장애물은 아테네였다. 그리고 아테네는 테베가 더 이상 강력해져서는 안 된다고 생각했다. 그래서 테베의 독주를 막기 위해 스파르타와 동맹을 맺기로 했다.

기원전 362년, 아테네와 스파르타의 동맹 소식을 들은 테베는 스파르타로 진격했고, 만티네아Mantinea에서 전투가 시작되었다. 테베는 이번에 스파르타에 참패를 안겨 다른 도시국가들에 본보기를 보여 줄 계획이었다. 아테네를 비롯한 거의 모든 도시국가가 군대를 파병해서 스파르타를 지원했다. 그러나 테베는 다시 한 번 사선 진법을 이용해서 승리했다. 그런 한편 테베도 손실이 있었다. 바로 에파미논다스가 전투 중에 죽은 것이다. 훌륭한 지도자였던 에파미논다스가 죽은 이후 테베는 빠른 속도로 쇠락했다. 테베가 그리스의 패권을 차지한 것은 10년에 불과했다.

에파미논다스는 위대한 인물이었다. 그는 평범한 도시국가였던 테베가 처음이자 단 한 번이었지만 그리스의 중심에 서도록 이끌었다. 탐욕스럽지 않고 도덕적으로 뛰어났기에 그는 개인적으로도 테베 시민의 존경을 한 몸에 받았다. 평생을 가난하게 살았고 높은 자리에 있으면서도 한 번도 뇌물을 받거나 공정하지 않은 일을 한 적이 없었다. 그는 오늘날까지도 역사상 가장 위대한 지도자로 손꼽힌다.

혼란에 빠진 그리스

스파르타와 테베는 함께 쇠락했다. 그러자 아테네는 이 기회를 이용해서 그리스의 패권을 차지하려고 동맹국들을 압박했다. 그러나 아테네 역시 예전의 아테네는 아니었다. 동맹국들은 모두 아테네에 등을 돌렸고, 그 결과 '동맹시 전쟁同盟市戰爭, Social War'이 발발했다. 이 전쟁에서 아테네는 패배했고 아테네의 두 번째 동맹도 해체되었다.

펠로폰네소스 전쟁 이후 그리스 도시국가 사이에는 갈등과 전투가 끊이지 않았다. 이런 상황은 결국 모든 도시국가의 쇠락으로 이어졌다. 아테네, 스파르타, 테베 모두 기진맥진해 다시 일어날 기미를 보이지 않았다. 이때 북쪽의 강국 마케도니아가 그리스 반도에 관심을 보이기 시작했다.

신의 나라, 그리스

고대 그리스에는 수많은 신이 있었다. 그리스 인들은 모두 신을 숭배했고 신에게 제사를 올리는 것을 가장 중요하게 여겼다. 오늘날 알려진 고대 그리스의 많은 축제와 예술, 큰 행사들은 모두 신에게 올리는 제사의 한 부분이었다. 올림픽은 제우스를 즐겁게 하기 위한 것이고 연극은 술의 신 디오니소스에게 올리던 제사 의식의 하나였다.

지고지상의 신

고대 그리스의 거의 모든 도시국가는 나라를 세우면 가장 먼저 신전을 짓고 특정한 날을 정해서 신에게 제사를 올렸다. 제사는 조금씩 달랐지만 순서는 기본적으로 다음과 같았다. 가축을 제물로 바치고 기도를 드리는 것이다. 제물로 올리는 가축은 고기를 익혀서 제사 지낸 사람들끼리 나눠 먹었다.

　나라에서 만든 신전 외에도 그리스 인들은 모두 집에 작은 제단을 세웠다. 그리고 이른 아침에 제단 앞에서 신에게 기도했다. 기도를 드리는 신은 그날의 일과에 따라 달랐다. 그리스의 많은 신은 자연과 생활의 각 부분을 나눠 맡아서 관리했기 때문이다. 예를 들어 여행을 갈 사람은 여행자들의 신인 헤르메스에게 기도했고 전쟁에 참여하는 사람이라면 전쟁의 신 아레

기원전 5세기에 만들어진 도자기에 그려진 그림이다. 그림 속의 부부는 술을 따라서 제단에 바치고 있다.

스나 아테나에게 기도했다. 도시국가들은 각각 수호신이 있고, 그 수호신의 신전에는 제사장이 있었다. 제사장의 가장 큰 임무는 신에게 올리는 제사를 진행하는 것이었다. 그리스 인들은 제사에 조금이라도 소홀하면 신이 크게 분노한다고 생각했기 때문에 제사장의 역할은 아주 중요했다. 어떤 신에게 기도하는지에 따라서 자세도 달랐다. 예를 들어, 바다의 신 포세이돈에게 기도할 때에는 손바닥을 항상 땅으로 향하게 했다.

고대 그리스에서는 '속죄양scapegoat'이라는 의식이 있었는데 다음과 같이 진행된다. 그리스 인들은 범죄자나 이방인 중 한 명을 선택해서 1년 동안 맛있는 것과 좋은 옷을 주어 세상의 부귀영화를 마음껏 누리도록 했다. 그리고 1년이 되면 그를 죽였다. 이것은 그가 다른 사람들의 죄를 대신해서 죽는다는 의미였다. 그러나 이것은 너무 잔인한 일이었기 때문에 나중에는 죽이지 않고 추방하는 것으로 대체했다.

길흉을 점치는 오라클

고대 그리스 인은 신이 미래를 알려 줄 수 있다고 믿었다. 그러나 모든 사람이 신과 접촉할 수 있다고 생각하지는 않았다. 신은 제사장의 입을 통해서만 자신의 뜻을 전했다. 신의 뜻을 '신탁'이라고 하는데, 이 신탁을 들을 수 있는 곳을 '오라클Oracle'이라고 불렀다. 사람들은 중요한 일이 있을 때 오라클로 달려가서 신의 뜻을 물었다. 공적인 것과 사적

태양신 아폴론

인 것 모두 질문할 수 있었다. 반란을 일으키면 성공할지 묻는 사람도 있고 자신의 소를 이웃이 훔쳐간 것은 아닌지 물어보는 사람도 있었다. 아들이 자신의 친아들인지 물어보는 이도 있었다.

각 오라클의 사제들은 각자의 방식으로 신탁을 들었다. 어떤 제사장은 제우스를 상징하는 참나무의 잎이 바람에 흔들리는 소리와 벌레 울음소리로 신탁을 듣기도 했다. 그리스의 여러 오라클 중에서 가장 영향력이 큰 것은 바로 델포이에 있는 아폴론 신전이었다. 델포이 신전은 그리스 반도 중부의 파르나소스 산 산자락에 있었다. 이곳은 가장 신성한 곳 또는 세상의 중심으로 여겨져서 그리스 어로 배꼽을 의미하는 '옴파로스Omphalos'로 불리기도 했다.

신탁을 듣기 위해 수많은 그리스 인이 델포이로 몰려들었다. 도시국가들은 일 년에 한 번씩 사람을 보내 델포이 신전의 여사제에게 나라의 운명을 물어보았다. 피티아Pythia라고 불린 델포이 신전의 여사제는 태양신 아폴론과 인간들이 교류하는 통로였다. 처음에는 어린 소녀들이 담당하다가 나중에는 나이 든 여성이 맡았다.

신탁을 받기 전에는 먼저 아폴론에게 제사를 올려야 했다. 그리고 자신이 알고 싶은 것을 질문하기 전에 그에 대해 신이 대답해 주실지 먼저 물어야 했다. 이것을 물어보는 방법은 산양 한 마리를 제단에 올리고 술을 한 방울씩 떨어뜨리는 것이었다. 이때 산양이 벌벌 떨기 시작하면 아폴론이 대답해 주겠다는 것을 의미했다. 신탁을 원하는 사람들은 그제야 여사제를 만날 수 있었다.

델포이 아폴론 신전 부근에는 올리브 나무가 가득 자라고 있다. 이곳은 고대 그리스에서 가장 유명한 신전이었다.

넓은 신전에서 신탁을 들을 수 있는 오라클은 신전의 가장 깊은 곳에 있었다. 땅은 한 줄로 아주 깊게 갈라져 있고 그 틈으로 수증기가 뿜어 나왔다. 그 수증기에는 부드러운 꽃향기가 배어 있었다. 여사제는 땅이 갈라진 틈 위에 발이 세 개 달린 의자를 놓고 앉았다. 이윽고 수증기가 그녀의 정신을 혼미하게 하면, 아폴론은 그제야 그녀에게 자신의 뜻을 알려 주었다. 그러면 여사세는 아폴론의 말을 잘 듣고 간절히 신탁을 기다리는 사람에게 신의 뜻을 전했다. 하지만 신탁은 대개 명확하지 않았다. 다시 말해, 해석하기에 따라서 여러 가지 뜻이 될 수 있었다. 어쩌면 여사제가 모호하게 대답한 것일지도 모른다.

신탁을 물으러 오는 사람들은 많은 돈을 냈다. 이 밖에도 오라클은 '보관료'로 많은 돈을 벌었다. 오라클은 신이 계시는 곳이니 아무도 마음대로 침범하지 않았기 때문이다. 그래서 도시국가들은 신전 안에 국고를 맡기고 보관료를 냈다.

신을 숭배하고 제사를 올리는 것은 그리스 인들의 일상생활이었다. 국가의 중요한 일은 거의 모두 종교 의식으로 거행되었다. 개혁가들도 언제나 신의 뜻을 물은 다음에야 개혁을 진행했다.

Ancient GREECE

맥을 잡아주는 세계사

The flow of The World History

제7장 | 알렉산드로스의
동방 원정

1 마케도니아의 번영

그리스가 혼란에 휩싸여 있을 때 북쪽에 위치한 마케도니아는 힘을 키워 가기 시작했다. 몇 대에 걸쳐 위대한 지도자가 통치하면서 마케도니아는 점차 강대국이 되었다. 그들은 그리스의 거의 모든 도시국가가 오랜 전쟁을 치르고 기진맥진한 상태라는 것을 알았다. 그리고 얼마 후 고대 그리스 역사에서 빼놓을 수 없는 존재가 되었다.

시기 : 기원전 4세기 후반
인물 : 아민타스 1세, 페르디카스 2세, 아르켈라오스 1세

마케도니아의 역사

마케도니아는 고대 그리스의 동북부 지역 한쪽 끝에 자리한 나라였다. 동쪽으로는 트라키아, 서쪽으로는 일리리아Illyria와 만나고, 동남쪽으로는 칼키디키Khalkidhiki 반도와 가까웠다. 마케도니아는 주로 고원과 산으로 이루어진 북부, 에게 해와 가까워서 그리스 도시국가와 접촉이 많은 남부로 나눌 수 있었다. 이러한 지형적 이유로 마케도니아 인들이 주로 모여 살았던 남쪽이 정치·경제·문화의 중심을 이루었다.

마케도니아 민족 구성은 상당히 복잡하지만, 그 뿌리는 고대 그리스 인

한눈에 보는 세계사
기원전 350년 : 중국, 제자백가의 시대 전개

이다. 기원전 3000년에 도나우 강과 발칸 반도에 살던 사람들이 그리스 반도로 이주했다. 그중 도리아 인은 남쪽으로 더 내려오지 않고 그리스 반도 북부에 남아서 마케도니아를 세웠다. 이들은 점차 일리리아 인, 트라키아 인과 결혼해 마케도니아 민족을 형성했다.

근원은 같지만 시간이 흐르면서 마케도니아 인과 그리스 인의 언어나 풍습은 점점 달라지기 시작했다. 그리스 인들이 보기에 멀리 떨어진 북부에 사는 마케도니아 인은 동포가 아닌 '야만족'이었다. 그리스 인들은 그리스 어를 못하는 외부 민족은 모두 야만족이라고 생각했다. 그런 그들이니, 마케도니아가 그리스 전체의 통치자가 될 것이라고는 생각도 하지 못했다.

생존을 위한 노력

여러 작은 나라로 흩어져 있던 마케도니아는 기원전 6세기 후반에 통일되었다. 그래도 북부 마케도니아와 남부 마케도니아의 풍습은 무척 달랐다. 두 지역 사람들은 언어뿐만 아니라 종교도 달라서 서로 같은 민족이라고 생각하지 않았다.

기원전 5세기까지 마케도니아는 불안한 지역이었다. 기원전 6세기에 페르시아의 왕 다리우스 1세가 트라키아를 정복했고, 그 옆에 있는 마케도니아는 페르시아의 다음 목표가 되었다. 마케도니아의 왕 아민타스 1세 Amyntas I는 당시 가장 강한 페르시아와 전쟁을 하고 싶지 않았다. 그래서 페르시아에 신하의 나라가 되겠다고 맹세하고 페르시아의 속국이 되었다. 마케도니아가 스스로 속국이 되겠다고 나서자 다리우스 1세는 아주 기뻐했다. 그래서 그는 아민타스 1세의 아들인 알렉산드로스 1세 Alexandros I가 마케도니아의 통치권을 계승하는 것을 승인해 주었다.

기원전 480년에 다리우스 1세의 아들인 크세르크세스 1세가 그리스를 공격하자 마케도니아는 페르시아를 열심히 도왔다. 그러나 페르시아는 참패했고, 당시 페르시아와 전쟁을 한 그리스 도시국가들은 마케도니아를 적으로 규정하고 적대시했다.

그러나 그리스 도시국가들과 마케도니아의 교류가 단절된 것은 아니었다. 오히려 두 지역의 접촉은 더욱 많아졌다. 그리스의 많은 도시국가는 필요하면 협력하고 필요가 없어지면 바로 적대시했다. 마케도니아와의 관계도 마찬가지였다. 마케도니아의 왕 알렉산드로스 1세는 그리스 인들과 더 많은 접촉을 하기 위해 자신이 도리아 인의 한 분파인 아르고스 인Argus이라고 인정하고 마케도니아는 더 이상 페르시아에 충성하지 않겠다는 것을 확실하게 맹세했다.

초보적 발전

페르시아 전쟁 이후 아테네와 스파르타를 비롯한 많은 도시국가는 빠른 속도로 발전했다. 이렇게 그리스는 다시 번영했지만, 마케도니아는 항구가 많지 않아 발전이 쉽지 않았다. 마케도니아가 발전하려면 아테네와 스파르타 같은 그리스 강국들과의 교류가 꼭 필요했다. 그래서 마케도니아의 역대 왕들은 온 힘을 다해서 아테네, 스파르타와 관계를 맺고자 했다.

알렉산드로스 1세가 죽고 나서 그의 아들 페르디카스 2세Perdiccas II가 마케도니아의 왕위를 계승했다. 당시 페리클레스가 통치하던 아테네는 그리스 최고의 강국이었다. 페르디카스 2세는 아테네에 휘둘리고 싶지 않지만 또 적으로 만들 수는 없었다. 그래서 아테네와 스파르타 사이를 오가는 외교 전략을 펼쳤다. 예를 들면 마케도니아는 펠로폰네소스 전쟁 때 스파르타의 장군 브라시다스가 아테네의 점령지인 암피폴리스에 침입하는 것을 도왔지만, 아테네와 동맹을 맺기도 했고, 또다시 스파르타의 편에 서기도 했다. 마케도니아는 그리스의 이 두 강국 사이에서 최대한 이익을 얻고자 했다.

기원전 413년에 마케도니아의 왕이 된 아르켈라오스 1세는 수도를 바다와 가까운 펠라Pella로 옮겼다. 그러자 마케도니아와 그리스 도시국가 간의 왕래는 더욱 잦아졌다. 또 많은 그리스의 철학자, 시인, 예술가를 초청해서 마케도니아에 머물도록 했다. 유명한 비극 작가 에우리피데스도 마케도니아 왕실의 귀한 손님으로 한동안 머물렀다. 아르켈라오스 1세는 펠라에 큰 궁전을 세우고 길을 닦는 한편, 마케도니아의 군대를 아테네의 군대처럼 조직하고 훈련했다. 이렇게 마케도니아를 그리스처럼 발전시키기 위해서 많은 것을 배우고 따라 했지만, 그리스 인들은 여전히 그들을 야만족이라며 무시했다.

기원전 399년에 아르켈라오스 1세가 암살당하자 마케도니아는 혼란에 빠졌다. 이후 십 수 년 동안 왕위를 놓고 많은 분쟁이 있었다. 마침내 아민타스 3세Amyntas III가 왕위에 올랐으나 그도 얼마 지나지 않아 세상을 떠났다. 그러자 테베인들이 마케도니아의 왕위 계승에 간섭하기 시작했다. 그들은 아민타스 3세의 큰아들인 페르디카스 3세Perdiccas III가 왕위에 올라야 한다고 주장하며 둘째 아들인 필리포스 2세Philippos II를 강제로 테베로 끌고 갔다. 그런데 자신들이 인질로 데려간 그가 바로 마케도니아의 발전을 이끄는 왕이 될 것이라고는 테베의 그 누구도 예상하지 못했다.

마케도니아 테살로니키(Thessaloniki)에서 출토된 양쪽 귀가 달린 황금잔

2 필리포스 2세의 등장

테베에 인질로 잡힌 왕자 필리포스 2세는 마케도니아의 왕이 되기 위해 모든 노력을 기울였고, 왕위에 올라서는 수많은 업적을 쌓으며 마케도니아를 발전시켰다. 필리포스 2세의 야망은 마케도니아의 발전에 그치지 않았다. 그의 최종 목표는 그리스였다.

필리포스 2세의 두상

그는 그리스를 정복해서 아들인 알렉산드로스 대왕이 제국을 세우는 데 기초를 세웠다.

| 시기 : 기원전 359년~기원전 336년 |
| 인물 : 페르디카스 3세, 필리포스 2세 |

인질에서 국왕까지

마케도니아의 왕자였던 필리포스 2세는 기원전 367년에 테베의 인질이 되었다. 비록 인질의 신분으로 테베에 끌려갔지만, 그는 그곳에서 마케도니아 왕자라는 신분에 합당한 대우와 훌륭한 교육을 받았다. 테베의 유명한 장군인 에파미논다스와 정치가 펠로피다스에게서 전쟁과 정치에 관해 많은 것을 배웠고, 올림픽 전차 경기에 참가해서 우승하기도 했다. 왕자 필리포스 2세는 힘이 넘쳤고 영리했으며 통찰력이 예리했다. 테베에서 그는 외부인의 시각으로 테

한눈에 보는 세계사

기원전 350년 : 중국, 제자백가의 시대 전개

베와 스파르타, 페르시아의 패권 다툼을 지켜보았고 이를 통해 자신만의 정치 이념을 형성했다.

　필리포스 2세의 형인 마케도니아의 왕 페르디카스 3세가 전쟁터에서 죽고 그의 아들 아민타스 4세^{Amyntas Ⅳ}가 왕위에 올랐다. 이때 필리포스 2세는 고향으로 돌아가서 왕의 숙부로서 아민타스 4세를 섭정하며 정치를 시작했다. 이후 기원전 359년에는 어린 조카에게서 왕위를 빼앗고 스스로 왕이 되었다.

　마케도니아의 경제를 발전시키기 위해서 필리포스 2세는 대대적으로 개혁을 시행했다. 우선 각 부족 집단을 통합해서 마케도니아가 하나의 탄탄한 집단이 되도록 기반을 다졌다. 왕권을 강화하고 귀족의 세력을 약화시켰으며, 시민 의회의 권력도 줄이고 군사·정치·경제 등의 모든 방면을 왕이 직접 관리했다. 또 화폐 제도를 개혁해 당시 페르시아가 사용하는 금화와 그리스가 사용하는 은화를 모두 사용하도록 했다. 그의 개혁에서 가장 중요한 것은 군대의 개혁이었다. 필리포스 2세는 자신에게 충성을 맹세한 호위 부대를 조직하고 전함을 만들어서 강력한 해군을 양성했다. 또 그는 유명한 '마케도니아 팔랑크스'라는 밀집 대형을 고안했다. 필리포스 2세가 통치한 시기에 마케도니아는 정치·경제·군사 등 방면에서 큰 발전을 이루었다.

영토 확장

필리포스 2세는 야망이 큰 사람이었다. 인질로 테베에 가 있을 때 그리스 도시국가들의 전쟁을 직접 목격했던 그는 왕이 되자 그리스를 정복하고 싶다는 야망이 생겼다. 그러나 섣불리 입 밖에 내지 않고 천천히 전쟁을 준비했다. 필리포스 2세는 우선 협상과 뇌물을 이용해 트라키아가 마케도니아를 지지하게 했다. 이어서 일리리아도 같은 방법으로 끌어들이려고 했지만 여의치 않자 그는 하는 수 없이 일리리아를 공격해 점령했다. 이로써 마케도니아의 영토는 순식간에 크게 넓어졌다. 이것은 마케도니아의 군사력을 처음으로 외부에 드러낸 사건이었다. 그리스의 도시국가들은 항상 야만족이라고 생각하던 마케도니아의 군사력에 놀랐다. 그러나 필리포스 2세는 바로 그리스를 공격하지 않고 오히려 교류를 확대해서 그들이 마케도니아를 경계하지 않도록 했다.

영토를 확장하고 다른 나라를 정복하려면 재정이 튼튼해야 했다. 필리포스 2세는 그리스 인들이 점령했던 마케도니아 근처의 지역을 되찾고, 트라키아의 황금 광산을 강제로 점령했으며, 또 점령한 나라들에서 많은 세금을 거둬들였다. 이렇게 거둬들인 수입 중 대부분은 군사력을 강화하는 데 사용하고, 일부분은 그리스 도시국가의 귀족들에게 뇌물로 사용했다. 각 도시국가에는 점차 마케도니아를 지지하는 귀족이 많아졌고 이들은 하나의 정치 세력이 되었다. 사람들이 물질 공세에 약하다는 점을 꿰뚫고 있던 필리포스 2세는 뇌물을 쓰는 데 아낌이 없었다.

기원전 357년에 필리포스 2세는 군대를 이끌고 아테네의 영향 아래 있던 암피폴리스를 점령했다. 이전에 펠로폰네소스 전쟁이 일어났을 때 마케도니아는 스파르타가 암피폴리스를 점령하는 것을 도운 적이 있었다. 또 필리포스 2세의 형인 페르디카스 3세가 아테네와 연합해서 스파르타에서 암피폴리스를 빼앗아 오기도 했다. 그러나 페르디카스 3세는 얼마 지나지 않아 갑자기 아테네와의 동맹을 취소하고 아테네로부터 암피폴리스를 빼앗았다. 이후 필리포스 2세가 귀국해서 어린 조카를 내쫓고 왕이 되려고 했을 때 자신을 지지해 준 대가로 아테네에 다시 암피폴리스를 내 주었는데, 이번에 또다시 암피폴리스를 점령한 것이었다.

마케도니아의 위선을 직접 경험한 아테네는 기가 찰 노릇이었다. 어찌 되었든 아테네는 암피폴리스를 되찾고자 군대를 보낼 준비를 했다. 그러던 중 도시국가들이 아테네에 반대하며 '동맹시 전쟁'을 일으켰다. 이에 당황한 아테네는 심사숙고한 끝에 지금은 마케도니아를 상대할 여유가 없다고 결론을 내리고 동맹시 전쟁에 힘을 쏟았다. 그러나 동맹시 전쟁으로 아테네의 군사력은 큰 타격을 입었다.

신성 전쟁

필리포스 2세는 그리스의 도시국가들이 자기들끼리 오랜 전쟁을 치르고 군사력이 크게 약해졌다는 것을 알아챘다. 몇 년 동안 기다린 기회가 드디어 온 것을 직감한 바로 그때, 필리포스 2세가 전쟁을 확실히 결심하게 한 사건이 일어났다.

마케도니아 병사의 투구

알렉산드로스의 병사들은 모두 테두리가 푸른색으로 된 투구를 썼다.

　그리스 중부에 자리했던 작은 도시국가 포키스Phocis가 델포이의 아폴론 신전 부근을 점령했고, 델포이 사람들은 다른 도시국가들에 지원을 호소했다. 이에 테베가 군사를 일으켜 신전 부근의 땅을 점령하고, 보이오티아 연맹의 지휘국으로서 포키스에 감당할 수 없는 엄청난 벌금을 부과했다. 그러자 포키스는 자포자기하는 심정으로 델포이의 아폴론 신전을 파괴하고 그곳에 보관되어 있던 도시국가들의 공동 자금을 가지고 도망쳤다. 그리고 그 돈으로 군대를 조직해 테베로 진격했다. 당시 패권을 휘두르던 테베를 눈엣가시처럼 여긴 아테네와 스파르타도 군대를 보내서 포키스를 지원했다.

　기원전 355년에 포키스와 테베가 전쟁을 시작했다. 이것을 '신성 전쟁'이라고 한다. 시작은 포키스와 테베의 전쟁이었지만 많은 도시국가가 이 전쟁에 휘말렸다. 그리고 마케도니아는 신성 전쟁으로 그리스를 점령할 기회를 얻었다.

　여러 도시국가의 지원을 받은 포키스가 테베에 승리했고, 그들은 계속해서 북부의 테살리아를 향해 진격했다. 테살리아는 포키스를 당해 낼 수

황금으로 만든 검

없었기 때문에 급히 마케도니아의 필리포스 2세에게 지원을 요청했다. 당시 필리포스 2세는 메세니아를 점령하기 위해 바다에서 전쟁을 벌이던 중이었다. 그는 이 전쟁에서 오른쪽 눈에 화살을 맞아서 눈을 파내는 바람에 '외눈박이 용'이라는 별명을 얻었다. 전쟁 중에 지원 요청을 받은 필리포스 2세는 바로 군대를 이끌고 테살리아로 가서 포키스를 몰아냈다. 이로써 마케도니아는 포키스를 몰아냈을 뿐만 아니라 동시에 테살리아도 점령한 셈이 되었다.

테살리아를 근거지로 삼은 필리포스 2세는 근처의 도시국가에 군대를 보냈다. 마케도니아 군대는 거의 모든 전투에서 승리를 거두었고 테르모필레 북쪽의 그리스는 순식간에 필리포스 2세의 영토가 되었다. 테르모필레는 중부 그리스와 남부 그리스를 구분하는 중요한 길목으로, 이곳에서 남쪽으로 조금 더 가면 아테네와 스파르타의 영토였다.

신성 전쟁이 있어났을 때 아테네는 이미 테살리아 근처의 에비아 섬에서 마케도니아와 전투를 벌인 적이 있었다. 이 전투에서 패한 아테네는 스파르타와 동맹을 맺고 함께 마케도니아에 대항하자고 제안했다. 그러나 스파르타가 싸늘한 반응을 보이고 아테네 내부에서도 전쟁을 피하자는 여론이 일자 아테네는 하는 수 없이 마케도니아에 협상을 제안했다. 마케도니아도 마침 아테네는 잠시 접어 두고 포기스와 전쟁하는 데 집중하고 싶던 터라 두 나라의 전쟁은 일단 중단되었다.

기원전 346년에 신성 전쟁이 끝났고, 포키스를 물리친 필리포스 2세는 이후 '델포이 신전의 수호자'라는 명예를 얻었다. 이 전쟁의 가장 큰 의미는 마케도니아가 이제 정식으로 그리스 세계에 들어왔고 그리스에서 일어나는 각종 사건에 간섭할 당당한 권리를 얻었다는 것이었다. 아테네는 마케도니아가 마뜩지 않았지만, 대다수 도시국가가 마케도니아를 열렬히 환영하니 달리 어쩔 도리가 없었다.

그리스를 정복하다

신성 전쟁을 끝낸 필리포스 2세는 그리스 세계에서 존경과 명예를 얻었다. 이후 그는 그리스는 잠시 내버려 두고 헬레스폰토스 해협으로 가서 상업 도시 페린투스Perinthus와 비잔티움을 공격했다. 이 소식을 들은 아테네는 당황했다. 만약 그 두 지역이 마케도니아의 영향 아래 들어간다면 아테네의 해상 무역이 차단될 것이 뻔했기 때문이다. 그래서 기원전 340년에 아테네도 급히 헬레스폰토스 해협으로 군대를 보냈고 비잔티움 근처의 바다에서 마케도니아와 전투를 벌여 크게 승리했다. 페린투스와 비잔티움은 아테네에 감사의 뜻으로 많은 세금을 바쳤다. 그러자 아테네는 예전의 패권을 되찾은 듯 자만에 빠졌고 이제 마케도니아를 그리스 밖으로 쫓아 버려야겠다고 생각했다.

아테네는 테베, 코린토스, 메가라 등 큰 도시국가들을 불러 모아서 마케도니아에 대항하는 동맹을 맺었다. 그러나 필리포스 2세는 조금도 동요하지 않고 중부 그리스로 내려와서 아티카 반도와 보이오티아를 위협했다. 기원전 338년에 마케도니아와 그리스 도시국가 동맹은 보이오티아 북부의

맥을 잡아 주는 **그리스사 중요 키워드**

필리포스 2세의 묘

1977년에 마케도니아의 베르기나Vergina 지역에서 필리포스 2세의 것으로 보이는 묘가 발견되었다. 그 안에는 많은 양의 무기와 금은보화가 시신과 함께 매장되어 있었다. 대리석으로 만들어진 커다란 상자를 열어 보니 황금으로 만들어진 아름다운 관이 있고 관 뚜껑에는 마케도니아 왕실의 상징인 솟아오르는 밝은 태양이 새겨져 있었다. 관의 주인을 밝혀내기 위해 학자들은 관 속에서 꺼낸 머리뼈에 점토를 붙여 얼굴의 형태를 만들어 보았다. 그랬더니 그는 오른쪽 눈에 심각한 상처를 입은 적이 있는 사람이었다. 전쟁 중에 눈을 다쳐서 눈을 파냈다는 역사 기록과 필리포스 2세의 조각상에 근거해서 학자들은 이 묘가 필리포스 2세의 것이라고 결론지었다.

카이로네이아^{Chaeroneia}에서 운명의 결전을 벌였다.

필리포스 2세는 이 전쟁에서 아들 알렉산드로스^{Alexandros}를 마케도니아 군의 부지휘관으로 임명했다. 그리고 두 부자는 유명한 '마케도니아 팔랑 크스'로 전투를 치르기로 했다. 이 대형은 중장보병을 빈틈없이 빽빽하게 세우고 양쪽 날개에 경장보병, 앞과 뒤에 기병을 배치한 것으로, 살상력이 매우 뛰어났다. 이 대형에서 필리포스 2세는 오른쪽 날개를 지휘하고 알렉 산드로스는 왼쪽 날개의 지휘를 맡았다.

전쟁은 아주 치열했다. 전투의 시작을 알리는 호각 소리가 울리자 알렉 산드로스는 기병대를 통솔해서 아테네의 오른쪽을 공격했다. 그러고 나서 상대편 군사 대형의 뒤쪽으로 이동해 테베의 최정예 군대인 '신성대'를 전 멸시켰다. 필리포스 2세가 지휘하던 오른쪽 날개는 처음에 고전했으나 알 렉산드로스가 이끄는 기병이 제때에 지원해 준 덕분에 승리를 거두었다. 이후 전투를 몇 차례 더 치르면서 마케도니아는 계속해서 승리했다. 필리 포스 2세는 협상과 전투의 두 가지 방법을 이용해 각 도시국가를 자신의 영향권 아래에 두는 데 성공했다.

이듬해에 필리포스 2세가 코린토스에서 회의를 열었고 스파르타를 제외 한 그리스의 모든 도시국가가 참석했다. 필리포스 2세는 승리자로서 앞으 로 그리스는 평화로울 것이라고 선포했다. 그리고 그리스 도시국가 사이의 전쟁을 금지하고, 그리스 전체가 동맹을 맺어 페르시아를 공격하겠다고 결 정했다.

이후 필리포스 2세는 페르시아 원정을 준비하는 데 모든 힘을 쏟아 부 었다. 그러나 그는 기원전 336년에 딸의 결혼식장에서 암살당하고, 아들 알렉산드로스가 왕위를 계승했다. 알렉산드로스는 당시 갓 스무 살이 된 청년이었다. 필리포스 2세가 죽고 막 소년티를 벗은 젊은이가 왕위에 올랐 다는 소식이 전해지자 그리스 인들은 모두 춤을 추며 기뻐했다. 그들은 그

리스의 독립도 멀지 않았다고 생각했다.

아테네의 웅변가 데모스테네스Demosthenes는 마케도니아를 비난하는 연설을 하면서 알렉산드로스를 '어린 소년'이라고 조롱하듯 불렀다. 그러나 이 어린 알렉산드로스는 그의 아버지도 해내지 못한 위업을 달성했다.

델포이 아폴론 신전의 뒤에 있는 노천극장은 기원전 4세기에 지어졌다. 전체 35층의 계단식으로 된 관람석이 있으며 관중 5,000명을 수용할 수 있다.

3 데모스테네스의 호소

펠로폰네소스 전쟁이 끝난 후 아테네에는 줄곧 강한 지도자가 출현하지 않았다. 마케도니아가 그리스를 정복했을 때에도 아테네의 지도자들은 상황을 살피기에만 급급했다. 그러나 단 한 사람, 데모스테네스는 감동적인 연설로 아테네 인들에게 애국심을 불러일으켰다.

| 시기 : 기원전 384년~기원전 322년
| 인물 : 데모스테네스, 데마데스, 이소크라테스

말더듬이에서 연설가로

데모스테네스는 아테네의 부유한 상인 집안에서 태어났지만, 어렸을 때 아버지를 잃고 후견인에게 유산을 빼앗겼다. 이후 성인이 되어 그 10분의 1만을 겨우 받았을 뿐이었다.

데모스테네스는 법정에서 자신의 첫 번째 연설을 했다. 그는 후견인이 아버지의 유산을 가로챘다고 열심히 호소했지만 말을 더듬어서 의미가 제대로 전달되지 않았다. 사람들은 그를 비웃기 시작했다. 법관이 데모스테네스의 손을 들어 주었는데도 후견인이 여전히 유산을 돌려주려고 하지

한눈에 보는 세계사
기원전 350년 : 중국, 제자백가의 시대 전개

않자 데모스테네스는 유산을 모두 돌려받기 위해 유명한 연설가에게 연설하는 방법을 배웠다. 그는 천성적으로 목소리가 작고 호흡도 짧았다. 그래서 목소리가 자꾸 입 안으로 기어 들어가서 자신의 주장을 전달하기가 쉽지 않았다. 게다가 말하면서 어깨를 들썩이거나 몸을 이리저리 흔드는 나쁜 습관까지 있었다. 주변 사람들은 모두 데모스테네스는 절대 연설을 할 수 없을 것이라고 생각했다.

그러나 데모스테네스는 포기하지 않았다. 그는 목소리를 크게 하기 위해 해변으로 가서 훈련했다. 밀려오는 파도를 관중이라고 상상하고 자신의 목소리로 저 파도를 제압하겠다고 생각하면서 연습했다. 그리고 발음을 고치기 위해 작은 돌멩이를 입에 물고서 최선을 다해 한 단어, 한 단어를 정확하게 발음하려고 노력했고, 호흡이 길어지도록 피나는 연습을 했다. 그는 매일 아침 일찍부터 늦은 밤까지 지하에 있는 방에서 거울을 보며 연설 내용에 어울리는 표정과 행동, 손동작 등을 연습했다. 연습에 집중하기 위해 아예 머리를 짧게 자르고 오랫동안 외출도 하지 않았다. 몇 개월 후 마침내 집에서 나왔을 때 데모스테네스는 완전히 다른 사람이 되어 있었다.

자신감이 생긴 데모스테네스는 다시 후견인을 고소했다. 이번에는 법정에서 멋진 말솜씨로 후견인의 악행을 이야기했고, 배심원들은 그의 말에 설득되었다. 배심원단은 만장일치로 후견인이 데모스테네스에게 유산을 모두 돌려주어야 한다고 판결했다. 재판에서 승소한 데모스테네스는 변호사가 되었고 얼마 후 정치에까지 뛰어들었다. 그는 시민들을 향해 언제나 힘이 넘치는 멋진 웅변을 했다. 그의 말은 매우 긴장감이 있으면서도 부드러웠고, 데모스테네스는 곧 영향력 있는 정치가가 되었다.

하얀 바탕에 그림을 그리는 것은 고대 그리스에서 도자기를 장식할 때 가장 많이 쓴 방법이었다. 올리브유를 담았던 것으로 보이는 이 병은 선과 색으로 아름답게 인물을 그려냈다.

아테네를 일깨우다

데모스테네스가 정치가가 된 시기는 마케도니아가 그리스를 정복하려고 위협하던 때였다. 마케도니아의 위협에 아테네의 정치가들은 여러 가지 입장을 취했다. 데마데스Demades, 이소크라테스Isokrates와 같은 정치가들은 마케도니아를 환영했다. 그러나 그들 사이에도 의견 차이가 있었다. 데마데스는 필리포스 2세를 적극적으로 환영했지만, 이소크라테스는 필리포스 2세의 페르시아 원정을 지원하면서 아테네가 독립할 길을 찾자고 주장했다. 한편, 데모스테네스는 마케도니아를 강력하게 반대하는 쪽이었다. 그는 절대 마케도니아에 굴하지 말고 완강하게 저항해야 한다고 주장했다.

데모스테네스는 필리포스 2세의 행동을 항상 주의 깊게 지켜보면서 앞으로 일어날 일을 예측했다. 그리고 자신의 예측을 토대로 아테네가 더욱 바짝 경계해야 하며 하루빨리 군대를 조직하고 무기를 만들어야 한다고 주장했다. 그와 함께 연극 관람 지원금 지급을 중단하고 그 돈을 군사력을 증강하는 데 쓰자고 건의했다. 또 그는 아테네 시민들의 경각심을 일깨우기 위해 시민 의회에 나가서 필리포스 2세를 비난했다. 기원전 341년에는 《필리포스 탄핵(제1~3권)》을 발표하기도 했다. 이 책에서 그는 그리스를 배, 마케도니아를 거대한 파도에 비유했다. "배의 크기에 상관없이 아직 침몰한 것이 아니라면 배 위에 있는 사람들은 모두 팔을 걷고 최선을 다해 죽음에서 벗어나야 한다. 일단 파도에 잡아먹히면 모든 노력은 물거품이 될 것이다." 데모스테네스는 이처럼 열정을 다해서 아테네 시민들을 일깨우고자 했지만 불행히도 그 효과는 크지 않았다.

도시국가 동맹

아테네 인들은 필리포스 2세가 헬레스폰토스 해협 가까이에 있는 도시들을 공격하자 그제야 사태의 심각성을 깨달았다. 데모스테네스는 더욱 열정적인 연설로 마케도니아와 전쟁을 벌여 승리를 거두자고 호소하고, 필리포스 2세가 아테네의 해상 무역을 차단하려고 하므로 이를 막도록 군대를 보내야 한다고 주장했다. 또 다른 도시국가들을 찾아가 동맹의 필요성을 설명한 그의 노력으로 도시국가들은 마케도니아에 저항하는 동맹을 맺었다.

기원전 338년에 데모스테네스는 카이로네이아 전투에 중장보병으로 참가했다. 결과는 도시국가 동맹의 패배였다. 이때 아테네 병사 약 2만 명이 포로로 잡혀 마케도니아에 끌려갔는데, 데모스테네스는 다행히 도망쳤다. 필리포스 2세가 계속해서 아테네를 위협하자 아테네 인들은 성벽을 더욱 높이고 방공호를 팠다. 그들은 죽음을 각오하고 아테네를 지키기로 했다. 그러자 필리포스 2세는 아테네가 항복하면 공격을 중단하고 아테네의 정치에도 절대 간섭하지 않겠다며 전쟁하지 말자고 제안했고, 아테네도 이에 동의했다.

그 후 기원전 336년에 필리포스 2세가 암살당했다는 소식이 들려오자 데모스테네스는 기쁨의 표시로 머리에 화관을 쓰고 시민 의회에 나갔다. 그는 자신의 기쁨을 숨기지 못했고 숨길 생각도 없었다. 이후 기원전 322년에 아테네는 데모스테네스의 주도로 마케도니아에 대항하는 반란을 일으켰지만 제압당했다. 마케도니아가 이 사건의 주동자인 데모스테네스를 내놓으라고 아테네를 위협하자 데모스테네스는 하는 수 없이 아테네를 떠났다. 그는 이곳저곳을 떠돌다가 결국 독을 먹고 자살했다.

4 대왕의 스승 아리스토텔레스

플라톤의 가장 뛰어난 제자, 알렉산드로스 대왕이 존경하는 스승, 위대한 철학자, 지식이 깊은 학자. 이 중 한 가지에만 해당해도 그 명예는 대단할 것이다. 그런데 아리스토텔레스는 이 모든 것에 해당한다. 그는 고대 그리스 역사에서 빼놓을 수 없는 인물 중 한 명이다.

시기 : 기원전 384년~기원전 322년
인물 : 아리스토텔레스, 필리포스 2세, 알렉산드로스

플라톤의 가장 뛰어난 제자

아리스토텔레스는 그리스 북부의 작은 도시인 스타게이로스Stageiros에서 태어났다. 아버지는 마케도니아 왕실의 의사였는데 아리스토텔레스가 어렸을 때 세상을 떠났다. 그 후 아리스토텔레스는 친척집에서 자랐고 기원전 367년에 열일곱 살이 되자 아테네로 갔다. 그는 플라톤이 세운 아카데메이아에 들어가 플라톤의 제자가 되었다. 이후 플라톤이 죽을 때까지 20년 동안 아리스토텔레스는 줄곧 아카데메이아에서 살았다. 아리스토텔레스는 항상 예리하고 깊이 있게 생각했다. 플라톤은 그런 아리스토텔레스

한눈에 보는 세계사
기원전 350년 : 중국, 제자백가의 시대 전개

를 매우 아껴서 조수로 삼기도 했다.

아리스토텔레스는 플라톤의 가장 뛰어난 제자였다. 그는 플라톤을 존경했지만, 스승의 사상을 무조건 따르지는 않았다. 그는 이에 대해서 "나는 나의 스승을 사랑한다. 그러나 나는 진리를 더욱 사랑한다."라고 말했다. 시간이 흐르면서 플라톤과 아리스토텔레스는 사상의 차이를 보이며 항상 논쟁을 벌였다. 플라톤은 아리스토텔레스를 어린 망아지에 비유하며 이런 상황은 어린 망아지가 어미 소의 젖을 모두 먹은 후 어미를 향해 뒷발질하는 격이라고 말했다.

알렉산드로스 대왕의 스승

기원전 347년에 플라톤이 세상을 떠나자 아리스토텔레스도 아카데메이아를 떠났다. 이후 그는 여러 지역을 돌아다니며 자신의 사상과 학술을 널리 퍼뜨렸다. 아리스토텔레스의 명성이 차츰 그리스 전체에 퍼지자 기원전 343년에 마케도니아의 필리포스 2세는 아리스토텔레스에게 왕자 알렉산드로스의 스승이 되어 달라고 요청했다.

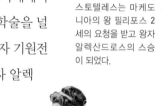

기원전 343년에 아리스토텔레스는 마케도니아의 왕 필리포스 2세의 요청을 받고 왕자 알렉산드로스의 스승이 되었다.

다. 필리포스 2세는 아리스토텔레스에게 보낸 편지에서 자신의 아들이 아리스토텔레스와 같은 시대에 태어난 것을 신에게 감사한다고 말했다. 아리스토텔레스는 그의 요청에 응해서 마케도니아로 갔다. 필리포스 2세는 아리스토텔레스에게 존경을 표하며 깍듯이 대하고 알렉산드로스를 잘 가르쳐 달라고 부탁했다.

아리스토텔레스가 당시 열세 살이던 알렉산드로스에게 어떤 영향을 끼쳤는가에 대해서는 아직도 의견이 분분하다. 아리스토텔레스의 교육이 훗날 알렉산드로스가 대왕으로 불릴 만큼 불후의 업적을 세우는 데 큰 영향을 주었다는 사람도 있고, 두 사람이 서로 마음이 맞지 않았다고 주장하는 사람도 있다. 어떤 말이 맞는지는 알 수 없지만, 알렉산드로스는 아리스토텔레스에게 존경을 담아 깍듯하게 대했다.

기원전 336년에 필리포스 2세가 암살당해 알렉산드로스가 마케도니아의 왕이 되었다. 그러자 아리스토텔레스도 아테네로 돌아가서 플라톤의 아카데메이아와 같은 고등 교육 기관인 리케이온Lykeion을 세웠다. 마케도니아에서 자금 지원을 받은 아리스토텔레스는 리케이온에 도서관, 동물원, 식물원 등을 갖추어 최고의 교육 장소를 만들었다. 아리스토텔레스는 이곳에서 책을 쓰고 학생들을 가르쳤다. 리케이온에서는 학생들이 나무 그늘이 드리운 길을 산책하며 토론하는 모습을 자주 볼 수 있었다. 그들의 산책길을 페리파토스Peripatos라고 불렀기 때문에 이들을 '페리파토스 학파' 또는 '소요학파逍遙學派'라고 한다. 알렉산드로스 대왕은 아시아로 원정을 갔을 때 많은 동물과 식물의 표본을 수집해서 스승인 아리스토텔레스의 생물 연구에 도움이 되도록 보내 주었다.

기원전 323년에 바빌론에서 알렉산드로스 대왕이 병으로 죽었다는 소식이 전해지자 아테네에는 마케도니아를 공격하자는 의견이 들끓었다. 또 아테네 인들은 아리스토텔레스가 알렉산드로스 대왕의 스승이라는 사실을 기억해 내고 그가 아테네를 배신했다고 몰아세웠다. 그리고는 아리스토텔레스에게 '신을 모독한 죄'를 씌워서 사형을 선고했다. 그러자 아리스토텔레스는 리케이온을 다른 사람에게 맡기고 아테네에서 도망쳐 나왔다. 그 이듬해에 아리스토텔레스는 세상을 떠났지만, 리케이온은 그 후로도 수백 년 동안 존재했다.

백과사전식 학자

아리스토텔레스는 여러 방면을 깊이 있게 연구했다. 그는 평생에 저서를 400여 권이나 썼다고 한다. 그중 대부분이 사라지고 없지만 《형이상학》, 《논리학》, 《정치학》, 《시학》, 《물리학》, 《기상학》 등은 지금도 남아 있다.

아리스토텔레스는 위대한 철학자였다. 저서 《형이상학》에 그의 철학이 잘 설명되어 있다. 스승인 플라톤은 인간의 감성을 초월한 진정한 존재인 이데아를 주장했지만, 아리스토텔레스는 그와 달리 눈에 보이는 사물 그 자체에 본질이 있다고 생각했다. 또 본질은 사물을 떠날 수 없고 진리는 경험에서 얻어지는 것이라고 주장했다.

아리스토텔레스는 철학, 정치학, 경제학, 윤리학, 생리학, 생물학, 화학, 논리학, 심리학, 법학, 역사학, 미학 등을 모두 깊이 연구했다.

아리스토텔레스는 논리학을 모든 과학의 기초로 보고 논리적으로 유추할 수 있는 '삼단 논법'을 제시했다. 또한 그는 자신의 연구에 오늘날 흔히 쓰는 철학과 과학 분야의 많은 전문 용어를 최초로 사용했다. 예를 들어 격언, 범주, 동기, 형식, 논리, 원리 같은 단어들이 모두 아리스토텔레스가 만든 말이다.

아리스토텔레스는 땅이 둥글며 지구가 우주의 중심이라고 생각했다. 그는 우주가 일곱 개의 동심원으로 지구를 둘러싸고 있으며 달, 태양, 별과 행

성은 서로 다른 원 위에 있다고 주장했다. 아리스토텔레스는 교육에 대해서도 깊이 연구해서 교육이 인간의 발전과 자연스럽게 어우러져야 한다고 주장했다. 다시 말해 아이의 나이에 맞는 교육 내용을 택해서 적절한 교육 방식으로 지도해야 한다는 것이었다. 그는 또 지식과 도덕, 체력 중에 어느 하나라도 부족하게 교육해서는 안 된다고 여겼다.

아리스토텔레스의 업적은 매우 많아서 일일이 다 이야기하기도 어려울 정도이다. 그는 서양 문화에 깊은 영향을 미쳤고, 그의 사상과 학설은 중세 기독교 사상의 기초가 되었다. 그의 책은 지금도 영어, 독어, 라틴 어, 시리아 어, 아랍 어, 이탈리아 어, 히브리 어 등으로 번역되어 꾸준히 읽힌다.

5 알렉산드로스 대왕

GREECE

알렉산드로스 대왕은 젊고 재능 있는 왕이었으며 천재적인 전략가였다. 짧은 인생을 대부분 전쟁터에서 보낸 그는 인류 역사상 처음이자 단 한 번 아시아와 아프리카, 유럽을 가로지르는 거대한 제국을 건설했다.

시기 : 기원전 356년~기원전 323년
인물 : 알렉산드로스 대왕, 멤논, 다리우스 3세

마케도니아의 왕 알렉산드로스

알렉산드로스는 기원전 356년에 필리포스 2세와 에피루스Epirus의 공주인 올림피아스Olympias 사이에서 태어났다. 어렸을 때부터 용감했던 알렉산드로스는 어른들도 길들이지 못한 야생마를 길들여서 아버지에게 많은 칭찬을 받았다. 공부하는 것도 좋아해서 그리스의 역사와 문화를 다룬 책을 많이 읽었다. 특히 호메로스의 서사시를 아주 좋아해 매일 밤 자기 전에 읽었다고 한다.

알렉산드로스가 열여섯 살이 되자 필리포스 2세는 아들을 전쟁터로 데

한눈에 보는 세계사
기원전 350년 : 중국, 제자백가의 시대 전개

리고 다녔다. 오랜 전쟁을 겪으면서 알렉산드로스는 더욱 용맹해지고 지혜가 깊어졌다. 그는 아버지인 필리포스 2세가 전쟁으로 정복지를 넓힐 때마다 아버지에게 존경심을 느끼면서도 나중에 자신이 왕이 되었을 때 정복할 지역이 남지 않을까 봐 걱정했다고 한다. 알렉산드로스의 지도력은 카이로네이아 전투에서 빛을 발했다. 그는 마케도니아 군대의 왼쪽 날개를 지휘하면서 전투에서 큰 역할을 했고 왕위 계승자의 자리를 확고히 다졌다.

기원전 336년에 필리포스 2세가 암살당하자 갓 스무 살이 된 알렉산드로스가 왕위에 올랐다. 필리포스 2세의 죽음에 관해서는 여러 가지 이야기가 전해진다. 그중 하나는 알렉산드로스의 어머니 올림피아스가 남편이 다른 왕비를 맞으려고 하는 것을 미리 눈치채고 아들과 공모해서 죽였다는 것이다. 또 마케도니아 귀족이 필리포스 2세에 불만을 품고 죽였다는 이야기, 페르시아에서 사람을 보내 죽였다는 이야기 등이 있다.

알렉산드로스 대왕의 청동 조각상

알렉산드로스 대왕은 탁월한 정치가이자 천부적인 전략가였다. 그는 유럽, 아시아, 아프리카를 가로지르는 대제국을 건설했다.

그리스를 지휘하다

알렉산드로스가 왕위를 계승하자 마케도니아 내부에 큰 혼란이 일어났다. 트라키아, 일리리아 등은 이 기회를 틈타 연이어 반란을 일으켰고, 그리스 도시국가들도 눈치를 보며 마케도니아의 영향력에서 벗어나려고 시도했다. 이에 알렉산드로스는 코린토스에서 열린 그리스 도시국가 회의에 직접 참석했다. 그는 특유의 카리스마로 그리스 도시국가들을 압박해 마케도니아에 충성을 맹세하도록 했다. 성공적으로 도시국가들을 제압한 그는 마케도니아로 돌아와서 자신에게 반대하는 귀족들을 모두 추방하고, 이어서 군대를 이끌고 나가 트라키아, 일리리아 등지의 반란을 제압했다.

그런데 이때 그리스에는 알렉산드로스가 반란을 진압하는 데 실패했으며 전투 중에 죽었다는 잘못된 소문이 돌았다. 이에 도시국가들은 기뻐하며 테베에 주둔하던 마케도니아 군대를 공격했고 마케도니아에 저항하는 동맹을 결성하기까지 했다. 페르시아도 이 동맹에 끼어들었다.

도시국가들이 동맹의 세부 사항을 논의하며 마케도니아와 전쟁을 치르려 준비하던 무렵, 알렉산드로스가 이끄는 군대가 테베를 공격해 하루도 채 되지 않아서 점령했다. 알렉산드로스는 본보기로 테베를 엄하게 다스려서 도시국가들이 다시는 자신에게 저항할 생각을 하지 못하게 해야겠다고 생각했다. 그는 테베의 모든 건물을 불태우라고 명령했고 그 바람에 신전과 시인 핀다로스Pindar의 집을 제외한 테베의 모든 건물이 불타 사라졌다. 또 거의 모든 테베 시민이 마케도니아로 끌려가서 노예가 되었다. 그리스의 도시국가들은 죽은 줄만 알았던 알렉산드로스가 살아 있으며 그의 군사력이 매우 강한 것을 확인하고 두려움에 떨었다. 그들은 곧 앞다투어 무릎을 꿇고 알렉산드로스에게 충성을 맹세했다. 이에 알렉산드로스도 스스로 항복한 도시국가에는 관대하게 대해 주었다.

알렉산드로스는 동방 정복 전쟁, 이른바 '동정東征'을 시작했다. 전쟁을 시작하면서 그가 마케도니아와 그리스에 내세운 전쟁의 이유는 '그리스의 복수'였다. 그러나 이것은 페르시아를 정복하기 위한 구실에 불과했다.

소아시아 정복

동정을 떠나기 전에 알렉산드로스는 자신의 모든 토지와 재산을 친구에게 주었다. 이는 죽음을 각오하고 전쟁을 하겠다는 의미였다. 또 자신이 없는 동안 그리스의 도시국가들이 반란을 일으키지 않도록 장군 안티파트로스

Antipater에게 마케도니아를 지키고 그리스를 살피는 임무를 맡겼다. 이렇게 모든 준비가 끝나고 원정을 떠나는 날이 다가왔다.

기원전 334년에 알렉산드로스는 아시아 정복 전쟁을 떠났고 이때 유명한 장군 페르디카스, 파르메니온Parmenion 등도 동행했다. 마케도니아 대군은 트라키아를 통과해서 헬레스폰토스 해협을 가로질렀다. 건너편 해안에 도착한 알렉산드로스는 배에서 가장 먼저 내려 아시아 땅을 밟았다. 이후 마케도니아 군대는 계속 동쪽으로 이동했다. 알렉산드로스는 어렸을 때 즐겨 읽었던 호메로스의 서사시에 등장하는 트로이에 도착하자 땅에 기다란 창을 꽂고 여신 아테나에게 이 땅을 바치겠다고 맹세했다. 아킬레우스의 묘를 지나갈 때에는 꽃을 바치며 자신도 아킬레우스와 같이 위대한 업적을 세우게 해 달라고 간절하게 빌었다.

당시 페르시아는 소아시아의 점령지를 작게 나누고 각 지역에 총독을 파견해서 다스렸다. 알렉산드로스가 군대를 이끌고 소아시아의 페르시아 점령지를 향해 진격한다는 소식이 전해지자 총독들은 즉시 병사들을 소집하고 군대를 정비했다. 페르시아의 기병은 모두 2만 명에 달했다. 또 그리스인 장군 멤논Memnon이 이끄는 군대까지 돈을 주고 불러들였다. 멤논의 군대는 그라니코스Granicus에서 마케도니아 군대를 기다렸다.

멤논은 뛰어난 전략가였다. 그는 자신들의 병력이 마케도니아보다 훨씬 많으므로 시간을 오래 끌면 마케도니아가 제풀에 지쳐 후퇴할 것으로 생각했다. 그리고 그때 후퇴하는 길목을 끊고 공격한다는 전략을 세웠다. 그러나 페르시아의 총독들은 멤논의 전략에 동의하지 않고 많은 군사를 이용해서 신속하게 적을 무찌르자고 결정했다. 결과는 페르시아 군대의 참패였다. 멤논의 병사들도 모두 포로로 잡혀갔다. 알렉산드로스는 그리스 인인 멤논이 자신에게 대항해 싸웠다는 사실에 분노해서 그들에게 모두 족쇄와 수갑을 채우고 노예로 부렸다.

마케도니아가 큰 승리를 거두었다는 소식이 전해지자 소아시아의 도시 국가들은 모두 성문을 열고 마케도니아 군대를 받아들였다. 그들은 어차피 페르시아가 통치하든 마케도니아가 통치하든 별다를 것이 없었다. 오히려 그동안 페르시아의 억압에 불만이 있었기 때문에 흔쾌히 마케도니아에 충성을 맹세했다. 그런데 이 중에서 밀레투스와 할리카르나소스 두 나라는 이를 거부했다. 그들은 완강하게 저항했지만, 결국에는 마케도니아에 점령되었다. 이렇게 해서 알렉산드로스는 반년도 안 되는 짧은 시간에 소아시아 전체를 정복했다.

페르시아 정복

소아시아까지 정복한 알렉산드로스는 정복 전쟁을 성공시키려면 반드시 페르시아를 무너뜨려야 한다고 생각했다. 그러나 페르시아의 함대는 강했다. 그들은 언제든지 헬레스폰토스 해협을 공격해서 마케도니아 군의 식량 보급로를 끊어 놓을 수도 있었다. 그렇게 된다면 마케도니아 군대는 아시아 땅에서 이도 저도 못하는 상황이 될 것이다. 여기까지 생각이 미친 알렉산드로스는 고심 끝에 해안선을 따라 남쪽으로 내려가기로 했다. 그러면서 시리아와 팔레스타인을 점령해 해안선을 모두 장악했다. 또 당시 페르시아의 영토였던 이집트까지 점령해 동지중해 해안의 거의 모든 항구를 장악하고 보급로를 완벽하게 확보했다.

마케도니아가 이렇게 승승장구하는 동안 페르시아의 왕 다리우스 3세는 알렉산드로스의 군대를 계속 뒤쫓기만 했다. 페르시아 군대는 이수스 Issus 근처에서 마케도니아 군대를 따라잡아 몇 차례 전투를 벌였지만, 병사가 훨씬 많은데도 번번이 패했다. 당시 마케도니아 군대의 정신력은 정말 대단했다. 그리고 사실 다리우스 3세는 마케도니아 군대를 쫓아가기보다는 항구를 튼튼히 지키는 전략을 펼쳤어야 했다. 이제 페르시아는 모든 해군 기지를 빼앗겨서 육지뿐만 아니라 바다의 패권도 마케도니아에 넘겨주었다. 이 무렵, 알렉산드로스는 고민에 빠졌다. 전령이 스파르타가 페르시아와 비밀리에 동맹을 맺어서 반란을 일으키려고 한다는 소식을 가져온 것이었다. 소아시아와 페르시아를 점령한다고 해도 정작 그리스를 놓친다면 무슨 소용이 있겠는가? 그렇다고 지금 군대를 되돌리기는 어려운 일이었다. 알렉산드로스는 다음 전투에서 페르시아를 크게 무찔러 스파르타와 페르시아를 압박해 동맹을 포기하게 하는 수밖에 없다고 생각했다.

기원전 333년에 이수스에서 마케도니아와 페르시아 사이에 전투가 벌어졌다. 알렉산드로스는 다리우스 3세가 이끄는 군대가 이동하는 길목을 차단하고 맹렬하게 공격했다. 이에 놀란 다리우스 3세가 가장 먼저 도망갔고, 왕이 도망가자 페르시아 군대도 뿔뿔이 흩어졌다. 다리우스 3세의 어머니, 아내, 아들과 딸은 모두 알렉산드로스의 포로가 되었다. 때마침 그리스에서도 마케도니아의 장군 안티파토루스가 반란을 일으키려던 스파르타와 페르시아 동맹군을 진압했다는 기쁜 소식이 들려왔다.

허겁지겁 메소포타미아 강 유역으로 도망친 다리우스 3세는 알렉산드로스에게 협상할 생각이 있으니 포로들을 풀어 달라고 편지를 썼다. 그러자 알렉산드로스는 코웃음을 치며 당당하게 말했다. "나는 이제 아시아의 왕이다. 감히 왕과 협상을 하겠다고?" 얼마 후, 다급해진 다리우스 3세는 보상금을 주겠으니 제발 포로를 석방해 달라며 딸을 알렉산드로스에게 시집보내겠다고 했다. 하지만 알렉산드로스는 꿈쩍도 하지 않았다. 그러자 다리우스 3세는 다시 헬레스폰토스 해협에서 유프라테스 강에 이르는 모든 영토를 마케도니아에 떼어 주겠다고 했다. 알렉산드로스는 여전히 신경도 쓰지 않았다. 그가 원하는 것은 그런 작은 땅이 아니었기 때문이다. 그는 아시아 전체, 나아가 전 세계를 손에 넣고 싶었다. 알렉산드로스는 계속 다리우스 3세의 가족을 포로로 데리고 있으면서 언제나 그들에게 예의를 갖추어 행동했다.

이집트 정복

알렉산드로스는 도망친 다리우스 3세를 계속 뒤쫓지 않았다. 대신 원래
계획했던 대로 계속 남쪽으로 이동했다. 이동하면서 페니키아의 해안 도시
인 시돈^{Sidon}, 티레^{Tyre} 등도 모두 점령했다. 그중 티레 지역은 완강하게 저
항해서 알렉산드로스는 이곳을 점령하기 위해 무려 7개월이나 이곳에 머
물러야 했다. 알렉산드로스는 진격을 저지당해서 시간을 허비한 데 화가
치밀어 이 지역을 완전히 폐허로 만들고 동지중해를 확실하게 제압했다.
이후 마케도니아 군대는 계속해서 페르시아로 향했다.

이집트를 관리하던 페르시아 총독은 알렉산드로스의 군대가 다가오자
바로 항복했다. 이집트인들은 자신들을 억압하던 페르시아를 증오했기 때
문에 그들을 물리쳐 준 알렉산드로스를 찬양했다. 알렉산드로스도 어릴

이탈리아의 폼페이
(Pompeii) 유적지에서
출토된 그림으로, 원래
그리스 인이 그린 것을
로마 인이 복제한 것이
다. 알렉산드로스 대왕
이 페르시아의 다리우
스 3세와 벌인 전투에
서 승리하는 장면을 그
렸다.

때부터 이집트 문명에 관심이 있던 터라 기뻐하며 이집트에서 6개월을 머물렀다. 그는 이집트 문명의 훌륭함을 인정하고 이집트 고유의 풍습을 받아들여 멤피스Memphis로 가서 이집트의 신에게 제사를 올리고 기도하기까지 했다. 그러자 이집트 인들은 모두 알렉산드로스를 신뢰했다. 또 알렉산드로스가 리비아 사막에 있는 시와 오아시스Siwa Oasis의 아몬Amon 신전을 방문하자 제사장들은 크게 환영하며 알렉산드로스를 '신의 아들'이라고 불렀다. 이에 알렉산드로스는 기뻐하며 이집트의 왕인 파라오가 되었고 이집트 정복을 기념해서 직접 새로운 도시를 건설했다. 이 도시는 그의 이름을 따서 '알렉산드리아Alexandria'라고 불렸고 이후 전 세계에서 가장 번화한 도시 중 하나가 되었다.

페르시아 정복

기원전 331년 봄, 알렉산드로스는 이집트를 떠나 페르시아로 출발했다. 그는 군대를 이끌고 유프라테스 강을 건너 이윽고 메소포타미아에 도착했

맥을 잡아 주는 **그리스사 중요 키워드**

알렉산드리아

알렉산드로스 대왕은 아시아 정복을 하면서 자신의 이름을 붙인 도시를 여러 곳에 건설했다. 그중에서 가장 유명한 곳은 이집트의 알렉산드리아이다. 기원전 332년에 알렉산드로스는 이집트를 점령하고 지중해 해안에 새로운 도시, 곧 알렉산드리아를 건설하라고 명령했다. 그러나 안타깝게도 그 자신은 완성된 도시의 모습을 보지 못하고 세상을 떠났다. 이후 알렉산드리아는 헬레니즘 세계에서 가장 번영하고 유명한 도시가 되었다. 세계 각 지역에서 학자들이 모여들고, 웅장하고 화려한 건물들과 박물관, 도서관 등이 세워졌다. 또 이곳에 있었던 알렉산드리아의 파로스 등대는 당시의 기술로 어떻게 그 거대한 규모의 건축물을 세웠는지, 어떤 방법으로 불을 지펴 비추었는지 현재까지도 정확하게 알려지지 않아 세계 7대 불가사의 가운데 하나로 꼽힌다.

다. 그들은 같은 해 9월에 아슈르Ashur 지역의 가우가멜라Gaugamela에서 페르시아 군대와 격돌했다.

　다리우스 3세는 이 전투를 위해 급하게 동원할 수 있는 모든 부족을 끌어모았다. 그중에는 아르메니아와 인도 사람들도 있었다. 알렉산드로스도 전투를 앞두고 군대를 정비했지만 여전히 페르시아 대군과 비교하자면 부족했다. 그러나 그는 뛰어난 전략으로 다시 한 번 페르시아를 무찔렀다. 다리우스 3세는 또 허겁지겁 도망갔고 페르시아 병사들도 사방으로 흩어졌다. 마케도니아는 도망치는 페르시아 병사들을 끝까지 쫓아가서 모두 죽였다. 이 전투에서 페르시아는 정말 처참하게 패배했다. 페르시아는 병사 십만 명이 죽었고, 마케도니아는 고작 수백 명에 불과했다.

알렉산드리아는 건축학적으로 완벽한 아름다운 항구 도시였다. 알렉산드로스는 이 도시를 마케도니아 군대에 양식을 조달할 수 있는 곳으로 만들 계획이었다.

알렉산드로스는 계속 동쪽으로 진격해서 페르시아의 중심까지 갔다. 기원전 330년에 마케도니아 군대가 바빌론을 점령했다. 그리고 곧이어 페르시아의 도시인 수사Susa, 페르세폴리스Persepolis도 모두 점령했다. 이 도시들에서 알렉산드로스는 엄청난 양의 황금과 은, 그리고 수많은 보석을 손에 넣었고, 페르세폴리스의 궁전을 불태웠다. 이제 페르시아의 운명은 알렉산드로스에게 달려 있었다.

알렉산드로스는 도망친 다리우스 3세를 뒤쫓았고, 다리우스 3세는 결국 박트리아Bactriana의 총독 베수스Bessus에게 암살당했다. 알렉산드로스는 그 후 스스로 박트리아의 왕이 된 베수스를 암살 죄로 사형에 처했다. 그리고 다리우스 3세의 시신을 페르세폴리스로 가지고 와서 성대하게 장례식을 거행해 주었다.

다시 고향으로

다리우스 3세의 죽음은 페르시아의 멸망을 의미했으며, 알렉산드로스가 다리우스 3세의 장례식을 성대하게 치른 것은 대외적으로 페르시아의 멸망을 알린 것이나 다름없었다. 페르시아의 통치자는 이제 알렉산드로스였다. 알렉산드로스는 여전히 더 많은 땅을 정복하기 위해 계속해서 동쪽으로 전진하고자 했지만, 마케도니아의 병사들은 어서 고향으로 돌아가고 싶었다.

그 후 3년 동안 마케도니아는 박트리아와 중앙아시아 지역에서 그곳 부족들과 전투를 벌였다. 우여곡절이 있었으나 마케도니아는 결국 이 지역들도 모두 정복했고, 알렉산드로스는 박트리아의 공주 록사나Roxana를 아내로 맞이하기도 했다.

기원전 327년에 알렉산드로스는 인도로 향했다. 그와 마케도니아의 군대는 카스피 해Caspian Sea의 남쪽 해안에서 동쪽으로 계속해서 나아가며 도중에 아프가니스탄을 정복하고 인도의 많은 지역도 차례로 점령했다.

알렉산드로스는 인더스 강을 따라서 남쪽으로 갈 작정이었다. 그러나 고향이 너무 그리운 병사들은 더 멀리 이동하는 것을 거부했다. 게다가 인도는 고향과 달리 비가 많이 내리고 무더워서 견딜 수가 없었다. 그뿐만 아니라 전쟁이 지긋지긋해진 병사들의 불만이 커지자 알렉산드로스도 어쩔 수 없었다. 자신이 생각하기에도 그의 병사들은 많은 전투를 훌륭히 해냈고 이제 포상을 받아야 할 때가 된 것 같았다. 알렉산드로스는 마침내 고향으로 돌아가기로 했다. 돌아오는 길에도 마케도니아 군대는 도중에 여러 번 전투를 치렀고 그 과정에서 알렉산드로스가 크게 다치기도 했다. 그들은 일단 페르시아까지 돌아왔다.

기원전 324년 봄에 마케도니아, 그리스, 페르시아의 단결을 위해 알렉산드로스는 페르시아의 도시 수사에서 대규모의 합동결혼식을 거행했다. 이때 그 자신도 다리우스 3세의 딸을 아내로 맞이했고 다른 마케도니아 장군들도 페르시아 귀족 여성들과 결혼했다. 병사들도 거의 모두 아시아 여성을 아내로 맞이했다.

위대한 마케도니아 제국

같은 해에 알렉산드로스는 바빌론을 수도로 하는 거대한 마케도니아 제국을 세웠다. 알렉산드로스 제국으로도 불리는 이 제국의 통치권은 마케도니아, 그리스, 페르시아가 나누어 가졌다. 물론 가장 중요한 군사권은 마케도니아에 있었다.

알렉산드로스는 페르시아 인의 신뢰를 얻기 위해 그들의 풍습을 받아들이고 스스로 페르시아의 전통 복장을 입기도 했다. 또 자신과 함께 오랫동안 이국과 전쟁터를 누빈 나이 든 병사들이 이제 쉬도록 고향으로 돌려보냈다. 그는 좋은 뜻에서 한 이 일들이 군대의 불만과 폭동을 불러올 줄

기원전 333년 가을에
소아시아의 이수스에
서 마케도니아 군대가
페르시아 군대를 무찌
르는 장면이다. 그림의
윗부분에는 양측의 손
실과 이득에 대해서 라
틴 어와 독일어로 적혀
있다.

은 꿈에도 생각하지 못했다. 마케도니아 병사들이 알렉산드로스가 그를 위해 평생을 희생한 자신들을 버린다고 생각해 폭동을 일으켰던 것이다. 알렉산드로스는 폭동을 진압하고 마케도니아, 페르시아, 그리스가 모두 참가하는 큰 연회를 열었다. 그는 이 자리에서 어느 나라에서 왔든 이제는 모두 마케도니아 제국의 일원이며, 앞으로는 모두 단합해서 평화롭게 살아야 한다고 단호하게 말했다.

기원전 323년 봄에 알렉산드로스는 수도 바빌론에서 유럽과 아시아에서 온 사절단을 만났다. 그들과 이야기를 나누자 그는 또다시 세계로 나가고 싶었다. 그는 카스피 해로 가서 그것이 호수인지 바다인지 직접 보고 싶었고, 이슬람 세계도 정복하고 싶었다. 그런데 같은 해 6월, 악성 말라리아에 걸린 그는 열흘 내내 열에 시달리더니 정신까지 혼미해졌다. 6월 12일에 그의 장군들이 인사를 하러 왔다. 알렉산드로스는 말을 할 수는 없었지만 장군들에게 눈짓으로 인사하고 마지막으로 그들의 보고를 받았다. 그리고 다음날 알렉산드로스는 서른세 살의 나이로 짧은 생을 마쳤다. 그는 자신이 건설한 도시인 이집트의 알렉산드리아에 묻혔다.

알렉산드로스는 한 시대를 호령했으며 자신의 짧은 일생에 걸쳐 전 세계에 그리스 문화를 전파하는 데 온 힘을 다했다. 그는 한 나라를 정복할 때마다 그곳에 그리스의 모습을 닮은 새로운 도시를 건설했다. 또 그는 아시아에 이르기까지 그리스 문화를 전파해 그의 발걸음이 닿은 모든 지역은 오늘날 '헬레니즘 세계'로 불린다. 또 기원전 323년부터 로마가 프톨레마이오스Ptolemaios를 점령한 기원전 30년까지 수백 년은 '헬레니즘 시대'라고 불린다.

6 마케도니아 제국의 분열

알렉산드로스 대왕이 후계자 없이 갑자기 죽자 그의 제국은 위기에 빠졌다. 장군들은 이 거대한 제국을 호시탐탐 노렸다. 탐욕스러운 장군들은 급기야 왕위 계승자를 죽이고 알렉산드로스가 일생을 바쳐 세운 제국을 조각조각 나누어 버렸다.

시기 : 기원전 323년~기원전 305년
인물 : 셀레우코스, 프톨레마이오스, 안티고노스

제국의 분열

기원전 323년에 알렉산드로스가 광활한 영토를 남기고 세상을 떠났을 때, 알렉산드로스의 아내 록사나는 임신 중이었다. 얼마 후 알렉산드로스의 아들 아에구스Aegus가 태어났지만 왕위를 잇기에는 아직 너무 어렸다. 장군들은 왕위 계승자로 애구스를 지지하는 파와 알렉산드로스의 배다른 형제 중 지능이 떨어지는 아리다이오스Arrhidaeus를 지지하는 파로 나뉘었다. 격렬한 논쟁이 오간 끝에 아리다이오스와 애구스가 함께 통치하는 것으로 결론이 났다. 이들이 바로 필리포스 3세Philippos III와 알렉산드로스 4

한눈에 보는 세계사
기원전 317년 : 인도, 마우리아 왕조 건국

세Aleksandros Ⅳ다.

　알렉산드로스는 죽기 직전에 장군 페르디카스에게 자신의 권력을 맡겼다. 그래서 알렉산드로스가 죽은 후 2년 동안 페르디카스가 섭정하면서 제국을 더욱 강하게 단결시켰다. 그러나 그는 다른 장군들의 질투를 받아 기원전 321년에 암살되었다. 마케도니아 제국은 다시 혼란에 빠졌다. 장군들은 자신의 야심을 억누르지 못하고 알렉산드로스의 어머니, 아내, 아들, 누나와 이복형제들을 연이어 암살했다.

　강한 지도자를 잃은 마케도니아 제국은 빠른 속도로 분열되기 시작했다. 정권을 차지하기 위해 장군들은 끊임없이 충돌했으며 서로를 견제하느라 국정을 돌보지 않아 나라는 혼란에 빠졌다. 그 후 20여 년 동안 우여곡절을 겪은 마케도니아 제국은 결국 세 개로 나뉘었다. 셀레우코스Seleukos는 소아시아와 메소포타미아 및 시리아 북부를 차지해 셀레우코스 왕조를 세웠고, 프톨레마이오스Ptolemaeos는 이집트 및 시리아 남부를 점령해서 프톨레마이오스 왕조를 세웠으며, 안티고노스Antigonus는 마케도니아와 그리스를 차지해 안티고노스 왕조를 세웠다.

셀레우코스 왕조

셀레우코스는 오론테스Orontes 강 근처의 안타키아Antakya를 수도로 삼아서 셀레우코스 왕조를 세웠다. 그는 마케도니아의 동쪽과 아시아 동쪽을 모두 차지했다. 그가 차지한 지역은 서쪽으로 소아시아, 시리아, 메소포타미아에 이르고 동쪽으로는 인도에 닿았다. 시리아를 중심으로 발달해서 시리아 왕조로도 불린다.

　그는 셀레우코스 1세로 즉위하고 수십 곳에 그리스를 본뜬 도시를 세웠다. 그의 모든 정치는 알렉산드로스 대왕을 모방하는 데 그쳤다. 그는 심지어 알렉산드로스 대왕의 정복 전쟁까지 따라 했

알렉산드로스의 애마

알렉산드로스 대왕의 애마 부세팔루스(Bucephalus)는 주인과 함께 수많은 전쟁에서 승리를 거두었다. 부세팔루스가 인도에서 부상을 입고 죽자 알렉산드로스 대왕은 애마의 이름을 따서 인도에 부세팔라(Bucephala)라는 도시를 세웠다.

다. 군대를 이끌고 남쪽으로 이동해 인더스 강으로 가서 인도 마우리아 왕조의 왕 찬드라굽타Chandragupta와 전투를 벌였다. 두 나라는 평화 조약을 맺어 전쟁을 끝내고, 셀레우코스 1세는 다시 서쪽으로 진격해서 시리아와 소아시아까지 가서 영토를 확장했다.

기원전 281년에 셀레우코스 1세는 마케도니아를 점령하려고 시도했는데, 불행히도 헬레스폰토스 해협을 건너던 중에 암살되었다. 그의 계승자는 이 광활한 영토를 장악할 능력이 없는 인물이었다. 결국 나라는 금세 여러 개로 잘게 쪼개져 셀레우코스 왕조가 통치하는 영토는 시리아 일대로 축소되었다.

프톨레마이오스 왕조

알렉산드로스 대왕이 죽은 후 마케도니아 제국을 구할 '구세주'로 불렸던 프톨레마이오스는 이집트를 차지했다. 프톨레마이오스는 평생 알렉산드로스 대왕을 따라다니며 아시아 정복 원정에 참여했고 마케도니아 해군 함대의 지휘관을 맡기도 했다. 페르디카스가 암살된 후 사람들이 그에게 섭정을 맡기려고 하자 그는 단호하게 거절하고 이집트로 갔다. 이때 그는 알렉산드로스 대왕의 시신을 몰래 가져가서 알렉산드리아에 매장했다. 자신이 알렉산드로스 대왕의 합법적인 계승자라고 내세우기 위해서였다.

이집트를 차지한 프톨레마이오스는 영토 확장을 시도했다. 한편, 이집트를 실제로 통치한 것은 그였으나 처음에 그는 절대로 자신을 왕이라고 칭하지 않았다. 암살을 피하기 위해서였다. 기원전 305년에 이르러 프톨레마이오스는 아들과 함께 동시에 프톨레마이오스 1세와 2세로 즉위했다. 알렉산드로스 대왕이 죽은 후 마케도니아 제국이 분열된 세 나라 가운데 프톨레마이오스의 영토가 가장 작았지만, 가장 안정적으로 통치했고 토지도 비옥해서 그의 나라는 끊임없이 발전했다.

안티고노스 왕조

안티고노스는 알렉산드로스 대왕이 아시아 정복 전쟁을 떠났을 때 함께
한 장군이었다. 알렉산드로스 대왕이 갑자기 세상을 떠나자 그는 마케도
니아와 그리스의 왕이 되기 위해 치열한 권력 투쟁을 벌였다. 그는 기원전
306년에 즉위하여 안티고노스 1세가 되었지만, 곧 반란이 일어나 정권을
빼앗겼다. 이후 기원전 278년에 그의 손자 안티고노스 2세^{Antigonos II}가 다
시 권력을 손에 넣어 안티고노스 왕조를 세웠다. 안티고노스 2세는 그 후
로도 오랫동안 이 지역을 통치했다.

안티고노스 왕조는 마케도니아를 중심으로 그리스 전체를 통치했다. 그
리스 각 지역에 군대를 파견해서 도시국가들을 장악했으나, 안티고노스
왕조의 왕들은 알렉산드로스 대왕의 위대함을 조금도 따라가지 못했다.
그래서 계속해서 반란을 시도하는 그리스 도시국가들을 제대로 진압하지
못했다.

19세기에 그려진 프톨
레마이오스 왕조 시대
의 호루스 신전이다. 이
신전은 이집트 에드푸
(Edfu) 지역에 아직도
잘 보존되어 있다.

7 키니코스 학파

헬레니즘 시대의 철학자들은 더 이상 세상을 낙관적으로 바라보지 않고 사회의 혼란한 현실에서 도망치려는 경향을 보이기 시작했다. 철학자들은 자신의 영혼을 단련해서 혼란한 세계를 바로 보고자 했으며 그 대표적인 철학 학파가 바로 '견유학파犬儒學派, Cynics'이다.

시기 : 기원전 5세기~기원전 4세기
인물 : 안티스테네스, 디오게네스

안티스테네스

키니코스 학파, 즉 견유학파는 안티스테네스Antisthenes가 창립한 철학 학파이다. 안티스테네스는 소크라테스의 제자로 플라톤과 함께 공부했는데, 그와 플라톤은 사상이 정반대였다. 안티스테네스는 구체적이고 인간의 감각으로 느낄 수 있는 것만이 비로소 존재한다고 생각했다. 그는 이와 관련해 다음과 같이 설명했다. "사람들은 흰 말, 검은 말, 말갈기가 긴 말, 꼬리가 짧은 말 등 각종 말을 보지만, 플라톤이 말한 이데아, 다시 말해 말의 본질은 보지 못한다. 볼 수 있는 것이 이렇게 많고 정확한데 보지 못하는

한눈에 보는 세계사

기원전 500년 : 인도, 불교 탄생   기원전 499년 : 공자, 노나라의 최고 재판관(대사구)에 임명
기원전 480년경 : 인도, 석가모니 열반   기원전 403년 : 중국, 전국 시대 시작
기원전 350년 : 중국, 제자백가의 시대 전개   기원전 317년 : 인도, 마우리아 왕조 건국

것을 토론하는 것은 쓸데없는 일에 불과하다." 그는 또 철학이 자연으로 돌아가야 하며 공연한 토론과 허상을 추구해서는 안 된다고 주장했다.

안티스테네스는 사실 소크라테스의 제자 중에서 그다지 특별한 사람은 아니었다. 플라톤은 스승 소크라테스의 죽음에 분노해 아테네를 떠났지만, 그는 별다른 반응 없이 평소처럼 편안히 지냈다. 귀족들과 토론을 즐기고 그들의 연회에도 참여하면서 어떤 반감도 드러내지 않았다. 그러던 언제부턴가 소크라테스의 죽음에 대한 슬픔 때문이었는지, 아니면 향락을 추구하는 삶이 지겨워졌는지 알 수는 없지만 그는 모든 것을 버렸다.

견유학파의 형성

안티스테네스는 제자들을 모아 놓고 강의를 시작했다. 그의 교육 방식은 당시의 다른 철학자들과 조금 달랐다. 그는 한 번도 교육을 받아 본 적 없는 사람들도 이해할 수 있도록 쉽고 단순하게 설명했다. 형식에 치우친 철학은 버리고 자연으로 돌아가야 한다고 주장한 그는 스스로 귀족의 생활 방식을 모두 버리고 소박한 삶을 살았다. 안티스테네스는 나아가 그리스도 원시 사회로 돌아가서 정부도 없애고 결혼, 종교, 법률 등도 모두 없애 인간을 속박하는 모든 것을 버려야 한다고 주장했다.

안티스테네스는 또 사치와 향락을 추구하는 것이 인간의 영혼을 망친다고 생각했다. 그래서 아테네의 많은 청년이 술집이나 도박장에서 온종일 지내기 때문에 사회의 도덕도 사라지고 있다며 개탄했다. 그는 "나는 미쳤으면 미쳤지, 향락을 추구하지 않겠다."라고 말했다. 안티스테네스의 강의는 많은 사람의 관심을 끌었다. 그의 사상을 따르고 소박한 생활을 따라 행동한 사람들은 '견유학파'라고 불렸다.

이들을 견유학파라고 부르는 것은 그들이 소박하다 못해 다른 사람이 볼 때 안쓰러운 삶을 살았기 때문인 듯하다. 다른 철학자들은 이들을 깔보는 뜻으로 '개'라는 뜻을 붙인 것인데, 안티스테네스와 그 추종자들은 그런 뜻조차 흔쾌히 받아들였다.

디오게네스

안티스테네스의 학설을 발전시킨 사람은 그의 제자 디오게네스Diogenes다. 디오게네스는 견유학파의 대표 인물로, 학파를 형성한 안티스테네스보다 유명해졌다. 그가 처음에 안티스테네스의 강의를 들으러 왔을 때 안티스테네스는 그를 그다지 달가워하지 않았다. 디오게네스가 부유한 은행가의 아들이었고 가짜 화폐를 만들어서 감옥에 들어가기도 했기 때문이었다. 안티스테네스가 자신을 비난하며 거부하자 디오게네스는 조목조목 설명했다. 그는 안티스테네스의 강의를 듣고 '세상의 낙인'을 없애고 싶다고 말했다. 세상은 물건에 이름을 붙여서 낙인을 찍는다. 물건뿐만 아니라 사람도 어떤 이는 귀족, 어떤 이는 철학가 같은 낙인이 찍힌다. 디오게네스는 왕, 귀족, 명예, 지혜, 행복처럼 사람들이 정해 놓은 낙인을 버리고 싶다고 말했다. 그의 이야기를 듣고 감탄한 안티스테네스는 바로 그것이야말로 자연으로 돌아가는 것이 아닐까 생각하게 되었고 그를 제자로 받아들였다.

디오게네스는 자신의 철학적 사고를 더욱 깊이 하는 데에만 집중하는 사람이었다. 그는 세상의 모든 것을 내팽개쳤다. 옷도 다 찢어진 한 벌만 입고 거지처럼 돌아다녔다. 그의 집은 커다란 나무통이었다. 밤에는 그 속에 틀어박혀 잠을 자고, 낮에는 나무통을 매고 길을 걸었다. 지나가는 사람들이 손가락질하면서 쳐다봤지만 그는 아무렇지도 않게 여겼다. 그는 "하늘은 내 이불이고 땅은 내 침대이다."라고 말했다.

알렉산드로스 대왕은 마케도니아의 왕자였을 때 디오게네스의 이야기를 들은 적이 있었다. 그래서 디오게네스를 찾아가 원하는 것이 있느냐고 물어보았다. 나무통 속에 누워 햇볕을 쬐고 있던 그는 왕자에게 귀찮다는 듯이 대답했다. "햇볕 좀 가리지 마시오."

왜곡된 사상

견유학파는 세상의 불합리한 일에 분개하고 타협하지 않으며, 세상의 구속을 버리고 '참다운 선善'을 추구해야 한다고 주장했다. 또 재물을 버려야 사상은 더욱 자유로워진다고 여겼다.

디오게네스는 커다란 나무통 속에 살며 물질과 편안함을 좇지 않았다.

견유학파의 이런 학설은 사람들의 호응을 얻으며 널리 퍼졌다. 그런데 이 과정에서 사상이 조금씩 변하기 시작했다. 후기의 견유학파는 '선'이나 '도덕적'이라는 말조차 사람을 구속한다고 생각했다. 이들은 어차피 인간은 자신의 이익만을 위해서 행동한다며 내가 '선'이라고 생각하는 것을 다른 사람은 '선'이 아니라고 생각할 수도 있다고 주장했다. 이런 사상이 유행하면서 견유학파는 점차 사회에 냉소적인 학파로 변했고, '참다운 선'을 추구한 초기의 사상에서 크게 동떨어졌다.

8 그리스 최후의 반격

그리스 도시국가들은 알렉산드로스 대왕의 죽음 이후 혼란해진 마케도니아를 목격하고 지금이야말로 마케도니아 제국에서 독립할 기회라고 생각했다. 도시국가들은 동맹을 맺어 마케도니아 제국이 조금 약해진 것 같으면 반란을 일으키고, 강해지면 다시 기회를 기다리면서 끊임없이 독립 전쟁을 일으켰다. 그러나 정작 그리스를 몰락하게 한 것은 마케도니아 제국이 아닌 그리스 내부였다.

시기 : 기원전 4세기~기원전 3세기 초
인물 : 히페레이데스, 레오스테네스, 아라토스

최후의 투쟁

노예가 되기를 원하는 사람은 없을 것이다. 화려한 문명을 뽐내던 오만한 그리스 인들은 더욱 그랬다. 그들은 항상 누군가의 주인이었지, 아랫사람이 된 적이 없었다. 그런 그들에게 고개를 숙이고 복종하는 것은 견딜 수 없는 치욕이었다. 그 옛날 필리포스 2세가 그리스를 정복한 후 그리스는 계속 마케도니아의 영향력 아래 있었고, 스파르타만이 유일하게 마케도니아에 저항해 독립을 유지했다. 스파르타 외의 다른 도시국가들은 자신들이 야만족이라고 부르던 마케도니아에 무릎을 꿇는 치욕을 당했다. 시민

한눈에 보는 세계사

기원전 350년 : 중국, 제자백가의 시대 전개
기원전 221년 : 진시황, 중국 통일

기원전 317년 : 인도, 마우리아 왕조 건국
기원전 202년 : 중국, 한 건국

을 정치에 참여시키는 오랜 전통이 무너지고 자유까지 빼앗기자 그들은 매우 비참함을 느꼈다.

그때 바빌론에서 알렉산드로스 대왕이 사망했다는 소식이 그리스에 전해졌다. 그러나 그들은 원기 왕성한 그 젊은 왕이 죽었을 리 없다며 잘못된 정보라고 생각하고 섣불리 행동하지 않았다. 얼마 후에 사망 소식이 사실로 밝혀지자 도시국가들은 그제야 기쁨의 환호성을 질렀다. 마침내 독립의 빛이 보이는 것만 같았다.

그리스의 패배

알렉산드로스 대왕이 죽고 나서 마케도니아 제국이 혼란에 휩싸이자 그리스 도시국가들은 비밀리에 군인을 모집하고 군대를 훈련했다. 그리고 기원전 323년에 도시국가들이 동맹을 맺고 마케도니아에 전쟁을 선포했다. 아테네의 정치가 히페레이데스Hypereides는 이 과정에서 중요한 역할을 했다. 그는 연설가 이소크라테스의 제자였고 데모스테네스의 사상에 많은 영향을 받은 사람이었다. 그의 스승인 이소크라테스는 페르시아를 싫어해 마케도니아의 필리포스 2세가 페르시아를 정복하기를 바라는 사람이었다. 그런데 기대와 달리 필리포스 2세가 페르시아보다 그리스를 먼저 점령하자 무척 실망했고 얼마 지나지 않아 세상을 떠났다. 히페레이데스는 스승의 죽음으로 자신은 절대 마케도니아를 믿지 않겠다고 결심했다. 그리고 사람들이 모인 곳이면 어디서든 열정이 넘치는 연설로 그리스가 잃어버린 자유를 되찾아 오자고 호소했다.

히페레이데스의 연설은 그리스 인들을 감동시켰고, 장군 레오스테네스Leosthenes가 이에 자극받아 군대를 이끌고 행동에 나섰다. 레오스테네스는 알렉산드로스 대왕이 아시아 정복 전쟁

아테나 청동 조각상

30cm 높이의 투구를 쓴 여신 아테나

에 나섰을 때 그리스 지원군을 이끌고 참전한 장군이었다. 하지만 아시아로 이동하는 중에 그리스 지원군이 끊임없이 말썽을 피워서 골치가 아파진 알렉산드로스 대왕은 아예 그들을 돌려보냈다. 레오스테네스도 그때 그냥 돌아왔다. 그런 그가 이번에는 마케도니아와 전쟁을 하기 위해서 다시 떠난 것이다. 처음 몇 차례의 전투에서 레오스테네스는 연이어 승리했다. 그는 마케도니아 장군 안티파트로스Antipatros의 군대를 격퇴하고 그들을 라미아Lamia 지역에 몰아넣어 포위했다. 승리가 눈앞에 다가온 이때, 아테네에서는 귀족들이 서로 정권을 차지하려고 싸우기 시작했다. 그들은 레오스테네스가 전쟁에서 승리해 공을 세우고 돌아오면 자신들의 입지가 좁아질까 봐 걱정했다. 그래서 이런저런 핑계를 대며 지원군을 보내기를 미루는 사이, 마케도니아 쪽에는 지원군이 빠르게 도착했다.

고대 그리스에서 물을 길어 나르던 병

상황이 역전되어서 지원군이 합세한 마케도니아는 빠르고 잔혹하게 레오스테네스의 군대를 제압했다. 마케도니아는 언제나 스스로 항복하는 자에게는 너그러웠지만 반항하는 자에게는 잔인했다. 그들은 이번에도 도시국가의 지도자들을 모두 사형에 처하고 민주 정부는 없애 버렸다. 아테네에는 마케도니아가 구성한 과두 정부가 세워졌고, 그 후 오랫동안 아테네는 다시 일어서지 못했다.

동맹의 비극

기원전 4세기 말부터 기원전 3세기 초까지 그리스에서는 비교적 규모가 큰 두 개의 동맹이 결성되었다. 그리스 중부의 '아이톨리아 동맹'과 그리스 남부의 '아카이아 동맹'이었다. 이 중 아카이아 동맹의 지도자는 아라토스Aratos였다.

시키온Sikyon 사람인 아라토스는 시키온의 참주 정부를 무너뜨리고 자신이 시키온을 통치했다. 시키온은 기원전 251년에 아카이아 동맹에 가입했고, 그 몇 년 후에 아라토스가 지혜와 용기를 인정받아 아카이아 동맹의 지도자가 되었다. 그는 마케도니아에 반감을 품고 적극적으로 저항한 인물이다. 당시 마케도니아 군대가 코린토스에 들어와 있었는데, 아라토스는 군대를 이끌고 가서 마케도니아 군을 내쫓고 코린토스와 메가라를 동맹에 끌어들여 세력을 키웠다. 또 이집트의 프톨레마이오스 3세Ptolemaeos III와 연합을 시도하기도 했다. 그런데 이때 스파르타가 군대를 일으켜 주변의 도시국가들을 위협하려고 했다. 그러자 아라토스는 역으로 마케도니아와 연합해서 스파르타를 압박했다. 이 연합이 성공적으로 끝나자 아라토스는 마케도니아에 대해 긍정적으로 생각하게 되었다. 하지만 마케도니아는 자신들에게 대항했던 아라토스를 여전히 믿지 않았고, 기원전 213년에 마케도니아의 왕 필리포스 5세Philippos V가 그를 독살했다.

아테네가 무너지고 나서 아이톨리아 동맹과 아카이아 동맹은 그리스에서 마케도니아에 저항하는 중요한 세력이 되었다. 그들은 따로, 또는 함께 마케도니아에 저항했다. 그런데 항상 내부에서 문제가 발생했다. 동맹에 가입한 도시국가들은 각자의 이익을 위해서 계속 싸웠다. 도시국가들은 다른 나라보다 강해지기 위해 군사력을 키우려 했고, 이 과정에서 심지어 마케도니아의 원조를 받는 도시국가도 있었다. 그러면서 마케도니아에 저항하기 위해 맺어진 동맹은 흐지부지되었고 그들은 이번에도 마케도니아의 지배에서 벗어나지 못했다.

그리스 도시국가들을 쇠락하게 한 것은 페르시아도, 마케도니아도 아닌 그들 자신이었다. 이후 마케도니아의 세력이 약해지자 새로운 세력, 로마인들이 그리스에 출현했다.

9 스파르타의 개혁

GREECE

스파르타는 드라콘의 입법을 바탕으로 특유의 국가 체제를 완성했다. 그리스의 다른 도시국가가 마케도니아에 점령당했을 때에도 스파르타는 홀로 독립을 유지했다. 그리스 인들은 그런 스파르타를 부러운 눈길로 바라보았다. 그러나 시간이 흐르면서 스파르타에도 새로운 개혁의 시기가 왔다.

시기 : 기원전 244년~기원전 192년
인물 : 아기스 4세, 클레오메네스 3세, 나비스

깊어지는 갈등

펠로폰네소스 전쟁이 벌어지는 동안, 그리고 그 후에도 스파르타는 다른 도시국가들을 억압하고 많은 재물을 빼앗아 갔다. 당시 군대를 이끌고 아테네에 쳐들어간 스파르타의 장군 리산드로스는 스파르타 최고의 부자가 되었다. 리산드로스뿐만 아니라 스파르타 전체가 다른 도시국가들에서 빼앗아 온 재물로 부유해졌다. 갑자기 부자가 된 스파르타 인들은 탐욕스럽게 변했다. 항상 소박하고 절제된 삶을 추구하던 그들이 사치스러운 삶을 좇기 시작했다.

한눈에 보는 세계사

기원전 221년 : 진시황, 중국 통일   기원전 202년 : 중국, 한 건국
기원전 195년 : 위만, 고조선의 왕이 됨

스파르타의 모든 땅은 원래 국가의 소유였다. 국가가 귀족들에게 땅을 나눠 주고 귀족들은 노예에게 농사를 짓게 했다. 그러나 이 제도가 서서히 무너지자 기원전 400년에 스파르타는 땅을 시민들에게 나눠 주기로 했다. 대신에 국가에서 땅을 받으면 시민권을 잃었다. 드라콘 입법 당시 스파르타에는 9,000가구가 있었는데, 시민권을 포기하고 땅을 받은 사람이 많아지면서 1,500가구로 줄었고, 기원전 4세기 후반에는 700가구까지 줄어들었다. 스파르타에서 중장보병이 되려면 반드시 시민권이 있어야 했다. 그래서 여러 차례 전쟁을 거치면서 수많은 중장보병이 죽었지만, 스파르타의 시민권이 있는 사람이 이렇게나 줄어들었기 때문에 중장보병의 수는 보충될 수 없었다.

계층 간의 갈등도 심해졌다. 헬로트뿐만 아니라 페리오이코이도 폭동을 일으켰고, 심지어 시민권이 있는 호모이오이도 정부에 불만을 나타내며 폭동을 일으켰다. 스파르타 사회는 나날이 불안해졌다.

아기스 4세

사회가 점점 불안해져 정치가들은 대책을 세워야 했다. 기원전 244년에 아기스 4세Agis IV가 왕위에 올랐을 때 스파르타의 사회는 극도로 불안한 상태였다. 부자들은 종일 술을 마시며 놀고 가난한 사람들은 고된 삶을 살았다. 아기스 4세는 이런 상황을 바꿔야 한다고 생각했다. 그는 스파르타를 새롭게 바꾸어 그 옛날 드라콘의 입법이 시행된 때로 돌려놓겠다고 결심했다.

아기스 4세는 시민권이 있는 700가구에 땅을 나눠 주었다. 대신에 국가에서 받은 땅 외에도 황무지를 개간해야 한다는 조건을 달았다. 이렇게 개간한 황무지를 페리오이코이에게 나누어 주자 그들은 기뻐하며 더는 폭동을 일으키지 않았다. 아기스 4세는 자신부터 개인적인 욕심을 버리겠다며 토지와 재산을 전부 내놓았다. 스파르타에는 전통적으로 왕이 두 명 있었다. 아기스 4세가 왕이었을 때 또 다른 왕이었던 레오니다스 2세Leonidas II는 아기스 4세가 사람들의 존경을 받는 데다 이번에는 재산까지 국가에 내놓자 자신보다 더 큰 지지를 받을까 봐 불안했다. 그래서 그는 아기스 4세를 모함해 그를 추방하려는 계획을 세웠다. 그러나 이를 눈치 챈 아기스 4세가 먼저 행동에 나서서 레오니다스 2세를 추방했다. 이어서 레오니다스 2세의 계획을 지지하던 감찰원을 해산하고 감찰관들을 새로이 뽑았다. 그러나 새로운 감찰관들도 아기스 4세에 반대했다. 그들은 귀족, 부자들과 협력해서 아기스 4세의 토지 개혁을 저지했다. 개혁하려는 아기스 4세와 개혁을 저지하려는 귀족 간의 갈등은 날로 심각해졌다. 이런 상황에 추방당한 레오니다스 2세가 군대를 조직해서 스파르타로 돌아와 귀족들과 연합해서 아기스 4세를 왕위에서 끌어내리려 했다.

안타깝게도 아기스 4세를 지지하는 사람은 아무도 없었다. 그는 반대자들에게 쫓겨 신전으로 도망쳤다. 귀족들은 안전을 약속할 테니 신전 밖으로 나와서 대화하자고 그를 구슬렸다. 그러나 아기스 4세가 그들의 말을 믿고 신전 문을 나서는 순간, 그를 기다리고 있는 것은 죽음이었다.

클레오메네스 3세

기원전 235년에 왕위를 계승한 클레오메네스 3세Kleomenes III는 아기스 4세가 완성하지 못한 개혁을 다시 시작했다. 그러나 그는 아기스 4세의 실패를 교훈 삼아서 개혁을 시작하기 전에 우선 감찰원을 해산하고 감찰관들을 모두 죽였다. 또 시민권을 가진 호모이오이를 늘려서 중장보병을 보충하기 위해 일부 페리오이코이의 계층을 올려주었다. 이렇게 해서 늘어난 군사력을 바탕으로 클레오메네스 3세는 영토를 확장하기 시작했다. 그는 남부 그리스의 도시국가 동맹인 아카이아 동맹과 몇 차례 전투를 벌였다.

클레오메네스 3세의 지휘 아래 스파르타는 예전의 용맹한 모습을 다시 찾아가는 것 같았다.

클레오메네스 3세가 영토를 확장하기 위해 군대를 정비하고 전쟁을 일으키려고 하자 당시 아카이아 동맹의 지도자인 아라토스는 위협을 느꼈다. 그때까지 마케도니아에 저항하며 계속 전쟁을 벌이던 그는 스파르타를 막기 위해 마케도니아의 왕 안티고노스 3세Antigonos III에게 지원을 요청했다. 안티고노스 3세는 이 일이 그리스에서 마케도니아의 영향력을 강화할 좋은 기회라고 생각하고 즉시 군대를 보냈다. 그러자 클레오메네스 3세도 병력을 보충하기 위해 헬로트 6,000명을 해방해 주었고, 그중 2,000명이 군대에 들어왔다.

기원전 221년에 스파르타는 아카이아 동맹과 마케도니아의 연합군을 맞아 셀라시아Sellasia에서 격렬한 전투를 벌였다. 스파르타는 온 힘을 다해 싸웠으나 결국 참패했고, 클레오메네스 3세는 이집트로 도망가서 얼마 후 자살했다. 마케도니아는 내친김에 스파르타의 중심부로 계속 진격해 들어가서 자신들에게 복종하는 과두 정부를 세우고, 다시 귀족들에게 토지를 나누어 주었다. 이로써 클레오메네스 3세의 개혁은 결국 실패로 돌아갔다.

첫 번째 참주

클레오메네스 3세의 개혁이 실패하면서 스파르타 사회의 갈등은 더욱 심해졌다. 기원전 207년에 나비스Nabis가 군대를 조직하고 반란을 일으켜서 스스로 참주가 되었다. 오랫동안 다른 도시국가의 참주들을 끌어내렸던 스파르타에 참주가 등장한 것이다. 나비스는 자신에게 반대하는 귀족들을 추방하고, 그들의 토지를 빼앗아서 가난한 사람들에게 나누어 주었으며, 일부 헬로트에게 자유를 주었다.

나비스의 통치는 15년 동안 계속되었고 그동안 스파르타의 상황은 점차 안정되었다. 그러나 나날이 좋아지는 스파르타의 모습을 보는 아카이아 동맹과 마케도니아는 불안해졌다. 이들이 다시 손을 잡고 스파르타를 공격하려고 할 때, 어느새 로마 인들도 그리스 반도로 들어와서 스파르타를 정복하려고 했다. 동시에 두 세력의 공격을 받은 나비스의 통치는 점점 흔들리기 시작했다.

기원전 192년에 나비스가 암살당하고 스파르타는 아카이아 동맹에 들어갔다. 스파르타는 그리스에서 자신들만이 독립을 유지하는 것을 항상 자랑스러워했으나, 이제는 옛일이 되었다.

10 고대 그리스의 멸망 GREECE

그리스가 전체적으로 쇠락해 갈 때 저 멀리에서는 로마가 빠른 속도로 발전했다. 로마 인들은 그리스의 도시국가들이 서로 전쟁하느라 바쁜 틈을 노려 군대를 이끌고 그리스로 왔다. 그리고 도시국가들을 하나하나 공격해 점령했고, 결국에는 그리스 전체를 정복했다. 그러나 로마 인들은 거꾸로 그리스의 문화에 정복당했다.

시기 : 기원전 215년~기원전 31년
인물 : 필리포스 5세, 플라미니누스, 페르세우스, 아이밀리우스

강해진 로마

펠로폰네소스 전쟁 이후, 그리스 반도에는 하루라도 전쟁이 벌어지지 않은 날이 없었다. 도시국가들은 자기들끼리 싸우면서 제풀에 지쳐 점점 약해졌고 마케도니아 제국에 정복되었다. 마케도니아 제국도 알렉산드로스 대왕이 세상을 떠난 후 세 나라로 분열되어 힘이 크게 약해졌다. 그리스 도시국가들은 마케도니아에서 독립하기 위해 아이톨리아 동맹과 아카이아 동맹을 결성했다.

이 두 동맹은 따로 또는 협력하며 마케도니아에 대항했고 마케도니아도

한눈에 보는 세계사

기원전 202년 : 중국, 한 건국
기원전 108년 : 고조선 멸망, 한군현 설치
기원전 57년 : 신라 건국

기원전 195년 : 위만, 고조선의 왕이 됨
기원전 97년 : 사마천, 《사기》 완성
기원전 37년 : 고구려 건국

두 동맹을 견제했다. 기원전 3세기 후반부터 그리스는 빠른 속도로 쇠락한 한편, 멀리 유럽에서는 로마가 빠른 속도로 발전하며 정복 전쟁을 준비했다.

로마는 이탈리아 반도를 정복하고 나서 본격적으로 영토를 확장했다. 그들은 그리스가 자기들끼리 전쟁하는 동안 천천히 지중해 연안의 도시들을 하나씩 정복했다. 당시 마케도니아의 왕이었던 필리포스 5세Philippos V는 야심이 큰 사람으로, 그리스를 제압하는 동시에 자신들을 향해 다가오는 로마를 저지할 준비를 시작했다.

필리포스 5세는 아카이아 동맹의 지도자인 아라토스와 연합해서 스파르타를 성공적으로 제압한 후 아라토스를 독살했다. 갑작스럽게 지휘자를 잃은 아카이아 동맹은 앞으로 어찌해야 할지 논쟁을 벌이며 사분오열했다. 이렇게 해서 이제 어느 정도 그리스를 안정시켜 놓은 필리포스 5세는 로마 군이 마케도니아와 가까운 일리리아까지 왔다는 정보를 들었다. 이에 화가 난 그는 카르타고의 유명한 장군 한니발Hannibal과 손을 잡고서 로마를 저지하려고 했다. 카르타고 역시 지중해를 침략하는 로마에 위협을 느껴 그들을 저지할 필요가 있었고, 이미 두 번의 전쟁을 치른 바 있었다. 바로 '포에니 전쟁'이다.

로마 군의 갑옷과 단검

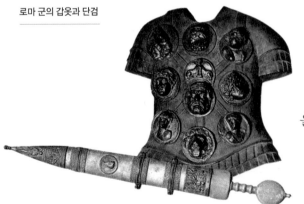

제1차 마케도니아 전쟁

제1차 포에니 전쟁은 로마가 승리하여 카르타고는 막대한 전쟁 보상금을 내야 했다. 기원전 215년에 마케도니아와 로마 사이에 '제1차 마케도니아 전쟁Macedonian Wars'이 일어났을 때, 로마는 카르타고와 제2차 포에니 전쟁을 치르고 있었다. 로마는 병력이 부족했기 때문에 마케도니아에 군대를 많이 보낼 수가 없었다. 한편, 카르타고의 한니발이 필리포스 5세에게 빨리 지원군을 보내 달라고 요청했는데, 필리포스 5세는 로마의 군사력이 강한 것을 고려해 섣불리 행동하지 않았다. 카르타고를 지원했다가 전쟁에서 지면 로마의 다음 목표물은 마케도니아가 분명했기 때문이었다. 또 그리스 도시국가들이 마케도니아에 저항하며 다시 반란을 일으켜서 필리포스 5세는 그리스를 상대하기에도 너무 바빴다. 필리포스 5세는 이렇게 해서 로마를 저지할 기회를 놓쳤다.

로마는 마케도니아를 견제하기 위해 그리스 도시국가들과 접촉을 시작했다. 로마는 그들에게 함께 손을 잡고 마케도니아를 상대로 전쟁을 시작하자고 부추겼다. 또 로마에 해군 전함을 지원해 주면 전쟁에서 이겨 마케도니아로부터 영토를 빼앗아 와서 아이톨리아 동맹에 주겠다고 약속했다. 기원전 211년에 마침내 로마와 아이톨리아 동맹은 함께 필리포스 5세가 이끄는 마케도니아 군대를 상대로 전쟁을 시작했다.

필리포스 5세는 로마를 저지하지 못했을 뿐만 아니라 이번에는 오히려 로마를 그리스 반도로 끌고 들어왔다. 그는 그리스 도시국가들을 제압하느라 로마를 상대할 겨를이 없었기 때문에 기원전 205년에 로마와 평화 조약을 맺었다.

제2차 마케도니아 전쟁

제1차 마케도니아 전쟁에서 마케도니아와 로마는 승부를 가리지 못한 채 평화 조약을 맺었다. 그 사이에 로마는 포에니 전쟁에서 카르타고를 무찔러 승리하고 지중해 해상을 장악했다. 게다가 그리스 도시국가들에 대한 영향력도 날로 커졌다. 로마는 이제 다시 한 번 마케도니아를 목표로 삼았다.

나날이 강해지는 로마를 보며 필리포스 5세는 너무 초조했다. 그는 계속해서 군대를 정비하고 전쟁 자금도 모았다. 기원전 205년에 이집트 프톨레마이오스 왕국의 프톨레마이오스 4세Ptolemaeos IV가 세상을 떠났다. 그의 왕위 계승자는 너무 어렸고 왕족과 귀족들이 권력 투쟁을 벌였다. 이렇게 프톨레마이오스가 혼란해진 틈을 타, 필리포스 5세와 셀레우코스의 왕 안티오코스 3세Antiochos III는 비밀리에 조약을 맺고 이집트를 공격해 이집트 영토를 반으로 나누어 가졌다.

마케도니아와 셀레우코스의 횡포에 이집트인들은 당황했다. 그들은 황급히 로마에 전령을 보내서 어린 왕의 보호자가 되어 달라고 요청했고, 로마는 이를 기뻐하며 받아들였다. 그러고는 이집트 왕의 보호자로서 필리

그리스 도시국가 에피루스의 왕인 피로스(Pyrrhos)는 군대를 이끌고 로마 군대를 격퇴했다. 이후 피로스는 스파르타를 정복하려고 시도했지만 결국 실패했다.

포스 5세와 안티오코스 3세에게 이집트에서 나가라고 으름장을 놓았다. 필리포스 5세와 안티오코스 3세는 이 일이 로마가 간섭할 일은 아니라고 생각해 로마의 행동에 기막혀 했을 뿐, 별다른 반응을 보이지 않았다. 그러자 로마는 이집트의 정의를 구현한다며 마케도니아에 전쟁을 선포했다. 이것이 바로 제2차 마케도니아 전쟁의 시작이다.

로마 집정관 푸블리우스 술피키우스Publius Sulpicius는 군대를 이끌고 빠르게 바다를 건너 그리스로 왔다. 마케도니아와 정면으로 전쟁을 벌이기 전에, 술피키우스는 우선 아테네에 군대를 보내서 마케도니아의 반응을 살폈다. 그러자 필리포스 5세는 화가 머리끝까지 나서 당장 아테네로 지원군을 보냈는데, 아테네는 얼마 후 로마의 공격에 무너졌다. 푸블리우스 술피키우스가 이끈 로마 군대는 주변의 다른 도시국가들도 모두 한 번씩 공격해 보았다. 필리포스 5세는 로마의 게릴라식 공격에 화가 났지만 어쩔 도리가 없었다. 어느새 아카이아 동맹을 제외한 다른 도시국가들도 거의 로마의 영향을 받게 되었다. 그 후에도 마케도니아와 로마는 몇 차례 작은 전투를 벌여 서로 이기기도 하고 지기도 했다.

얼마 후 로마의 집정관 플라미니누스Flamininus가 군대를 이끌고 그리스로 왔다. 그는 푸블리우스 술피키우스와 달리 마케도니아와 정면으로 전쟁을 벌이기로 했다. 전쟁 전에 로마는 우선 그리스 도시국가들과 접촉해서 자기편으로 끌어들였는데, 이번에는 아카이아 동맹까지 로마의 편에 섰다.

기원전 197년에 플라미니누스는 로마 및 동맹국의 군대 약 2만 명을 이끌고 필리포스 5세가 지휘하는 마케도니아 대군과 전쟁을 시작했다. 그리스 북부의 키노스케팔라이Cynoscephalae 부근에서 벌어진 이 전투에서 마케도니아는 참패했고, 궁지에 몰린 필리포스 5세는 로마에 협상을 제안했다. 이듬해에 양측은 평화 조약에 합의했다. 그 내용은 마케도니아는 모든 점령지를 포기할 것, 그리스 도시국가들의 독립을 승인할 것, 로마에 거액의 전쟁 배상금을 낼 것, 앞으로 마케도니아 군대는 5,000명을 넘기지 말 것, 로마의 허락 없이 전쟁을 하지 말 것 등이었다.

한때 거대한 제국을 세웠던 마케도니아는 이제 작은 나라에 불과해졌고, 그리스에서도 영향력을 잃었다. 그리스 도시국가들은 마케도니아에서 독립하자 뛸 듯이 기뻐했지만 실제로는 그들을 지배하는 나라가 마케도니아에서 로마로 바뀐 것뿐이었다.

제3차 마케도니아 전쟁

기원전 179년에 필리포스 5세는 전쟁에서 참패한 일로 우울해하다가 죽었다. 왕위는 젊고 혈기 왕성한 그의 아들 페르세우스Perseus가 이었다. 페르세우스는 마케도니아가 로마의 속국으로 전락한 것에 울분을 참지 못했다. 그러나 절대 내색하지 않고 오히려 로마에 호의를 베풀어 그들을 안심시키면서 몰래 군대를 모집해서 병력을 키웠다. 한편, 로마 인들도 그리 호락호락하지는 않았다. 첩자를 통해 페르세우스가 전쟁을 준비한다는 소식을 들은 로마는 기원전 171년에 마케도니아를 공격했다. 이것이 제3차 마케도니아 전쟁이다. 페르세우스는 일리리아와 트라키아에 지원을 요청했지만 모두 거절당해 홀로 로마와 싸울 수밖에 없었다.

전쟁 초기에 로마는 몇 차례 전투에서 계속 패했다. 전투가 주로 산에서 벌어졌기 때문이었다. 로마는 그리스의 산악 지역에 잘 적응하지 못했고, 이는 총지휘관이 세 번이나 바뀌어도 마찬가지였다. 마지막으로 로마는 집정관 루키우스 아이밀리우스 파울루스Lucius Aemilius Paullus에게 총지휘를 맡겼다. 그는 머리가 좋고 지도력이 뛰어난 사람으로 군대를 다시 정비한 후 서슴없이 높고 험한 산을 넘어 마케도니아로 진격했다.

산을 넘은 로마는 전세를 역전시켰다. 페르세우스는 로마 군의 기세에 밀려 군사 3만여 명을 이끌고 북쪽의 피드나Pydna까지 후퇴했다. 로마 군대도 곧 쫓아와 같은 해 6월 22일 저녁에 피드나 전투가 시작되었다. 마케도니아의 선발대가 로마 군을 격퇴했다. 로마 군은 정면으로 맞붙어서는 철통 같은 마케도니아의 사선 방진을 뚫을 수 없었기 때문에 일단 산으로 후퇴했다. 그러자 마케도니아가 그 뒤를 쫓았지만 산에서는 사선 방진 대형을 유지하기가 어려웠다.

도망가던 루키우스 아이밀리우스 파울루스는 마케도니아가 사선 방진을 유지하지 못하는 것을 확인하고 돌아서서 다시 공격을 시작했다. 마케도니아는 갑작스러운 공격에 어찌해 볼 도리도 없이 당했다. 페르세우스는 혼자 도망쳤고, 지휘관을 잃은 마케도니아 군대는 뿔뿔이 흩어졌다. 마케도니아 군의 참패였다. 마케도니아 병사 2만 명이 죽었고 1만여 명이 포로로 끌려갔다. 페르세우스도 도망치다가 포로로 잡혀 평생 감옥에서 지내라는 판결을 받았다. 그는 이듬해에 감옥 안에서 죽었다.

마침내는 로마가 마케도니아를 정복하여 마케도니아 제국은 이제 지도에서 완전히 사라졌다. 로마는 마케도니아를 네 개로 나누고 이 네 나라의 국민이 서로 결혼하거나 무역하는 것을 금지했다. 또 매년 세금을 걷었다. 결국 각각의 나라이지만 실제로는 로마의 한 도시국가에 불과했다.

아테나의 두상

아테네를 수호하던 여신 아테나

로마에 반격하다

마케도니아 인은 로마에 격렬하게 반항했다. 기원전 149년에 마케도니아 인 안드리스쿠스Andriscus가 페르세우스의 아들이라고 주장하면서 반란을 일으켰다. 트라키아와 그리스 도시국가들의 지원을 받은 그는 로마에 저항했지만 결국에는 진압되었다. 기원전 146년에 로마는 다시는 반항하지 못하도록 마케도니아를 아예 로마의 한 지방으로 만들어 버렸다.

한편, 그리스 도시국가들의 상황도 나아진 것이 없었다. 그들은 마케도니아에서 독립했지만 이번에는 로마의 지배를 받았다. 마케도니아에 절대 굴복하려고 하지 않았던 그들은 로마에도 격렬하게 저항했고, 안드리스쿠스가 반란을 일으키자 지원했다. 이에 로마는 그리스 도시국가들을 엄격하게 다스려야 할 필요를 느끼고 코린토스를 점령해서 멸망시켰다. 또 다른 도시국가들도 모두 점령하고 성벽을 무너뜨렸다. 결국 그리스도 로마의 한 지방이 되었다.

로도스(Rhodes) 항구

기원전 3세기의 로도스 섬은 그리스 해상 문명의 중심이었다.

마케도니아와 그리스의 상황을 본 카르타고와 이집트의 프톨레마이오스 왕국은 위기를 느꼈다. 그들 모두 이전에 로마와 전쟁해 본 적이 있어서 로마를 이길 수 없다는 것을 잘 알고 있었다. 이 두 나라는 각각 기원전 64년과 기원전 31년에 스스로 로마의 일부가 되었고, 이로써 위대한 알렉산드로스 제국은 완전히 로마의 손아귀에 들어갔다.

로마는 무력으로 그리스를 정복했으나 문화와 사상적인 측면에서는 도리어 그리스에 정복되었다. 로마 인들은 그리스의 건축·예술·종교·문학·철학에 깊이 빠져들어 당시 로마의 상류층 사회에는 그리스 문화를 배우고 따라 하는 것이 유행처럼 번질 정도였다. 로마 인들은 그리스 문화를 열심히 받아들였고 또 자신들의 것으로 만들어 찬란한 로마 문명을 탄생시켰다.

고대 그리스의 과학

그리스 인은 깊이 생각하고 탐구하는 것을 좋아했다. 그들은 수학·물리학·천문학·생물학 등 영역에서 많은 업적을 세웠고 이는 현대 과학이 발전하는 데 튼튼한 기초가 되었다.

수학과 물리학

유클리드Euclid는 그리스에서 가장 유명한 수학자 중 한 명이었다. 그의 책 《기하학원본Stoikheia》은 초창기의 기하학 지식을 완벽하게 정리한 것으로 후대의 기하학, 수학, 과학에 많은 영향을 주었다. 그는 아테네에서 공부했고 나중에 이집트 프톨레마이오스 왕국의 요청을 받아서 알렉산드리아로 갔다. 유클리드는 개인적인 이익을 쌓으려고 하는 학자들을 경멸했으며 언제나 기초 지식을 정확히 잘 쌓아야 한다고 주장했다. 한 번은 프톨레마이오스의 왕이 그에게 물었다. "《기하학원본》 외에 기하학을 공부하는 지름길은 무엇이 있겠는가?" 그러자 유클리드는 딱 잘라 대답했다. "모든 사람이 가는 공부의 길은 똑같습니다. 국왕 전용으로 깔아 놓은 길은 없습니다."

아르키메데스Archimedes는 그리스의 위대한 과학자였다. 그의 많은 발견과 발명품은 지금도 여전히 사용되고 있다. 한 예로 그는 '지렛대의 원리'를

발견했으며 이 원
리를 이용해서 물
체를 들어 올리는
도르래와 물을 퍼
올리는 기계를 발
명했다. 그는 사람
들에게 "나는 지렛
대 하나만으로 지
구를 들어 올릴 수
도 있다."라고 자
신만만하게 말했
다. 또 그는 자주
깊은 생각에 빠
졌다. 아르키메데

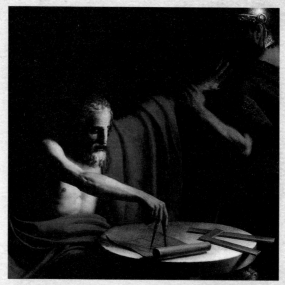

기원전 212년에 로마가 시라쿠사를 공격했을 때 아르키메데스는 땅에 원을 그
리며 기하학을 연구하고 있었다. 로마 병사가 가까이 다가오는 것을 보고 그는
화를 내며 "밟지 마!"라고 크게 소리쳤다. 그러자 화가 난 로마 병사는 칼을 휘둘
러 아르키메데스를 죽였다.

스가 목욕탕에서 '부력의 원리'를 발견한 이야기는 아주 유명하다. 이 밖에
도 아르키메데스는 포물선, 나선형, 원형의 면적을 계산하는 방법을 연구
하고 비교적 정확한 원주율을 계산했으며 자연과학 방면에도 많은 공헌을
했다.

천문학

아리스타르코스Aristarchus는 그리스의 뛰어난 천문학자이며 수학자였다.

그는 지구가 고정된 태양을 중심으로 돌고 있다는 '태양중심설'을 주장하며 지구가 또 매일 한 번씩 자전한다고 여겼다. 그리고 기하학 원리를 이용해서 태양, 달, 지구의 비율을 계산했고 비록 결과가 정확하지는 않았지만 우주의 무게를 측량하려고 시도했다. 이것은 당시로써는 정말 획기적이었다.

히파르코스Hipparchus는 그리스의 유명한 천문학자, 지리학자, 수학자였다. 그는 로도스 섬에 살면서 천문대를 건설해서 천문 관측을 했는데, 상당히 큰 성과를 얻어서 '천문학의 아버지'라는 명예로운 별명을 얻었다. 히파르코스는 달의 거리를 계산하고 태양과 달의 움직임을 나타내는 표를 만들어서 이 표로 일식과 월식을 추측했다. 또 기원전 130년에 그리스 하늘에서 가스와 먼지로 이루어진 성운星雲이 폭발해 새로운 별이 탄생하자 이 현상을 관찰한 후 자세히 기록했다. 히파르쿠스는 역사상 처음으로 별들의 이름을 기록한 사람이었고 당시의 천문학을 크게 발전시켰다. 그러나 그는 지구가 우주의 중심이라고 여기는 '지구중심설'을 주장했다.

환자를 치료하는 그리스의 의사

의학

히포크라테스^{Hippocrates}는 그리스의 유명한 의사였으며 '의학의 아버지'로
불린다. 그는 생명의 위험을 무릅쓰고 용감하게 시체를 해부했고 인체 구
조에 대해 다양한 지식을 얻었다. 또 머리의 손상과 갈라짐에 대해 정확히
설명하고 외과적 수술에 대해서도 많은 방법을 제시했다.

히포크라테스는 질병의 원인을 연구해서 유명한 '체액학설'을 제시했다.
그는 인체에 혈액·점액·담즙·흑담즙의 네 가지 체액이 서로 다른 비율로
구성되어 있으며, 그 구성 비율로 사람의 체질이 결정된다고 생각했다. 그
가 제시한 사람의 체질은 성격이 활발하고 동작이 빠른 다혈질, 조용한 성
격이며 동작이 느린 점액질, 성격이 급하고 포악한 담즙질, 허약하고 동작
이 둔한 우울질의 네 가지이다. 히포크라테스는 사람이 각자의 체질에 따
라 병을 얻으므로 병을 치료하려면 네 가지 체액의 불균형을 조정해야 한
다고 했다.

그는 의사가 반드시 지켜야 하는 도덕적 원칙도 만들었다. '히포크라테
스 선서'로 불리는 이 원칙은 세계 의학 협회에서 제정한 의료 행위의 윤리
지침이 되었다. 오늘날 전 세계의 의학도들은 의사가 될 때 모두 '히포크라
테스 선서'를 한다.

위의 세 영역 외에서도 그리스 인은 지리학에서 큰 발전을 이루었다. 그
리스 인들은 다양한 방면에서 끊임없이 진리를 추구했고 과학을 연구했다.

생물학

아리스토텔레스는 그리스의 유명한 철학자였을 뿐만 아니라 생물학자였다. 그는 모든 생물에는 단계가 있어서 낮은 것부터 높은 것까지 등급을 매길 수 있다고 생각했다. 또 평생에 걸쳐 모두 500여 가지 식물과 동물을 분류했는데, 사람은 그중 가장 높은 등급의 동물이었다. 아리스토텔레스는 각종 동물을 해부했고 고래가 포유류라는 사실을 밝혔으며, 병아리 배아의 발육 과정도 관찰했다. 또 동물을 피가 있는 것과 없는 것으로 나누기도 했다. 아리스토텔레스의 제자 테오프라스토스Theophrastus도 생물학에 큰 공헌을 했다. 그는 주로 식물의 형태·기관·기능·생장과 번식 및 분류 등을 주로 연구해서 식물의 뿌리·줄기·잎·꽃·과일 등 각 부분을 자세하게 묘사하고, 각 부분의 기능을 설명했다. 식물을 땅에서 자라는 식물과 물에서 자라는 식물로 나누고, 땅에서 자라는 식물은 다시 낙엽식물과 상록식물로 나누었다. 또 대추나무의 인공 교배 방법에 대해 기록을 남기기도 했다.

맨드레이크의 뿌리

그리스 인은 맨드레이크가 재물을 가져온다고 생각했다. 또 맨드레이크는 남녀의 사랑을 부르는, 자연을 초월한 힘이 있다고 여겨지는 식물이었다.

그리스 문명에 관한
흥미진진하고 멋진 강의 한 편

올림포스의 12신으로부터 시작되는 화려하고 웅장한 고대 그리스 문명은 듣기만 해도 신비롭고 가슴이 설렌다. 그러나 워낙 내용이 방대해서 접하기가 부담스러운 것도 사실이었다. 나 또한 그리스 문명에 관한 너무 전문적인 서적을 읽으면 금세 질려 버렸고, 또 수박 겉핥기식의 서적을 읽으면 아쉬움과 부족함을 느끼기가 여러 번이었다.

이 책은 고대 그리스 문명의 창조와 그 본질을 재미있고 편안하게 풀어썼다. 그렇다고 지식이 적거나 잡다한 지식을 필요 이상으로 늘어놓지도 않았으며 압축적인 정보와 흥미로운 일화를 성공적으로 조화시켰다. 자칫 딱딱하고 지루할 수 있는 내용을 구체적이고 생생하게 이해할 수 있어서 마치 고대 그리스 문명에 관한 멋진 강의 한 편을 들은 듯한 느낌이다.

고대 그리스 문명은 현대 서양 문화의 뿌리이다. 서양 문화를 특징짓는 현상과 제도 대부분은 고대 그리스에서 왔다. 예를 들어 현재 대부분 나라가 채택하는 민주 정치나 서양 철학과 과학도 그리스 사상에서 시작되었다. 또 인류 최초의 투표도 고대 그리스에서 행해졌다. 그러나 다른 문명과 달리 고대 그리스에는 넓고 기름진 평야가 없었다. 또 평야를 타고 흐르는 거대한 강도 없었다. 국토의 75% 이상이 험준한 산인 산악 지역 그리스, 이곳에서 이룩한 문명은 오히려 현대인에게 가장 많은 유산을 남겼다. 그리스 인들이 뿌리를 내린 땅은 척박했지만 그들이 일군 문명은 기름지고 비옥했다. 척박한 땅에서 살아남기 위해 그리스 사람들은 바다로 나아갔고, 바다는 그들에게 새로운 삶의 길을 열어 주었다. 바다에서 일군 경제적 풍요와 바다에서 체득한 자유롭고 개방적인 사상은 고대 그리스 문명이 형성되는 데 밑거름이 되었다. 이를 바탕으로 고대 그리스에서는 독특한 형태의 도시국가인 폴리스가 생겨났고 정치·철학·문학과 예술이 눈부시게 발전했다. 고대 그리스 인들이 오랜 시간 동안 벽돌을 쌓아 도시를 만들고, 배를 저어 바다를 건너고, 문명을 일구고, 또 그 유산을 후대에 물려주기 위해 노력하는 과정은 상상하는 것만으로도 감동적이다.

동양과 서양을 잇는 중요한 곳에 자리한 그리스는 수많은 도시국가와 주변의 강국들이 패권을 차지하려고 끊임없이 각축을 벌인 곳이기도 했다. 이 과정에서 그들은 끊임없이 사랑을 불태우고 또 배신했으며, 절망으로 주저앉고, 분노에 떨고, 또다시 일어났다. 책을 번역하는 내내 나는 어느새 고대 그리스 인이 되어 버린 듯했다. 운명의 장난에 때로는 키득거리며 웃기도 하고, 때로는 안타까움에 가슴 아팠으며, 또 때로는 '아하!' 하고 손바닥을 치며 감탄하기도 했다. 다음에는 또 어떤 사건이 일어날지 상상하는 것도 큰 즐거움이었다. 나의 이러한 즐거움을 이제 이 책을 읽는 독자들이 느껴 보기 바란다. 트로이 전쟁의 영웅 아킬레우스, 영웅의 시대를 노래한 호메로스, 그리스 최고의 철학자였던 소크라테스, 아테네의 황금시대를 열었던 페리클레스 같은 이름난 인물들과 화려한 신전과 조각들을 만들어 낸 이름 없는 예술가들, 최후의 항전을 벌이다가 죽은 수많은 전사가 모두 책을 읽는 동안 길동무가 되어 줄 것이다.

끝으로 번역하는 동안 자신도 들어본 이야기라며 옆에 앉아서 즐겁게 초역을 읽어 주고 또 내가 생각하지도 못한 번뜩이는 아이디어도 종종 제공해 준 조카 김사랑에게 고마운 마음과 함께 무한한 사랑을 보낸다.

찾아보기

[ㅎ]

맥을 잡아주는 세계사 01

그리스사

초판 1쇄 인쇄일 | 2014년 3월 5일 **초판 1쇄 발행일** | 2014년 3월 10일

지은이 | 맥세계사편찬위원회
펴낸이 | 강창용
펴낸곳 | 느낌이있는책

주소 | 경기도 파주시 교하읍 파주출판문화산업단지 문발로 115 세종 107호
전화 | (代)031-943-5931 **팩스** | 031-943-5962
홈페이지 | http://www.feelbooks.co.kr
이메일 | mail@feelbooks.co.kr
등록번호 | 제10-1588 **등록년월일** | 1998. 5. 16
책임편집 | 신선숙 **디자인** | *design* **Bbook**
책임영업 | 최강규 **책임관리** | 김나원

ISBN | 978-89-97336-57-9 03920
값 17,800원

이 도서의 국립중앙도서관 출판시도서목록(CIP)은 서지정보유통지원시스템 홈페이지(http://seoji.nl.go.kr)와 국가자료공동목록시스템(http://www.nl.go.kr/kolisnet)에서 이용하실 수 있습니다.(CIP제어번호: CIP2014006144)